遂昌县交通志

（1989—2010）

鲁之平　主编

ZHEJIANG UNIVERSITY PRESS
浙江大学出版社

图书在版编目（CIP）数据

遂昌县交通志：1989～2010 / 鲁之平主编. —杭州：浙江大学出版社，2013.12
ISBN 978-7-308-12713-4

Ⅰ.①遂… Ⅱ.①鲁… Ⅲ.①交通运输业—概况—遂昌县—1989～2010 Ⅳ.①F512.755.4

中国版本图书馆 CIP 数据核字（2013）第 320857 号

遂昌县交通志（1989—2010）

鲁之平 主编

责任编辑 王 波
封面设计 十木米
出版发行 浙江大学出版社
（杭州市天目山路 148 号 邮政编码 310007）
（网址：http://www.zjupress.com）
排　　版 杭州中大图文设计有限公司
印　　刷 浙江印刷集团有限公司
开　　本 787mm×1092mm 1/16
印　　张 25
彩　　插 8
字　　数 490 千
版 印 次 2014 年 2 月第 1 版 2014 年 2 月第 1 次印刷
书　　号 ISBN 978-7-308-12713-4
定　　价 88.00 元

乡村公路养护责任和爱路护路公约（摄于2010年5月6日）

上江至三墩桥公路改建工程浇灌路面底基层（摄于2010年10月17日）

公路安全保障工程施工（摄于2005年12月29日）

桂王线路面大修工程（摄于2009年10月16日）

龙丽高速公路建设施工现场（摄于2006年夏）

浙江省交通厅、浙江省测绘局编制

地图审核:浙S(2007)17号　2007年2月第1版

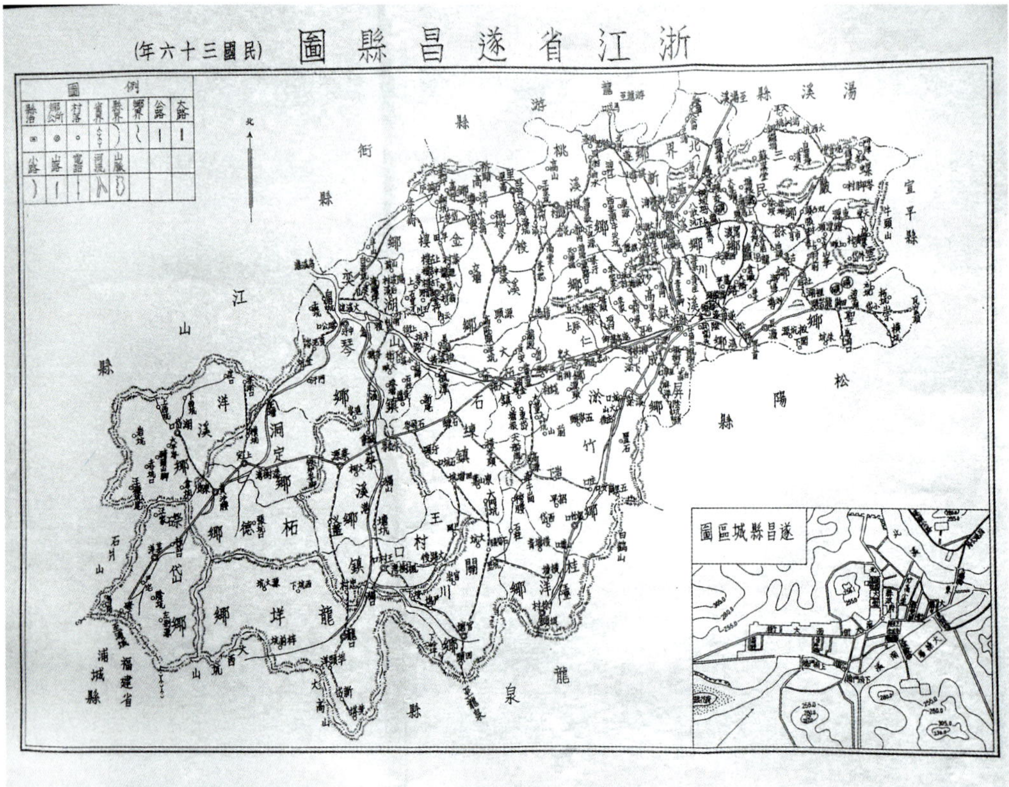

序

继1992年版《遂昌县交通志》编修至今，遂昌交通经历了前所未有的发展时期，交通基础设施建设规模空前扩大，投资力度持续增长，运输服务水平不断提高，交通信息化水平和支持保障能力日渐提升。交通兴则百业兴，是所谓盛世修志，功在千秋。我忝为县交通运输局现任负责人，乐为之序。

《遂昌县交通志》续编即将付梓，细读全篇，感慨之余倍觉欣慰。续志未简单接续前志，疏者多方采辑，误者再三考证，虽或有疏漏抵牾，但仍不失为较全面、较系统反映我县现代交通发展及经验教训的专业志书。志书有较高的思想性、专业性，注重著述性、学术性，资料翔实，信息量大，具有明显的时代和地方特色，篇目设置门类合理，归属得当，行文严谨，文约事丰，是一部可信、可用、可读的良志。

志书的出版，得到交通系统各部门的通力协作，更得到上级主管部门和有关单位的鼎力支持，是编纂人员历经三载勤奋笔耕的劳动结晶，也凝聚了遂昌交通广大干部、职工的智慧和辛劳。在此，谨向他们表示谢意。

志以资治、教化、存史，《遂昌县交通志》(1989—2010)的出版，具有历史文化学术价值，必将惠及当今，垂鉴后世，为遂昌县的社会和经济发展发挥独特的作用。衷心祝愿遂昌交通同仁继往开来，共展宏图；遂昌交通事业日新月异，更加辉煌。

马国跃

2012年8月

凡　例

一、《遂昌县交通志》(1989—2010)是1992年版《遂昌县交通志》的续志,上限为1989年,前志疏漏的追溯至事物发端;下限为2010年底,重要事件延至志书脱稿之时。

二、本志记述的地域以2010年底行政区域为准,有必要的追溯历史行政区域。

三、本志记述的地名以1998年版《遂昌县标准地名图册》为准,经审定的新地名附注,历史地名用当时名加注今名。

四、本志记述的历史纪年,清及其以前用朝代纪年,括注公历;民国纪年括注公历;中华人民共和国成立后,采用公历纪年。

五、本志记述的计量单位,各朝代均按历史计量记载,不作换算;现行计量按《中华人民共和国计量法》标准记载。

六、本志由志、述、记、传、图、表、录组成,采用规范语体文记叙。

七、本志体例按交通门类横排纵述,分篇、章、节、目编纂,个别门类列子目。

八、部分专业术语,采用括注的方式随文附注。

九、本志资料一般不注明出处,引用原文的随文附注,以资考证。

目　录

第二篇　水路交通

第三篇 交通建设

第五篇　科技人物艺文

概　述

遂昌县位于浙江省西南部，东邻武义、松阳县，南倚龙泉市和福建省浦城县，西接江山市，西北毗衢州市衢江区，北连龙游县和金华市婺城区。介于东经118°41′至119°30′、北纬28°13′至28°49′之间。总面积2539平方千米，其中山地面积2256平方千米，占88.83％；水域面积180平方千米，占7.11％；耕地面积103平方千米，占4.06％，是一个"九山半水半分田"的山区县。

遂昌县境内地势西南高、东北低。武夷山系仙霞山脉由龙泉和福建浦城逶迤入境，横贯南北，展布全县。海拔千米以上的山峰703座，其中1500米以上山峰39座，形成自西南至东北呈梯状渐降地势，群山连绵，重峦叠嶂，间有带状山谷平台和小块盆地的复杂地貌结构。境内河流由于桂义岭、白马山、牛头山诸山峰分隔成两大水系：西南和北部的乌溪江、桃溪之水分别注入衢州市湖南镇水库和灵山港，属钱塘水系，流域面积1864.89平方千米，占73.45％；东南部的南溪、北溪、襟溪、濂溪之水注入松阴溪，属瓯江水系，流域面积674.11平方千米，占26.55％。

遂昌县属中亚热带季风气候，温暖湿润，四季分明，雨量充沛，山地垂直气候差异明显，实系天然福地。年均气温16.8℃，无霜期251天，降水量1510毫米。灾害性天气偶有春天低温阴雨、夏秋高温干旱、汛期洪涝及局部的冰雹、大风。

遂昌县历史悠久，大柘镇后垄出土的石凿和三仁乡好川墓葬的考古发掘证明，4500年前的新石器时代，境内已有先民劳动、生息、繁衍。遂昌县境古属越，春秋时属越姑篾，战国时越亡属楚，秦和西汉时属会稽郡太末县，东汉建安二十三年(218)分太末县南部地置遂昌县，距今已1790余年。

遂昌地处越闽边界，自古为蛮荒闭塞之地。前人云："高山细流，不通舟楫，举步峻险，搬运维艰"，"遂昌山邑也，深僻幽阻，不与外接，舟车不通，四方宾客之所不届"。南宋、明清后，县境古道虽已初具网络，惟道路崎岖，行旅艰难。民国时始有公路，然时逢乱世，公路发展举步维艰。1949年5月，遂昌解放时金岸至龙游溪口公路已遭破坏，通车公路仅为遂昌至松阳30千米。1949年后，遂昌县的公路经历了恢复和曲折发展时期，20世纪六七十年代，农村公路建设因"民办公助"掀起了第一个高潮。1978年改革开放后，农村公路有了较快的发展，至1988年，除通车等级公路586.361千米外，又修建拖拉机路178条、490.01千米,简易公路9条、69.728千米,实现了乡乡通公路,为遂昌交通发展奠定了良好基础。

遂昌县现代交通主要依靠公路,1989年后的20余年,其发展经历了突破发展阶段和快速发展阶段。

突破发展阶段(1989—2002)

从1989年到2002年,遂昌交通历经改革开放十年的艰难发展后,对干线公路"卡脖子"路段进行改建,重点突破,打破瓶颈制约。注重以规划引领发展,以改革促进发展。遵照浙江省人民政府提出的"建设大交通、促进大发展"的工作思路,全面贯彻浙江省交通厅"抓重点、通干线、先缓解、后适应"的方针,实施"四小时公路交通圈",使遂昌交通的紧张状况得到逐步缓解。

其一是加快了省道公路改造。"八五"和"九五"期间,投资1139.75万元,对龙(游)丽(水)公路小马埠至上江11.405千米进行改线;投资2284.71万元,完成龙(游)丽(水)公路北界至上江和金岸至界首路段22.9218千米二级公路路基、路面改造;投资2232万元,按二级公路标准改造遂(昌)龙(泉)公路遂昌县城至三墩桥6.65千米路基路面改造;投资1654.59万元,完成遂(昌)龙(泉)公路46.455千米砂改油路面工程。

其二是提高了重要县道公路技术等级。投资7354万元,按二级公路标准改建三(墩桥)砾(下)公路三墩桥至石练23.271千米;投资754万元,完成庄山至金矿和峡口门至金竹29.9千米沥青路面改造;投资221.38万元,按三级公路标准新建长濂至社后公路4.23千米;投资886万元,完成小(马埠)金(岸)公路19.82千米水泥砼路面改造;投资250万元,完成马头至社后公路9.632千米砂改油工程。

其三是新建了一批县乡道联网公路。投资6395.777万元,按二级公路标准新建石练至王村口公路8.830千米一期工程;投资200万元,新建新路湾至远路口公路9.353千米;投资2231.06万元,新建11条110.7922千米县乡公路,其中包括潘金线、连直线、金牛线、黄九线、举金线、柘关线六条跨区域联网公路53.616千米(耗资1561.87万元)。同时,采用"民办公助"政策修建简易公路289.8千米、民间桥梁21座366延米。

其四是依法治理整顿客运市场,淘汰农用客车,提高车辆档次,发展长途直达客运,形成公路运输竞争格局。1997—1998年新增、更新中、高档客车48辆,相继开通上海、杭州等10条跨省、市的长途客运班车;2000年对全县个体客运户进行公司化经营,对55辆农用车进行改造,农用车逐步退出客运市场;成立私营股份企业捷利达运输公司,形成客运竞争格局。2002年旅客运输量509.4万人次,周转量15944万人千米,分别比1988年增加1.68倍和1.94倍;客车拥有量104辆，比1988年增加2.26倍。开放活跃货运市场，完善承包经营责任制，2002年货车保有量2566辆，是1988年的9.07倍；货运量23万吨、货运周转量2657吨千米，分别比1988年增加2.18倍和1.9倍。

2002年年底全县通车里程705.294千米，等级公路网密度27.8千米/百平方千米，通乡率100%（通乡公路路面硬化率50%），通村率49.87%，简易公路（或机耕路）通村率93.1%，行政村客运班车通达率69.6%。

快速发展阶段(2003—2010)

从2003年至2010年，是遂昌交通发展史上投资规模最大、建设任务最重、推进速度最快、改革力度最强、惠民措施最多、综合效益最好的8年。按照浙江省人民政府接轨上海构筑长三角区域大交通，和浙江省交通厅“规划高起点、建设高标准、工程高质量”的要求，结合遂昌县提出的“经营山水、统筹城乡、全面建设长三角休闲旅游名城”的发展战略，构筑遂昌公路交通“两横两纵”，提出“突破西部、加密成网、提高等级、适当超前”的指导思想，全面实施“六大工程”和“三大建设”，交通不适应经济社会发展的状况得以显著改善。

其一是高速公路建设提前实现。投资15.8565亿元、28.986千米龙丽高速公路遂昌段2006年年底建成通车，提前实现了遂昌县的高速公路时代。高速公路网络联网运行，成为推动和保障遂昌县经济社会快速发展的大动脉、大通道。

其二是干线公路保持畅通，文明公路创建取得成效。“十五”和“十一五”期间，陆续投资21162万元，完成县境内2条省道公路40.56千米的省道畅通工程；投资23000万元，完成龙（潭）梧（桐）公路11.6千米改建工程；投资19800万元，基本完成51省道上江至三墩桥公路9.963千米改建工程；投资21500万元，开工建设51省道王村口至老虎跳公路13.487千米改建工程。2006年，投资1201.16万元，创建了遂昌县省道公路第一条文明公路遂（昌）龙（泉）公路；2010年，投资900余万元，创建了遂昌县农村公路第一条文明公路三（墩桥）砺（下）公路县城至飞石岭路段。

其三是实施县道硬化工程，公路路况明显改善。投资19145.5万元，完成27条县道公路495.2千米的路面硬化；投资12651万元，完成县道20.724千米石王公路改建二期工程；投资2629万元，完成13.675千米石笋头至阳扒凹旅游公路；投资39100万元，开工建设县道峡口门至湖山至金竹公路15.961千米改建工程。全县路网更趋合理，公路路况明显改善。

其四是乡村康庄工程成效显著，农村交通条件全面改善。2003年至2010年，投资5.0亿元，累计完成通乡、通村公路1963.5千米（路基+路面）。通乡公路路面硬化率由50%提高到100%、行政等级公路率由49.87%提高到100%，村道公路路面硬化率由20.2%提高到100%，遂昌县成为丽水市率先实现农村公路通村率、硬化率“双百”目标的县。

其五是推进城乡客运一体化，强化服务质量，旅客运输向舒适、安全、环保方向发展，公路运输保障能力明显提高。2004—2006年新增、更新客车334辆、货车600余辆，2010年客车保有量217辆、4367座位，舒适、安全、环保的高级客车的比重逐年提高；农村客运班车通达率91.3%，旅客运输量472万人次、周转量15016万人千米；通过收购、股份制改造、片区经营等方式，平衡各方利益，加快客运集约经营步伐；站场建设有所推进，2010年全县有二级站1个、五级站15个，同时建成88个农村港湾式停靠站；城乡公交逐步发展，共有城市公交线路5条、城乡一体化公交线路1条。引导公路货运运力结构调整，推进传统货运业逐步向现代物流业转型，货运能力持续增长，2010年货运量286万吨、货运周转量31259万吨千米，分别是2002年的12.43倍和11.76倍。

2010年，遂昌县通车总里程1622.58千米。按行政等级分，高速公路28.986千米、省道85.544千米、县道601.244千米、乡道101.685千米、专用道57.609千米、村道747.512千米；按技术等级分，高速公路28.986千米、一级公路7.975千米、二级公路103.061千米、三级公路70.622千米、四级公路1404.258千米(含村道747.512千米准四级公路)、等外公路7.678千米。公路密度63.9千米/百平方千米。

社会进步不会停止，交通发展没有止境。明天宏伟蓝图靠遂昌民众描绘，未来崭新篇章靠遂昌民众谱写。如此，则通往民富国强的辉煌交通指日可待。

大事记
(1989—2010)

1989 年

6 月 2 日，遂昌县人民政府组织宣传贯彻《中华人民共和国公路管理条例》活动，历时 12 天，行程 1000 余千米，调查登记了全县公路违章建筑。

6 月，遂昌县交通管理部门对人力三轮车实行统一管理，首批办理牌证 30 辆(1988 年 11 月，妙高镇个体户赵新首置人力三轮黄包车，在县城范围接送行旅，为遂昌县人力三轮黄包车之始)。

7 月 1 日，龙洋乡埠头洋新建石拱桥落成，长 84 米。

7 月 22 日，县境暴雨，柘岱口乡降雨达 222 毫米，全县公路被冲毁 50 余千米。

8 月 7 日，垵口乡溪口至小岩公路竣工通车，长 3.934 千米。

9 月，龙(游)丽(水)公路北界段水泥混凝土路面改建工程开工，长 2 千米。次年 4 月完工，耗资 71.01 万元。

10 月 8 日，湖(山)大(溪边)公路红星坪至大溪边路段新建工程动工，长 2.43 千米，路基宽 6 米，耗资 11.47 万元，12 月 23 日建成通车。

10 月 22 日，《丽水日报》报道：石练镇大茂坑村 9 年集资筹款 140 万元，修建公路 20 千米、桥梁 30 座。

12 月，朱(口)金(岙)公路溪口至石仓段开通，长 7.18 千米。同月，石柱至金岙段公路新建工程开工，长 4.88 千米，按简易公路标准设计，路基宽 4.5 米，由石仓村自筹资金 45.31 万元，1990 年 7 月完工。

1990 年

6 月，遂昌县航运管理所自 1982 年 5 月遂昌、松阳两县分治撤销后，重新恢复。2003 年 11 月，更名为遂昌县港航管理所，并增挂“遂昌县地方海事处”和“遂昌县航道管理所”两块牌子。

7 月，胡春水任遂昌县交通局局长、局党委书记，洪锦松退居二线。

8 月 22 日，大(路街)双(溪口)公路双坑口至馒头岭路段新建工程开工，长

3.04 千米，按四级公路标准设计，路基宽 6.5 米，耗资 58 万元，12 月 28 日完工。

9 月，湖山乡赤山和大溪边两个库区渡口购置 2 艘“三防”钢质渡船下水，开启了全县 6 个渡口木质和水泥船的全面更新。

10 月 6 日，遂昌县县乡公路段更名为“遂昌县县乡公路管理所”。2002 年 12 月，该所并入遂昌县公路管理段。

11 月 23 日，遂昌县公路路政管理队成立，建立于 1988 年 1 月的丽水地区公路总段派出所第二值勤室撤销。1999 年 6 月，更名为遂昌县公路路政管理大队。

12 月 6 日，门(阵)岭(根)公路门阵至加兰段和岭根至传济段公路新建工程开工，分别长 6.38 千米和 1.129 千米，按四级公路标准设计，路基宽 4.5 米，耗资 83.95 万元，1995 年 9 月 15 日完工。

1991 年

6 月 6 日，遂昌县人民政府决定调整县城部分道路规划，红线宽度从 16～18 米调整为 18～21 米。

7 月 29 日，遂昌县人民政府公布第一批取消行政事业性收费项目，其中交通(运输管理)类 4 项。

12 月 5 日，垵口至垵坑机耕路开工，长 6.66 千米，垵口乡自筹资金 70 余万元，1994 年 5 月竣工。

1992 年

2 月 18 日，浙江省交通厅领导到遂昌实地踏勘龙(游)丽(水)公路遂昌至龙游段路基、路面改造世界银行贷款项目。

3 月，邱林涛任遂昌县交通局局长、局党委书记，胡春水免职。

3 月 18 日，1988 年 6 月 5 日开工的龙(游)南(山)公路小马埠至上江改线工程完工，长 11.405 千米，按山岭重丘二级公路标准设计，路基宽 8.5～10 米，耗资 1243.36 万元，由浙江省公路管理局组织交工验收。

7 月 4 日，黄沙腰镇大熟村俞某无证驾驶浙 10·F0032 天目山牌三轮农用客车，从柘岱口载客 9 人驶往砾下，行经三砾线 K94＋650 处坠入落差 9 米的乌溪江，时值洪水暴涨，造成 5 人被水淹死、3 人受伤的特大交通事故。同日，发生 40 年未遇的最大洪灾，冲毁公路路基 1.076 千米，直接经济损失 62.6 万元。

7 月 10 日下午 4 时，洋条隧道收费站按丙类车辆通行费标准开始收费，2003 年 12 月 5 日 12 时，停止收费，随即撤销洋条隧道收费站。

7 月 25 日，遂昌县与金华市婺城区跨县联网公路苏村至金鸡头公路新建工程开工，长 4.17 千米，按四级公路标准设计，路基宽 6.5 米，耗资 86.17 万元，于

1995 年 12 月 30 日完工。至此，苏金线全线贯通。

10 月 13 日，龙（游）丽（水）公路北界至上江段改建工程开工，长 19.2148 千米，1996 年 1 月 15 日完工。至此，该公路遂昌县境内 27.19 千米全部铺筑水泥砼路面，达山岭重丘二级公路标准。

10 月，丽水地区汽车运输公司遂昌分公司下放至遂昌县，由县交通局管辖。12 月 17 日，改称遂昌县长途汽车运输公司。

12 月，遂昌县开展交通运输改革，允许个体户参与客运运营，始有个体短途客运。至 1994 年，全县个体长、短途客运车主剧增，城乡交通大畅，一改百姓乘车难局面。

1993 年

1 月 6 日，遂昌县运输公司陈某驾驶浙 10·F0320 杨子牌中巴车，从县城驶往松阳，11 时 55 分行经遂龙线 K2＋367 处渡船头村，因违章超车，导致被超浙 10·J0225 华西牌中巴车翻入左侧路下，造成 3 人死亡、11 人受伤、车辆损坏的特大交通事故。

5 月 17 日，遂昌县长运公司雷某驾驶浙 10·F0050 解放牌大客车，自县城载客 35 人驶往王村口，13 时 16 分行经遂龙线 K19＋956 处，空挡快速滑行，坠入左侧落差 36 米的山涧，造成 10 人死亡、6 人重伤、16 人轻伤、车辆报废的特大交通事故。

6 月 24 日，遂昌县境内暴雨，造成 50 年未遇之特大洪灾，80％交通、通讯中断，公路损坏严重，直接经济损失 1.496 亿元。

7 月，季包献任遂昌县交通局局长、局党委书记，邱林涛调离。

9 月 23 日，龙洋大桥建成通车，全长 104 米、宽 7.5 米，耗资 53 万元。

10 月 2 日，遂昌县与金华市武义县联网公路连（头）直（坑岙）公路小岱至直坑岙段新建工程开工，长 9.642 千米，按四级公路标准设计，路基宽 6.5 米，耗资 218.88 万元，1994 年 11 月 25 日竣工。至此，连直线全线贯通。

1994 年

1 月 5 日，丁口至大柘公路新建工程开工，全长 10.76 千米，耗资 194.48 万元，次年 4 月完工。至此，丁大线全线贯通。

4 月，奕山至坪头岗公路新建工程开工，长 3.2 千米，按四级公路标准设计，路基宽 6.5 米，耗资 245.07 万元，1998 年 9 月完工。

5 月，遂昌县与衢州市衢江区联网公路金（竹）牛（岭岙）公路古楼至牛岭岙段新建工程开工，长 12.58 千米，按简易公路标准设计，耗资 480 万元，1996 年 5 月完工。至此，金牛线全线贯通。

6月6日,经遂昌县人民政府批准,遂昌县长途汽车运输公司与遂昌县运输公司合并为遂昌县汽车运输总公司。次月28日,建立中共遂昌县汽车运输总公司委员会,隶属中共遂昌县交通局委员会领导。

6月13—17日,连续暴雨,降雨量13日70.3毫米、14日66.6毫米、16日24.2毫米、17日57.9毫米,全县公路损坏严重,10条线路中断交通,直接经济损失575.441万元。

7月,遂昌县第一条次高级路面庄山至金矿公路9.6千米沥青表处工程竣工,耗资158万元。

7月,遂昌县城出现第一辆载客出租小汽车,是年发展到10辆。2010年,县城共有出租小汽车27辆。

8月,刘文蔡任遂昌县交通局局长,季包献调离。10月,刘文蔡兼任局党委书记。

8月,遂(昌)龙(泉)公路K19+500~570和连(头)小(岱)公路K8+700~800陡坡地段同时铺设块石路面,是遂昌县最早的块石路面。

9月23日,遂昌县与江山市联网公路黄(脱坑口)九(牛岙)公路湖岱口至九牛岙段建成通车,长10.9千米,投资229.3万元。至此,黄九线全线贯通。

9月,遂昌县与衢州市衢江区跨县联网公路举淤口至金鸡岩公路新建工程完工,长1.2千米,按简易公路标准设计,路基宽4.5米。至此,举金线全线贯通。

12月26日,西畈乡渡口村黄某无证驾驶湖南01临8157中巴车,从西畈载客驶往黄沙腰,行经黄九线K16+650处,因驾驶不当,坠入右侧落差80米山涧,造成4人死亡、6人重伤、8人轻伤、车辆报废的特大交通事故。

1995年

5月30日,遂昌县境发生洪灾,龙(游)丽(水)公路官溪路段大塌方,7个乡镇交通中断,死亡1人。

5月31日,遂昌县人民政府决定拆建拓宽县城车站路、环城南路,7月动工。车站路(遂昌至龙泉公路)龙潭湾至飞鹤桥路段长490米,路基宽30米,路面宽20.5米,1995年11月17日完工;环城南路(遂昌至金溪公路)客运中心至先科电器公司(叶坦)路段新建工程长840米,按城市道路标准设计,路基宽24米,1995年12月完工。

8月,三(墩桥)砾(下)公路排前至大柘段公路改建工程进行招投标,是为遂昌县公路建设工程招投标之始。

10月,长濂至社后公路开工,长4.23千米,按三级公路标准设计,路基宽8.5~12米,1998年10月竣工通车。至此,长社线全线贯通。2000年10月,铺筑成沥青混凝土路面。

11月20日，三（墩桥）砾（下）公路排前至大柘段改建工程开工，长5.45千米（含西岭隧道805米），1999年6月30日完工。

11月23日，遂昌县人民政府颁布《遂昌县人力三轮车城市道路通行管理暂行规定》。

12月26日，遂昌县客运中心综合楼落成开业，建筑面积8920平方米。

是年，遂昌县城东上江大桥建成，长108米、宽22.6米，投资200.6万元，国家建设部部长侯捷题写桥名。

1996年

6月2日，江西省吉安汽运公司赣D·O0013东岳牌大客车载客77人，从温州驶往江西，20时40分行经龙丽线K43＋520风车口，因超载、快速及疲劳驾驶，坠入左侧落差8.3米的溪中，造成20人死亡、59人受伤的特大交通事故。

10月29日，遂昌县城东汽车修理部陈某无证驾驶遂昌钢铁总厂浙K·F0079东风牌大货车，从上江驶往新路湾，15时10分行经龙丽线K54＋500洋条岭路段，与浙江省外贸局浙A·17832本田牌小客车迎面碰撞，造成3人死亡、1人重伤、车辆报废的特大交通事故。

1997年

3月17日，遂昌县人民政府颁布《加强拖拉机交通安全规定》。

5月，遂昌县与江山市跨县联网公路柘岱口至关口岙公路新建工程开工，长15.124千米，按四级公路标准设计，路基宽6.5米，耗资547.52万元，2001年10月完工。至此，柘关线全线贯通。

6月11日，遂昌县人民政府制定《加快通行政村简易公路建设若干政策规定》。

6月25日，遂（昌）龙（泉）公路县城妙智堂至三墩桥段改建工程开工，长5.62千米，同年年底完成路基工程，1999年完成路面改建工程。

7月9日，遂昌县境遭遇有史以来受灾范围最大之洪灾，大暴雨造成三砾线等9条公路中断交通，水毁公路损失453.9万元。

10月7日，遂昌县人民政府决定拆建、拓宽县城东街北侧、车站路三角坛，11月动工，次年年底竣工。

10月，遂昌至杭州长途客运班车改硬座为卧铺，遂昌县始有长途客运卧铺车。

12月1日，遂昌县汽车运输总公司开通遂昌至上海长途客运班车。是时，已开通遂昌至衢州、金华、义乌、杭州、湖州、绍兴（柯桥）、路桥、宁波、温州等长途客运班车。

12月4日,湖山乡陈某驾驶浙K·F0168金芙蓉牌农用客车,载客20人(限载12人),从金竹驶往县城,10时50分行经峡北线K9+800九墅村路段,与三仁乡范某驾驶的从县城驶往湖山的浙K·F0037金芙蓉牌农用客车迎面碰撞,致使浙K·F0168车坠入落差20米小溪,造成13人死亡、7人受伤、车辆损坏的特大交通事故。

12月5日,遂昌县运管稽征所新路湾稽查站建立,至2009年1月1日停止稽查。

12月22日,在遂昌的浙江省八届人大代表和新当选的浙江省九届人大代表视察公路交通建设。

12月,遂昌县城新叶坦大桥(后改名将军桥)建成启用,全长86米、净宽18.5米,投资248万元。

1998年

1月18日,三(墩桥)砺(下)公路排前至大柘段改建工程西岭隧道试通车。

1月20日,江西省抚州汽运公司赣F·D0044大客车,从江西抚州驶往温州,5时30分行经龙丽线K54+840洋条岭路段,与江西铅山县英将乡赣E·J9675紫琅牌小客车迎面碰撞,造成3人死亡、33人受伤、大、小客车损坏的特大交通事故。

1月22日,丽水地区交通安全教育学校遂昌分校成立。

1月,丽水地区汽车运输联合总公司率先在遂昌县汽车运输总公司开展运输企业承包经营试点工作,经过对2个竞标小组的群众评议、领导评审和标的评分,由黄法雄等4人组成的小组取得遂昌县汽车运输总公司的承包经营权,自此运输企业的承包经营在丽水地区逐步展开。

7月中旬,龙(游)丽(水)公路县境洋条岭事故多发路段设置震颠式强制减速装置,强制车辆减速,以减少交通事故。

9月16日,三(墩桥)砺(下)公路三墩桥至排前、大柘至石练段改建工程开工,长17.881千米,投资5629万元,1999年5月完成路基工程,2000年12月15日完成路面工程。

10月21日,遂昌县公安局侦破浙江省公安厅挂牌的尖山寺道班(城郊养护站)系列投毒案。

12月4日,松阳县长运公司浙K·J0001半挂大货车,从龙游驶往松阳,14时15分行经龙丽线K57+179洋条岭路段,与松阳县靖居口村浙K·J0472小货车交会碰撞,造成3人死亡、3人受伤的特大交通事故。

1999 年

1月21日,浙江省交通厅副厅长张治中到遂昌县检查公路拓宽改建工作。

3月1日,江西省广丰县岭底乡张某驾驶赣E·34643五十铃小型客货两用车,载客20人,从江西驶往温州;江山市城关镇王某驾驶浙H·D2245解放牌拖挂车从江山驶往温州;龙游县李某驾驶浙H·E2143解放牌拖挂车从龙游驶往温州。零时30分三方同向驾车行经龙丽线K53+867洋条岭路段,张某驾驶的五十铃车和王某驾驶的拖挂车尾追碰撞,造成5人死亡、10人重伤、3人轻伤、车辆损坏的特大交通事故。

4月23日,浙江省交通厅副厅长张治中、公路局局长阎震一行到遂昌县视察公路改建情况。

5月18日,浙江省交通厅厅长郭学焕一行到遂昌县检查指导公路建设工作。

7月27日,遂昌县人民政府批准开辟妙高镇源口至庄山公交线路,11月开通,是为遂昌县城市公交客运之始。

12月15日,峡(口门)北(界)公路峡口门至金竹路段沥青表处工程开工,长18.8千米,次年12月14日完工。

2000 年

1月1日,遂昌县在浙江省率先开通专门接送学生的班车。

3月8日,丽水地区公路管理处遂昌公路管理段改名遂昌县公路管理段。

6月5日,遂昌县开通“农产品绿色通道”,外运农产品、动植物检疫收费减半,洋条隧道免费通行。

9月16日,遂(昌)龙(泉)公路砂改油工程开工,长48千米,耗资1654.59万元,次年11月20日完工。

9月20日,私营股份企业遂昌捷利达运输有限公司成立。

10月,新(路湾)汀(溪)公路新路湾至远路口段新建工程开工,长9.353千米,2003年12月完工。

11月22日,遂昌县第十二届人大第五次会议,选举县公路勘察设计所高初明等30人为出席丽水市第一届人民代表大会代表。

11月24日,浙江省委副书记李金明到遂昌县调研工作,考察了县运管所等单位。

2001 年

1月19日,遂昌县汽车运输总公司改制,更名为遂昌县华通汽运有限责任公司。2008年7月25日,公司股权被浙江魏氏实业(集团)有限公司完全收购。

2月,垵坑至垵坑凹公路改建工程开工,长5.3千米,按简易公路标准设计,路基宽3.5米,垵口乡自筹资金150万元,浙江省公路局补助50万元,2002年12月完工。

3月26日,遂昌县公路普查领导小组成立。第二次全国公路普查工作于12月31日结束。

7月26日,遂昌县人大常委会组成督察组,就峡口门至金竹公路砂改油工程质量问题进行督查,要求尽快返工修复,耗资15万元,于9月底修复。

8月28日,石练至王村口公路改建工程(一期)开工,长8.84千米,耗资6396万元,2005年6月完工。

9月5日,浙江省交通厅厅长郭学焕、公路局局长郑黎明到遂昌县开展公路养护体制改革调研。25日,浙江省航管局局长郑惠民到遂昌县乌溪江库区实地考察调研航渡工作。

9月23日,龙(游)丽(水)公路遂昌段一级公路改造工程可行性研究报告通过省市评审。

9月,项健任遂昌县交通局局长、局党委副书记,刘文蔡调离。12月,中共遂昌县交通局委员会撤销,改设中共遂昌县交通局党组,胡苏朝任书记。

2002年

1月7日,龙(游)丽(水)一级公路遂昌段建设工程指挥部成立。

3月16日,浙江省交通厅副厅长杨瑞丰一行到遂昌县就交通行业文明创建活动进行调研。

7月10日,遂昌县龙丽一级公路有限责任公司成立。30日,公司与中国人民银行丽水分行签约授信人民币1.8亿元。

7月19日,遂昌县林业局在三仁畲族乡开展货运索道安全检测试点工作。

8月中旬,遂昌县境连降暴雨,15日,新路湾、云峰、妙高、蔡源、焦滩等5个乡镇遭受百年未遇特大洪灾,死亡5人,遂龙线、三砾线等12条公路和14条简易公路交通中断,造成公路水毁损失1200多万元。

10月22日,石(练)王(村口)公路一期改建工程控制性项目长1450米的飞石岭隧道贯通。

12月21日,龙丽一级公路遂昌段工程举行开工典礼,全长28.98千米,总投资8.5亿元。浙江省交通厅副厅长张治中、丽水市副市长叶朝丐等出席。

12月26日,遂昌县人民政府发布《遂昌县渡口安全管理办法》,于2003年1月1日起施行。

是年,遂昌县实际完成交通基础设施建设投资1.1528亿元,相当于“九五”

期间全县交通建设投资的总和。

2003 年

1 月 4 日，浙江省交通厅厅长郭学焕一行到遂昌县调研交通工作。

3 月 5 日，遂昌县安达汽车驾驶学校有限公司成立。

3 月 7—11 日，遂昌县公路段派员对全县省道、县乡道共 644.8 千米进行全面排查，对危险点（段）易诱发交通事故的“黑点”进行登记建档，并落实整治措施。

3 月，株（树窟）北（门）公路株树窟至水阁段改建工程开工，长 2.05 千米，按二级公路标准设计，路基宽 18 米，于 2006 年 12 月完工。

4 月 18 日，浙江省交通厅副厅长薛振安一行到遂昌县调研交通工作。

6 月 8 日，遂昌县交通系统在汽车客运站门口举行“全国安全生产月”、“反三违月”宣传签名、咨询活动。

9 月 15 日，遂昌县乡村康庄工程办公室成立，为遂昌县交通局下属全额拨款事业单位。

9 月 24 日 17 时 40 分，遂昌县公路养护工程有限公司何某驾驶自卸车，在桂王线 K3＋600 路段抢修作业时，因刹车失控坠入山谷，造成 2 人死亡、6 人受伤、车辆报废的重大交通事故。

10 月 15 日，遂昌县人民政府颁发《遂昌县乡村康庄工程实施办法》。2008 年 11 月 27 日，印发《遂昌县乡村康庄工程实施办法补充意见》。

2004 年

2 月 3 日，龙丽一级公路遂昌段Ⅱ标段发生装载机倾翻事故，导致 3 人死亡。

3 月，新（路湾）汀（溪）公路远路口至白马山段新建工程开工，长 16.118 千米，2005 年 11 月完工。至此，新汀线全线贯通。水泥路面工程于 2006 年 10 月 30 日完工。

4 月 16 日，浙江省公路局局长郑黎明到遂昌县专题调研农村公路养护工作。

5 月 26—27 日，丽水市乡村康庄工程工作会议在遂昌召开。

8 月 13 日，受台风“云娜”袭击，公路冲毁、塌方 260 处，路面毁坏 40 千米，桥梁损毁 3 座。

8 月 24 日，遂昌县城龙潭路拓宽工程开工，长 1.349 千米，路基宽 24 米，路面宽 16 米，2006 年 9 月 11 日完工。

8 月，《遂昌县农村公路建设规划》（2003—2010 年）编制完成。

10 月 14—15 日，浙江省交通厅厅长赵詹奇、副厅长张治中等到遂昌调研交通规划与建设情况，丽水市副市长叶朝丐、市交通局局长李以勤陪同。

12 月 26 日，遂昌县首届交通摄影大赛开幕。

2005 年

1 月 1 日，遂昌县华通汽运公司全面更新在线营运的公交车。同日，丽水—遂昌绿谷巴士客运班车开通。

2 月 20 日，遂昌县开通全省统一的鲜活农产品运输“绿色通道”。

3 月 28 日，龙丽一级公路提升高速公路工程初步设计，获浙江省发展和改革委员会批复，工程概算为 13.97 亿元，2010 年调整为 15.856527 亿元。

4 月 20 日，遂昌县龙丽高速公路建设领导小组成立。

5 月 12—13 日，浙江省交通厅副厅长薛振安、公路局副局长杨才古到遂昌县就欠发达地区交通建设工作进行专题调研。

6 月 16 日，龙潭至梧桐公路改建工程开工，长 11.555 千米，投资 2.3 亿元。2008 年 1 月 22 日，通过交工验收。

6 月 28 日，石练至王村口公路改建工程(二期)开工，长 20.724 千米，概算 1.27 亿元。2011 年 1 月 24 日，通过交工验收。至此，石王线全线贯通。

7 月 28 日，浙江省人民政府副秘书长王小玲、省交通厅副厅长薛振安一行到遂昌调研交通建设情况。

7 月，梭溪桥至王村公路改建工程开工，长 14.043 千米，按浙江省准四级公路标准设计，路基宽 4.5～6.5 米，补助资金 166 万元，于 2005 年 12 月完工。至此，梭王线全线贯通。

8 月 1 日，遂昌县城平昌广场地下停车场和渡船头停车场投入使用，分别可停放 80 辆和 100 多辆小型汽车。

9 月 1 日，丽水市委书记楼阳生、副市长叶朝丐到遂昌县调研龙丽高速公路建设情况。

9 月 7 日，浙江省交通厅厅长赵詹奇一行到遂昌县检查高速公路建设情况。

12 月 14 日，浙江省交通厅厅长赵詹奇、副厅长张治中，丽水市副市长叶朝丐再次到遂昌检查高速公路建设工作。

9 月 16 日，遂昌县人民政府颁布《遂昌县城区街道车辆通行及停放办法》。

10 月 26 日，浙江省运管局到遂昌开展危险货物管理专项检查。

10 月，遂(昌)金(溪)公路先科电器公司(叶坦)至金溪段高速公路连接线工程开工，按二级公路标准设计，长 3.986 千米，路基宽 24～36 米，于 2007 年 12 月完工。至此，遂金线全线贯通。

11 月，遂昌县县道公路 316.7 千米硬化主体工程全部完工，总投资达 1.1 亿元，涉及 14 个乡镇的 15 条线路，县道硬化长度居全省第二位。

12月7日，浙江省公路局局长郑黎明带队就51省道创建文明样板路工作进行验收。

2006年

1月18日，浙江省交通厅春运领导小组来遂昌检查安全生产和春运准备工作。

2月7日，株(树窟)北(门)公路水阁至北门段改建工程开工，长1.104千米，按城市道路标准设计，路基宽30米，耗资1000万元，2007年8月3日完工。至此，株北线全线贯通。

3月3日，遂昌县举行“高速公路杯”三八环城接力赛，全县40支代表队、320名女运动员参加了比赛。

3月24—25日，浙江省中小学生接送车管理工作现场会暨电视电话会议在遂昌县召开。浙江省人民政府办公厅主任马林云、省教育厅副厅长张绪培、省公安厅副厅长郑兴军、省交通厅副厅长张治中等出席会议。

6月30日，石练镇柳村大桥竣工通车，长59.9米、宽16米，耗资160万元。

7月27日，浙江省委书记、省人大常委会主任习近平到遂昌县调研，视察龙丽高速公路遂昌段建设情况。

8月9日、9月2日、10月18日，浙江省副省长王永明、省交通厅总工程师卞钧霈和顾问张治中、省公路局局长郑黎明分别到遂昌县检查龙丽高速公路遂昌段建设情况。

10月15日，龙丽高速公路遂昌段主线路面完成沥青混凝土铺筑，全线贯通。

11月24日，浙江省交通厅厅长郭剑彪、副厅长薛振安、公路局局长郑黎明等到遂昌县调研高速公路建设工作。

12月7日，51省道遂(昌)龙(泉)公路被浙江省交通厅命名为文明公路，是为遂昌县首条文明公路。

12月19日，丽水市大地汽车驾驶员培训学校有限公司遂昌分公司成立。

12月30日，遂昌县隆重举行龙丽高速公路遂昌段开通暨“发现之旅”自驾车游启动庆典仪式。龙丽高速公路遂昌段主线长28.986千米，批复概算15.8565亿元，是遂昌县有史以来规模最大的基础设施建设项目。

12月31日，中共遂昌县委颁布《中共遂昌县委、遂昌县人民政府关于对县交通局进行嘉奖的决定》。

2007年

3月，双(坑口)阳(扒凹)公路石笋头至阳扒凹段旅游公路(含支线金岙至金岙门5.667千米)开工,长13.675千米,耗资2629万元,2010年4月完工。至此,双阳线全线贯通。

8月14日,遂昌县人民政府与江山市人民政府在江山市举行交通事业对接交流会。

8月15日,遂昌县人民政府召开遏制重特大道路交通事故动员大会。

9月,李美顺任遂昌县交通局局长、局党组副书记(12月兼任书记),项健免职。

11月18日,黄某驾驶浙K·U0712正三轮摩托车,搭乘3人从西畈乡湖岱口村驶往焦滩乡,10时30分行经黄九线K25+265路段,坠入公路左侧,造成3人死亡、车辆受损的重大交通事故。

11月22—23日,浙江省交通档案业务协作组会议在遂昌县召开。

12月13日,浙江省交通厅副厅长、公路局局长李良福到遂昌县检查指导交通工作。

2008年

1月10日,遂昌县城新增大毛头至株树窟(3路)、兴居花园至茗月山庄(4路)两条公交客运线路。

1月17日,浙江省交通厅副厅长郑黎明到遂昌县检查春节运输准备工作。

1月28日,连续数日低温雨雪,受50年未遇的冰冻雨雪天气影响,遂昌县境内2条省道、14条县道、所有乡村公路冰雪封道、中断交通,雪阻里程500余千米,造成经济损失346万元。

2月21日,随着县道新(路湾)汀(溪)公路的恢复通车,遂昌县境内所有因冰雪封阻的公路全部恢复通车。

3月14日,丽水市机动车辆安全检测站遂昌检测线开检,遂昌籍机动车从此可就地定期检验。

3月16日,翁某驾驶浙K·04801彪马牌大型拖拉机,搭乘2人从垵口乡大山村驶往遂昌县城,13时20分行经遂龙线K24+800路段,碰撞公路右侧防护墩,翻入落差20余米的水库中,造成3人死亡、车辆损坏的重大交通事故。

3月22日,“2008中国奥运旅游年丽水启动仪式暨丽水人游遂昌、丽水至遂昌旅游直通车发车式”在丽水市行政中心广场举行,首批600多名游客乘19辆大巴车到遂昌旅游。

4月,岚岚花木场捐赠3万株苗木绿化遂昌县境内农村康庄公路100千米。

6月12日,浙江省欠发达重点地区竹林道路示范工程建设现场会在遂昌召开。

7月3日,史某驾驶豫P·71636大型货车,搭乘2人从绍兴市驶往王村口,

1时40分行经龙丽线K54+240路段，车辆侧翻与右侧防护墙碰撞，造成3人死亡、车辆损坏、防护墙6处损坏的重大交通事故。

7月9日，浙江省交通厅“惠民送服务”农村公路建设技术讲座在遂昌县举行。

8月22日，浙江省农村公路建设民主恳谈会在遂昌县召开，浙江省交通厅副厅长、省公路局局长李良福和省公路局副局长杨才古与会。

9月23日，遂昌县公路危桥改造工程全面开工，改造范围为50省道龙丽线、51省道遂龙线、县道三砾线的19座桥梁，预算总投资211.06万元。

10月8日，浙江省交通厅副厅长王德宝率省公路局、省港航局、省运管局、省交通规划设计研究院等部门领导到遂昌县调研交通基础设施规划建设工作。

10月30日，遂(昌)龙(泉)公路上江至三墩桥段改建工程举行开工典礼。该工程长9.963千米，桥5座、隧道4座，预算1.985亿元，2012年1月16日通过交工验收。

11月26—27日，浙江省交通厅副厅长王洪涛、公路局副局长杨才古到遂昌县调研农村公路建设工作。

12月13日，遂昌县城车站路改造工程开工，全长1031米，耗资1200万元。次年11月竣工。

12月29日，浙江省2008年公路财务决算编制工作会议在遂昌县召开。

是年，实施客运渡船更新改造工程，12艘木质、水泥渡船更新为钢质船，2009年完成。至此，全县实现客运渡船全部钢质化。

2009年

1月9日，黎某驾驶浙K·F0538低速货车，驾驶室搭乘2人、车厢搭乘20人，从高坪乡驶往茶树坪村岙背，12时50分，行经洋麻畦路段驶出路基，侧翻入高14米的山坡下，造成2人死亡、10余人受伤、车辆损坏的重大交通事故。

1月，石练镇黄皮至千佛山景区旅游公路新建工程开工，长8.40千米。同年12月30日，路基工程完工。

3月5日，浙江省副省长王建满一行到遂昌县调研农村公路建设和“十小”行业整治和规范工作。

4月22日，石(练)王(村口)公路改建二期控制性工程甲门潭大桥架通，桥长215米、高40米、宽8.5米，预算总投资510万元。

6月1—2日，遂昌县摩托车检测站通过浙江省质监局计量认证资格许可。

9月2—3日，乌溪江大桥建设工程、峡口门至湖山至金竹公路改建工程初步设计通过省市评审。次年10月24日，乌溪江大桥(主跨260米)施工图设计审查和安全风险评估会议在杭州召开，经专家组评审通过审查。2011年11月1

日开工。

9月17日,浙江省公路局在遂昌召开51省道王村口至老虎跳路段公路改建工程审查会,通过了该工程初步设计方案。

12月28日,峡(口门)北(界)公路峡口门至湖山至金竹段改建工程开工。浙江省交通运输厅副厅长、公路局局长李良福宣布开工。工程按二级公路标准设计,长15.96千米,建成后缩短里程8.72千米,概算投资3.8051亿元。

2010年

1月,周瑞琛任遂昌县交通局局长、局党组书记,李美顺调离。

1月25日,遂昌县神剑大型停车场建成投入使用。该停车场位于金岸村,离县城区约5千米,占地面积2万余平方米,可停放大小货车230余辆。次年1月停止使用。

2月10日,遂昌县启动汽车驾驶员科目(驾照理论)考试系统。

2月27日,浙江省自行车行业协会理事长张顺荣等到遂昌县,就自行车环浙江行活动和自行车产业投资等工作进行对接和考察。4月1日,浙江自行车车队成立暨遂昌自行车环浙江行启动仪式在遂昌县城平昌广场举行。

4月12日,遂昌县各单位开展“周一无机动车日”活动。

4月23日,浙江省交通运输厅副厅长王德宝到遂昌县调研指导工作。

6月10—12日,浙江省公路局副局长杨才古到遂昌县督察农村公路建设情况。

6月17—21日,遂昌县境持续5天暴雨,12条县乡公路受损,农村康庄公路塌方、损毁100多处,计20余千米。

7月13日,遂昌县乌溪江水库大溪边交通码头和黄泥岭交通码头工程初步设计审查会议在遂昌县召开,经专家组审查,通过评审。

7月15日,遂昌县城区停车泊位开始实行计时收费管理。共计9条街道、610余个停车泊位,收费标准为一类区4元/小时、二类区2元/小时。

9月9日,51省道遂昌县王村口至老虎跳段公路改建工程开工典礼在龙洋乡举行。工程全长13.487千米,按二级公路技术标准设计,概算投资2.1452亿元。

10月15日,浙江省港航养护与航政管理工作座谈会在遂昌召开。省港航局与全省12个地市港航、航道管理部门负责人出席会议。

同日,遂昌县云峰镇墩头至门阵公路建设工程一阶段施工图设计方案通过审查,工程全长25.75千米,按准四级公路标准设计,估算投资4000万元。次年1月22日开工。

10月28—29日,交通运输部办公厅主任杨咏一行到遂昌县考察交通运输工作。

11 月 6 日，林某驾驶浙 K·F8316 马自达轿车从遂昌三仁乡驶往妙高镇，20 时 50 分，行经遂龙线 K9+600 路段，与唐某驾驶的电动三轮车（搭乘 1 人）发生碰撞，造成 2 人死亡、两车受损的重大交通事故。

11 月 12 日，铁道部副部长陆东福带领相关人员到遂昌县，就衢宁（浙江衢州—福建宁德）铁路项目建设沿途走向、站址选择等进行实地调研。

第一篇

陆路交通

第一章　陆　路

第一节　古　道

唐宋前，因资料阙失，遂昌县境古道详情已难于闻见。明清年间，境内乡际、县际乃至省际古道和通京大道，已具网络。惟道路崎岖，行旅艰难。

一、通京大道

温州官路　明、清的驿道，均以北京为中心，通往各省区。清代称为官马大路、官马支路。清初，浙江除有五条主要官马大路外，尚有天台官路和温州官路两条官马支路。顺治八年(1651)，为了攻闽及围攻郑成功，闽浙总督驻衢州，将温州官路改走遂昌，由衢州、龙游越遂昌青云岭在松阳下瓯江经丽水至温州，遂昌境内陆路60里。但为时不久，驿道仍走兰溪、金华、永康、缙云、丽水至温州。清光绪《遂昌县志》载："由县至省九百三十里、至京师四千七百八十里。"

二、省际通衢

遂昌至福建浦城间道　出遂昌城西阜成门，经大柘、石练、王村口、黄沙腰、柘岱口至砾下入福建浦城境，陆路距浦城县城约260里，系古代一条军事要道。也可走遂昌至龙泉大路，距浦城县城路程相仿。

三、府县大路

遂昌至松阳大路　出遂昌县城东迎恩门，跨东关桥，经叶坦、二都街、金岸至资口入松阳境，陆路距松阳县城60里。至处州(丽水)府治陆路180里。在松阳下松阴溪乘船则更为便捷。

遂昌至龙泉大路　出遂昌县城西阜成门，经吴乐、枫树坪、大山、根竹口、徐村，至坝头界桥入龙泉境，陆路距龙泉县城180里。

遂昌至江山大路 出遂昌县城西阜成门,经大柘、石练、王村口、黄沙腰、湖岱口、独坑,至独坑岙入江山境,陆路距江山县城230里。

遂昌至衢州大路 出遂昌县城西阜成门,经大柘、石练、湖山、奕山,至龙鼻头入衢县境(今属衢州市衢江区),陆路距衢州府治170里。在湖山经乌溪江水路则更为便捷。

遂昌至龙游大路 系遂昌通京城的官马大路之一段。以遂昌县城北朝天门为起点,跨济川桥,过株树窟,越侵云岭,达小马埠经新路湾、官溪,至北界入龙游境,陆路距龙游县城120里。该路为遂昌重要交通路线,历朝曾多次修筑。据清雍正《浙江通志》载:明天顺四年(1460),龙游县令王瓒以县南大虹桥山岩高险,阻塞难行,凿石造桥,成为通途。

遂昌至龙游古道官溪段(摄于2008年10月8日)

遂昌至汤溪大路 出遂昌县城东迎恩门,经金岸、大桥、龙口、祥川,越郑岗岭至门阵入汤溪境(今属金华市婺城区),陆路至汤溪县城150里。也可走小马埠、桐川、砝头背、金鸡头,至鸡窝凹入汤溪境,路程相仿。至金华府治200里。现保存较为完好的祥川村桑突头至岭根村传济的郑岗岭古道,长约8千米,块石铺砌,最宽处2.2米,最窄处0.8米,大部分路宽在1.0～1.4米。沿山间田垅盘旋,平均坡度为30°,郑岗岭段有近千米台阶坡度达45°～50°。沿途尚存路亭3座,摩崖1处,庙宇2处。

遂昌至宣平大路 出遂昌县城东迎恩门,经金岸、龙口、下马,越天堂岭、九盘岭至大坪田入宣平境(今属武义县),陆路距宣平县城140里。

遂昌至宣平古道小岱段(摄于2008年4月16日)

上述通京、省、府、县等古道,路宽均为1～2米,路面基本上用天然河卵石或块石铺砌,也有用条石或块石铺砌的磴道。遂昌县城至各乡、乡际和村庄之间也都有道路相通，路宽则均在 1 米以下，路面为泥石路。今除个别村与村之间的路段尚有村民行走外，都已为公路所替代。

四、邮驿

古代的邮驿是官办的交通设施，作用有：通信联络，文书传递；供给官使交通工具和途中膳宿；运送官物。始于秦汉、盛于唐宋。唐朝通途大道 30 里设驿，非通途大道 60 里设馆，后皆沿用之。“馆”是宾馆性质，接待各地官员差使住宿，一般情况不提供交通工具；“驿”有通信递送文件，接待过往官员使客住宿，并有递送贡物等多种事务，陆驿有车有马有轿，但清以后不再递送文书，而由“急递铺”传送。驿以轿代马，始于南宋。遂昌多山，适于用轿。

明初，朱元璋下诏为官不得乘轿，后来情况变化了，尤其如遂昌地处山区，不便骑马。县与县之间的递铺路线上设有公馆，明代遂昌县境有文献记载的三处公馆：

饭堂公馆 在十四都(今垵口乡大山)，距县城 60 里。

鼓楼公馆 在十四都(今垵口乡鼓楼)，距县城 90 里。

瞻华公馆 在邑北(今北界镇)，距县城 40 里。明万历年间，知县钟宇淳初建。

清代的邮驿是在明代公馆的基础上建立起来的。“邮”是步递，负责传递文书，主要是地方府县之间的文书；“驿”是设于步递途中的交通站，为过往使差提供饍宿、交通工具。急递铺始设于宋，后为元、明、清各朝沿袭。10 里设铺，每铺设铺长 1 人，司兵多则 4～5 人，少则 1～3 人，步行接力递送，日行 300 里。明以后县所在地的急递铺称“县前铺”。清代专司传送地方和朝廷的寻常文书，严禁役使铺兵挑送其他官物及行李。遂昌地处偏僻，路线不属冲要干道，清光绪时仅有急递铺三处：

县前偏僻急递铺 在县城，有司兵 3 名。

杭头偏僻急递铺 在渡船头，距县城 5 里，有司兵 3 名。

咨口偏僻急递铺 在资口，距县城 20 里，有司兵 3 名。

清代后期急递铺裁减较多，遂昌仅保留以上通往处州府一路有急递铺。与周边县的路线，因不同府属，没有文书往来，均裁去。清代全国驿政归兵部车驾清吏司掌管，各省驿传归按察使兼管，按察使之下有驿传道主其事。浙江原设有驿传道，康熙四十九年(1710)裁去。巡简司系驿传道下属管理机构，设在遂昌十二都马步(今新路湾镇小马埠)巡简司也予以裁省。驿政归并盐运司兼管，称为盐驿道。清康熙年间，全县设有马快 8 名、轿伞扇夫 7 名，工食银每年每名 6 两，而司兵的工食银要低很多，9 名司兵每年 37 两，每人仅银 4 两 1 钱 1 分。

清光绪二十二年(1896),大清邮政总局成立,电报电话与邮政发展,邮驿逐步消失。民国元年(1912)5月30日,国家交通总长施肇基呈大总统裁撤驿站,同年浙江全省裁撤所有驿站。

第二节 公 路

一、高速公路

高速公路是专供汽车分向、分车道行驶,全部控制出入并立体交叉的多车道高等级公路,一般可分为四车道、六车道和八车道三类。遂昌境内建成的第一条高速公路为龙游至丽水高速公路遂昌段,四车道、长28.986千米,是遂昌县连接外部的快速通道。

龙丽温高速公路遂昌段 龙丽温高速公路原称龙丽高速公路,2010年3月,浙江省高速公路网路线重新命名,原杭新景高速公路龙游支线(37.110千米)和原龙丽高速(119.582千米)合称为龙游—丽水—温州高速公路,简称龙丽温高速公路,编号为S33。起点为建德市寿昌互通,与杭新景高速公路相接,途经建德市、龙游县、遂昌县、松阳县、莲都区、云和县、景宁县、泰顺县,终点温州市。其中云景泰路段尚未通车。

该线起自遂昌县与龙游县交界处渡船头(桩号K71+854),经北界、新路湾、妙高、庄山,终于界首与松阳县相接(桩号K100+840),长28.986千米。按高速公路标准设计,全封闭全立交,路基宽23米,双向四车道,沥青砼路面。设计行车速度每小时80千米(青云岭隧道每小时60千米),车辆设计荷载(设计荷载,是指设计公路桥涵或其他受车辆影响的构造物所用的车辆荷载,分为计算荷载和验算荷载两种。计算荷载的汽车车队分为汽车—10级、汽车—15级、汽车—20级和汽车—超20级四个等级,车辆按总重分级,如主车总重为10吨的车辆[包括重车为15吨],以汽车—10级[简称汽—10]表示,主车总量为15吨的车辆[包括重车为20吨],以汽车—15级[简称汽—15]表示,余类推。为检验特重车辆通过桥涵的安全性,规定了验算荷载,分为50吨履带车[简称履带—50],80吨、100吨和120吨平板挂车[简称挂—80、挂—100和挂—120]等四种)汽—超20、挂—120,地震基本烈度(地震基本烈度,是指地震引起的地面震动及其影响的强弱程度。当以地震烈度为指标,按照50年超越概率10%的风险水准,对全国进行地震烈度区划,编制成地震烈度区划图,并作为建设工程抗震设防依据时，区划图可标志烈度便称之为“地震基本烈度”）6度，建有大桥17座3108.94延米（延米，即延长米，是用于统计或描述不规则的条状或线状工程的工程计量。延米并非法定计量单位，而是在某些工程领域的一种统计或计算价格时的长度计量习惯方式。在公路工程统计或计算价格时计量单位通常是1米，所以1个延米就是1米），中小桥38座1852.28延米，分离式隧道1座单洞2165米，联体式隧道5座1052延米。设北界、新路湾、遂昌、遂昌东4处互通立交，并设置收费站，设有遂昌停车区1处，房屋建筑面积16240平方米。于2003年1月开工，2006年12月30日交工通车。

二、省道公路

省道是连接省内中心城市和主要经济区的公路，以及不属于国道的省际的重要公路。2010年，遂昌县有省道2条（不含高速公路省道），共计85.544千米，分别是50省道龙丽线27.864千米和51省道遂龙线57.68千米，是遂昌县连接外地的主要通道。

省道龙丽线（摄于2009年10月2日）

龙丽线　龙丽线系指龙游至丽水公路，原称龙（游）南（山）公路，又称碧（湖）龙（游）公路。起点为龙游县南与兰（溪）贺（村）公路K36＋320相接，终点原为丽水县碧湖镇与53省道丽（水）浦（城）公路K20＋380相接，1990年一度延伸至丽水城西桃山大桥，2000年12月全国公路普查后，终点仍改为丽水市莲都区碧湖镇南山与53省道丽浦线K21＋720相接，全长130.76千米。2010年8月用GPS重新测设后里程为132.113千米。遂昌境内自马戍口（K35＋836）入境，由北向东南途经北界、新路湾、小马埠、上江、金岸、庄山，于资口（K63＋700）入松阳县境，境内公路长27.864千米。1982年7月收编为浙619省道，1990年5月线路编号改为S250，简称50省道，2001年又改为S222，但无论习惯上还是正式文件仍称50省道。

民国35年（1946）6月，抗日战争胜利后，碧龙公路从丽水县碧湖镇延伸至温州市永嘉县，交通部公路总局编列为127号永嘉龙游国道路线。民国36年（1947），浙江省公路局重新划定为206号龙（游）温（州）国道路线。

该线是在遂昌至龙游和遂昌至丽水古道的基础上建设的，是经过遂昌县境内的第一条公路。民国23年(1934)8月19日开通遂昌至松阳公路。民国28年(1939)9月建成龙游溪口至遂昌金岸段单车道，次年5月完成拓宽双车道，龙丽公路全线贯通。民国31年(1942)至38年(1949)5月，因战乱屡次遭破坏，直至1951年6月全线恢复通车。1954年全线木梁木面桥梁改造为木梁三合土面桥梁。1961年开始，木梁三合土面桥梁逐步修建成石拱、钢筋混凝土板梁等永久性桥梁，至1976年全部改造完毕。1984年8月，金岸至界首路段路基改造工程开工，长4.315千米，按山岭重丘二级公路标准，路基宽10米，泥结碎石路面宽7米，新建和拼宽桥梁各一座，1986年12月完工，耗资25.62万元。1986年9月，按山岭重丘二级公路标准对新路湾1千米路段进行穿村改道，1987年4月竣工后的路基宽10米，泥结碎石路面宽7.5米，新建斜桥1座，耗资29.44万元。1987年8月5日，北界至兰头铺路基改造工程开工，长3.18千米，按山岭重丘二级公路标准，路基宽8.5～10米，泥结碎石路面宽6.0～7.5米，同年12月完工，耗资51.67万元。1988年11月，对新路湾0.513千米穿镇路段进行路面改造，竣工后的水泥混凝土路面宽8米，混凝土面层厚20厘米，耗资15.5万元。

1988年，该线遂昌境内36.35千米，除8.32千米为二级公路外，其余均为四级公路，路面除0.513千米为水泥混凝土路面外，其余均为泥结碎石路面。

1988年6月5日，该线小马埠至上江段(K51＋876～K63＋281)公路改建工程开工，长11.405千米，含长638米隧道一座。遂昌县上江至小马埠公路改建工程指挥部实施，浙江省交通厅设计院设计，遂昌县交通局工程队、仙居县交通工程公司、核工业部华东基础工程总公司、丽水地区公路总段工程队等单位施工。按山岭重丘二级公路标准设计，路基宽8.5～10.0米，路面宽7米，全线转角43个，平曲线最小半径60米，最大纵坡6.27%，最短坡长180米，桥涵设计荷载汽—20、挂—100，隧道净宽7＋2×0.75米，小桥涵与路基同宽。完成挖方356558立方米，填方357599立方米，挡墙80858立方米，护坡11612立方米，隧道1座638米，桥梁4座120.2延米，涵洞95道1667.1延米。征用土地18.436公顷，拆迁民房5563.26平方米。1992年3月19日完工，耗资约1200万元。改建后，原金龙线金岸至上江(K0＋000～K1＋420)并入龙丽线，龙游到丽水里程缩短9.5千米，龙游到遂昌县城里程缩短10.3千米。

1989年9月，该线北界段路面改建工程开工，实施桩号K41＋637～K43＋637，长2千米。由遂昌县人民政府贴息贷款，按平原微丘二级公路标准，路基宽12米，水泥混凝土路面宽9米、厚20厘米，基层为15厘米厚级配砂砾。1990年4月完工，耗资71.01万元。

1990年3月，该线新路湾至小马埠段路基改善工程开工，长1千米，按山岭重丘二级公路标准设计。丽水地区公路总段工程队施工，1991年2月完工。

1992 年 10 月 13 日,该线北界至上江段(K40+800～K63+288)公路改建工程开工,长 19.2148 千米。其中兰头铺至新路湾段路基工程由遂昌县交通工程公司和遂昌公路管理段分段承包施工,路面工程由遂昌公路管理段承包施工;新路湾至上江段路面改造工程由地区公路管理处工程队和公路实业总公司分段承包施工。按山岭重丘二级公路标准设计,路基宽 10～12 米,桥梁设计荷载汽—20、挂—100,桥面宽 9+2×0.5 米,隧道净宽 9+2×0.5 米。新建大桥 1 座 111.6 米(后变更为中桥),中桥 9 座 571.13 延米,小桥 2 座 29.47 延米,隧道 2 座 297 延米,涵洞 52 道。水泥混凝土路面宽 7～9 米,混凝土面层厚 22 厘米,基层为 15 厘米厚水泥稳定砂砾。投资 1859.55 万元。1994 年 10 月 25 日,该线金岸至界首段(K64+708.4～K68+400)公路路基路面改建工程开工。长 3.707 千米,由遂昌县交通局工程公司和遂昌县路桥建设工程公司承建施工(路面工程后由遂昌公路管理段完成)。按二级公路山岭重丘标准,路基宽 10～12 米,桥梁设计荷载汽—20、挂—100,桥面宽 9+2×0.5 米。新建中桥 1 座 76.74 米,小桥 1 座 19 米,涵洞 10 道。水泥混凝土路面宽 7～9 米,混凝土面层厚 22 厘米,基层为 15 厘米厚水泥稳定砂砾。投资 425.16 万元。以上两项工程同时于 1996 年 1 月 15 日完工,竣工里程合计 22.9218 千米,缩短里程 0.82 千米。至此,该线遂昌境内路段全部已按二级公路标准改建完成,路面全部为二级加宽的水泥混凝土路面,全长 27.79 千米。

2002 年 9 月 15 日,该线 K45+530～K48+530 路面大修工程开工,长 2.8 千米。按山岭重丘三级公路标准设计,路基宽 10 米,路面宽 7 米。路面结构(路面结构,按照层位及其作用可分为面层、基层和垫层三个主要层次。有的路面只采用面层和基层两个结构层,甚至有只采用一个面层的结构。面层位于路面的最上层,是表征路面使用品质的结构层,可分为面层上层和面层下层,以及磨耗层和联结层,面层材料有水泥混凝土、沥青混凝土、各种沥青处治的碎石和砾石材料、掺土的砂砾或碎石混合料与块料等。基层位于面层之下,其作用是承受由面层传递来的车辆垂直压力,并把它均匀扩散分布到下面的垫层或土基上,高等级公路上,基层多分两层铺筑,下层称底基层,可用廉价的当地材料,上层用强度较高的材料。垫层是为改善土基水温状况、提高土基强度、防止路面不均匀冻胀和翻浆,以及为防止路基土挤入基层影响其稳定性而设于基层和土基层之间的结构层,垫层材料须具有良好的水稳性,以及必要的透水或隔热性能,按作用不同亦称为隔离层、排水层、防冻层或隔温层)采用局部路段原板换除+20 厘米水稳基层+22 厘米水泥砼面层。由衢州市衢江交通建设工程有限公司施工,2002 年 12 月 15 日完工,耗资 284.43 万元。

2004 年 9 月 24 日,该线北界至新路湾路段干线畅通工程开工,长 10.3 千米。按二级公路标准设计,路面结构采用原水泥混凝土板破碎后换 15 厘米级配砂砾基层＋20厘米水稳基层＋透层及封层＋10厘米沥青混凝土面层。浙江大地交通工程有限公司承建，其中包括北界穿镇路段改线工程1千米，投资2107万元，2005年12月完工。期间，龙丽线洋条岭路段路面整治工程2.3千米，投资400万元，也于2005年12月同时完工。

2005年11月，因龙(游)丽(水)高速公路建设需要，50省道龙丽线恢复工程开工。建设单位为龙丽高速公路遂昌段建设指挥部，设计单位为浙江省交通规划设计研究院，施工单位分别为广东中人企业(集团)有限公司承建新路湾段(K45＋519～K46＋519)，长1千米；遂昌县公路管理段承建小马埠段(K46＋519～K47＋899)，长1.38千米；浙江省交通工程建设集团有限公司承建小马埠至大马埠段(K47＋899～K49＋939)，长2.04千米(短链24米)；浙江省宏途交通建设有限公司承建庄山至界首段(K61＋077～K63＋700)，长2.624千米。新路湾和小马埠至大马埠段3.04千米，按山岭重丘二级公路标准，路基宽10米，路面宽9米，桥梁设计荷载汽—20、挂—100，桥涵与路基同宽。路面结构为10厘米厚沥青混凝土面层(4cmAC—13C沥青砼＋6cmAC—20C沥青砼)＋透层及封层沥青＋20厘米厚水泥稳定碎石基层。小马埠段1.38千米，基层为原水泥混凝土路面破碎压实，上面加铺10厘米厚沥青混凝土面层(4cmAC—13C沥青砼＋6cmAC＋—20C沥青砼)。庄山至界首段2.624千米采用山岭重丘一级公路标准，路基宽22.5米，路面宽20米，行车道中间设绿化隔离带1.5米，桥梁设计荷载汽—20、挂—100，桥涵与路基同宽。路面结构同样为10厘米厚沥青混凝土面层＋透层及封层沥青＋20厘米厚水泥稳定碎石基层。该工程全长7.044千米，耗资3892万元，2006年12月完工通车。

2005年6月16日，遂昌县龙潭至梧桐公路改建工程开工。全长11.555千米。总投资2.3亿元。其中该线上江至庄山路段(施工桩号K3＋000～K6＋420)，长3.42千米。浙江省交通厅批复龙梧公路主线采用二级公路标准建设，桥涵设计荷载标准汽—20、挂—100。桥涵与路基同宽。设计行车速度每小时60千米。龙潭至庄山路基宽17米，路面宽14米。遂昌县人民政府结合城市总体规划和东城工业园区建设，路基加宽至24米(其中1千米路基宽36米)，机动车道16米，人行道两边各4米，已达到一级公路标准。路面结构采用20厘米厚水稳底基层＋20厘米厚水稳基层＋24厘米厚水泥砼面层。由遂昌县龙潭至梧桐公路改建工程指挥部建设，中国公路工程咨询监理总公司设计，浙江天宇交通建设集团有限公司施工，杭州市公路工程监理咨询公司监理。路基、路面主体工程于2007年2月完工先行通车。

遂龙线 遂龙线系指遂昌至龙泉公路，原称金(岸)梧(桐口)公路，1985年因紧水滩水库淹没，终点改由龙泉市村头经牛门口至龙泉县城而称金(岸)龙(泉)公路，1992年因龙(游)丽(水)公路小马埠至上江段改线，起点改为遂昌上江与龙丽线K57＋800相接，终点至龙泉市东大桥与53省道丽（水）浦（城）公路K122＋200相接，称遂（昌）龙（泉）公路。2010年8月，用GPS重新测设后，终点调整至龙泉市环城东路与丽浦线K123＋400相衔接，全长108.606千米。遂昌境内以上江为起点，由东向西，经渡船头、遂昌县城、三墩桥、大山、根竹口、黄砝口至坝头（K57＋680）入龙泉市境，境内公路长57.68千米。1982年7月收编为浙620省道，1990年5月改线路编号为S251，简称51省道，2001年又改为S227，但无论习惯上还是正式文件仍称51省道。

省道遂龙线（摄于2010年5月11日）

该线是在遂昌至龙泉古道基础上建设的。民国22年（1933）筑成遂（昌）松（阳）公路金岸至县城段6.58千米，民国29年（1940）6月筑成遂（昌）湖（山）人力车路遂昌至三墩桥段6.22千米。1958年1月，动工兴筑遂昌至桂洋公路，称城（关）桂（洋）公路，全长42千米。该路线有18千米经过悬崖绝壁，海拔1000米以上，跨越155道溪河山沟，为全省最艰巨的山区公路工程。施工中发生伤亡事故17起，死3人，重伤23人。耗资58.4万元，于1959年12月完工。1965年1月，黄砝口至桂义岭段2.666千米建成。1965年3月开始修筑遂（昌）龙（泉）公路桂义岭至坝头段9.3千米，按山岭重丘三级公路标准设计，至1966年4月，遂龙公路全线贯通。1969年7月20日，遂昌至黄砝口段38.85千米由于路线标准低，质量较差，路基拓宽和弯道改善工程开工，将飞鹤桥沿南溪而上至尖山脚段改道经遂湖公路三墩桥衔接原线，计1.5千米。1970年6月完工，耗资76.4万元。改善后路基最狭地段宽5.6米，弯道处宽12米，全线始达到等级公路标准。1984年6月，按山岭重丘三级公路标准，完成了根竹口路段1.24千米穿村改线工程，改线后的路基宽8.5米，路面宽7.5米，耗资18.3496万元。1985年12月，按山岭重丘三级公路标准，完成了金岸至县城段6.1千米的路基拓宽工程，拓宽后的路基宽10米，路面宽7.5米，耗资29.7266万元。1978年至1986年，金岸至县城北门7.39千米浇筑成水泥混凝土路面，路面宽7～9米，混凝土面层厚20厘米，耗资62.2万元。

1988年，该线遂昌县境60千米，除17.93千米为三级公路外，其余为四级公路；路面除7.39千米水泥混凝土路面外，其余均为泥结碎石路面。

1995年7月,该线龙潭湾至飞鹤桥头(三角坛)路段拓宽改建工程开工,全长490米,由遂昌县建设局建设,遂昌县建筑工程公司施工,路基宽30米,混凝土面层厚20厘米,四车道双向通车,路面宽20.5米,人行道各边4.75米,行车道中间辟1.5米宽绿化隔离带(2007年撤除),1995年11月17日完工。1997年6月25日,县城妙智堂至三墩桥公路改建工程开工,全长5.62千米,由遂昌公路管理段、遂昌县交通局工程队和龙泉市交通工程队分段承包施工。按山岭重丘三级公路标准,路基宽10.5～12.0米,桥梁设计荷载汽—20,挂—100,桥面净宽9+2×0.5米,小桥涵与路基同宽,同年12月24日完工。1999年1月10日,妙智堂至三墩桥路面改造成水泥混凝土路面,长5.6千米,由遂昌县交通局工程公司承包施工,路面宽9米,混凝土面层20厘米,耗资357.58万元。1997年11月,三角坛至北门段1.03千米改建工程由遂昌县建设局负责建设,至1998年底因拆迁等问题仅完成约300米,路基宽21米,路面宽14米,混凝土面层厚20厘米,人行道各边宽3.5米。

该线大规模路面改造始于2000年,工程分两期实施。一期工程K10+500～K39+700,全长29.2千米,按山岭重丘四级公路标准,路面宽5.5米。路面结构根据纵坡大小分两种:大于6%地段采用2.5厘米上拌+4厘米下贯面层+15～20厘米水泥稳定砂砾基层+平均10厘米级配碎砾石调拱层;小于6%地段采用3厘米细粒式沥青混凝土表处+15～20厘米水泥稳定砂砾基层+平均10厘米级配碎砾石调拱层。一标K10+500～K24+500由浙江省八咏公路有限公司承建。二标K24+500～K39+700由松阳县路桥工程有限公司承建。2000年6月16日开工,同年12月10日完工,耗资896.4万元。二期工程K39+700～K58+500,全长18.8千米(含城尖线1.228千米混凝土路面),技术标准和路面结构与一期工程基本相同,由缙云县路桥工程公司承建。2001年5月20日开工,同年11月20日完工,耗资758.19万元。

2004年8月24日,该线龙潭路段拓宽改建工程开工,由遂昌县城市建设发展有限公司建设,浙江省广厦市政工程有限责任公司承建。按城市次干道Ⅱ级标准,设计荷载城—B级,全长1349.01米,路面宽16+2×4米,路面结构为22厘米水泥混凝土面层(抗折强度≥4.5MPa)+25厘米5%水泥稳定砂砾基层+20厘米天然砂砾垫层。2006年9月11日完工,耗资938万元。

2005年6月16日,遂昌县龙潭至梧桐公路改建工程开工,全长11.555千米,其中该线上江至龙潭路段(施工桩号K0+000～K3+000),长3千米。主线采用二级公路标准建设,桥涵设计荷载标准汽—20、挂—100,桥涵与路基同宽,设计行车速度每小时60千米,龙潭至庄山路基宽17米,路面宽14米。遂昌县人民政府结合城市总体规划和东城工业园区建设,路基加宽至24米,其中机动车道16米,人行道两边各4米,已符合一级公路标准。该工程由遂昌县龙潭至梧桐公路改建工程指挥部负责实施，中国公路工程咨询监理总公司设计，浙江天宇交通建设集团有限公司施工，杭州市公路工程监理咨询公司监理。路基、路面主体工程于2007年2月完工先行通车。

2008年12月30日，该线火柴厂至北门桥（妙智堂）段路基拓宽及路面改造工程开工，由遂昌县城市建设开发有限公司建设，浙江振进市政工程有限公司施工。浙江大学建筑设计研究院设计，按城市次干道Ⅲ级，设计速度每小时30～40千米，路基宽21～23米，行车道宽16～18米，人行道宽2.5～3.5×2米，全长1.031千米。路面结构采用4厘米厚AC13L细粒式沥青砼＋8厘米厚AC25L粗粒式沥青砼＋30厘米厚5%水泥稳定土＋20厘米厚天然砂砾土基层。人行道路面结构采用5厘米彩色预制人行道板＋2厘米厚M10砂浆找平＋12厘米厚5%水泥稳定土基层。2009年11月竣工，预算投资1200万元。

2008年12月25日，该线上江至三墩桥段公路改建工程开工，长9.963千米。起点为上江与遂龙线K0＋995相衔接，经渡船头、水阁、半路亭、内庄，终点为三墩桥与三砾线K0＋550相接。按二级公路标准设计，设计时速60千米，路基宽12米、路面宽10.5米，桥涵与路基同宽，隧道净宽11米，净高5米，桥涵设计荷载公路—Ⅱ级，大中桥设计洪水频率1/100，小桥涵洞及路基设计洪水频率1/50。路面结构采用40厘米厚水泥稳定碎石基层＋10厘米沥青混凝土面层。由浙江金顺路桥建设有限公司、浙江永达交通工程有限公司和嘉兴通明交通工程有限公司施工，监理单位为丽水市丽通工程监理有限公司。核定概算19850.54万元，工程于2011年12月竣工，2012年1月16日通过交工验收。

三、县道公路

县道是连接县城和县内主要乡（镇）、主要商品生产和集散地的公路，以及不属于国道、省道的县际间公路。至2010年，遂昌县有县道公路27条，计601.244千米。公路里程以2006年农村公路通达情况专项调查时，按GPS技术测定的数据为准，与各线路实际施工里程略有出入。

木焦线 编号X102，系指木（岱口）焦（滩）公路，又称木（岱口）蔡（口）公路。自丽（水）浦（城）公路K158＋800龙泉市木岱口为起点，于老虎跳（K83＋693）进入遂昌县境，经龙洋、黄庄、王村口，至焦滩为终点（K108＋613）。与三砾公路K42＋920相接。遂昌境内长26.399千米。系四级公路，沥青混凝土路面。

1979年11月，由县林业部门投资建设王村口至外龙口公路，按山岭重丘四级公路标准设计，长9千米；1980年1月，延伸至际下田，长12.28千米，其中，外龙口至黄塔口3千米属木焦线。1983年9月，由县林业部门投资，焦滩至王村口公路开工，长11.53千米，按山岭重丘四级公路标准设计，路基宽6.5米，投资95.3万元，东阳县交通工程队承建，1984年9月完工。1987年11月，龙泉县政府建成木蔡线,其中黄塔口至老虎跳路段同时由龙泉市建成,其中埠头洋至老虎跳路段 4.5 千米路基宽仅 4.5 米。至此,木焦线全线贯通。

2004 年 6 月 3 日,该线王村口至龙洋公路(木焦线 K90+000～K99+460)路面改造工程开工,长 9 千米。按山岭重丘四级公路标准设计,路面宽 4.5 米,路面结构采用 5 厘米厚调拱+18 厘米厚泥灰结基层+下封层+4 厘米厚沥青贯入式面层。由遂昌县公路养护工程有限公司施工,2004 年 11 月 25 日完工。

2005 年 2 月 16 日,该线老虎跳至独山公路(木焦线 K83+470～K108+613)间断路面改造工程开工,长 17.273 千米。按山岭重丘四级公路标准设计,路基宽 4.5～6.5 米,路面宽 4～5 米,路面结构采用两种类型:K83+470～K91+134、K101+050～K108+000 采用 8 厘米厚调拱+15～18 厘米厚水稳基层+3～4 厘米厚沥青砼面层;K99+000～K101+050、K108+000～K108+613 采用 8 厘米厚调拱+20 厘米厚水泥砼面层。由庆元县公路养护中心施工,2005 年 11 月 20 日完工。

西独线 编号 X109,系指西(大桥)独(口)公路。自丽(水)浦(城)公路 K126+600 龙泉市城西大桥为起点,经岩樟,于安亭入遂昌县境,经凉岭下、垵潭,至独口为终点,与木焦线 K95+600 相接。全长 59.89 千米,遂昌县境内长 10.017 千米。系四级公路,水泥混凝土路面。

1985 年,由王村口区牵头,经多方筹资,建成独口至安亭简易公路,其中独口大桥由交通局设计和建设。至此,西独线遂昌县境内路段贯通。2004 年,全线贯通。

2005 年 3 月 21 日,该线安亭至独口段路面改造工程开工,长 8.31 千米。按山岭重丘四级公路标准设计(局部地段准四级),路基宽 4.5～6.5 米、路面宽 3.5～5.0 米,路面结构采用 10 厘米厚调拱层+20 厘米厚水泥砼面层。由庆元县公路养护中心施工,2005 年 11 月 15 日完工。

梅白线 编号 X601,系指梅(树垟)白(岩)公路。自木(岱口)焦(滩)线 K90+754 梅树垟为起点,经西滩,由外婆岭入龙泉市境,至白岩为终点。全长 21.353 千米,遂昌县境内长 8.178 千米。系四级公路,沥青混凝土路面。

1986 年 1 月,建成梅树垟至西滩公路,长 6.25 千米;1988 年 12 月,由龙泉县政府组织实施,从西滩延伸至外婆岭,长 1.56 千米。原梅西公路和西白公路合成梅白公路,梅白线全线贯通。

2002 年 2 月,该线碧龙源电站库区淹没路段(K6+300～K11+250)改线工程开工,全长 5 千米,遂昌境内 1.678 千米。按山岭重丘四级公路标准设计,路基宽 6.5 米、砂石路面宽 3.5 米,桥涵与路基同宽,桥涵设计荷载汽—15、挂—100,为 20 米跨径实腹式石拱桥。浙江省遂昌碧龙源水电开发有限公司为业主,由浙江山水建设有限公司、云和县交通工程有限公司和丽水市路桥工程处分别施工,总投资837.8442万元,2003年3月完工。

2005年2月16日,该线路面改造工程开工,长7.737千米,按山岭重丘四级公路标准设计,路基宽6.5米、路面宽5米,路面结构采用8厘米厚调拱层+15厘米厚水稳基层+3厘米厚沥青砼面层。由庆元县公路养护中心施工,2005年11月20日完工。

连直线　编号X602,系指连(头)直(坑岙)公路,原称连(头)治(岭头)公路,又称连(头)小(岱)公路。自小(马埠)金(岸)公路K11+205连头接线为起点,经龙口、社后、叶油、治岭头、濂竹、小岱,至直坑岙为终点,与武义县马(口)遂(昌)公路K14+571相接,长38.147千米。系四级公路,水泥混凝土路面12千米,沥青混凝土路面26千米。

1956年11月,建成连头至治岭头公路,长18.14千米。1984年6月,遂昌金矿投资对叶油至金矿2千米路段进行改线。1984年10月,建成治岭头至小岱公路,长11.14千米。

1993年10月2日,小岱至直坑岙公路新建工程开工,长9.642千米。按山岭重丘四级公路标准设计,路基宽6.5米,桥涵设计荷载汽—15、挂—80,濂竹乡政府组织施工,耗资218.88万元,1994年11月25日竣工。至此,连直线全线贯通。

1993年10月,庄山至金矿(治岭头)段路面改造工程开工,长11.1千米,投资158万元。其中该线梧桐至治岭头长4.847千米,按山岭重丘四级公路标准设计,路面宽5米,路面结构采用8厘米厚调拱+15厘米厚泥灰结基层+下封层+4厘米厚沥青下贯式面层。由丽水公路管理段施工,于1994年7月完工。此为遂昌县境最早建设的沥青路面。因基层强度不足,次年大部分路面恢复成砂石路面。

1994年6月,该线金矿至濂竹乡政府路段(K16+000～K18+150)路面改造工程开工,实际长1.2千米。按山岭重丘四级公路标准设计,路面宽5米,路面结构采用8厘米厚调拱+20厘米厚水泥砼面层。濂竹乡政府组织施工,耗资36万元,1994年12月完工。

1994年8月,该线斗米岭陡坡开始修筑块石路面,长100米,耗资3.4万元,于1995年2月完工。这是遂昌县境最早修筑的块石路面。

1995年10月,该线长濂至社后路段开工,全长5千米。其中社后至斗米岭接线1.1千米,按山岭重丘三级公路标准设计,路基拓宽至12米,沥青混凝土路面宽7米,路面结构采用20厘米厚水稳基层+3厘米厚沥青砼面层。由遂昌县交通工程公司施工,路基工程于1998年10月完工;路面工程于2000年2月开工,同年10月完工。

2002年9月5日,该线马头至社后段路面改造工程开工,全长9.632千米。

其中该线连头至社后段长 6.192 千米，按山岭重丘四级公路标准设计，路基宽 6.5 米，路面宽 5 米。路面结构分两类：K0＋000～K5＋500 采用 20 厘米厚水稳基层＋3 厘米厚沥青砼面层；K5＋500～K9＋632 采用 10 厘米厚调拱＋22 厘米厚水泥砼面层。由遂昌县公路养护工程有限公司施工，2002 年 11 月 25 日完工。

2003 年 9 月 28 日，该线梧桐至金矿(治岭头)段路面改造工程开工，长 5.2 千米。按山岭重丘四级公路标准设计，路基宽 6.5 米，路面宽 5.5 米，路面结构采用 10 厘米厚级配碎石调拱＋22 厘米厚水泥砼面层。遂昌金矿有限公司为业主，由遂昌华诚建设有限公司施工，2004 年 4 月 30 日完工。

2003 年 12 月 8 日，该线黄檀至杨梅岗段路面改造工程开工，长 1.59 千米。按山岭重丘四级公路标准设计，路面宽 5 米，路面结构采用 10 厘米厚调拱＋20 厘米厚水泥砼面层。由遂昌县市政建设有限公司施工，2004 年 4 月 8 日完工。

2004 年 5 月 8 日，该线云峰至梧桐(斗米岭路段)路面改造工程开工，长 1.7484 千米。按山岭重丘四级公路标准设计，路面宽 4 米，路面结构采用 20 厘米厚级配砂砾基层＋4 厘米厚沥青贯入式面层。由遂昌县公路养护工程有限公司施工，2004 年 8 月 30 日完工。

2005 年 4 月 5 日，该线濂竹至直坑岙段路面改造工程开工，长 20.827 千米。按山岭重丘四级公路标准设计，路基宽 6.5 米，路面宽 5 米，路面结构采用 8 厘米厚调拱＋18 厘米厚水稳基层＋3 厘米厚沥青砼面层。由遂昌县公路养护工程有限公司施工，耗资 732.6 万元，2005 年 11 月 25 日完工。

三砾线　编号 X603，系指三墩桥至砾下公路。原称三(墩桥)柘(岱口)公路。自遂(昌)龙(泉)公路 K10＋510 接线为起点，经大柘、石练、角塘、焦滩、蔡源、黄沙腰、柘岱口至砾下为终点，全长 109.3 千米。

民国 30 年(1941)4 月，建成遂昌县城飞鹤桥北端至峡口门路段(遂昌至湖山人力车道一段)。1955 年 11 月，排前至大柘路段公路改建工程开工，次年完工。1957 年 8 月建成峡口门至石练接卫桥头路段。1966 年 4 月，延伸至石练。1973 年 4 月，建成石练至焦滩路段。1973 年 12 月，延伸至大洞源。1974 年 12 月，延伸至黄沙腰。1975 年 9 月，县林业部门投资建成黄沙腰至柘岱口路段。1982 年 1 月，建成柘岱口至砾下路段，三砾公路全线贯通。

1995 年 11 月 20 日，该线三仁畲族乡排前至大柘镇村下路段(K10＋246.5～K17＋700)改线工程开工。按山岭重丘三级公路标准设计，路基宽 10.5～24.0 米，水泥混凝土路面宽 9～12 米，其中西岭隧道 1 座 768.4 米，小桥 1 座 28.5 米，涵洞 36 道 724.35 延米。由苍南矿建公司、浙江省第七地矿工程总公司、遂昌县交通工程公司和遂昌公路管理段施工。征地 7.8 公顷，耗资 1421.56 万元，1999 年 6 月完工。竣工里程 5.32 千米，比原里程缩短 2.13 千米，洋钿岙高程降低了86米。

1998年9月16日，该线三(墩桥)石(练)段改建工程开工，长15.8千米。分四个标段，分别由丽水地区路桥工程处、浙江省隧道公司、诸暨市公路桥梁公司和丽水地区交通工程公司施工。按山岭重丘二级公路标准设计，路基宽10.5～18.0米，水泥混凝土路面宽9～12米，桥梁设计荷载汽—20、挂—100。其中新建里程8.2千米，拓宽里程9.7千米。新建桥梁16座511.85延米，涵洞113道1621.4延米，耗资2687.55万元。路基工程1999年5月完工；路面工程2000年5月15日开工，12月15日完工。

县道三砾线(摄于2010年3月26日)

2002年9月25日，该线焦滩至蔡源段路面改造工程开工，长9.049千米。按山岭重丘四级公路标准设计，水泥混凝土路面宽5米，路面结构采用15厘米厚级配碎石基层+20厘米厚水泥砼面层，抗折强度4.5MPa。浙江省东阳市建设总公司中标施工，耗资268.3676万元，于2004年4月竣工。

2004年6月18日，该线蔡源至柘岱口段路面改造工程开工，长39.862千米。按山岭重丘四级公路标准设计，水泥混凝土路面宽4.5～5.0米，路面结构采用8厘米厚级配碎石调拱层+20厘米厚水泥砼面层。衢州市衢江交通建设工程有限公司中标施工，耗资1408.9685万元，2005年3月10日完工。

2005年6月16日，该线石练经角塘至焦滩和柘岱口尹家至砾下段路面改造工程同时开工，长28.743千米。按山岭重丘四级公路标准设计，路面宽4.5～5.0米。路面类型分二种：石练至坟岗(K22+786～K37+320)长14.534千米为8厘米厚级配碎石调拱+15厘米厚水稳基层+3厘米厚沥青砼面层；其余路段为8厘米厚级配碎石调拱+20厘米厚水泥砼面层。由遂昌县公路养护工程有限公司和衢州市衢江交通建设工程有限公司施工，2005年11月25日完工。

2005 年,因周公源梯级电站一级坝开始建设,该线库区淹没段由电站投资进行改线。按山岭重丘四级公路标准设计,路基宽 6.5 米,水泥混凝土路面宽 5 米,桥涵与路基同宽,设计荷载公路Ⅱ级,路面设计荷载为标准轴载 100kN。路基改线工程分两期实施:一期起点柘岱口与为柘(岱口)关(口岙)公路 K0+980 相接,终点为一级坝(三砾线 K92+845),长 1.225 千米,其中新建桥梁 1 座 90 米,耗资 453 万元,2006 年 8 月 15 日完工。二期由上坝公路延伸,终点尹家与三砾线 K99+830 相接,长 6.970 千米,其中新建桥梁 3 座 148 延米,2007 年 11 月竣工。路面工程列入 2009 年农村公路大中修计划,按山岭重丘四级公路标准设计。K90+800~K91+620 段 0.82 千米已于 2005 年 10 月浇筑 4 米宽的水泥混凝土路面,仅对该路段路面右侧加宽 1 米;K92+845~K99+830.3 段 6.9853 千米路面结构采用 15 厘米厚级配碎石基层+20 厘米厚水泥砼面层,路面宽 5 米。耗资 483.8 万元。由遂昌县公路养护工程有限公司施工,2008 年 11 月 26 日开工,2009 年 6 月 30 日完工。

黄九线 编号 X604,系指黄(脱坑口)九(牛岙)公路。自三(墩桥)砺(下)公路 K78+170 黄脱坑口为起点,经旺坑翻越海拔 1173 米的风洞源岙,经举淤口、渡口、西畈、湖岱口、上西坑,至九牛岙为终点,与江山市塘(源口)龙(旗)公路 K15+000 相接,长 48.315 千米。系四级公路,水泥混凝土路面。

县道黄九线(摄于 2007 年 1 月 9 日)

1978 年 11 月,建成黄脱坑口至西畈公路,长 32.2 千米;1982 年 1 月延伸至湖岱口,长 5.5 千米;1994 年 9 月延伸至九牛岙,长 10.9 千米。至此,黄九线全线贯通。

2005 年 2 月 4 日,该线路面改造工程开工,长 48.31 千米。按山岭重丘四级公路标准设计,路基宽 6.5 米、路面宽 4.5~5.0 米,路面结构采用 8 厘米厚调拱层+20 厘米厚水泥砼面层。由丽水市路桥工程公司施工,2005 年 11 月 30 日完工。

峡北线 编号 X605,系指峡(口门)北(界)公路,由原峡(口门)金(竹)公路和北(界)金(竹)公路连接而成。自三(墩桥)砺(下)公路 K18+730 峡口门接线为起点,经梭溪桥、湖山、金竹、王村、梭溪、汀溪、三十箩、应村、白水,至北界金沟为终点，与龙(游)丽(水)公路 K37＋640 相接，全长 67.215 千米。系四级公路，沥青混凝土路面。

民国 29 年(1940)12 月，遂昌至湖山长 44.9 千米的手车道开工修筑。至民国 30 年(1941)4 月，峡口门至湖山段建成宽 2 米的手车道，1961 年 4 月路基按甲六级公路标准拓宽。1977 年因衢州小湖南乌溪江电站建设和移民搬迁需要，将土方地段路基拓宽至 6.5 米、石方地段路基拓宽至 4.5 米。1958 年湖山至金竹建成手车道，1963 年拓宽为单车道，1979 年 6 月按山岭重丘四级公路标准改线，路基宽 6.5 米。1965 年 4 月建成北界至应村段。1973 年 5 月自应村延伸至汀溪。1979 年 6 月建成汀溪至定村凹路段。1981 年 1 月建成定村凹至西坞路段。1981 年 12 月延伸至银坑。1983 年 11 月建成银坑至金竹路段，峡北线全线贯通。

1999 年 12 月，该线峡口门至九墅、雷石至金竹段砂改油工程开工，长 18.8 千米。路面结构采用 10～25 厘米厚泥灰结碎石基层＋下封层＋3 厘米厚沥青贯入式面层。由龙泉市路桥有限公司和遂昌县交通工程公司施工，2000 年 12 月完工，耗资 596 万元。由于泥灰结基层强度不足，很快出现病害，2004 年 6 月 22 日至 7 月 24 日，筹资 50 万元，由遂昌县公路养护工程有限公司施工，对上述路段进行了整修。

2001 年 6 月，该线应村水电站库区公路复建工程开工，由绕坝公路和库区公路组成，长 4.832 千米。按山岭重丘四级公路标准设计，路基宽 6.5 米，分别由应村水利枢纽开发有限公司和应村水电站建设指挥部为业主，投资 523.3722 万元，2003 年 8 月完工。

2004 年 5 月 20 日，该线汀溪至北界路段路面改造工程开工，长 17.545 千米。按山岭重丘四级公路标准设计，路面宽 3.5～5.0 米。路面结构采用 18～20 厘米厚水稳基层＋3.0～3.5 厘米厚沥青砼(CA13—1)面层。由建德市畅达公路养护有限公司施工，耗资 469.879 万元，2005 年 1 月 20 日完工。

2004 年 5 月 28 日，该线九墅至雷石段路段路面改造工程开工，长 7 千米。路面结构采用 10 厘米厚级配碎石调拱＋15 厘米厚水稳基层＋4 厘米厚沥青砼面层，路面宽 4.5 米。由遂昌县公路养护有限公司施工，耗资 202.8 万元，2004 年 10 月 20 日完工。

2005 年 2 月 16 日，该线峡口门至九墅、雷石至金竹路段路面硬化工程开工，长 18.765 千米。路面结构采用 3 厘米厚沥青砼罩面层，路面宽 4～5 米。分别由遂昌县公路养护工程有限公司和浙江大地交通工程有限公司施工，2005 年 11 月 25 日完工。

2005 年 2 月 16 日，该线金竹至汀溪路段路面改造工程开工，长 25 千米。按山岭重丘四级公路标准设计，路基宽 6.5 米、路面宽 5 米。路面结构采用 8 厘米厚调拱＋18 厘米厚水稳基层＋4 厘米厚沥青砼面层。由浙江大地交通工程有限公司施工,2005 年 12 月 25 日完工。

2009 年 12 月 28 日,省重点建设项目峡口门至湖山至金竹公路改建工程举行开工典礼,2010 年 4 月 25 日正式开工。该工程起点为大柘镇峡口门,与三砺线 K18＋730 相交,经华洋、梭溪桥、三归、雷石、湖山、王川、金竹,终于翁村,与金牛线交叉口(原峡北线 K24＋872)相接。长 15.961 千米。按二级公路技术标准设计,设计时速 60 千米,峡口门至湖山段路基宽 12 米、路面宽 7 米,桥梁宽 12 米,涵洞与路基同宽;湖山至金竹段路基宽 8.5 米、路面宽 7 米,桥涵与路基同宽。隧道净宽 10 米、高 5 米。桥梁设计荷载公路—Ⅱ级。沥青砼路面设计标准轴载 B22—100。大中桥设计洪水频率 1/100。小桥涵洞及路基设计洪水频率 1/50。由浙江省良和交通建设有限公司、衢州市交通建设有限公司和永嘉市交通建设有限公司承建,核定概算 38051.25 万元。建成后峡口门至金竹比原里程缩短 8.72 千米。

三长线 编号 X606,系指三(十箩)长(树源)公路,原称应(村)里(高)公路。自峡(口门)北(界)公路 K49＋300 三十箩为起点,经洋溪、湖连、高坪,至长树源为终点,全长 28.019 千米。高坪至长树源路段尚未开通。系四级公路,沥青混凝土路面。

县道三长线(摄于 2005 年 8 月 30 日)

1979 年 12 月,建成三十箩至高坪公路,长 14.3 千米,时称应(村)里(高)公路。

2001 年 6 月,应村水电站库区公路复建工程开工,其中该线 K0＋000～K2＋664 计 2.664 千米。应村水电站建设工程指挥部为业主,按山岭重丘四级公路标准设计,耗资约 348 万元,2003 年 8 月完工。

2004 年 5 月 20 日,该线三十箩至高坪段路面改造工程开工,长 14.57 千米。按山岭重丘四级公路标准设计,路基宽 6.5 米、路面宽 5 米,路面结构采用 18 厘米厚水稳基层＋3 厘米厚沥青砼面层。由建德市畅达公路养护有限公司施工,耗资 603.35 万元,2005 年 1 月 25 日完工。

钢梧线 编号 X607,系指钢(铁厂)梧(桐)公路,原称庄(山)梧(桐)公路,2008 年龙(潭)梧(桐)公路建成后改称钢梧线。自龙(游)丽(水)公路 K61＋500

钢铁厂为起点,经利民化工厂、长濂,至梧桐为终点,与连(头)直(坑岙)公路 K9+200 相接,长 6.387 千米。系四级公路,水泥混凝土路面。

1965 年 2 月,庄山至利民化工厂公路新建工程开工,长 1.71 千米,遂昌县工交手工业局公路工程队测量施工,1965 年 4 月竣工,原为专用公路。1988 年 5 月 28 日,利化至梧桐公路开工,长 4.53 千米,遂昌县交通局工程队施工,耗资 56.87 万元。至此钢梧线全线贯通。

1993 年 10 月,庄山至金矿(治岭头)路段路面改造工程开工,全长 11.1 千米,投资 158 万元,其中该线 6.253 千米。按山岭重丘四级公路标准设计,路面宽 5 米,路面结构采用两类:K0+000～K1+500 为 8 厘米厚调拱+20 厘米厚水泥砼面层;K1+500～K6+253 为 8 厘米厚调拱+15 厘米厚泥灰结基层+4 厘米厚沥青下贯式面层。由丽水公路管理段和遂昌钢铁厂施工,1994 年 7 月完工。

2003 年 3 月 13 日,该线利化至长濂段路面改造工程开工,长 0.8603 千米。按山岭重丘四级公路标准设计,路基宽 6.5 米,路面宽 5.5 米,路面结构采用 8 厘米厚调拱+20 厘米厚水泥砼面层。由遂昌县公路养护有限公司施工,2003 年 5 月 25 日完工。

2004 年 2 月,该线长濂穿村路段,由长濂村两委自行投资施工,路基拓宽至 24 米,长约 1 千米,2005 年 12 月完工。

2006 年 7 月,该线长濂至梧桐段路面改造工程开工,长 3.865 千米。按山岭重丘二～四级公路标准设计,路基宽 6.5～24 米,路面宽 5～9 米,路面结构采用 8 厘米厚调拱+22 厘米厚水泥砼面层。由浙江正方交通建设集团股份有限公司施工,2006 年 11 月完工。

潘金线 编号 X608,系指潘(兵)金(鸡头)公路,原称马(戍口)苏(村)公路。自潘兵为起点,与龙游县马(戍口)潘(兵)公路 K4+600 相衔接,经王坞、苏村、王宅桥,至金鸡头为终点,与金华市婺城区汤(溪)苏(村)公路 K46+403 相衔接,长 11.035 千米。系四级公路,水泥混凝土路面。

1986 年 1 月,建成马(戍口)苏(村)公路,长 11.6 千米,其中遂昌县境内潘兵至苏村长 7 千米。

1992 年 7 月 25 日,苏村至金鸡头公路新建工程开工,长 4.17 千米。按山岭重丘四级公路标准设计,路基宽 6.5 米,由北界镇政府组织施工,耗资 86.17 万元,1995 年 12 月 30 日完工,潘金线全线贯通。

2005 年 4 月 5 日,潘兵至金鸡头公路路面改造工程开工,长 11.218 千米。按山岭重丘四级公路标准设计,路基宽 6.5 米,路面宽 5 米,路面结构采用 8 厘米厚调拱+20 厘米厚水泥砼面层。由遂昌县公路养护工程有限公司施工,2005 年 11 月 25 日完工。

大双线 编号X609,系指大(路街)双(溪口)公路,又称苏(村)双(溪口)公路。自石(练)王(村口)公路K25+030大路街接线,经石坑口、双坑口、馒头岭脚、馒头岭、吴处、乌桥、考剪潭、对正,至双溪口为终点,与桂(义岭)王(村口)公路K33+830相接,长32.865千米。系四级公路,水泥混凝土路面3.5千米、沥青路面9.765千米、泥结碎石路面3.04千米。该线由大路街至苦株树下公路和双溪口至馒头岭二段公路组成,馒头岭脚至馒头岭之间因纵坡太大,尚有16.5千米公路尚未建成。

大(路街)苦(株树下)公路。1973年建成金苏至石坑口公路,其中大路街至石坑口2.1千米。1976年建成石坑口至桃树坞公路,其中,石坑口至双坑口约1.5千米。

1990年8月22日,双坑口至馒头岭脚公路新建工程开工,长3.04千米。按山岭重丘四级公路标准设计,路基宽6.5千米。由遂昌县交通局工程队施工,耗资58万元,1990年12月28日完工。

2005年2月16日,苏村(大路街)至大茂坑路段路面改造工程开工,全长8.858千米,其中大路街至双坑口长3.65千米属大双线。按浙江省准四级公路标准设计,路基宽4.5～6.5米,路面宽4.0～4.5米,路面结构采用8厘米厚调拱+20厘米厚水泥砼面层。由遂昌县公路养护工程有限公司施工,2005年11月25日完工。

双(溪口)馒(头岭)公路。1985年3月建成双溪口至考剪潭路段2.9千米;1987年4月1日建成考剪潭至吴处路段6.45千米。

2001年5月10日,双溪口至吴处路段路面改造工程开工,长9.8千米。按山岭重丘四级公路标准设计,路基宽6.5米、路面宽4米,路面结构采用15～18厘米厚泥灰结基层+下封层+4厘米厚沥青贯入式面层。共耗资约228万元,由缙云县路桥建设有限公司施工,2001年11月完工。

2005年2月16日,吴处至双溪口路段(大双线K23+470～K32+770)路面改善工程开工,长9.3千米,路面宽4米,路面结构采用3厘米厚沥青砼罩面层。由庆元县公路养护中心施工,2005年11月20日完工。

丁大线 编号X610,系指丁(口)大(柘)公路。自三(墩桥)砾(下)公路K2+570丁口为起点,经项村、叶坞、北山、住龙、黄垵,至大柘为终点,与三(墩桥)砾(下)公路K14+700相接,长15.163千米。系四级公路,水泥混凝土路面。

1958年大柘至黄垵建成手拉车路。1974年丁口至叶坞、大柘至丁岭头相继开通机耕路。1984年9月拓宽大柘至住龙(上旦)公路,编入乡道公路。1986年9月,按山岭重丘四级公路标准拓宽改建,长4.61千米。1994年1月5日,丁口至住龙公路新建工程开工,起于丁口,与原柘旦线(即大柘至上旦公路)K4+440相接,长10.76千米,按山岭重丘四级公路标准设计,路基宽6.5米、砂石路面宽

3.5 米。由遂昌县交通工程公司施工，耗资 194.48 万元，1995 年 4 月 30 日完工，丁大线全线贯通。

2004 年 3 月 28 日，丁口至大柘公路路面改造工程开工，长 15 千米。按山岭重丘四级公路标准设计，路基宽 6.5 米、路面宽 4.5 米，路面结构采用 15 厘米厚级配碎石基层＋20 厘米厚水泥砼面层，由浙江瑞峰建设有限公司施工。一期工程于 2004 年 9 月 18 日完工；二期工程（K8＋000～K10＋000、K17＋030～K18＋000），2005 年 4 月 25 日开工，同年 8 月 25 日完工。

县道丁大线（摄于 2005 年冬）

金牛线 编号 X611，系指金（竹）牛（岭岙）公路。自峡（口门）北（界）公路 K24＋872 金竹翁村为起点，经官坞、古楼、华溪包、长树源，至牛岭岙为终点，与衢州市衢江区小（湖南）湖（山）公路 K47＋385 相接，长 19.85 千米。系准四级公路，沥青混凝土路面。

1987 年 12 月 19 日，该线金竹至古楼段新建工程开工，长 7.28 千米。按山岭重丘四级公路标准设计，路基宽 6.5 米、砂石路面宽 3.5 米。由遂昌县交通工程公司施工，耗资约 55 万元，1988 年 8 月 30 日完工。

1994 年 5 月，该线古楼至牛岭岙段新建工程开工，长 12.58 千米，为简易公路。由金竹镇政府施工，投资 480 万元，1996 年 5 月完工。至此，金牛线全线贯通。

2005 年 2 月 16 日，该线路面改造工程开工，长 19.581 千米，按山岭重丘四级公路标准设计，路基宽 6.5 米、路面宽 4.5～5.0 米，路面结构采用 8 厘米厚调拱＋18 厘米厚水稳基层＋3 厘米厚沥青砼面层。由浙江大地交通工程有限公司施工，2005 年 12 月 25 日完工。

长社线 编号 X612，系指长（濂）社（后）公路。自钢（铁厂）梧（桐）公路 K4＋300 处长濂力其桥为起点，经毛田，至社后为终点，与连（头）直（坑岙）公路 K7＋600 相接，长 3.819 千米。系三级公路，沥青混凝土路面。

1995 年 10 月，长濂至社后公路新建工程开工，长 4.23 千米。按山岭重丘三级公路标准设计，路基宽 8.5～12.0 米、泥结碎石路面宽 6 米，桥梁净宽 9＋2×0.5 米，桥涵设计荷载汽—20、挂—100。完成挡墙砌筑 1.79 万立方米，涵洞 34 道计 328 延米，桥梁 1 座 25 米。由遂昌县交通工程公司施工，总耗资 221.38 万元,1998年10月完工。至此,长社线全线贯通。

1999年9月15日,长濂至社后公路砂改油工程开工,长3.9千米,按山岭重丘三级公路标准设计,路面宽6米,路面结构采用20厘米厚水稳基层+3厘米厚沥青表处面层。由遂昌县交通工程公司施工,1999年11月26日完工。

湖大线 编号X613,系指湖(山)大(溪边)公路。自峡(口门)北(界)公路K17+400湖山角坑弄为起点,经西岩、奕山、兆坞,至大溪边为终点,长11.759千米。系四级公路,水泥混凝土路面。

民国30年(1941)9月,湖山至大溪边9.46千米,曾修筑人力车路。1966年重新修复成人力车路。1980年8月,因乌溪江水电站移民搬迁需要,按山岭重丘四级公路标准,湖山至琴淤拓宽改建,长9.33千米,时称湖(山)琴(淤)公路。

1989年10月8日,自琴淤(红星坪)延伸至大溪边,按山岭重丘四级公路标准设计,路基宽6米、砂石路面宽3.5米,长2.43千米,耗资11.47万元,1989年12月完工,湖大线全线贯通。

2003年10月,湖山至大溪边公路路面改造工程开工,长11.75千米。按山岭重丘四级公路标准设计,路基宽6.5米、路面宽4.5~5.0米,路面结构采用10厘米厚调拱+20厘米厚水泥砼面层。由衢州市衢江交通建设工程有限公司施工,耗资496.49万元,2005年12月完工。

新汀线 编号X614,系指新(路湾)汀(溪)公路,由原汀(溪)白(马山)公路和新(路湾)白(马山)公路相接组成。自龙(游)丽(水)公路K44+950新路湾为起点,经大侯周、溪淤、远路口、三井、白马山、田铺、高棠,至汀溪为终点,与峡(口门)北(界)公路K47+920相接,长38.801千米。系四级公路,水泥混凝土路面。

1956年11月,新路湾至远路口手拉车路开工,路基宽2.0~2.5米、长8千米,1957年5月完工。这是1949年后遂昌县兴建的第一条手拉车路。

1987年2月,由林业部门投资建成汀溪至白马山林场公路,路基宽5.0~6.5米、砂石路面宽3.5米,长13.83千米,时称汀白公路。

2000年10月,新路湾至三井公路新建工程开工,一期工程新路湾至远路口长9.353千米,由新路湾镇组织实施。按山岭重丘四级公路标准设计,路基宽6.5米,因资金等原因,至2003年才完工。

2004年3月30日,远路口至白马山公路新建工程开工,长16.118千米(短链28.727米)。按山岭重丘四级公路标准设计,路基宽K13+000~K18+520段为4.5米,其余均为6.5米,路面宽3.5米,路面结构采用15厘米厚手摆片石基层+8厘米厚泥结碎石面层+3厘米厚磨耗层+1厘米厚保护层。分别由浙江正方交通建设集团股份有限公司、丽水市路桥工程处、温州市顺吉公路建设有限公司施工,耗资1418.2455万元,2005年11月完工。至此,新汀线全线贯通。

2004年5月,该线新路湾至远路口段路面改造工程开工,长9千米,按山岭重丘四级公路标准设计，路基宽 6.5 米、路面宽 5 米，路面结构采用 10 厘米厚调拱＋20 厘米厚水泥砼面层。由嵊州市通达公路桥梁建设有限公司施工，2004 年 12 月完工。

2005 年 4 月 28 日，该线汀溪至三井段路面改造工程开工，长 19.4 千米。按山岭重丘四级公路标准设计，路基宽 4.5～6.5 米、路面宽 4.5～5.0 米，路面结构采用 5～15 厘米厚调拱＋20 厘米厚水泥砼面层。由嵊州市通达公路桥梁建设有限公司施工，2005 年 12 月 25 日完工。

2006 年 4 月 5 日，该线远路口至三井段路面改造工程开工，长 10.4 千米。按山岭重丘四级公路标准设计，路面宽 4～5 米，路面结构采用 8～12 厘米厚级配碎石基层＋20 厘米厚水泥砼面层。由嵊州市通达公路桥梁建设有限公司施工，2006 年 10 月 30 日完工。

桂王线 编号 X615，系指桂(义岭)王(村口)公路，原称黄(砇口)王(村口)公路。自遂(昌)龙(泉)公路 K48＋595 桂义岭接线为起点，经外篷，翻越海拔 1247 米的阳扒凹，经坑里、关塘、尹坞、双溪口，至王村口为终点，与木(岱口)焦(滩)公路 K99＋325 相接，长 42.514 千米。系四级公路，沥青混凝土路面。

1964 年 7 月，按林业部三类乙级公路标准测设，动工兴筑桂义岭至大塘坞路段，长 20.76 千米，路基宽 4.5～7.5 米，1965 年 1 月完工；后期工程大塘坞至王村口林业站路段，长 16.04 千米，路基宽 6.5 米，1966 年 12 月完工，桂王线全线贯通。

1987 年 12 月，王村口区公所多方集资，公路部门补助 1 万元，该线王村口穿镇路段 379.6 米改建成水泥混凝土路面，路面宽 5 米，耗资 3.507 万元。

2000 年 12 月，该线关塘路段(K23＋580～K24＋230)，长 0.65 千米，路面宽 5 米，路面结构采用 8 厘米厚调拱＋20 厘米厚水泥砼面层，由当地村委会组织施工，耗资 16 万元，改建成水泥混凝土路面。

2001 年 5 月 10 日，该线双溪口至王村口路段路面改造工程开工，长 3.61 千米。按山岭重丘四级公路标准设计，路面宽 5 米，路面结构采用 15～18 厘米泥灰结基层＋下封层＋4 厘米厚沥青下贯式面层。由缙云县路桥建设有限公司施工，耗资约 72 万元，2001 年 11 月完工。

2004 年 9 月，该线桂义岭至砇头背路段路面改造工程开工，长 10 千米。按山岭重丘四级公路标准设计，路基宽 6.5 米、路面宽 5 米，路面结构采用 8 厘米厚调拱＋15 厘米厚泥灰结基层＋4 厘米厚沥青贯入式＋3 厘米厚沥青砼面层。由湖州市集全交通建筑有限公司施工，2005 年 9 月 1 日完工。因基层强度不足，2006 年投资 120 万元，对局部地段改建成水泥砼面层或加铺 4 厘米厚沥青砼面层。

2005 年 2 月 16 日，该线双溪口至王村口路段路面改善工程开工，长 3.61 千米、路面宽 5 米，路面结构采用 3 厘米厚沥青砼罩面层。由庆元县公路养护中心施工，2005 年 11 月 20 日完工。

2005 年 4 月 1 日，该线砒头背至双溪口路段路面改造工程开工，长 23.19 千米。按山岭重丘四级公路标准设计，路基宽 6.5 米、路面宽 5 米，路面结构采用 8 厘米厚调拱＋18 厘米厚水稳基层＋3 厘米厚沥青砼面层。由丽水市交通工程有限公司施工，2005 年 11 月 20 日完工。

遂尖线　编号 X616，系指遂（昌）尖（山脚）公路，又称城（关）尖（山脚）公路。自遂（昌）龙（泉）公路 K4＋800 遂昌县城东飞鹤桥为起点，经源口，至尖山脚为终点，与遂龙线 K12＋010 相接，长 5.428 千米。系四级公路，水泥混凝土路面。

该线原为城（关）桂（洋）公路的一段，1959 年 12 月建成。1970 年 6 月遂（昌）龙（泉）公路县城至尖山脚路段改线工程完成后，改称遂尖线。1972 年至 1983 年，飞鹤桥至吴乐路段 2.317 千米，浇筑成水泥混凝土路面，路面宽 6～8 米。

1995 年 10 月，该线吴乐至源口段路面改建工程开工，长 2.1 千米。按山岭重丘四级公路标准设计，路面宽 6 米，路面结构采用 8 厘米厚调拱＋20 厘米厚水泥砼面层。工程由妙高镇政府负责，遂昌县交通局工程队施工，耗资 60 万元，1996 年 4 月完工。

2001 年 8 月 10 日，该线源口至尖山脚段路面改造工程开工，长 1.215 千米。按山岭重丘四级公路标准设计，路基宽 7.5 米、路面宽 5 米，路面结构采用 10 厘米厚调拱＋22 厘米厚水泥砼面层。由遂昌县公路管理段施工，2001 年 9 月 8 日完工。

小金线　编号 X617，系指小（马埠）金（岸）公路，自龙丽线 K46＋850 小马埠为起点，经蕉川、连头，至金岸为终点，与龙丽线 K59＋300 相接，长 19.652 千米。系三级公路，水泥混凝土路面。

县道小金线（摄于 2006 年 11 月 25 日）

该线原为龙（游）丽（水）公路的一段。民国 28 年（1939）9 月建成单车道；次年 5 月拓宽成双车道。1992 年 3 月，龙（游）丽（水）公路上江至小马埠路段改建工程完工后，该路段降为县道，改称小金线。

2002 年 9 月 20 日，该线路面大修工程开工，长 19.82 千米。按山岭重丘三级公路标准设计，路基宽7.5～9.0米、路面宽6米，路面结构采用级配碎石调拱层＋22厘米厚水泥砼面层。由衢州市衢江交通建设工程有限公司和浙江八咏公路工程有限公司施工，耗资886万元，2003年3月15日完工。

2006年10月16日，该线工业园区金仓路改建工程开工，长2.64千米，按城市道路标准设计，路基宽24米，行车道15米＋人行道2×4.5米，路面采用22厘米厚水泥混凝土路面。由浙江大学建筑设计研究院设计，江西威乐建设集团有限公司承建，耗资1259.26万元，2007年9月20日完工。

柘关线　编号X618，系指柘(岱口)关(口岙)公路。自三(墩桥)砾(下)公路K90＋970柘岱口接线为起点，经坑西、占庄、北洋，至关口岙为终点，与江山市张(村)柘(岱口)公路K49＋000相衔接，长15.135千米。系四级公路，水泥混凝土路面。

县道柘关线(摄于2007年8月16日)

1997年5月，柘岱口至关口岙公路新建工程开工，长15.124千米。按山岭重丘四级公路标准设计，路基宽6.5米，弯道按单车道加宽，小桥涵与路基同宽，桥涵设计荷载汽—15、挂—80。柘岱口乡政府负责兴建。由遂昌县交通工程公司施工，工程分两期实施：一期柘岱口至占庄，长7千米，1997年12月基本完成；二期占庄至关口岙，长8千米，1997年11月开工，2001年10月完工。共耗资547.52万元。至此，柘关线全线贯通。

2005年2月16日，柘岱口至关口岙公路路面改造工程开工，长15.124千米，按山岭重丘四级公路标准设计，路基宽6.5米，路面宽4.5米，路面结构采用8厘米厚调拱＋20厘米厚水泥砼面层。由衢州市衢江交通建设工程有限公司施工，2005年11月25日完工。

石王线　编号X619，系指石(练)王(村口)公路。自三(墩桥)砾(下)公路K22＋786石练为起点，穿飞石岭隧道，经格路口，跨甲门潭大桥，经焦滩、蔡口、独山、蟠龙，至王村口为终点，与木(岱口)焦(滩)公路K99＋250相交，长31.024千米。系二级公路，水泥混凝土路面。

2001年8月28日，石练至王村口公路改建一期工程开工，起于石练镇，终于坟岗，长8.832千米。其中隧道2座1515延米、中小桥12座370.88延米。按部颁二级公路技术标准设计，起点至飞石岭隧道进洞口段5千米路基宽12米、路面宽9米,其他路段路基宽8.5米、路面宽7米,隧道净宽9+2×0.75米,路面结构采用级配砂砾底基层+15厘米厚水稳基层+22厘米厚水泥砼面层。由中铁十四工程局、浙江交工集团有限公司、杭州路美交通工程公司施工。耗资6395.777万元,2005年6月完工。

石王线路堰段(摄于2007年秋)

2005年9月8日,石王公路改建二期工程开工,起点坟岗(一期终点桩号K31+640),终点王村口(桩号K52+235),长20.724千米。其中隧道1座426米、甲门潭大桥1座328米、中小桥12座689.9延米。按二级公路标准设计,设计时速每小时40千米,路基宽8.5米、路面宽7米,隧道宽9+2×0.75米、净高5米,桥梁宽度与隧道相连的10.5米,其余与路基同宽,路面标准轴载100kN,桥梁设计荷载汽—20、挂—100,路面结构采用级配砂砾底基层+15厘米厚水稳基层+22厘米厚水泥砼面层。由陕西路桥集团有限公司、绍兴市双保路桥工程建设有限公司、浙江永达交通工程有限公司施工。批准概算12651万元,2011年1月24日完工。至此,石王线全线贯通。

坟格线 编号X620,系指坟(岗)格(路口)公路。自石(练)王(村口)公路K7+600坟岗为起点,至格路口为终点,与三(墩桥)砾(下)公路K37+300相交,长1.07千米。系四级公路,水泥混凝土路面。

2001年8月,石(练)王(村口)公路改建一期工程开工,坟岗至格路口支线同时开工,长1.2千米。按山岭重丘四级公路标准设计,路基宽6.5米、砂石路面宽3.5米。由浙江省交工集团有限公司施工,2003年8月完工。至此,坟格线全线贯通。

2005年3月,坟岗至格路口公路路面改造工程开工,长1.1千米。按山岭重丘四级公路标准设计,路面宽5米,路面结构采用10厘米厚调拱层+20厘米厚水泥砼面层。由衢州市衢江交通工程公司施工,2005年6月完工。

株北线 编号X621,系指株(树窟)北(门)公路,与龙(游)丽(水)高速公路K91+000遂昌收费站出口接线,自株树窟为起点,经水阁,至北门为终点,与遂(昌)龙(泉)公路K6+100相交,长3.487千米。系二级公路,沥青混凝土路面。

1969年,建成北门(梅溪庵)至株树窟拖拉机路,长5千米。

2003年3月,该线株树窟至水阁路段改建工程开工,长2.05千米(不包括下匝道0.6千米)。按二级公路标准设计,路基宽18米、路面宽15米,桥涵与路基同宽，路面结构采用15厘米厚级配砾石填层+34厘米厚水稳基层+4厘米厚AC—13沥青砼面层+6厘米厚AC—25沥青砼面层。由浙江省交通规划设计院设计，中铁二十一局集团第三工程有限公司施工，2006年12月完工。至此，株北线全线贯通。

2006年2月7日，该线梅溪路（水阁至北门桥）道路改建工程开工，长1.104千米，按城市道路标准设计，路基宽30米、路面宽24米，人行道宽两边各3米，路面结构采用15厘米厚级配砾石填层+34厘米厚水稳基层+4厘米厚AC—13沥青砼面层+6厘米厚AC—25沥青砼面层。建成预应力空心简支梁梅溪3号桥，单跨16米、宽30米。由浙江大学建筑设计研究院设计，浙江振进市政建设有限公司施工，耗资1000万元（含支线120米），2007年8月3日完工。

遂金线 编号X622，系指遂（昌县城）金（溪）公路，自遂（昌）龙（泉）公路K4+500遂昌汽车站为起点，经叶坦、二都街，至金溪为终点，与龙（游）丽（水）公路K58+700相接，长4.857千米。系二级公路，沥青混凝土路面。

1995年，城建部门建成汽车站至遂昌先科电器公司路段，长840米、宽24米（机动车道15.5米，人行道2×4.25）。路面结构采用15厘米厚级配碎石基层+20厘米厚水泥砼面层。

2005年10月，龙（游）丽（水）高速公路遂昌县城连接线2.204千米和连接线延伸段1.782千米和上江支线0.343千米（未列入遂金线）路基、路面工程开工。按二级公路标准设计，路幅县城连接线为机动车道宽15米+非机动车道宽2×3.0米+人行道1×3.0米；延伸段为机动车道宽16米+隔离带宽2×1.5米+非机动车道宽2×4.5米+人行道宽2×3.0米+土路肩宽2×1.0米；上江支线为机动车道宽16米+人行道2×3米+土路肩2×1米。路面结构采用20厘米厚3.5%水稳基层+36厘米厚5%水稳基层+7厘米厚AC—20沥青砼面层+5厘米厚AC—13沥青砼面层。建成金溪大桥1座，长128.04米。由浙江八咏公路工程有限公司施工，2007年12月完工。至此，遂金线全线贯通。

庄梧线 编号X623，系指庄（山）梧（桐）公路。自龙（游）丽（水）公路K61+420庄山接线，经毛田，至梧桐为终点，与连（头）直（坑岙）公路K9+160相接，长5.754千米。系二级公路，水泥混凝土路面。

2005年6月16日，龙潭至梧桐公路改建工程开工，全长11.555千米，总投资2.3亿元。其中，庄山至梧桐路段为县道庄梧线（施工桩号K6+420～K11+555），长5.135千米。浙江省交通厅批复按山岭重丘二级公路标准实施，路基宽10.5米，桥涵设计荷载汽—20、挂—100，桥涵与路基同宽，隧道宽10.5米，高5米。庄山至力其桥段（K6+420～K9+640）路基加宽至22～24米，机动车道16米，路肩或人行道两边各4米。力其桥至梧桐路段（K9+640～K11+555）路基仍按原设计10.5米、路面宽9米实施。中国公路工程咨询总公司设计，由浙江正方交通建设集团股份有限公司施工,交通安全设施浙江鹰鹭交通设施有限公司施工,杭州市公路工程监理咨询公司监理。路面结构采用15厘米厚级配砾石底基层+20厘米厚水稳基层+22厘米厚水泥砼面层。路基、路面主体工程于2007年2月完工。至此,庄梧线全线贯通。

玉黄线 编号X707,系指玉(岩)黄(磁口)公路,原称黄(磁口)玉(岩)公路。自松阳县玉岩为起点,与港(口)玉(岩)公路K29+697相衔接,经斗潭、黄峰洞,翻越海拔1155米的黄峰洞岙入遂昌县境,经桂洋,至黄磁口为终点,与遂(昌)龙(泉)公路K45+900相接,全长39.031千米,遂昌县境内9.334千米。系四级公路,沥青混凝土路面。

1959年12月,兴筑城(关)桂(洋)公路,建成黄磁口至桂洋路段,长2千米。1963年12月,自桂洋延伸至玉岩,遂昌县境内长7千米。至此,玉黄线全线贯通。

2005年4月1日,该线黄峰洞至黄磁口段路面改造工程开工,长9.3千米。按山岭重丘四级公路标准设计,路基宽6.5米,路面宽4.5米,路面结构采用8厘米厚调拱+15厘米厚水稳基层+3厘米厚沥青砼面层。由丽水市交通工程有限公司施工,2005年11月20日完工。

三庄线 编号X713,系指三(里亭)庄(山)公路。自龙(游)丽(水)公路K64+600松阳县三里亭为起点,经界首(三庄线K1+727)进入遂昌县境,至庄山为终点,与龙丽线K61+700相接,全长6.156千米。遂昌县境内长4.429千米。系二级公路,水泥混凝土路面。

县道三庄线(摄于2010年3月10日)

该线原为龙(游)丽(水)公路之一段。民国23年(1934)8月建成遂昌至松阳公路包含该线路段;1986年12月,按山岭重丘二级公路标准拓宽改建;1996年1月15日,改建成水泥混凝土路面。路面宽7米,路面结构采用15厘米厚水稳基层+22厘米厚水泥砼面层。2006年年底,龙丽高速公路50省道恢复工程庄山至界首段竣工后,降为县道,改称三庄线。

四、乡道公路

乡道公路是指主要为乡(镇)内部经济、文化、行政服务的公路,以及不属于县道以上公路的乡与乡之间及与乡外部联系的公路。2010 年，遂昌县共有乡道公路 13 条，计 115.099 千米。统计数据以 2006 年农村公路专项调查 GPS 技术测定为准，与各线路实际施工里程略有出入。

范马线　编号 Y601，系指范（村）马（头）公路。自小（马埠）金（岸）公路 K8＋900 范村为起点，至马头为终点，与清水源村道相接，长 1.233 千米。系四级公路，水泥混凝土路面。

20 世纪 70 年代，马头公社自筹资金兴筑拖拉机路。1983 年 10 月，遂昌县水电局组织对该路进行拓宽改善。至此，范马线全线贯通。

2002 年 9 月 5 日，马头至社后公路路面改造工程开工，其中范村至下马头公路长 3.44 千米，按山岭重丘四级公路标准设计，路基宽 6.5 米、路面宽 5 米，路面结构采用 10 厘米厚调拱层＋22 厘米厚水泥砼面层。由遂昌县公路养护工程有限公司施工，2002 年 11 月 25 日完工。

朱金线　编号 Y602，系指朱（口）金（岙）公路。自遂（昌）龙（泉）公路 K37＋400 朱口为起点，经溪口、朱坑、仓库硋、石柱、金岙，至金岙门为终点，与双（坑口）阳（扒凹）公路 K25＋000 相接，长 22.486 千米。系准四级公路，水泥混凝土路面。

20 世纪 70 年代垵口公社自筹资金兴筑朱口至石柱人力车道；1979 年 8 月由林业部门补助拓宽改建为路基宽 4.5 米、砂石路面宽 3.5 米的等外级公路，长 11.32 千米。

1989 年 12 月，该线石柱至金岙段新建工程开工，长 4.88 千米，按简易公路设计，路基宽 4.5 米，砂石路面宽 3.5 米。由垵口乡石仓村集资兴建，耗资 45.31 万元，1990 年 7 月完工。至此，朱金线全线贯通。

2004 年 10 月，该线朱口至石柱段路面改造工程开工，长 11.3 千米，按浙江省准四级公路标准设计，路基宽 4.5 米、路面宽 3.5 米，路面结构采用 10 厘米厚调拱层＋20 厘米厚水泥砼面层。由永康市交通建筑工程有限公司施工，投资 387.2 万元，2005 年 11 月完工。

2006 年 7 月 1 日，该线石柱至金岙段路面改造工程开工，长 4.88 千米，按浙江省准四级公路标准设计，路基宽 4.5 米、路面宽 3.5 米，路面结构采用 10 厘米厚调拱层＋20 厘米厚水泥砼面层。由遂昌县第三建筑工程有限公司施工，2006 年 11 月 20 日完工。

2006 年 11 月，金岙门至石柱公路新建工程开工，长 5.663 千米，按山岭重丘四级公路标准设计，路基宽 6.5 米、路面宽 6 米，路面结构采用 15 厘米厚级配碎石基层＋20 厘米厚水泥砼面层。由浙江省八咏交通建设工程有限公司施工，投资 7.8 万元，2010 年 4 月完工。

2007 年 3 月，双阳线石笋头至阳扒凹公路建设工程开工，其中支线起点为金岙,与朱金线K16+819相衔接,至金岙门为终点,与双阳公路K25+000相交,长5.667千米。按四级公路标准设计,设计速度20千米/小时,路基宽6.5米、路面宽6.0米。为水泥砼路面,结构采用20厘米厚水泥砼面层+15厘米厚级配碎石基层。由浙江瓯越交通建设有限公司、浙江八咏公路工程公司施工,2010年4月完工。

源陈线 编号Y603,系指源(口)陈(坑)公路。自三(墩桥)碄(下)公路K92+845源口(周公源电站库区大坝)为起点,经箬坪坑,至张坑口为终点,长8.878千米。系四级公路,水泥混凝土路面。

该线原是县林业部门补助、柘岱口乡陈坑村自筹资金建设的林区乡村公路,起点为源口,与三碄线K95+612相交,至张坑口为终点,全长8.8千米。路基宽4.5～6.0米,路面宽4米。耗资27.5万元,1982年7月动工,1983年5月完工。至此,源陈线全线贯通。

2005年,因周公源电站建设,该线部分路段为水库淹没,由水电站投资,按山岭重丘四级公路标准设计,路基宽6.5米,路面宽4.5米,K0+000～K3+248,计3.248千米的路基进行了改线,长链0.298千米,2006年6月完工。

2006年,该线周公源大坝东侧至张坑口段路面改造工程开工,长9.098千米,按山岭重丘四级公路标准设计。路基宽5.0～6.5米,路面宽4.0～4.5米,路面结构采用8厘米厚调拱层+20厘米厚水泥砼面层。柘岱口乡政府负责,由中宇建设集团有限责任公司施工,2009年12月完工。

双阳线 编号Y604,系指双(坑口)阳(扒凹)公路。自大(路街)双(溪口)公路K3+100双坑口为起点,经龙门岭、大茂坑、桃树坞、坳下、石桃源、石笋头,至阳扒凹为终点,与桂(义岭)王(村口)公路K9+700相接,长26.582千米。系四级公路,水泥混凝土路面18.835千米、沥青混凝土路面7.747千米。

1976年7月,由县林业部门投资,建成石坑口至桃树坞林区公路,长10千米。1982年9月,大茂坑大队集资15.5万元,从桃树坞延伸至坳下,长4.24千米。1987年12月,石笋头村自筹资金,从坳下延伸至石笋头,长4.2千米。

2005年2月16日,该线双坑口至大茂坑段路面改造工程开工,长7.47千米。按山岭重丘四级公路标准设计,路基宽4.5～6.5米、路面宽4.0～4.5米,路面结构采用8厘米厚调拱层+20厘米厚水泥砼面层。由遂昌县公路养护工程有限公司施工,2005年11月25日完工。

2006年5月12日,该线大茂坑至石笋头段路面改造工程开工,长10.06千米。按山岭重丘四级公路标准设计,路基宽5～6米、路面宽4.5米,路面结构采用20厘米厚水泥混凝土面层。由遂昌县公路养护工程有限公司施工,2006年11月27日完工。

2007年5月,县政府安排94.95万元,对该线进行改善,急弯路段进行了拓宽，设置错车道 54 处，大路街至大茂坑路段的路肩进行了硬化。由遂昌县公路管理段施工，2007 年 9 月 30 日完工。

2007 年 3 月，石笋头至阳扒凹公路建设工程开工，起点为石笋头，与双（坑口）石（笋头）公路终点延伸段村道 516 米（K18＋835）相衔接，经金岙门，至阳扒凹为终点，与桂王线 K9＋700 相交，长 7.747 千米。按四级公路标准设计，设计速度 20 千米/小时，路基宽 6.5 米、路面宽 6.0 米，桥涵设计荷载公路—Ⅱ，路面设计标准轴载 BZZ—100。沥青混凝土路面，路面结构采用 4 厘米厚 AC—13 沥青砼面层＋18 厘米厚水泥稳定碎石基层＋15 厘米厚级配碎石垫层（部分潮湿路段）。由浙江八咏公路工程公司施工，2010 年 4 月完工。至此，双阳线全线贯通。

新东线 编号 Y605，系指新（村）东（源）公路。自峡（口门）北（界）公路 K58＋820 新村接线为起点，经下坑，至东源为终点，长 4.33 千米。系准四级公路，水泥混凝土路面。

1969 年建成手拉车路。1975 年 9 月，浙江省土特产公司资助 4 万元，按林区乙类三级公路标准拓宽，路基宽 4.5 米、砂石路面宽 3.5 米。至此，新东线全线贯通。

2004 年，新村至东源公路路面改造工程开工，长 4 千米。按浙江省准四级公路标准设计，路基宽 4.5 米、路面宽 3.5 米，路面结构采用 8 厘米厚调拱层＋20 厘米厚水泥砼面层。2004 年 12 月完工。

黄黄线 编号 Y606，系指黄（塔口）黄（塔）公路。自木（岱口）焦（滩）公路 K86＋600 黄塔口接线为起点，经赤枝、际下田，至黄塔为终点，长 15.856 千米。系准四级公路，水泥混凝土路面。

1980 年 1 月，建成黄塔口至际下田公路，长 7.48 千米，为简易公路。2004 年，际下田延伸至黄塔，长 7.2 千米。至此，黄黄线全线贯通。

2005 年，该线赤枝至黄塔公路路面工程开工，长 7.3 千米，按浙江省准四级公路标准，路面宽 3.5 米，路面结构采用 8 厘米厚调拱层＋20 厘米厚水泥砼面层。2005 年 12 月完工。

2006 年 3 月 1 日，该线黄塔口至际下田段路面改造工程开工，长 7.48 千米，按浙江省准四级公路标准设计，路基宽 4.5 米、路面宽 3.5 米，路面结构采用 8 厘米厚调拱层＋20 厘米厚水泥砼面层。浙江瑞峰建设工程有限公司施工，2006 年 8 月 10 日完工。

门岭线 编号 Y607，系指门（阵）岭（根）公路。自白（龙桥）门（阵）公路 K54＋952（金华市与遂昌县交界处）门阵为起点，经加兰，至岭根为终点，长 7.581 千米。系四级公路，水泥混凝土路面。

1985 年 9 月，浙江省交通厅委托金华市交通局建成金华市古方至遂昌县门阵公路,全长16千米,遂昌县境内1.72千米。至此,门岭线全线贯通。

1990年12月6日,门阵至内加兰段公路新建工程开工,长6.38千米。按山岭重丘四级公路标准设计,路基宽4.5米、砂石路面宽3.5米,由岭根村组织实施,耗资83.95万元(含传济支线1.28千米),于1995年9月15日完工。

2006年5月,门阵至上岭根公路路基路面工程开工,长7.6千米,按浙江省准四级公路标准,路面宽3.5米,路面结构采用8厘米厚调拱层+20厘米厚水泥砼面层。2006年12月完工。

奕坪线 编号Y608,系指奕(山)坪(头岗)公路。自湖(山)大(溪边)公路K3+200奕山为起点,至坪头岗为终点,长3.685千米。系四级公路,水泥混凝土路面。

1994年4月,湖山至衢州渔沧一期奕山至坪头岗公路新建工程开工,长3.2千米。按山岭重丘四级公路标准设计,路基宽6.5米、路面宽3.5米、桥梁宽7+2×0.3米、隧道净宽7+2×0.5米,桥涵设计荷载汽—15、挂—80。由遂昌县交通工程公司施工,完成隧道1座170米、桥梁1座42米、涵洞14道148延米。耗资245.07万元,1998年9月完工。至此,奕坪线全线贯通。

2006年5月18日,奕山至坪头岗公路路面改造工程开工,长3.2千米。按山岭重丘四级公路标准设计,路基宽6.5米、路面宽4米,路面结构采用8厘米厚调拱层+20厘米厚水泥砼面层。由庆元县公路养护中心施工,2006年12月10日完工。

雷湖线 编号Y609,系指雷(石)上(龙潭)公路。自峡(口门)北(界)公路K14+200雷石为起点,至上龙潭大桥为终点,长1.889千米。系四级公路,水泥混凝土路面。

雷湖线原为遂(昌)湖(山)公路的一段,民国30年(1941)建成人力车道。1960年拓宽改建成公路。1979年乌溪江水电站建成,为水淹公路的残留路段。1980年5月,上龙潭大桥建成,与遂昌县萤石矿专用公路相接。

2006年7月1日,雷石至上龙潭大桥公路路面改造工程开工,长1.1千米。按浙江省准四级公路标准设计,路基宽4.5米、路面宽3.5米,路面结构采用8厘米厚调拱层+20厘米厚水泥砼面层。由龙游广厦建筑工程有限公司施工,2006年11月15日完工。

岭传线 编号Y610,系指岭(根)传(济)公路。自门(阵)岭(根)公路K6+800处接线为起点,终于传济,长1.129千米。系四级公路,水泥混凝土路面。

1990年12月6日,门(阵)岭(根)公路传济支线公路新建工程开工,长1.28千米。按山岭重丘四级公路标准设计,路基宽4.5米、砂石路面宽3.5米。岭根村施工,1995年9月15日完工。至此,岭传线全线贯通。

2006年5月,岭根至传济公路路面改造工程开工,长1.2千米,按浙江省准四级公路标准设计，路基宽 4.5 米、路面宽 3.5 米，路面结构采用 8 厘米厚调拱层＋20 厘米厚水泥砼面层。云峰镇政府实施，2006 年 9 月 25 日完工。

举金线 编号 Y611，系指举(淤口)金(鸡岩)公路。自黄(脱坑口)九(牛岙)公路 K25＋350 举淤口为起点，至金鸡岩为终点，与衢州市衢江区白(蛇岭)白(岩)公路 K46＋207 相接，长 1.154 千米。系四级公路，水泥混凝土路面。

1994 年 9 月，建成举淤口至金鸡岩简易公路，长 1.2 千米。至此，举金线全线贯通。

2006 年 5 月 15 日，举淤口至金鸡岩公路路面改造工程开工，长 1.13 千米。按山岭重丘四级公路标准设计，路基宽 6.5 米、路面宽 4.5 米，路面结构采用 8 厘米厚调拱层＋20 厘米厚水泥砼面层。由丽水市路桥工程公司施工，2006 年 7 月 30 日完工。

梭王线 编号 Y612，系指梭(溪桥)王(村)公路。自峡(口门)北(界)公路 K6＋200 梭溪桥为起点，经砝下、兰蓬，至王村为终点，与峡(口门)北(界)公路 K35＋540 相交，长 14.043 千米。系四级公路，水泥混凝土路面。

2011 年 11 月 25 日，遂昌县乡村康庄工程办公室被浙江省人民政府授予浙江省农村公路工作先进集体

1988 年建王村至兰蓬拖拉机路，长 6.8 千米；1990 年建梭溪桥至兰蓬拖拉机路，长 3.6 千米。

2005 年 7 月，该线梭溪桥至兰蓬 3.6 千米拖拉机路按浙江省准四级公路标准拓宽，路基宽 4.5～6.5 米、路面宽 3.5 米，补助 36 万元，大柘镇政府组织实施。同时该线兰蓬至王村 10 千米公路新建(其中 6.8 千米拓宽)工程开工，按浙江省准四级公路标准设计，路基宽 4.5～6.5 米、路面宽 3.5 米，补助 130 万元，金竹镇政府实施。2005 年 12 月完工。至此，梭王线全线贯通。

2006 年 7 月 11 日，该线梭溪桥至王村公路路面改造工程开工，长 13.62 千米。按浙江省准四级公路标准设计，路基宽 4.5～6.5 米、路面宽 4 米，路面结构采用 8 厘米厚调拱层＋20 厘米厚水泥砼面层。由遂昌县公路养护工程有限公司施工，2006 年 12 月 30 日完工。

垵垵线 编号 Y613，系指垵(口)垵(坑凹)公路。自遂(昌)龙(泉)公路 K33＋900 垵口为起点，经五里岗、垵坑，至垵坑凹为终点，长 11.523 千米。系准四级公路，水泥混凝土路面。

1991 年 12 月 5 日，垵口至垵坑公路新建工程开工，长 6.66 千米。按山岭重丘四级公路标准设计,路基宽 4.5 米。垵口村组织实施,自筹资金 70 余万元,1994 年 5 月完工。

2001 年 2 月,垵坑至垵坑凹公路开工,长 5.3 千米。按简易公路设计,路基宽 3.5 米,隧道 1 座 230 米。垵口乡自筹资金 150 余万元,省公路局补助 50 万元,2002 年 12 月完工。至此,垵垵线全线贯通。

2006 年 5 月 3 日,垵口至垵坑凹公路路面改造工程开工,长 9.71 千米。按浙江省准四级公路标准设计,路基宽 4.5 米、路面宽 3.5～4.0 米,路面结构采用 8 厘米厚调拱层+20 厘米厚水泥砼面层。由庆元市政建设开发工程公司施工,2006 年 11 月 20 日完工。

五、村道公路

村道公路是指主要为村经济、文化、行政服务的公路,以及不属于乡道以上公路的行政村与行政村之间、村与外部联系的公路。遂昌县的村道公路众多,一些通村联网公路尚在建设之中。2010 年,遂昌县主要村道公路有 236 条,计 739.5 千米(见表 1-1)。

表 1-1 2010 年遂昌县村道公路一览

路线简称	所在乡镇	线路长度(千米)	路基宽度(米)	路面宽度(米)	技术等级	面层类型	建设年份
大桥—西源头	妙高镇	2.6	4.5	3.5	准四级	水泥砼	2004
半路亭—东红	妙高镇	2.5	4.5	3.5	准四级	水泥砼	2005
东红—东梅	妙高镇	2.0	4.5	3.5	准四级	水泥砼	2005
炉头—荫樟源	妙高镇	3.5	4.5	3.5	准四级	水泥砼	2005
南门—枫树突	妙高镇	2.8	4.5	3.5	准四级	水泥砼	2005
吴突头—新东	妙高镇	1.3	4.5	3.5	准四级	水泥砼	2005
下南门—螺蛳垵	妙高镇	0.6	4.5	3.5	准四级	水泥砼	2005
新东—东峰	妙高镇	1.8	4.5	3.5	准四级	水泥砼	2005
二都街—下坑口	妙高镇	1.6	4.5	3.5	准四级	水泥砼	2006
横坑殿—黄庄	妙高镇	1.5	4.5	3.5	准四级	水泥砼	2006
水阁—东门	妙高镇	3.6	4.5	3.5	准四级	水泥砼	2006
下仓畈—九岭	妙高镇	3.5	4.5	3.5	准四级	水泥砼	2006
新世纪学校—牛角尖	妙高镇	1.7	4.5	3.5	准四级	水泥砼	2006
源口—枫树坪	妙高镇	0.9	4.5	3.5	准四级	水泥砼	2006
50 省道—庄山	妙高镇	1.5	4.5	3.5	准四级	水泥砼	2007
小金线—平昌	妙高镇	1.1	4.5	3.5	准四级	水泥砼	2007
50 省道—洋条	妙高镇	0.7	4.5	3.5	准四级	水泥砼	2008

续表

路线简称	所在乡镇	线路长度（千米）	路基宽度（米）	路面宽度（米）	技术等级	面层类型	建设年份
51省道—古院	妙高镇	0.7	4.5	3.5	准四级	水泥砼	2008
51省道—渡船头	妙高镇	1.4	4.5	3.5	准四级	水泥砼	2009
东师岙—叶家殿	妙高镇	2.1	4.5	3.5	准四级	水泥砼	2009
东师岙—张坪头	妙高镇	2.2	4.5	3.5	准四级	水泥砼	2009
职业技校—黄砍源	妙高镇	11.8	4.5	3.5	准四级	水泥砼	2009
50省道—上江	妙高镇	0.9	4.5	3.5	准四级	水泥砼	2010
枫树坪—麻洋	妙高镇	9.8	4.5	3.5	准四级	水泥砼	2010
岭脚—骆村	妙高镇	1.0	4.5	3.5	准四级	水泥砼	2010
麻洋口—阴坑	妙高镇	15.4	4.5	3.5	准四级	水泥	2010
长淤山—岩里	云峰镇	1.0	4.5	3.5	准四级	水泥	2004
龙口—后葛口	云峰镇	5.2	4.5	3.5	准四级	水泥	2004
牛尾巴—柿亨	云峰镇	1.0	4.5	3.5	准四级	水泥	2004
上马头—蚱蜢殿	云峰镇	2.3	4.5	3.5	准四级	水泥	2004
岩坑口—刘坞	云峰镇	1.8	4.5	3.5	准四级	水泥	2004
东姑—上畈	云峰镇	4.4	4.5	3.5	准四级	水泥砼	2005
范村—徐岙	云峰镇	5.0	4.5	3.5	准四级	水泥砼	2005
马头—潘坞—范村	云峰镇	10.3	4.5	3.5	准四级	水泥砼	2005
樟洲—毛田	云峰镇	2.3	4.5	3.5	准四级	水泥砼	2005
长濂—鞍山	云峰镇	2.0	4.5	3.5	准四级	沥青砼	2006
大坑—八门岗	云峰镇	3.6	4.5	3.5	准四级	水泥砼	2006
湖边—洋浩	云峰镇	2.5	4.5	3.5	准四级	水泥砼	2006
社后—湖边	云峰镇	0.8	4.5	3.5	准四级	水泥砼	2006
水口—清水源	云峰镇	8.7	4.5	3.5	准四级	水泥砼	2006
蚱蜢殿—陈岙	云峰镇	3.1	4.5	3.5	准四级	水泥砼	2006
连头—木岱	云峰镇	10.4	4.5	3.5	准四级	水泥砼	2007
连直线—龙口	云峰镇	1.5	4.5	3.5	准四级	水泥砼	2008
祥川—墩头	云峰镇	4.6	4.5	3.5	准四级	水泥砼	2008
龙口—木岱	云峰镇	0.9	4.5	3.5	四级	水泥砼	2008
蕉川—陈岙	新路湾镇 云峰镇	3.9	4.5	3.5	四级	水泥砼	2008
连直线—古亭	云峰镇	1.6	4.5	3.5	准四级	水泥砼	2009
东姑—上畈(二期)	云峰镇	3.0	4.5	3.5	准四级	水泥砼	2009

续表

路线简称	所在乡镇	线路长度（千米）	路基宽度（米）	路面宽度（米）	技术等级	面层类型	建设年份
连直线—东姑	云峰镇	1.0	4.5	3.5	准四级	水泥砼	2009
上畈—天师砬	云峰镇	1.5	4.5	3.5	四级	水泥砼	2010
小马埠—桐川	新路湾镇	4.5	4.5	3.5	准四级	水泥砼	2004
横坑桥—风车口	新路湾镇	1.3	4.5	3.5	准四级	水泥砼	2005
丙庄—溪淤	新路湾镇	1.1	4.5	3.5	准四级	水泥砼	2006
大侯周—丙庄	新路湾镇	0.4	4.5	3.5	准四级	水泥砼	2006
上横坑—老卜坑	新路湾镇	2.0	4.5	3.5	准四级	水泥砼	2006
风车口—上横坑	新路湾镇	4.3	4.5	3.5	准四级	水泥砼	2006
骑马兰—社砬前	新路湾镇	8.0	4.5	3.5	准四级	水泥砼	2006
社砬前—杨梅坪	新路湾镇	5.0	4.5	3.5	准四级	水泥砼	2006
溪淤—远路口	新路湾镇	1.3	4.5	3.5	准四级	水泥砼	2006
新路湾—大侯周	新路湾镇	0.4	4.5	3.5	准四级	水泥砼	2006
小马埠—胡家	新路湾镇	1.2	4.5	3.5	准四级	水泥砼	2007
风车口—双坑	新路湾镇	3.4	4.5	3.5	准四级	水泥砼	2008
小金线—大马埠	新路湾镇	0.8	4.5	3.5	准四级	水泥砼	2008
小金线—二村	新路湾镇	0.6	4.5	3.5	准四级	水泥砼	2008
小金线—三村	新路湾镇	1.6	4.5	3.5	准四级	水泥砼	2008
小金线—一村	新路湾镇	0.7	4.5	3.5	准四级	水泥砼	2008
小马埠—桐川(二期)	新路湾镇	1.2	4.5	3.5	准四级	水泥砼	2008
双溪口—砬头背	北界镇	0.6	4.5	3.5	准四级	水泥砼	2004
周村—岱根	北界镇	2.2	4.5	3.5	准四级	水泥砼	2004
50省道—大谷岭	北界镇	0.9	4.5	3.5	准四级	水泥砼	2005
白水—上坪	北界镇	1.2	4.5	3.5	准四级	水泥砼	2005
北界—坑里潘	北界镇	1.4	4.5	3.5	准四级	水泥砼	2005
禅定寺—大公殿	北界镇	0.5	4.5	3.5	准四级	水泥砼	2005
大公殿—登埠	北界镇	0.6	4.5	3.5	准四级	水泥砼	2005
淤弓—下坪	北界镇	0.7	4.5	3.5	准四级	水泥砼	2005
峡北线—北界移民点	北界镇	1.8	4.5	3.5	准四级	水泥砼	2006
峡北线—白水	北界镇	1.0	4.5	3.5	准四级	水泥砼	2006
白水—小官塘	北界镇	3.1	4.5	3.5	准四级	水泥砼	2007
峡北线—淤弓	北界镇	1.0	4.5	3.5	准四级	水泥砼	2008
潘金线—王坞	北界镇	1.1	4.5	3.5	准四级	水泥砼	2009

续表

路线简称	所在乡镇	线路长度（千米）	路基宽度（米）	路面宽度（米）	技术等级	面层类型	建设年份
银坑桥头—交塘	金竹镇	1.6	4.5	3.5	准四级	水泥砼	2004
定岗寺—洋岭头	金竹镇	1.1	4.5	3.5	准四级	水泥砼	2005
峡北线—叶村	金竹镇	0.9	4.5	3.5	准四级	水泥砼	2005
官坞—安山	金竹镇	4.6	4.5	3.5	准四级	水泥砼	2006
弄内—岭坑	金竹镇	2.1	4.5	3.5	准四级	水泥砼	2006
王川—云内	金竹镇	2.5	4.5	3.5	准四级	水泥砼	2006
王川—早坞	金竹镇	5.3	4.5	3.5	准四级	水泥砼	2006
升口亭—弄内	金竹镇	1.0	4.5	3.5	准四级	水泥砼	2006
张家—岭胜	金竹镇	2.6	4.5	3.5	准四级	水泥砼	2006
长树源—亦溪	金竹镇	6.9	4.5	3.5	准四级	水泥砼	2007
金牛线—长树源	金竹镇	1.0	4.5	3.5	准四级	水泥砼	2007
库区—官坊	金竹镇	1.4	4.5	3.5	准四级	水泥砼	2007
双峡溪—大西坞	金竹镇	5.1	4.5	3.5	准四级	水泥砼	2007
金牛线—苎上	金竹镇	0.3	4.5	3.5	准四级	水泥砼	2008
峡北线—梭溪	金竹镇	0.4	4.5	3.5	准四级	水泥砼	2008
峡北线—塘岭头	金竹镇	0.3	4.5	3.5	准四级	水泥砼	2008
叶村电站—夏东	金竹镇	1.7	4.5	3.5	准四级	水泥砼	2009
内冠塘—华溪	金竹镇	6.1	4.5	3.5	准四级	水泥砼	2010
峡北线—回龙寨	金竹镇	0.9	4.5	3.5	准四级	水泥砼	2010
峡北线—西岸	金竹镇	0.6	4.5	3.5	准四级	水泥砼	2010
横街—培坞	大柘镇	2.7	4.5	3.5	准四级	水泥砼	2004
双溪口—白麻	大柘镇	1.2	4.5	3.5	准四级	水泥砼	2004
渔山桥—后垅	大柘镇	2.8	4.5	3.5	准四级	水泥砼	2004
大畔畈—大垵	大柘镇	0.9	4.5	3.5	准四级	水泥砼	2005
大田—横源	大柘镇	2.2	4.5	3.5	准四级	水泥砼	2005
丁大线—北山	大柘镇	0.7	4.5	3.5	准四级	水泥砼	2005
丁大线—黄垵	大柘镇	1.1	4.5	3.5	准四级	水泥砼	2005
丁大线—住龙	大柘镇	1.6	4.5	3.5	准四级	水泥砼	2005
丁大线—后村	大柘镇	0.3	4.5	3.5	准四级	水泥砼	2006
街头—高山	大柘镇	1.9	4.5	3.5	准四级	水泥砼	2006
金山脚—大田	大柘镇	1.2	4.5	3.5	准四级	水泥砼	2007
梭溪桥—王曹	大柘镇	3.4	4.5	3.5	准四级	水泥砼	2007

续表

路线简称	所在乡镇	线路长度（千米）	路基宽度（米）	路面宽度（米）	技术等级	面层类型	建设年份
白麻—车床	大柘镇	10.4	4.5	3.5	准四级	水泥砼	2008
车床—前山	大柘镇	2.1	4.5	3.5	准四级	水泥砼	2008
塘根—东坑	大柘镇	10.3	4.5	3.5	准四级	水泥砼	2008
丁大线—后山	大柘镇	0.5	4.5	3.5	准四级	水泥砼	2010
林业站—项岭头	石练镇	3.9	4.5	3.5	准四级	水泥砼	2004
林业站—象岗	石练镇	6.8	4.5	3.5	准四级	水泥砼	2004
村头—柳方	石练镇	1.2	4.5	3.5	准四级	水泥砼	2005
金苏—黄皮	石练镇	3.2	4.5	3.5	准四级	水泥砼	2006
柳村桥头—上垵	石练镇	1.2	4.5	3.5	准四级	水泥砼	2006
新安—章师	石练镇	4.3	4.5	3.5	准四级	水泥砼	2006
淤头—坪塘	石练镇	1.0	4.5	3.5	准四级	水泥砼	2006
桥头—柳村	石练镇	1.6	4.5	3.5	准四级	水泥砼	2007
三砾线—姚埠	石练镇	1.4	4.5	3.5	准四级	水泥砼	2007
章师—黄箩	石练镇	4.4	4.5	3.5	准四级	水泥砼	2007
石王线—苏村	石练镇	1.3	4.5	3.5	准四级	水泥砼	2010
姚埠—培坞	石练镇	2.5	4.5	3.5	四级	水泥砼	2010
宏岗—姚埠	石练镇	1.3	4.5	3.5	四级	水泥砼	2010
双溪口—后塘	王村口镇	6.9	4.5	3.5	准四级	水泥砼	2004
王村口—突头	王村口镇	2.2	4.5	3.5	准四级	水泥砼	2005
双溪口—垵上	王村口镇	1.8	4.5	3.5	准四级	水泥砼	2006
弓桥头—金铺	王村口镇	3.2	4.5	3.5	准四级	水泥砼	2007
金铺—坳头	王村口镇	5.5	4.5	3.5	准四级	水泥砼	2007
大弯—山前	王村口镇	4.0	4.5	3.5	准四级	水泥砼	2009
山前—官岩	王村口镇	3.6	4.5	3.5	准四级	水泥砼	2009
石桃源—大坑	王村口镇	9.6	4.5	3.5	准四级	水泥砼	2009
黄庄桥头—山枣坪	王村口镇	8.4	4.5	3.5	准四级	水泥砼	2010
毛竹坑—中村	王村口镇	2.0	4.5	3.5	准四级	水泥砼	2010
塔潭电站—黄山头	王村口镇	3.3	4.5	3.5	准四级	水泥砼	2010
王村口—雨山头	王村口镇	7.2	4.5	3.5	准四级	水泥砼	2010
回头弯—黄脱坑	黄沙腰镇	1.1	4.5	3.5	准四级	水泥砼	2004
火烧岗—后垵	黄沙腰镇	12.1	4.5	3.5	准四级	水泥砼	2004
岙头—范山	黄沙腰镇	2.1	4.5	3.5	准四级	水泥砼	2005

续表

路线简称	所在乡镇	线路长度（千米）	路基宽度（米）	路面宽度（米）	技术等级	面层类型	建设年份
黄丘—旺坑	黄沙腰镇	0.7	4.5	3.5	准四级	水泥砼	2005
黄沙腰—岭根	黄沙腰镇	7.6	4.5	3.5	准四级	水泥砼	2005
前口—小洞源	黄沙腰镇	3.6	4.5	3.5	准四级	水泥砼	2005
七树湾—杨茂源	黄沙腰镇	6.8	4.5	3.5	准四级	水泥砼	2006
半岭栏—东坞	黄沙腰镇	4.0	4.5	3.5	准四级	水泥砼	2007
三硃线—河背	黄沙腰镇	2.2	4.5	3.5	准四级	水泥砼	2008
旺坑—祝家坞	黄沙腰镇	4.4	4.5	3.5	准四级	水泥砼	2008
杨茂源—上定	黄沙腰镇	1.7	4.5	3.5	准四级	水泥砼	2010
沙口—油瓶下	三仁乡	3.0	4.5	3.5	准四级	水泥砼	2003
好川—际上	三仁乡	5.0	4.5	3.5	准四级	水泥砼	2004
尖山寺—上簟	三仁乡	1.5	4.5	3.5	准四级	水泥砼	2004
丁大线—大觉	三仁乡	0.6	4.5	3.5	准四级	水泥砼	2006
丁大线—坑口	三仁乡	0.3	4.5	3.5	准四级	水泥砼	2006
丁大线—叶坞	三仁乡	0.5	4.5	3.5	准四级	水泥砼	2006
三硃线—石板桥	三仁乡	0.5	4.5	3.5	准四级	水泥砼	2007
金矿—龙岩头	濂竹乡	1.3	4.5	3.5	准四级	水泥砼	2004
局下—刘坑	濂竹乡	1.8	4.5	3.5	准四级	水泥砼	2005
小岱—千义坑	濂竹乡	4.0	4.5	3.5	准四级	水泥砼	2005
鸭弄口—瓦窑岗	濂竹乡	1.7	4.5	3.5	准四级	水泥砼	2005
叶油—苏旺	濂竹乡	2.4	4.5	3.5	准四级	水泥砼	2005
大竹—横坑	濂竹乡	2.1	4.5	3.5	准四级	水泥砼	2006
横坑—叶家田	濂竹乡	2.6	4.5	3.5	准四级	水泥砼	2006
苏旺—松阳上方	濂竹乡	1.8	4.5	3.5	四级	水泥砼	2008
应村—花峦	应村乡	3.0	4.5	3.5	准四级	水泥砼	2004
潘坑口—小金竹	应村乡	1.1	4.5	3.5	准四级	水泥砼	2005
峡北线—南塘	应村乡	1.9	4.5	3.5	准四级	水泥砼	2005
白水—西山头	应村乡	6.8	4.5	3.5	准四级	水泥砼	2008
新汀线—田铺	应村乡	1.3	4.5	3.5	准四级	水泥砼	2008
花峦—天师砿	应村乡	4.1	4.5	3.5	准四级	水泥砼	2008
南塘—半岭	应村乡	3.1	4.5	3.5	准四级	水泥砼	2008
三长线—洋溪	应村乡	2.3	4.5	3.5	准四级	水泥砼	2008
茶恕—白岩	应村乡	2.5	4.5	3.5	准四级	水泥砼	2010

续表

路线简称	所在乡镇	线路长度（千米）	路基宽度（米）	路面宽度（米）	技术等级	面层类型	建设年份
高坪—塘下	高坪乡	2.3	4.5	3.5	准四级	水泥砼	2006
车站—高坪	高坪乡	1.6	4.5	3.5	准四级	水泥砼	2007
大岭头—淤竹	高坪乡	3.5	4.5	3.5	准四级	水泥砼	2008
石屋下—岱岭	高坪乡	4.6	4.5	3.5	准四级	水泥砼	2008
高坪—茶树坪	高坪乡	8.1	4.5	3.5	准四级	水泥砼	2008
高坪—石屋下	高坪乡	4.0	4.5	3.5	准四级	水泥砼	2008
狐狸岙—榅树坞	高坪乡	2.7	4.5	3.5	准四级	水泥砼	2008
高坪—箍桶丘	高坪乡	10.4	4.5	3.5	准四级	水泥砼	2009
牌坊门—白砇下	湖山乡	4.1	4.5	3.5	准四级	水泥砼	2004
福罗淤—石角	湖山乡	6.0	4.5	3.5	准四级	水泥砼	2005
角坑弄—长塘	湖山乡	2.0	4.5	3.5	准四级	水泥砼	2005
三归亭—三归	湖山乡	3.5	4.5	3.5	准四级	水泥砼	2005
白砇下—大坪头	湖山乡	3.3	4.5	3.5	准四级	水泥砼	2006
角坑弄—塘垵	湖山乡	2.8	4.5	3.5	准四级	水泥砼	2006
桥头—建洋	湖山乡	2.6	4.5	3.5	准四级	水泥砼	2006
双潭桥—坪益	湖山乡	13.7	4.5	3.5	准四级	水泥砼	2006
湖大线—兆坞	湖山乡	1.0	4.5	3.5	准四级	水泥砼	2007
三归—大畈	湖山乡	4.9	4.5	3.5	准四级	水泥砼	2008
双潭桥—九峰岩	湖山乡	12.8	4.5	3.5	准四级	水泥砼	2008
峡北线—塔路岭	湖山乡	1.0	4.5	3.5	准四级	水泥砼	2008
周公口—黄泥岭	湖山乡	2.0	4.5	3.5	准四级	水泥砼	2008
白砇下—姚岭塘	湖山乡	1.9	4.5	3.5	准四级	水泥砼	2009
姚岭塘—湖方	湖山乡	8.2	4.5	3.5	准四级	水泥砼	2009
湖大线—奕山	湖山乡	0.5	4.5	3.5	准四级	水泥砼	2010
黄泥岭—茳埠洋	湖山乡	9.7	4.5	3.5	准四级	水泥砼	2010
茳口—桐梗寺	湖山乡	7.1	4.5	3.5	准四级	水泥砼	2010
甲门潭—姚岭	湖山乡	19.8	4.5	3.5	准四级	水泥砼	2010
蔡源—大柯	蔡源乡	2.1	4.5	3.5	准四级	水泥砼	2005
岭头—郭坞头	蔡源乡	1.8	4.5	3.5	准四级	水泥砼	2005
初中—叶岭	蔡源乡	2.7	4.5	3.5	准四级	水泥砼	2006
大柯—定山头	蔡源乡	4.5	4.5	3.5	准四级	水泥砼	2008
前山—下篷	焦滩乡	2.7	4.5	3.5	准四级	水泥砼	2004

续表

路线简称	所在乡镇	线路长度（千米）	路基宽度（米）	路面宽度（米）	技术等级	面层类型	建设年份
三砾线—龙头坑	焦滩乡	1.2	4.5	3.5	准四级	水泥砼	2007
石王线—上蓬	焦滩乡	2.7	4.5	3.5	准四级	水泥砼	2008
牛尾岗—沿上	焦滩乡	3.1	4.5	3.5	准四级	水泥砼	2008
石王线—尖石娄	焦滩乡	0.6	4.5	3.5	准四级	水泥砼	2010
西坑口—西坑下	龙洋乡	5.8	4.5	3.5	准四级	水泥砼	2009
西坑下—泉苑	龙洋乡	2.1	4.5	3.5	准四级	水泥砼	2009
西坑下—西坑里	龙洋乡	3.1	4.5	3.5	准四级	水泥砼	2009
茶园—西滩	龙洋乡	3.7	4.5	3.5	准四级	水泥砼	2010
横坑坪—岙头	柘岱口乡	3.2	4.5	3.5	准四级	水泥砼	2005
占庄—北洋	柘岱口乡	1.7	4.5	3.5	准四级	水泥砼	2006
柘关线—开阳	柘岱口乡	1.1	4.5	3.5	准四级	水泥砼	2006
柘关线—坑西	柘岱口乡	2.1	4.5	3.5	准四级	水泥砼	2006
柘关线—占庄	柘岱口乡	1.0	4.5	3.5	准四级	水泥砼	2006
电站坝顶—毛阳	柘岱口乡	6.3	4.5	3.5	准四级	水泥砼	2008
湖岱口—独坑	西畈乡	4.6	4.5	3.5	准四级	水泥砼	2004
湖岱口—黄连坑	西畈乡	5.2	4.5	3.5	准四级	水泥砼	2005
西畈—下床坑	西畈乡	2.1	4.5	3.5	准四级	水泥砼	2005
下床坑口—下西坑	西畈乡	2.0	4.5	3.5	准四级	水泥砼	2005
岩坑口—岩坑	西畈乡	1.5	4.5	3.5	准四级	水泥砼	2005
官坑口—官坑	西畈乡	2.5	4.5	3.5	准四级	水泥砼	2006
下西坑—桥后	西畈乡	0.8	4.5	3.5	准四级	水泥砼	2006
水碓坑—林山头	垵口乡	1.0	4.5	3.5	准四级	水泥砼	2005
徐村—淤连山	垵口乡	3.7	4.5	3.5	准四级	水泥砼	2005
51省道—葛程	垵口乡	3.5	4.5	3.5	准四级	水泥砼	2006
三河口—西岱	垵口乡	3.2	4.5	3.5	准四级	水泥砼	2007
51省道—大山	垵口乡	1.5	4.5	3.5	准四级	水泥砼	2010
51省道—乐山头	垵口乡	13.9	4.5	3.5	准四级	水泥砼	1010
玉黄线—桂洋	垵口乡	0.6	4.5	3.5	准四级	水泥砼	2010

六、专用公路

专用公路主要是指供厂矿、林区、农（牧）场、港区、场站、旅游区、开发区、军事要地等与外部联系的公路。遂昌县的专用公路主要是厂矿、林区和旅游区专用公路。2010 年,遂昌县共有专用公路 12 条,计 57.609 千米。另有近年新增其他专用公路 5 条,计 16.638 千米。

后葛口至天堂公路 编号 Z601。位于云峰镇,为厂矿专用公路。自连(头)直(坑岙)公路 K5+400 后葛口为起点,经东姑、下马,至天堂电站为终点,长 4.709 千米。系准四级公路,水泥混凝土路面。

1969 年,由天堂电站投资 2 万元,建成路基宽 4.5 米、砂石路面宽 3.5 米的专用公路,长 4.8 千米。

2004 年 12 月,建成水泥砼路面,路面宽 3.5 米、路面结构采用 10 厘米厚调拱层+20 厘米厚水泥砼面层。

高碧街至十三都公路 编号 Z602。位于三仁畲族乡,为厂矿专用公路。自三(墩桥)砾(下)公路 K2+000 高碧街为起点,经周村,至十三都(永新化工厂)为终点,长 3.726 千米。系准四级公路,水泥混凝土路面。

1965 年 8 月,永新化工厂投资 35 万元(含厂区内道路 3.93 千米),在原人力车路基础上拓宽成路基宽 4.5～5.0 米、砂石路面宽 3.0～3.5 米的专用公路,长 3.813 千米。

1997 年 9 月,高碧街至十三都公路路面改造工程开工,长 3.8 千米。按原路基设计,路面宽 3.5 米,路面结构采用 10 厘米厚调拱层+20 厘米厚水泥砼面层。由遂昌县公路管理段施工,1997 年 12 月完工。

大柘至塘根公路 编号 Z603。位于大柘镇,为厂矿专用公路。自三(墩桥)砾(下)公路 K15+500 大柘为起点,沿柘溪逆流而上,经街头,至塘根电站为终点,长 4.1 千米。系准四级公路,水泥混凝土路面。

1977 年 4 月,遂昌县农业水利局投资 7.2 万元,建成路基宽 4～5 米、砂石路面宽 3 米的专用公路,长 3.248 千米。

2003 年,按浙江省准四级公路标准改建,街头至塘根公路长 6.5 千米、路面宽 3.5 米、路面结构采用 10 厘米厚调拱层+20 厘米厚水泥砼面层。大柘镇政府施工。2003 年 12 月完工。

治岭头至金矿仓库公路 编号 Z604。位于濂竹乡遂昌金矿厂区,为厂矿专用公路。自连直线 K13+600 治岭头为起点,至金矿仓库为终点,长 0.222 千米。1976 年由金矿投资建成,系准四级公路,1986 年由泥结碎石路面改造成水泥混凝土路面。

湖山至萤石矿公路 编号 Z605。位于湖山乡,为厂矿专用公路。自雷(石)湖(山)公路 K1+889 上龙潭大桥为起点,跨上龙潭大桥,经珠村畈,至萤石矿(赤山岭头)为终点,长 2.756 千米。系四级公路,水泥混凝土路面。

1980 年,遂昌萤石矿投资 28.4 万元,建成路面宽 6.5 米、碎石路面宽 4 米的专用公路,长 2.71 千米。

2004年，按浙江省准四级公路标准改建，牌坊门至白砝下公路4.1千米、路面宽3.5米、路面结构采用10厘米厚调拱层+20厘米厚水泥砼面层。2004年12月完工。

源口至一级电站公路 编号Z606。位于妙高镇，为厂矿专用公路。自遂(昌)尖(山脚)公路K4+200源口为起点，经成屏二级电站、骆村岭脚，至成屏一级电站为终点，与遂龙线K19+700相接，长8.256千米。系准四级公路，水泥混凝土路面。

1958年，兴建城(关)桂(洋)公路时，已建成源口至成屏二级电站公路，长1.7千米。1984年，遂昌电厂投资5.9万元，浇筑成水泥混凝土路面。1985年12月，成屏一级电站投资35万元，建设成屏二级电站至一级电站公路，路基宽6米、砂石路面宽3.5米，长6.95千米。

1995年10月1日，成屏二级电站至一级电站段路基路面拓宽改造工程开工，长6.4千米。路基宽6.5米、路面宽3.5～4.0米，路面结构采用20厘米厚水泥砼面层。一级电站投资110万元兴建，由遂昌县交通工程公司施工，1996年4月完工。

黄沙腰至黄砝淤公路 编号Z607。位于黄沙腰镇，为林区专用公路。自三(墩桥)砾(下)公路K81+600黄沙腰为起点，经罗汉源口、神砝坑，至黄砝淤(九龙山国家自然保护区)为终点，长5.021千米。系准四级公路，水泥混凝土路面。

1987年，遂昌县林业部门投资38.2万元，建成路基宽4.5米、砂石路面宽3.5米的专用公路，长4.95千米。遂昌县林业局实施，1988年7月完工。

2006年5月10日，黄沙腰至黄砝淤公路路面改造工程开工，长4.952千米。按浙江省准四级公路标准设计，路基宽4.5～7.5米、路面宽4～5米，路面结构采用8厘米厚调拱层+20厘米厚水泥砼面层。由遂昌县公路养护工程有限公司施工，2006年11月25日完工。

溪口至小岩公路 编号Z608。位于垵口乡，为林区专用公路。自朱(口)金(岙)公路K4+000溪口为起点，经下坳至小岩为终点，长4.023千米。系准四级公路，水泥混凝土路面。

1987年8月，溪口至小岩林区专用公路新建工程开工，长3.934千米。按简易公路标准建设，路基宽4.5米。小岩村集资28万元，1987年12月完工。

2006年4月1日，溪口至小岩公路路面改造工程开工，长3.934千米。按浙江省准四级公路标准设计，路基宽4.5米、路面宽4米，路面结构采用8厘米厚调拱层+20厘米厚水泥砼面层。由遂昌县第三建筑有限公司施工，2006年7月15日完工。

王川至坞里源坑公路 编号Z609。位于金竹镇，为厂矿专用公路。自峡(口门)北(界)公路K20+800王川为起点，至坞里源坑为终点，长1.306千米。

系准四级公路,水泥混凝土路面。

1988 年 8 月,王川至坞里源坑矿山专用公路开工,长 1.3 千米,路基宽 4.5 千米,金竹乡萤石矿投资 10 万元,1989 年 8 月完工。

2006 年 6 月 20 日,王川至坞里源坑公路路面改造工程开工,长 1.3 千米。按浙江省准四级公路标准设计,路基宽 4.5 米、路面宽 3.5 米,路面结构采用 8 厘米厚调拱层+20 厘米厚水泥砼面层。由浙江凯恩建筑工程有限公司施工,2006 年 12 月 30 日完工。

上马头至苏庄滩公路 编号 Z611。位于云峰镇马头,为厂矿专用公路。自范(村)马(头)公路 K3+400 上马头为起点,至苏庄电站坝脚为终点,长 5.752 千米。系准四级公路,水泥混凝土路面。

2004 年按浙江省准四级公路标准,修建上马头至蚱蜢殿公路 2.3 千米,路面宽 3.5 米,路面结构采用 10 厘米厚调拱层+20 厘米厚水泥砼面层。同年 12 月完工。2006 年,续建蚱蜢殿至苏庄滩 2.8 千米,路面宽 3.5 米,路面结构采用 10 厘米厚调拱层+20 厘米厚水泥砼面层。同年 12 月完工。

岩坑口至马头山公路 编号 Z612。位于濂竹乡,为林区专用公路。自连(头)直(坑岙)公路 K23+200 岩坑口为起点,至马头山为终点,长 10.06 千米。系等外级公路,泥结碎石路面。

1992 年 6 月,遂昌县林业部门投资 190 万元,开始兴建岩坑口至马头山林区专用公路,长 10.14 千米,路基宽 4.5 米。1995 年 10 月完工。

大坞坑至金田寺公路 编号 Z613。位于应村乡,为厂矿专用公路。自三(十箩)长(树源)公路 K2+000 大坞坑为起点,经高腰源,至金田寺为终点,长 7.678 千米。系准四级公路,水泥混凝土和砂石路面。

1992 年,由遂昌县矿业开发公司投资,建成 7.7 千米金田寺银金矿专用公路。

2001 年 6 月,应村水电站库区公路复建工程开工。大坞坑至金田寺公路 K5+360~760 长 0.4 千米水淹路段进行复建。按山岭重丘四级公路标准设计,路基宽 6.5 米、砂石路面宽 3.5 米。由丽水市交通工程有限公司施工,2003 年 8 月完工。

2008 年按浙江省准四级公路标准,建设三长线至洋溪村道 2.3 千米,路面宽 3.5 米,路面结构采用 10 厘米厚调拱层+20 厘米厚水泥砼面层。2008 年 12 月完工。

神龙谷进景区公路 位于垵口乡神龙谷景区。起点为桂义岭,与遂龙线 K49+000 相接,终点为神龙谷景区出口,长 800 米。按交通部颁山岭重丘四级公路标准设计,行车速度每小时 20 千米,路基宽 6.5 米、路面宽 6 米,涵洞与路基同宽,桥涵设计荷载公路—Ⅱ级,路面结构采用 15 厘米厚调拱层+20 厘米厚水稳层+3厘米厚沥青砼面层。在终点右侧修建一停车场。由浙江永达交通工程有限公司施工，2006年7月开工，2007年12月完工，耗资313.8554万元。

遂昌金矿国家矿山公园入景公路 位于濂竹乡遂昌金矿国家矿山公园景区。起点为遂昌金矿，与连直线K14+900相接，终点为金矿风机房，长2.837千米。按山岭重丘四级公路标准设计，行车速度每小时20千米，路基宽5米、路面宽4米，桥涵与路基同宽，桥涵设计荷载公路—Ⅱ级，路面结构采用15厘米厚级配碎石基层+20厘米厚水泥砼面层。由遂昌金矿投资建设，2008年6月开工，同年12月完工。投资469.6722万元。

高坪景区入景公路 位于高坪乡高坪(石姆岩景区)。起点为高坪乡高坪村，与三长线K16+019相接，终点为高坪乡塘下村，长1.58千米。其中桥梁1座13米。按二级公路技术标准设计，行车速度每小时60千米，其中K0+000～K1+120段路基宽12米，K1+120～K1+580段路基宽27米，桥梁与路基同宽，桥涵设计荷载等级为公路—Ⅱ级。浙江顺通路桥有限公司施工，2010年5月1日开工，2011年10月30日完工。投资686.15万元。

千佛山景区入景公路 位于石练镇千佛山景区(原飞石岭景区)。起点为石练镇黄皮，与三砺线K26+950相接，终点为梧桐岙，长8.40千米。采用浙江省准四级公路工程技术标准设计，行车速度每小时15千米，路基宽6.5米、路面宽4.5米，桥涵与路基同宽，桥涵设计荷载汽—10，路面结构采用15厘米厚级配砾石基层+20厘米厚水泥砼面层。由凯恩建筑工程公司施工。2008年3月4日开工，2009年12月30日路基工程完工，耗资408万元。路面工程尚未开工，总预算约715万元。

石坑坪至桥头公路 属于遂昌国家森林公园旅游基础建设项目，位于石练镇石坑坪电站。起点为双坑口，与大双线K2+558.5相接，经石坑坪电站大坝，终点为石练镇桥头村，长3.125千米，其中小桥1座23.14米。线路按四级公路标准设计，行车速度每小时20千米，路基宽6.5米、路面宽6.0米，桥涵设计荷载公路—Ⅱ级，路面结构采用15厘米厚级配碎石基层+20厘米厚水泥砼面层。遂昌县公路勘察设计所设计，浙江省台州市交通工程有限公司施工，丽水市丽通监理有限公司监理。2011年12月31日，石坑坪水库公路改线工程举行开工仪式，工期360天，预算为1215万元，中标价1124.5万元。

七、简易公路

简易公路是指达不到国家四级公路标准要求的、供拖拉机或小型汽车通行的农村公路，亦称机耕路。

遂昌县的第一条手车道，主要是为了抗日战争物资运输需要，开始于民国29年(1940)2月，峡口门至湖山路段16.8千米，路基宽2米，于民国30年

(1941)5月竣工。20世纪60年代，地方交通(民间交通)兴起，一般都以"民办公助"的形式，为支援农村建设，解决农用物资和木材运输问题，手车道建设得到发展。至1970年底，遂昌县共有手车道23条，计128千米。20世纪80年代后，手车道基本上改建成机耕路或简易公路。

20世纪80年代，农村实行经济体制改革，农村商品流通快速发展。1986年浙江省召开山区经济工作会议，通过《加快山区交通建设的意见》，提出加快山区交通建设，修建一些能通拖拉机、小型载重汽车的机耕路。遂昌县农村修建机耕路的热情空前高涨，大部分手车道都改建成机耕路。机耕路建设开始由遂昌县农业局立项补助，遂昌县交通局业务指导，之后(1996—1997年之间)逐步列入交通局管理，"机耕路"改称"简易公路"。

1997年4月24日，浙江省政府召开"全省山区公路建设暨交通扶贫电视电话动员会议"，提出加快全省山区公路建设，全面实现全省在"九五"期末乡乡通公路、行政村基本通简易公路的目标。2001年第二次全国公路普查，遂昌县有简易公路(村道)187条，计558.589千米。

2003年，村道公路(简易公路)作为"乡村康庄工程"列入浙江省交通厅提出的六大工程之一。自此，村道公路(简易公路)的地位、标准、建设和管理都发生了根本的变化。简易公路作为一个历史时期的产物，完成了它的历史使命(见表1-2)。

表1-2 2003年遂昌县简易公路(机耕路)一览

线路名称	所在乡镇	起点—讫点	线路长度(千米)	路基宽度(米)	路面	
					宽度(米)	类型
项庵村机耕路	妙高镇	螺蛳垵—项庵	4	2.5	2	无路面
阴坑村机耕路	妙高镇	麻洋—阴坑	3	3	2.5	无路面
叶家殿村机耕路	妙高镇	张坪头—叶家殿	2.5	3	2.5	无路面
大毛头村机耕路	妙高镇	荷花滩桥—大毛头	1.5	3	2.5	无路面
麻洋村机耕路	妙高镇	枫树坪—麻洋	12	3	2.5	无路面
黄磁源村机耕路	妙高镇	叶家殿—黄磁源	1.5	3	2.5	无路面
张坪头村机耕路	妙高镇	县职业技校—张坪头	9	3	2.5	无路面
枫树坪村机耕路	妙高镇	西坞滩—枫树坪	0.3	2.5	2	无路面
荫樟源村简易公路	妙高镇	枫树突—荫樟源	2.5	3.5	3	无路面
葛坪村简易公路	妙高镇	小金公路—内葛坪	2.25	4.5	4	无路面
东红村机耕路	妙高镇	井头坞—东红	2.5	3	2.5	砼路面
东梅村机耕路	妙高镇	东红—东梅	1	2.5	2	无路面
水阁村机耕路	妙高镇	梅溪庵—水阁	2	3	2.5	无路面

续表

线路名称	所在乡镇	起点—讫点	线路长度（千米）	路基宽度（米）	路面	
					宽度（米）	类型
株树窟村机耕路	妙高镇	水阁—株树窟	2.5	3	2.5	无路面
新东村机耕路	妙高镇	东峰—新东	2.5	3	2.5	无路面
东门村机耕路	妙高镇	水阁—东门	2	3	2.5	无路面
东峰村机耕路	妙高镇	吴突头—东峰	2.5	3	2.5	无路面
井头坞村机耕路	妙高镇	梅溪庵—井头坞	2	3	2.5	砼路面
黄庄村机耕路	妙高镇	黄庄岭脚—黄庄	3	2.5	2	无路面
下坑口村简易公路	妙高镇	良种场—下坑口	1.5	3.5	3	无路面
西源头村机耕路	妙高镇	大桥村—西源头	2.2	2.5	2	无路面
九岭村机耕路	妙高镇	大桥村—九岭	3	2.5	2	无路面
枫树突村简易公路	妙高镇	大毛头—枫树突	2	2.5	3	无路面
螺蛳垵村机耕路	妙高镇	下南门桥—螺蛳垵	2	3	2.5	无路面
上畈村机耕路	云峰镇	后葛口—上畈	4.5	3	2.5	无路面
下马村简易公路	云峰镇	后葛口—下马	3.5	3.5	3	无路面
上岭根村机耕路	云峰镇	门阵—上岭根	8	3	2.5	无路面
祥川村简易公路	云峰镇	龙口—祥川	4.5	3.5	3	无路面
墩头村机耕路	云峰镇	祥川—墩头	4	3	2.5	无路面
柿亨村机耕路	云峰镇	龙口—柿亨	2	3	2.5	无路面
木岱村机耕路	云峰镇	祥川—木岱	6	3	2.5	无路面
刘坞村机耕路	云峰镇	岩里—刘坞	3	3	2.5	无路面
岩里村机耕路	云峰镇	岩里口—岩里	1	3	2.5	无路面
徐岙村机耕路	云峰镇	范村—徐岙	5	3	2.5	无路面
洋浩村简易公路	云峰镇	洋浩口—洋浩	1	3.5	3	无路面
湖边村机耕路	云峰镇	社后—湖边	1	3	2.5	无路面
隔溪村机耕路	云峰镇	上马头—隔溪	1	3	2.5	无路面
蚱蜢殿村机耕路	云峰镇	上马头—蚱蜢殿	1	3	2.5	无路面
潘坞村机耕路	云峰镇	下马头—潘坞	5	3	2.5	无路面
八门岗村简易公路	云峰镇	大坑—八门岗	5	3.5	3	无路面
陈岙村机耕路	云峰镇	水口—陈岙	7.5	3	2.5	无路面
清水源村机耕路	云峰镇	苏庄滩—清水源	5	3	2.5	无路面
三井村简易公路	新路湾镇	白马山林场—三井	5	3.5	3	无路面
双坑村机耕路	新路湾镇	风车口—双坑	4	3	2.5	无路面

续表

线路名称	所在乡镇	起点—讫点	线路长度(千米)	路基宽度(米)	路面	
					宽度(米)	类型
上横坑村机耕路	新路湾镇	下横坑—上横坑	3	3	2.5	无路面
老卜坑村机耕路	新路湾镇	风车口—老卜坑	5	3	2.5	无路面
杨梅坪村机耕路	新路湾镇	社硋前—杨梅坪	5	3	2.5	无路面
社硋前村机耕路	新路湾镇	新路湾—社硋前	6	3	2.5	无路面
夹路畈村机耕路	新路湾镇	小马埠—夹路畈	2	3	2.5	无路面
桐川村机耕路	新路湾镇	夹路畈—桐川	3	3	2.5	无路面
登埠村机耕路	北界镇	大公殿—登埠	2	3	2.5	无路面
下坪村机耕路	北界镇	殿下滩—下坪	1.5	3	2.5	无路面
坑里潘村机耕路	北界镇	北界—坑里潘	1	3	2.5	无路面
上坪村机耕路	北界镇	田庄畈—上坪	2	3	2.5	无路面
岱根村机耕路	北界镇	厉堂畈—岱根	3	2.5	2	无路面
淤弓村机耕路	北界镇	黄庄岙—淤弓	1	3	2.5	砼路面
硋头背村机耕路	北界镇	双溪口—硋头背	1	3	2.5	无路面
夏东村机耕路	金竹镇	叶村—夏东	2	3	2.5	无路面
早坞村简易公路	金竹镇	王川—早坞	3	3.5	3	无路面
岭坑村机耕路	金竹镇	弄内—岭坑	3	3	2.5	无路面
洋岭头村机耕路	金竹镇	定岗寺—洋岭头	2	3	2.5	无路面
云内村机耕路	金竹镇	王川—云内	3	3	2.5	无路面
弄内村机耕路	金竹镇	升口亭—弄内	2	3	2.5	无路面
兰蓬村机耕路	金竹镇	王村—兰蓬	8	3	2.5	无路面
官坊村机耕路	金竹镇	王村—官坊	6	3	2.5	无路面
交塘村简易公路	金竹镇	银坑—交塘	3.5	3.5	3	无路面
大西坞村机耕路	金竹镇	梭溪桥—大西坞	10	3	2.5	无路面
亦溪村机耕路	金竹镇	长树源—亦溪	6	3	2.5	无路面
岭胜村机耕路	金竹镇	官坞—岭胜	7	3	2.5	无路面
安山村机耕路	金竹镇	官坞—安山	6	3	2.5	无路面
高山村简易公路	大柘镇	街头—高山	2	4.5	4	砼路面
白麻村简易公路	大柘镇	大柘—白麻	3	4	3.5	无路面
大垵村简易公路	大柘镇	大畔畈—大垵	1	5.5	4.5	无路面
后垄村简易公路	大柘镇	村下—后垄	3	3.5	3	无路面
后山村机耕路	大柘镇	西山桥头—后山	1	3	2.5	无路面

续表

线路名称	所在乡镇	起点—讫点	线路长度（千米）	路基宽度（米）	路面	
					宽度（米）	类 型
横源村简易公路	大柘镇	横源口—横源	2.5	3.5	3	无路面
东坑村机耕路	大柘镇	塘根—东坑	9.5	3	2.5	无路面
前山村机耕路	大柘镇	车床—前山	3	3	2.5	无路面
车床村机耕路	大柘镇	白麻—车床	10	3	2.5	无路面
培坞村机耕路	大柘镇	街头—培坞	3.5	3	2.5	无路面
黄皮村机耕路	石练镇	金苏—黄皮	2	3	2.5	无路面
柳方村简易公路	石练镇	柳村—柳方	1	3.5	3	无路面
柳村村简易公路	石练镇	柳村桥—柳村	1	3.5	3	无路面
定溪村简易公路	石练镇	爱丰—定溪	1.5	3.5	3	无路面
坪塘村简易公路	石练镇	淤头—坪塘	2	3.5	3	无路面
章师村简易公路	石练镇	新安—章师	3	3.5	3	无路面
宏岗村简易公路	石练镇	接卫桥—宏岗	3	3.5	3	无路面
金苏村简易公路	石练镇	石王公路—金苏	1	3.5	3	无路面
象岗村简易公路	石练镇	接卫桥—象岗	8	3.5	3	无路面
项岭头村简易公路	石练镇	定溪村—项岭头	2	3.5	3	无路面
爱丰村简易公路	石练镇	接卫桥—爱丰	1	3.5	3	无路面
上垵村简易公路	石练镇	柳村—上垵	1.5	3.5	3	无路面
王曹村机耕路	石练镇	章师—王曹	6	2.5	2	无路面
黄箩村机耕路	石练镇	章师—黄箩	1.5	3	2.5	无路面
金铺村机耕路	王村口镇	弓桥头—金铺	3	3	2.5	无路面
坳头村机耕路	王村口镇	金铺—坳头	4	3	2.5	无路面
山枣坪村机耕路	王村口镇	黄庄—山枣坪	10	3	2.5	无路面
中村村机耕路	王村口镇	黄庄—中村	10	3	2.5	无路面
石笋头村简易公路	王村口镇	大茂坑—石笋头	7	6	3.5	砂石
垵上村机耕路	王村口镇	后塘—垵上	3	3	2.5	无路面
黄山头村机耕路	王村口镇	龙井岗—黄山头	5	2.5	2	无路面
大坑村机耕路	王村口镇	对正—大坑	10	2.5	2	无路面
亚垟村机耕路	王村口镇	王村口—亚垟	3	2.5	2	无路面
突头村机耕路	王村口镇	王村口—突头	3	3	2.5	无路面
后塘村简易公路	王村口镇	双溪口—后塘	7	3.5	3	无路面
东坞村机耕路	黄沙腰镇	黄沙腰—东坞	7	3	2.5	无路面

续表

线路名称	所在乡镇	起点—讫点	线路长度(千米)	路基宽度(米)	路面	
					宽度(米)	类型
岭根村机耕路	黄沙腰镇	黄沙腰—岭根	9	3	2.5	无路面
定淤潭村简易公路	黄沙腰镇	火烧岗—定淤潭	2	3.5	3	无路面
邵村村简易公路	黄沙腰镇	定淤潭—邵村	5	3.5	3	无路面
河背村机耕路	黄沙腰镇	马沙岭—河背	1	2.5	2	无路面
杨茂源村机耕路	黄沙腰镇	七树湾—杨茂源	10	3	2.5	无路面
黄脱坑村机耕路	黄沙腰镇	回头弯—黄脱坑	2	3	2	无路面
小洞源村机耕路	黄沙腰镇	坟山坞—小洞源	4	3	2.5	无路面
白粉墙村机耕路	黄沙腰镇	店前—白粉墙	1	2.5	2	无路面
范山村机耕路	黄沙腰镇	岙头—范山	3	3	2.5	无路面
上篁村简易公路	三仁乡	定根—上篁	2	3.5	3	无路面
际上村机耕路	三仁乡	好川—际上	8	3	2.5	无路面
苏旺村机耕路	濂竹乡	叶油—苏旺	9.5	3	2.5	无路面
龙岩头村机耕路	濂竹乡	金矿—龙岩头	3	3	2.5	无路面
横坑村机耕路	濂竹乡	大竹—横坑	2.5	3	2.5	无路面
叶家田村机耕路	濂竹乡	横坑—叶家田	4	3	2.5	无路面
瓦窑岗村机耕路	濂竹乡	连直线—瓦窑岗	4.5	3	2.5	无路面
千义坑村简易公路	濂竹乡	小岱—千义坑	7	3.5	3	无路面
东源村简易公路	应村乡	新村—东源	10	3.5	3	无路面
半岭村简易公路	应村乡	花峦—半岭	7	3.5	3	无路面
西山头村机耕路	应村乡	白水—西山头	7	2	1.5	无路面
花峦村机耕路	应村乡	应村—花峦	1.5	3	2.5	无路面
塘下村机耕路	高坪乡	高坪—塘下	3	3	2.5	无路面
淡竹村机耕路	高坪乡	高坪—淡竹	6	3	2.5	无路面
榅树坞村机耕路	高坪乡	高坪—榅树坞	6	3	2.5	无路面
石屋下村机耕路	高坪乡	高坪—石屋下	5	3	2.5	无路面
茶树坪村简易公路	高坪乡	溪上—茶树坪	4.5	3.5	3	无路面
三归村简易公路	湖山乡	峡北线—三归	5	3.5	3	无路面
坪益村简易公路	湖山乡	坪头岗—坪益	8	3.5	3	无路面
九峰岩村简易公路	湖山乡	坪头岗—九峰岩	14	3.5	3	无路面
紫林坞村简易公路	湖山乡	库边—紫林坞	3	3.5	3	无路面
桐梗寺村机耕路	湖山乡	苎口—桐梗寺	5.5	3	2.5	无路面

续表

线路名称	所在乡镇	起点—讫点	线路长度（千米）	路基宽度（米）	路面	
					宽度（米）	类 型
姚岭塘村机耕路	湖山乡	白磁下—姚岭塘	4	3	2.5	无路面
左肩村机耕路	湖山乡	桐梗寺—左肩	8	3	2.5	无路面
建洋村机耕路	湖山乡	香炉岗—建洋	3	3	2.5	无路面
福罗淤村机耕路	湖山乡	黄磁—福罗淤	4	3	2.5	无路面
姚岭村机耕路	湖山乡	桐梗寺—姚岭	15	3	2.5	无路面
塘垵村机耕路	湖山乡	角坑弄—塘垵	6	3	2.5	无路面
长塘村机耕路	湖山乡	角坑弄—长塘	4	3	2.5	无路面
大坪头村机耕路	湖山乡	白磁下—大坪头	4	3	2.5	无路面
湖方村机耕路	湖山乡	姚岭塘—湖方	8	3	2.5	无路面
大畈村机耕路	湖山乡	鸽儿磁—大畈	5	3	2.5	无路面
黄泥岭村机耕路	湖山乡	溪边—黄泥岭	4	3	2.5	无路面
苎埠洋村机耕路	湖山乡	灯盏架—苎埠洋	8	3	2.5	无路面
郭坞头村机耕路	蔡源乡	岭头—郭坞头	2	3	2.5	无路面
定山头村机耕路	蔡源乡	大柯—定山头	4	3	2.5	无路面
大柯村简易公路	蔡源乡	下村—大柯	2	3.5	3	无路面
沿上村机耕路	焦滩乡	格路口—沿上	4	3	2.5	无路面
龙头坑村机耕路	焦滩乡	牛尾岗—龙头坑	1.5	2.5	2	无路面
尖石娄村机耕路	焦滩乡	焦滩—尖石娄	3	2.5	2	无路面
下蓬村简易公路	焦滩乡	前山—下蓬	4	3.5	3	无路面
上蓬村简易公路	焦滩乡	前山—上蓬	3.5	3.5	3	无路面
垵潭村简易公路	龙洋乡	独口—垵潭	2	5	4	砂石
凉岭下村简易公路	龙洋乡	垵潭—凉岭下	7	5	4	砂石
赤枝村机耕路	龙洋乡	黄塔口—赤枝	5	3	2.5	无路面
黄塔村机耕路	龙洋乡	赤枝—黄塔	9	3	2.5	无路面
西坑里村机耕路	龙洋乡	西坑口—西坑里	10	2.5	2	无路面
西坑下村机耕路	龙洋乡	西坑口—西坑下	6	2.5	2	无路面
泉苑村机耕路	龙洋乡	西坑口—泉苑	10	2.5	2	无路面
岙头村机耕路	柘岱口乡	横坑坪—岙头	5	3	2.5	无路面
毛阳村简易公路	柘岱口乡	源口—毛阳	8	3.5	3	无路面

续表

线路名称	所在乡镇	起点—讫点	线路长度(千米)	路基宽度(米)	路面	
					宽度(米)	类型
渡坑村机耕路	西畈乡	渡口—渡坑	5	3	2.5	无路面
官坑村机耕路	西畈乡	官坑口—官坑	4	3	2.5	无路面
下床坑村机耕路	西畈乡	西畈—下床坑	3	3	2.5	无路面
桥后村机耕路	西畈乡	西畈—桥后	5	3	2.5	无路面
下西坑村机耕路	西畈乡	西畈—下西坑	5	3	2.5	无路面
岩坑村机耕路	西畈乡	湖岱口—岩坑	4.5	3	2.5	无路面
独坑村机耕路	西畈乡	湖岱口—独坑	4	3	2.5	无路面
黄连坑村机耕路	西畈乡	湖岱口—黄连坑	5	3	2.5	无路面
淤连山村简易公路	垵口乡	徐村—淤连山	3	3.5	3	无路面
乐山头村机耕路	垵口乡	三坑源口—乐山头	13	3	2.5	无路面
小岩村简易公路	垵口乡	朱口—小岩	10	5	4	砂石
葛程村机耕路	垵口乡	山头—葛程	4	3	2.5	无路面
西岱村机耕路	垵口乡	三河口—西岱	3.5	3	2.5	无路面
徐村村简易公路	垵口乡	遂龙线—徐村	1	3.5	3	砼路面

第三节 城镇道路

1949年5月前，遂昌县城有东隅街(今东街)、南隅街(今南街)、西隅街(今西街)、北隅街(今北街)和县前路(新中国成立后改称县前街)5条主要街道，宽4～8米，总长2.56千米。还有文明社路(今文明路)、小学路、青云路(后改称青年路)、后坑路、水亭路、东郭路(又称城隍庙路、东角路)、槐花巷等9条巷弄式的次要街道，宽1～2米，总长3.06千米。街道多为鹅卵石、条石板路面。

1949年5月后，特别是20世纪80年代以来，不仅旧有的14条街道进行了扩宽、延伸并浇捣水泥混凝土路面，而且新辟了街道，逐步形成以县府广场为中心，辐射东、南、西、北四周的环城路网。2010年末，县城有主干路46.0千米、次干路18.2千米、支路8.5千米，街道总长72.7千米，道路面积96.1万平方米(见表1-3、1-4)。

表 1-3　2010 年遂昌县城主要街道概况

道路名称	起　讫	长度(米)	宽度(米)	路面结构	改建年份
北街	县府广场—北门桥	1060	21	水泥混凝土	1994
南街	县府广场—工商银行	280	21	水泥混凝土	1983、1986、2005
东街	县府广场—科技大楼	650	21	水泥混凝土	1992、1998
西街	工商银行—凯恩路	1120	21	水泥混凝土	2000
县前街	县府广场—凯恩路	210	12	水泥混凝土	1992、1999
公园路	公园路桥—凯恩路	1140	12～21	水泥混凝土	1983、1992、2000
青云路	县府广场—凯恩路	230	21	水泥混凝土	2005
北溪路	电影院—环卫所	960	4～12	水泥混凝土	1997、2002
凯恩路	钟楼—源口后岭	3900	6.5～18.0	水泥混凝土	1983、1999、2003
官碧路	北门桥—上石马南侧	1140	12	水泥混凝土	1993
源古路	凯恩路—君子路	1110	14	水泥混凝土	2006
公安路	东街—北溪路	320	6	水泥混凝土	1984
水阁路	北门桥头—株树窟收费站	3330	18～30	沥青混凝土	2007
龙谷路(一期)	梅溪庵—半路亭	900	21	沥青混凝土	2009
园丁路	上南门桥—吴乐桥	930	18	水泥混凝土	1993
南门路	上南门桥—下南门桥	500	11.5	水泥混凝土	2000
上南门路	上南门桥—枫树突村	1250	21	水泥混凝土	2004—2007
南门中路	国税大楼—上南门路	420	12	水泥混凝土	2000
下南门路	下南门桥—螺蛳垵村	560	12	水泥混凝土	2000
君子路	科技大楼—古院桥	2780	12～23	水泥、沥青混凝土	1998—2009
牡丹亭路	科技大楼—金溪桥	5530	24～30	水泥混凝土	1995、2004、2006
平昌路	客运中心—二都街	3120	24～25	水泥、沥青混凝土	1995—2001
太和路	新世纪学校—华侨饭店	650	12	水泥混凝土	1995—2005
汤公大道	二都街—城郊造纸厂	4050	36	沥青混凝土	2007
金苍路	原金岸车站—苍畈村	2640	24	水泥混凝土	2007
飞龙路	上江大桥—洋条岭	2505	24	水泥混凝土	1992

注：表中凯恩路、水阁路、君子路、牡丹亭路、平昌路、汤公大道、金苍路、飞龙路与公路重复。

表 1-4 2010 年遂昌县城次要街道概况

道路名称	起 讫	长度(米)	宽度(米)	路面结构
文明路	公园路—公安路	400	3	水泥混凝土
小学路	实验小学—北溪路	300	2	水泥混凝土
气象路	公园路—气象路	300	1.5	水泥混凝土
叶坦路	叶坦桥—平昌路	300	1.5	水泥混凝土
水亭路	东街—凯恩路	300	2.5	水泥混凝土
溪边路	叶坦桥—太保殿	474	1.5	水泥混凝土
前山路	君子路—前山小区	440	7	水泥混凝土
酒厂路	酒厂—上南门路	310	10	水泥混凝土
后岭路	君子路—后岭	1280	2	水泥混凝土
东桥路	三中门口—瓦窑上	650	2	水泥混凝土
含晖路	渡船头—含晖洞山脚	566.14	16	水泥混凝土
梅溪路	新北门桥—茶厂	650	5	水泥混凝土

第四节 桥 梁

凡架设于江河、湖泊、海湾、山谷、建筑物或其他道路之上，连接两端道路，能供车辆、人畜通行的人工构造物称之桥梁。按建造年代可分为古代桥梁和现代桥梁；按功能及管理形式可分为公路桥梁、城市桥梁和民间桥梁；按性质可分为永久性桥梁和非永久性桥梁；按桥跨结构的材料可分为木桥、砖桥、石桥、钢桥、混凝土桥、钢筋混凝土桥、预应力混凝土桥及混凝土桥、石板与钢梁组合的结合梁桥；按建筑结构和受力情况可分为梁桥、拱桥、悬索桥、钢架桥、组合体系桥等形式；按单孔跨径或长度可分为特大桥、大桥、中桥和小桥。单孔跨径在 150 米以上或多孔总跨径在 1000 米以上的为特大桥；单孔跨径在 40～150 米之间或多孔总跨径 100～1000 米之间的为大桥；单孔跨径在 20～40 米之间或多孔总跨径在 30～100 米之间的为中桥；单孔跨径在 5～20 米之间或多孔总跨径在 8～30 米之间的为小桥。单孔跨径小于 5 米的称为涵洞。

一、古桥

桥梁是古代遂昌道路交通的重要设施，遂昌古桥结构形式多样，主要有浮桥、木桥、石拱桥、石墩木梁廊桥和石梁桥，而以石拱桥和石梁桥为多。清康熙、乾隆、道光、光绪年间分别载有桥梁64、69、91、121座，民国年间兴建20座。因遂昌地处山区，除洪水外，不易受战火毁坏，故古桥大多保存完好，至2010年尚存古桥170座。按年代分，不详者40座、宋代2座、明代9座、清代99座、民国20座；按类型分，石拱桥102座、石梁桥57座、廊桥11座。其中并有悬链线和五折边及三折边古石拱桥各1座。

插花岭脚桥 位于妙高镇东梅寺，跨梅溪，系石梁桥。桥长6.2米、宽1.2米、高2.5米，单孔，跨径5米。建于清朝初年。

亭桥 俗名大桥，又名溪心桥，村以桥名。位于妙高镇大桥村，跨苍溪，系木梁廊桥。桥长14米、宽2.8米、高3米，双孔，跨径4.3米。清乾隆年间(1736—1795)里人潘国宝建，原为双桥，上皆建瓦屋，清光绪年间水圮，仅存其一。清光绪十五年(1889)重修，桥上建有廊屋4间。2006年重修改双孔，条石柱，并拆除原南侧佛龛。

鸦鹊桥 位于妙高镇大桥村，跨苍溪，系石梁桥。由3节3块条石铺设，石梁下呈八字形桥墩，用3根2.7米条石斜撑。桥长8.72米、宽1.32米、高2.5米。清代建造。

苍畈桥 位于妙高镇苍畈村，跨苍溪，系石拱桥。桥长10.5米、宽3.2米、高4米，单孔，跨径6米。建于清代。

停柩边桥 位于妙高镇金溪，跨峡下坑，系石礅石梁桥。桥长9米、宽1.6米、高1米，3孔，跨径2米。建于清代。

镇东桥 位于妙高镇东横口，跨小溪，系木梁廊桥。桥长6.2米、宽4.2米、高2.4米，单孔，跨径5米。初为石桥，清同治年间洪水漂没。同治十二年(1873)改建木梁桥，桥面建廊屋3间。1992年重修。

三叉口桥 位于妙高镇株树窟，跨高官坑，系石拱桥。桥长8.5米、宽3米、高3.5米，单孔，跨径6米。建于清代。

麻洋桥 位于妙高镇麻洋，跨石甫源，系石拱桥。桥长8米、宽3米、高4米，单孔，跨径5米。建于清代。

高际头桥 位于妙高镇高际头，跨阴坑，系石拱桥。桥长15米、宽3.5米、高3米，单孔，跨径9米。建于清代。

南坑口桥 位于妙高镇南坑口，跨荫樟源，系石拱桥。桥长7米、宽2米、高3.3米，单孔，跨径5米。建于清代。

济南桥 位于妙高镇蒙淤岭脚，跨十四都源，系石拱桥。旧有浮桥，被水冲没。清光绪年间里人童永淮、叶永蘅、徐象基捐租再建。1929年，黄磋邝廉独资改建成石墩木梁廊屋桥，名“济南桥”。20世纪60年代在原石墩上改建成石拱桥，改名里步口桥。1966年5月成屏二级电站水库建成，该桥被完整地淹没于水库下。

祭亭边桥 位于妙高镇西源头,跨小溪,系石梁桥。由3节3块条石并列铺砌,两端以锁桥石扣住。3节桥梁间以两条方形锁柱石连接。石梁下呈八字形桥墩。两块方形条石并排作墩,斜撑桥头石堤堪上。桥长5.5米、宽1.9米、高2.9米、净跨3.9米。清末建造。

后溪桥 位于妙高镇西源头,跨后溪,系石梁桥。由3节3块条石铺设,石梁下呈八字形桥墩,中段长2.55米,东段长2.25米,西段长2.15米。桥长7.3米、宽1.25米、高3.55米、净跨5.5米。清末建造。

闸门下桥 位于妙高镇洋条龙井下,跨小溪,系石拱桥。桥长7.2米、宽1.6米,单孔,跨径3.26米。建筑年代不详。

福安桥 位于妙高镇渡船头村东横,跨小溪,系三折边石梁桥。长5米、宽2.83米、高2.2米,单孔,跨径3.1米。桥面由7块长条石并联铺砌,边石侧面镌刻"福安桥"楷书阴刻,清代建造。

福安桥(摄于2009年2月23日)

水口石桥 位于妙高镇麻洋村,跨小溪,系石梁桥。桥长5.7米、宽1.1米,2孔,跨径分别为1米和2.6米。桥西南端有石刻,额题"水口石桥",清光绪二十三年(1897)建造。

枫树突桥 位于妙高镇枫树突村,跨水坑,系石梁桥。由3段3块条石铺设,石梁下呈八字形桥墩,桥长5.4米、宽1.1米、高2.4米、净跨4.4米。清代建造。

东昌桥 位于妙高镇麻洋村牛岭脚,跨小溪,系石梁桥。由3段3块条石铺设,石梁下呈八字形桥墩。桥长4.6米、宽1.02米、高2.4米、净跨4.3米。建筑年代不详。

水礁塘桥 位于妙高镇荫樟源村,跨荫樟源,系石拱桥。桥长6米、宽1.1米、高3.5米,单孔,跨径4.5米。清末建造。

通惠桥 位于云峰镇连头,跨濂溪,系石拱桥。桥长66米、宽4米、高9米,5孔,跨径9米。旧名连头桥,始建年代不详。清康熙辛卯(1711),知县缪之弼捐俸重修。至乾隆戊子(1768)乡人捐金筑石数墩,架木成桥,上覆瓦屋。嘉庆五年(1800)元月,毁于水,道光辛卯(1831)冬,本坦耆老将社中积贮300余金倡建,岁遇歉收未果,至壬寅(1842)春,重立董事会,督收旧捐,复劝新捐,费钱万缗,并劈水犀尖,建成5洞石拱桥。1994年3月列入县级文物保护点。

后潘桥 位于云峰后潘，跨深坑源，系石拱桥。桥长 12 米、宽 2.8 米、高 4.3 米，单孔，跨径 12 米。建筑年代不详。

大务桥 位于云峰镇大务，跨深坑源，系石柱木梁廊桥。桥长 18 米、宽 4 米、高 3 米，3 孔，跨径 6 米。原为木廊桥，上覆瓦屋 4 间，清嘉庆五年(1800)被水冲没，改建小木桥。光绪六年(1875)，项名荣、徐时和等劝捐修理，下竖石柱，上覆瓦屋，以复旧制。后圮。民国 38 年(1949)重修。

后龙桥 俗名大栗山桥，位于云峰镇毛田村大栗山，跨梧桐源，系石拱桥。条石横联分节并列拱券，拱外块石砌筑。桥长 17 米、宽 2.65 米、高 4.8 米，单孔，跨径 10.45 米。建于清代，清光绪版《遂昌县志》有载，里人黄裳督建。

石西桥 俗名石门社桥，位于云峰镇社后村宝山口，跨小溪，系石梁桥。由 3 块厚 0.15 米，宽分别为 0.36 米、0.41 米和 0.39 米的条石铺筑而成。桥长 3.4 米、宽 1.16 米、高 1.78 米。传为明代建筑。清光绪版《遂昌县志》有载。

东济桥 俗名木岱坑桥，位于云峰镇木岱村大广坑，跨深坑源，系石拱桥。桥长 15 米、宽 2.6 米，单孔，跨径 3.35 米。清康熙年间(1662—1722)学士叶朝东修建。清光绪版《遂昌县志》载有桥名。

北济桥 俗名哑口坑桥，位于云峰镇木岱村大广坑，跨深坑源，系石拱桥。桥长 11.7 米、宽 2.34 米，单孔，跨径 3.66 米。清康熙年间(1662—1722)学士叶朝东修建。清光绪版《遂昌县志》载有桥名。

南川桥 俗名矿坑下桥，位于云峰镇木岱村大广坑，跨深坑源，系石拱桥。桥长 8 米、宽 2.5 米，单孔，跨径 3.35 米。清康熙年间(1662—1722)学士叶朝东修建。清光绪版《遂昌县志》载有桥名。

堪下桥 俗名矿坑上桥，位于云峰镇木岱村大广坑，跨深坑源，系石拱桥。桥长 7.8 米、宽 2.45 米，单孔，跨径 3.3 米。清康熙年间(1662—1722)学士叶朝东修建。清光绪版《遂昌县志》载有桥名。

下马头桥 位于云峰镇下马头村，跨桐青坑，系石拱桥。引桥天然块石垒砌，条石横联拱券，条石桥面。桥长 13.24 米、宽 3.8 米、高 3.8 米，单孔，跨径 7.1 米。文物部门推测为明代建筑。

岭根桥 位于云峰镇上岭根村，跨小溪，系石拱桥。桥长 6.2 米、宽 2.26 米、高 2.35 米，单孔，跨径 2.1 米。清代建筑。

范村桥 位于云峰镇范村，跨旦里坑，系石梁桥。由 3 节 3 块条石铺设，石梁下呈八字形桥墩。桥长 6.6 米、宽 1 米、高 3.5 米。清代修建。

马埠桥 位于新路湾镇大马埠，跨蕉溪，系石墩木梁廊桥。桥长 36.7 米、宽 1.8 米、高 4 米，5 孔，跨径 6 米。县人监生俞咨禹捐建，石梁架板，清康熙辛卯(1711)，水涨冲没，知县缪之弼捐俸重修。

四杵桥 位于新路湾镇大马埠，跨蕉溪，系石梁桥。桥长 19 米、宽 1.2 米、高 3.4 米,3 孔,跨径 5 米。建于民国 30 年(1941)。

下横坑桥　位于新路湾镇下横坑,跨横坑,系石梁桥。由 3 节 3 块条石铺砌,石梁下呈八字形桥墩。原名横坑桥,桥长 11 米、宽 1.2 米、高 3.5 米,单孔,跨径 10 米。清康熙年间里人李日茂易木墩以石,架以木桥。后里人改以石梁。

下横坑石梁桥(摄于 2008 年 10 月 13 日)

上横坑桥　位于新路湾镇上横坑,跨大阴坑,系石拱桥。桥长 10 米、宽 2.5 米、高 2.7 米,单孔,跨径 5.8 米。建于清代。

南渡桥　位于新路湾镇蕉川二村,跨小涧,系石柱石梁桥。桥长 11 米、宽 1.3 米、高 2 米,2 孔,跨径 5 米。建造年代不详。

三井桥　位于新路湾镇三井村,跨小溪,系石梁桥。桥长 3.18 米、宽 1.1 米、石梁厚 0.26 米,单孔,跨径 2.1 米。清代建造。

樟树源桥　位于新路湾镇社磁前村樟树源,跨小溪,系石梁桥。桥长 3.36 米、宽 1.26 米,石梁厚 0.25 米,单孔,跨径 2.4 米。建造年代不详。

小俣桥　位于新路湾镇社磁前村小俣,跨小溪,系石拱桥。桥长 5 米、宽 1.58 米、高 3 米,单孔,跨径 2.8 米。清代建造。

内坞儿桥　位于新路湾镇溪淤村内坞儿,跨小溪,系石梁桥。桥长 5 米、宽 1.15 米、高 1.4 米。由 3 块条石铺砌,单孔,跨径 2.7 米。清代建造。

白益坞桥　位于新路湾镇溪淤村白益坞,跨小溪,系石拱桥。桥长 5 米、宽 2 米、高 2.3 米,单孔,跨径 1.7 米。清代建造。

桐川桥　位于新路湾镇桐川村,跨小坑,系石梁桥。分 3 节各 3 块条石铺设,石梁下呈八字形桥墩。桥长 6.37 米、宽 1.4 米、高 2.9 米,单孔。桥南端立碑一方,青石制,圭首,碑高 0.73 米、宽 0.4 米、厚 0.1 米。额"会碑"二字,直排楷书 4 行"北乡十二都一马戍岭口路会田土名坐落牛栏畈实租二箩正民国九年十二月日经理阮学地等"字样。1920 年建造。

源头桥　位于新路湾镇桐川村源头,跨小坑,系石梁桥。分 3 节各 3 块条石铺设,石梁下呈八字形桥墩。桥长 6.37 米、宽 1.4 米、高 2.6 米,单孔,跨径 4.85 米。清代建造。

李祠桥　俗称字库桥,位于新路湾镇蕉川一村,跨蕉溪,系石梁桥。桥长 10 米、宽 1 米、高 2.4 米,2 孔,跨径分别为 4 米和 5 米。清代建造。

石桥头桥　位于新路湾镇蕉川一村,跨山涧,系石梁桥。桥长 5.5 米、宽 1.3

米、高 2.4 米，由 3 块条石构成桥墩，桥面 2 节各 3 块条石铺设。清代建造。

下坪桥 位于北界镇下坪村，跨下坪坑，系石拱桥。桥长 7.5 米、宽 3 米、高 3.6 米，单孔，跨径 3.3 米。建于清末。

回龙桥 位于金竹镇回龙寨，跨金竹溪，系石拱桥。桥长 18.5 米、宽 4 米、高 8 米，单孔，跨径 11 米。清道光十一年(1831)，里人募建，几半，吴永德捐资成之。光绪版《遂昌县志》称此桥“凿磁叠石为洞甃，径十余丈”。

学士桥 位于金竹镇华溪包，跨赤塔源，系石拱桥。桥长 12 米、宽 3.2 米、高 6.4 米，单孔，跨径 10 米。清道光十年(1830)士人集资建造，故名“学士桥”。

塘岭头桥 位于金竹镇塘岭头，跨梭溪，系石拱桥。桥长 12.5 米、宽 3.3 米、高 4.8 米，单孔，跨径 5.4 米。建于清代。

村脚桥 位于金竹镇赤塔源，跨小任坑，系石柱石梁桥。桥长 18 米、宽 1.2 米、高 3 米，2 孔，跨径 6 米。所建年代不详。

善济桥 位于金竹镇大屋里，跨古楼源，系石拱桥。桥长 8.5 米、宽 3.4 米、高 5.3 米，单孔，跨径 7 米。两端各 7 级台阶，建于清代。

凉亭下桥 位于金竹镇云内村，跨小溪，系石拱桥。天然块石砌筑，乱石桥面，桥设东 1 级、西 3 级台阶。桥长 6.2 米、宽 1.7 米，单孔，跨径 3.1 米。建造年代不详。

云内桥 位于金竹镇云内村，跨小溪，系石梁桥。由 2 块条石铺筑，桥长 5 米、宽 1 米、高 1.56 米。建造年代不详。

龙坑口桥 位于金竹镇云内村长庵，跨小溪，系石梁桥。由 3 块条石铺筑，桥长 4.2 米、宽 1 米、高 1.1 米。建造年代不详。

内云桥 位于金竹镇云内村内云，跨龙坑溪，系石拱桥。桥长 7.7 米、宽 2.36 米、高 3.4 米，单孔，跨径 3.7 米。建造年代不详。

备前桥 位于金竹镇早坞村备前，跨备前坑，系石梁桥。桥长 4.8 米、宽 1.42 米、高 1.6 米，2 孔，跨径 1.25 米，由 3 行 6 块条石铺筑，石梁上有石刻，镌资助人名录，末署“光绪廿九年(1903)六月吉旦立”。

竹坞桥 位于金竹镇早坞村竹坞，跨竹坞坑，系石梁桥。桥长 8.05 米、宽 2.29 米、高 2.14 米，2 孔，梁厚 0.34 米，由 3 行 6 块条石铺砌，石梁上刻有“光绪廿九年”(1903)字样。

万春桥 位于金竹镇早坞村，跨竹坞坑，系石梁桥。桥长 4.4 米、宽 1.2 米、高 2 米，2 孔，石梁厚 0.35 米。由 3 行 6 块条石铺筑，旁立一方桥铭碑，上刻“万春桥”三字，并刻有乐捐人名单，末署“光绪廿九年”(1903)字样。

永福亭桥 位于金竹镇夏东村，跨山间小溪，系石拱桥。桥长 5 米、宽 1.35 米、高 2.8 米，单孔，跨径 1.4 米。建于清代。

官坞桥 位于金竹镇官坞村，跨小溪，系石拱桥。桥长 6 米、宽 2.1 米、高

3.4 米，单孔，跨径 4.5 米。建于清代。

华溪桥 位于金竹镇华溪村，跨小溪，系石拱桥。桥长 6.3 米、宽 2 米、高 3.6 米，单孔，跨径 4.65 米。桥两端设东 7 级、西 6 级台阶。建于清代。

内溪桥 位于金竹镇华溪村，跨小溪，系石梁桥。桥长 4 米、宽 0.4 米、高 1.6 米，2 孔，桥墩条石垒砌，石梁阴刻“包隆训仝卜氏造”楷体字。建于清代。

西岸桥 位于金竹镇西岸村，跨小溪，系石梁桥。桥长 5 米、宽 0.77 米、高 1.65 米，2 块条石分别长 4.7 米和 4.3 米。建于清代。

闸门坑桥 位于金竹镇夏东村，跨闸门坑，系石拱桥。桥长 6.8 米、宽 2.7 米，单孔，跨径 2.5 米。建造年代不详。

万德桥 位于大柘镇田后，跨柘溪，系石拱桥。清光绪十九年(1893)建，桥长 31.5 米、宽 4 米、高 7.3 米，双孔，跨径 11.5 米。桥拱上嵌刻“万德桥”三字，两侧刻有“圣至双轮上通柘水，玉虹一带横卧汤溪”联句。民国三十年(1941)4 月，遂昌至湖山公路建成，利用为公路桥，称田后桥。1987 年 5 月在其上游 50 米，新建 2 孔斜石拱公路桥，原桥仍供乡人行走。

峡口门桥 旧称益源桥，位于大柘镇峡口门，跨湖山源，系石拱桥。桥长 46.2 米、宽 4.6 米、高 12 米，双孔，跨径 14.5 米。昔人架木为梁，以通行旅。民国三年(1914)柳村上官安甫改造两孔石拱桥，始则独倡其议，终则独任其劳，需费近万金，工将竣安甫即逝。民国 8 年(1919)，其子上官梧轩续建完竣，墩作劈水犀尖，上雕石鸟，内埋铁大刀，以求坚固。1957 年建成峡口门至石练公路，利用为公路桥。1989 年 12 月，在其上游 100 米柘溪、练溪汇合处新建 2 孔石拱公路桥，原桥仍存。

大田桥 位于大柘镇大田，跨柘溪，系石拱桥，桥长 10 米、宽 4.5 米，单孔，跨径 6 米。修建年代不详。1998 年三墩桥至石练公路改建，此桥作为路基的一段而裹入路基内。

享乐桥 古称万兴桥，俗名梭溪桥。位于大柘镇梭溪桥村，跨梭溪，系石拱桥。桥长 20 米、宽 6.1 米，高 9.5 米，单孔，跨径 16.5 米。桥栏铭文记载：是地有桥，系桥而名地也。古时架木为梁，上建桥屋，中塑大士。清康熙间为洪水冲毁。乾隆间村人又造木桥济渡。至清道光二十二年，乡绅李正财劝捐石砌路造桥，经营两代，越四载而告竣，费金数千。后又毁于水。光绪间里人国学生叶位三(盛位)独捐资二千余银再建。桥面两侧设石望柱 6 对，刻有联句 4 对。北面其一“享父名而克成父志，乐人意以求济人行”，其二“溪如梭乐今朝免歌匏叶，桥以石来此处欣咏柳花”；南面其三“若半月衔山波函一鉴，如长虹饮涧影落双弓”；其四“□□□□□□□，依山叠石利济千秋”。桥栏北侧阴刻“巩固遂昌”，南侧阴刻“享乐桥”。有桥碑一块，上刻“享乐桥碑”四个大字，末署“大清光绪戊戌廿四年(1898)仲冬月告竣吉立”。

耳朵桥 位于大柘镇后垄村，跨小河，系石拱桥。桥长15.75米、宽2.2米、高3.9米，单孔，跨径9米。建造年代不详，原有桥碑，“文革”被毁。

接卫桥 位于石练镇，跨练溪，系石墩木梁桥。桥长71米、宽5米、高2.7米，8孔，跨径7米。初架木以为梁，清乾隆庚辰(1760)秋，里人刘楫、吴国梓、吴国显、吴文炳、应廷魁等谋为石梁，广为劝捐，告竣于甲申(1764)夏，为7墩29间石墩廊屋桥，知县王憕为之记。乾隆五十八年(1793)，廊屋毁于火，石墩无恙，于礅上加板通行。1965年12月，在原桥石墩上改建钢筋混凝土平板。1999年11月，对桥面进行拆建加固，再次浇筑钢筋混凝土板式结构，设计荷载汽—10，履带—50。

火烧坪桥 位于石练镇火烧坪，跨小山涧，系石拱桥。桥长11.5米、宽3米、高4米，单孔，跨径7米。建于清代。

赛济桥 位于石练镇宏岗，跨小竹溪，系石拱桥。桥长17米、宽3米、高3.5米，2孔，跨径6米。宏岗小竹溪上原有世济桥，清乾隆四十九年(1794)诸生刘光濂及其妻朱孺人肇建。光绪庚寅(1890)春水陡发，小竹溪改道。光绪十八年(1892)里人刘绍彬倡捐，吴朱孺人捨租田九箩建成。知县江继曾有记，以“世济之后得此以互相辉映”，故名曰“赛济桥”。1970年，因年久损坏，宏岗村集资修复。

定溪桥 位于石练镇定溪村，跨小溪，系石拱桥。桥长9.3米、宽2.5米、高2.9米，单孔，跨径2.6米。建造年代不详。

项岭头桥 位于石练镇项岭头村，跨七堪坑，系石拱桥。桥长8.4米、宽2米、高3.4米，单孔，跨径2.3米。建造年代不详。

姚埠桥 位于石练镇姚埠村，跨小坑，系石梁桥。桥长2.5米、宽0.9米、高1.2米。2块条石铺砌，西侧石梁阴刻“道光十年(1830)雷永和同第口乐助”。

慈善桥 位于石练镇黄皮村飞石岭古道，跨小溪，系石拱桥。桥长24.3米、宽3.75米、高5.9米，单孔，跨径11米。桥西拱顶石上阴刻“慈善桥”楷字。建于清代。

宏济桥 位于王村口镇，跨关川，系木梁廊桥。桥长39米、宽5米、高8.3米，双孔，跨径13米。古名济川石桥，始建年代不详。清康熙二十五年(1686)，磐溪朱子挺、关川毛经道、毛彬倡捐重建。乾隆五十三年(1788)，毁于水。同年十月华日融四兄弟捐银3100两，于五十五年(1790)四月修复，更名宝善桥。后圮，里人募捐重修，覆以瓦屋，改名宏济桥。咸丰八年(1858)，焚于太平军战事，十年(1860)修复后再毁于水。光绪三年(1877)修复，至二十三(1897)复毁于水。民国16年(1927)重修，桥上建廊屋9间，引桥两头各建廊屋1间，溪中有苦槠硬木两根交叉承托。1984年6月列为县级文物保护单位，1994年8月列为省级文物保护单位。

永安桥 现称双溪口桥,旧名恒豫桥,位于王村口镇双溪口,跨盘溪,系石拱桥。桥长43.8米、宽4.96米、高8.9米,2孔,跨径13.6米。初为木桥,桥上建屋。清咸丰四年(1854)毁于火。继而填石架板为桥,又荡于水。光绪二十三年(1897),里人毛俊文、毛汉诚募金数百,改建两孔石拱桥。桥两侧分别镌刻“中流砥柱”和“永安桥”。1965年,黄砝口至王村口公路建成,利用为公路桥。1997年,桥台水毁损坏修复。

永庆桥 又名盘溪桥,位于王村口镇对正,跨盘溪,系石拱桥。桥长50米、宽4.5米、高7米,2孔,跨径分别为12.8米和13.6米。清光绪《遂昌县志》有载:“盘溪石桥,离治一百里”。后毁于水。民国12年(1923),里人朱道华、程虎臣、毛凤仪、毛寅、李必达等捐洋4983元重建。桥墩上嵌刻“永庆桥朱道华谨立”。立有永庆桥桥碑。2006年8月列入县级文物保护单位。

关川桥 位于王村口镇关川,跨关川,系准悬链线石拱桥。桥长17米、宽4.3米、高7米,单孔,跨径12米。始建年代不详,后经毛姓里人重建。桥上有屋,复圮。清乾隆九年(1744),里人贡生毛仪焘、毛仪点捐资重建。下游桥拱上嵌刻“关川乾隆十年三月共日吉旦毛仪点、毛仪焘建造”。上游桥拱上嵌刻“水流山峙司马堪题”。

济龙桥 位于王村口镇弓桥头,跨关川,系石拱桥。桥长12米、宽3米、高4.6米,单孔,跨径9.2米,建于清代。后圮。1985年利用原桥台重建。

仁理桥 俗名祠堂桥。位于王村口镇关川,跨关川,系石拱桥。桥长8.3米、宽3.6米、高4米,单孔,跨径5米。建于清代,原为木梁桥。1988年利用原桥台改建为石拱桥。

金铺桥 位于王村口镇金铺,跨金铺坑,系石拱桥。桥长7米、宽3.5米、高3米,单孔,跨径5米。建于清代。

石亭桥 位于王村口镇石亭桥,跨关川,系石拱桥。桥长20米、宽5.7米、高7.3米,单孔,跨径12米。建于民国17年(1928)。

社公边桥 位于王村口镇大坑,跨大坑,系石拱桥。桥长17米、宽2.8米、高7.6米,单孔,跨径6米。建于清代。

济寿桥 位于王村口镇大路后,跨盘溪,系石拱桥。桥长10米、宽3米、高4.2米,单孔,跨径4.6米。桥面条石铺成方框,两边各以5根石望柱嵌4块石栏板为桥栏,两端望柱外侧置抱鼓石,造型古朴精美。建于清同治十年(1871)。

上岗桥 位于王村口镇上岗,跨盘溪,系石拱桥。桥长11.5米、宽1.8米、高4.2米,单孔,跨径5米。清光绪四年(1878)修建。

永贞桥 位于王村口镇上岗村馒头岭,跨瑶头坑,系石梁桥。桥长8.6米、宽1.5米、高3.2米,2孔,跨径分别为3.4米和4.2米。桥南立碑石1块,圭首,碑额阴刻楷书“永贞桥”。民国10年(1921)修建。

女助桥 位于王村口镇雨山头村双溪口，跨小溪，系石拱桥。桥长5米、宽2.9米、高3.1米，单孔，跨径4.3米。传为当地某寡妇捐资修建，故名。建造年代不详。

胡坑桥 位于王村口镇雨山头村胡坑，跨胡坑，系石拱桥。桥长12米、宽3.5米、高5米，单孔，跨径6.1米。建于清代。

黄庄桥 位于王村口镇黄沙岭脚塔潭，跨螺蛳坑，系石梁桥。由3节3块条石铺设，石梁下呈八字形桥墩。桥长10米、宽1.25米、高3.5米。建筑年代不详。

鸭垅坑桥 位于王村口镇吴处村，跨鸭垅坑，系石拱桥。桥长5.2米、宽1.8米、高7.5米，单孔，跨径2.9米。北侧依山体岩石，南侧块石垒砌，形似大涵洞。民国15年(1926)建造。

蔡相庙桥 位于王村口镇对正村，跨小坑，系石梁桥。桥面分2节各2块条石铺砌，石梁连接处用2根条石呈人字形斜撑为桥墩。桥长4米、宽0.4米、高2.7米，单孔。明代建造。

黄选亭上桥 位于王村口镇尹坞村黄选亭，跨小溪，系石拱桥。桥长6米、宽3米、高7.5米，单孔，跨径3.8米。造型古朴，当地人传说年代久远，待考。

黄选亭下桥 位于王村口镇尹坞村黄选亭，跨小溪，系石拱桥。桥长5米、宽1.8米、高3米，单孔，跨径1.8米。建造年代不详。

永德桥 位于王村口镇尹坞村，跨槽头坑，系石拱桥。桥长5.1米、宽2.6米、高5.5米，单孔，跨径3.5米。明末清初修建。原桥南立两块乐助碑。其一圭首，额名“永德桥”，下铭助乐名单，18行，行21字；其二残存半块，铭有乐助名单，皆楷体阴刻。

大熟桥 位于黄沙腰镇大熟村，跨小溪，系石拱桥。桥长7.2米、宽3米、高5米，单孔，跨径5米。修建年代不详。

旺坑桥 位于黄沙腰镇旺坑村，跨风洞源，系石拱桥。桥长7.6米、宽1.8米、高2.8米，单孔，跨径3.2米。建造年代不详。

岭根桥 位于黄沙腰镇岭根村，跨小溪，系石拱桥。桥长7米、宽3.3米、高4.5米，单孔，跨径4.8米。建造年代不详。

永济桥 位于三仁畲族乡坑口，跨叶坞源，系石梁桥。桥长13.3米、宽1.6米、高2.7米，2孔，跨径5.5米。旧名永安桥，又名丙庄桥，清代里人张如陵捐助，立有永济桥碑记，后圮。民国10年(1921)里人重建。

公侯寺桥 位于三仁畲族乡十三都村公侯寺，跨小坑，系石拱桥。桥长5米、宽1.6米、高2.3米，单孔，跨径3米。建造年代不详。

叶家田桥 位于濂竹乡叶家田，跨横坑，系木廊桥。桥长18.2米、宽3.7米、高2.7米，2孔，跨径5米，桥面建廊屋5间。建于清道光七年(1827)。

横坑桥 位于濂竹乡横坑，跨横坑，系木梁廊桥。桥长13.3米、宽5.5米、高3.7米，单孔，跨径7米，桥面建廊屋3间。清光绪十五年(1889)修建。

岭脚桥 位于濂竹乡千义坑村，跨村中山涧，系石拱桥。桥长5米、宽1.4米、高2.6米，单孔，跨径2.1米。清代建造。

水口殿桥 位于濂竹乡千义坑村，跨山涧，系石拱桥。桥长5米、宽1.5米、高2.9米，单孔，跨径3米。清代建造。

村下桥 位于濂竹乡千义坑村，跨山涧，系石拱桥。桥长5米、宽1.2～1.6米、高3.7米，单孔，跨径2.4米。明代建造。

董家桥 位于濂竹乡刘坑村37号，跨刘坑溪，系石拱桥。桥长5米、宽1.7米、高2.2米，单孔，跨径1.84米。桥建在民宅之间，村庄始成于宋代，建桥年代待考。

下坌坑桥 位于濂竹乡刘坑村下坌坑，跨下坌坑溪，系石拱桥。桥长6.40米、宽2.17米、高3.8米，单孔，跨径2.3米。建造年代不详。

上屋桥 位于濂竹乡刘坑村55号屋后，跨刘坑溪，系石拱桥。桥长5.4米、宽1.9米、高1.85米，单孔，跨径2米。据当地村民称桥为宋代建村时所筑。

下屋桥 位于濂竹乡刘坑村55号屋前，跨刘坑溪，系石拱桥。桥长5米、宽1.64米、高2.15米，单孔，跨径2.45米。当建于宋代，为村中最古之桥。

社殿桥 位于濂竹乡刘坑村，跨刘坑溪，系石拱桥。桥长6米、宽1.85米、高2.6米，单孔，跨径2米。建造年代不详。

小岱桥 位于濂竹乡小岱村，跨小溪，系石拱桥。桥长5米、宽2米、高2.2米，单孔，跨径1米。据当地村民说为德琪公所建，已近500年，待考。

下坑桥 位于应村乡东源村下坑，跨小溪，系石拱桥。桥长11.6米、宽3.65米、高4.3米，单孔，跨径7.45米。建于清代。

大官塘桥 位于应村乡大官塘村，跨小溪，系石梁桥。桥长1.7米、宽1.1米、高1.5米。由3块条石铺筑，建于清末。

洋溪桥 位于应村乡洋溪村，跨小溪，系石梁桥。桥长5.1米、宽1.9米、高3.3米、净跨3.68米。分3节由5块条石铺设，石梁下呈八字形桥墩，桥墩柱长1.72米。建于清代。

上坑下桥 位于应村乡天师硋村上坑，跨上坑溪，系石梁桥。桥长4.55米、宽1.14米、高2.1米，单孔，跨径3米，由3块条石铺砌。民国年间(1912—1948)建造。

上坑中桥 位于应村乡天师硋村上坑，跨小溪，系石梁桥。桥长2.7米、宽1.23米、高2.6米，3块条石铺砌。民国年间(1912—1948)建造。

天师硋石梁桥 位于应村乡天师硋村，跨上坑溪，系石梁桥。桥长9.15米、宽1.2米、高2.1米、净跨5.1米。由3节3块条石铺砌，两端以锁桥石扣住，3

节桥梁间以两务方形锁柱石连接，石梁下八字形桥墩，两边以2块条石作墩，斜插桥台石堤堪上。民国年间(1912—1948)建造。

天师磁石拱桥 位于应村乡天师磁村，跨上坑溪，系石拱桥。桥长11.75米、宽2.35米、高3.2米，单孔，跨径6.8米。民国年间(1912—1948)建造。

桐树源桥 位于应村乡天师磁村桐树源，跨小溪，系石梁桥。桥长4.15米、宽1.15米、高2.7米，单孔，跨径3.9米。3块条石铺砌。民国年间(1912—1948)建造。

内根坑桥 位于应村乡双溪口村内根坑，跨小潘坑，系石拱桥。桥长9.5米、宽3米、高4.4米，单孔，跨径5.5米。民国年间(1912—1948)建造。

永乐桥 位于应村乡半岭村，跨包市源，系石梁桥。桥长4米、宽1.1米、高1.5米，单孔，用3块条石铺砌。桥东立有建桥碑，圭首青石制，高0.77米、宽0.4米、厚0.12米。正面楷书阴刻“永乐桥”，直排上款“中华民国十八年(1929)冬”，下款“信士应祖泰建造”。

岭脚桥 位于高坪乡小坪坑，跨桃溪，系石梁桥。桥长13米、宽1.2米、高3米，2孔，跨径4米。建于清代。

石桥背桥 位于高坪乡高坪村石桥背，跨小坪坑，系石梁桥。桥长11米、宽2.8米、高3.3米，2孔，条石桥墩，桥面3块条石铺设。其地以桥名，修建年代不详。

连头桥 位于高坪乡茶树坪村连头，跨连头坑，系石拱桥。桥长7.5米、宽2米、高2.45米，单孔，跨径3.06米。建造年代不详。

永济桥 位于高坪乡塘下村，跨小溪，系石梁桥。桥长5米、高2.5米，单孔，跨径4.1米，石梁厚0.28米。东侧刻“永济桥”，西侧刻“嘉庆念年”。建于清嘉庆二十年(1815)。

岱岭桥 位于高坪乡岱岭村，跨山涧，系石梁桥。桥长8.3米、宽0.87米，2孔，跨径分别为2.2米和2米，块石桥墩。清代建造。

超长岭桥 位于湖山乡白磁下村，跨黄箩坑，系石拱桥。桥长30.6米、宽3.4米，单孔，跨径8.9米。桥北一石上刻桥志铭“□□□安縣□□石□翁□堂□□□嘉靖廿十七年杨□葉□開工”。建于明嘉靖廿七年(1548)。

大�坑桥 位于湖山乡塘垰村大芒坑，跨小溪，系石梁桥。桥长4.7米、宽1.15米、高2米，2孔，桥面为双层条石铺设。南侧石梁刻楷书“大清丙辰年孟先□□”。可能为清嘉庆丙辰年(1796)建造。

小翁源桥 位于湖山乡塘垵村小翁源，跨小翁源坑，系石拱桥。桥长7.4米、宽2.7米、高3.9米，单孔，清代建造。

恩市桥 俗名金凉桥，初里人朱姓於桥上建亭。位于湖山乡奕山村，跨小溪，系石拱桥。桥长6.8米、宽2米、高2.6米，单孔，西南设7级台阶。清代建造。

大塘桥 位于湖山乡奕山村,跨小溪,系石梁桥。桥长8.1米、宽1.42米、高1.85米,2孔,跨径2.6米,由3块条石并列铺砌。清代建造。

苎埠洋桥 位于湖山乡苎埠洋村,跨苎埠坑,系石拱桥。桥长5.7米、宽2.4米,单孔,跨径3.2米,东西两端各设2级台阶。建造年代不详。

殿后坑桥 位于蔡源乡殿后坑,跨殿后坑,系石拱桥。桥长10米、宽2.7米、高3.5米,单孔,跨径5米。清道光年间(1821—1850)修建。

上村桥 位于蔡源乡上村,跨小溪,系石拱桥。桥长10米、宽2.7米、高3.5米,单孔,跨径5米。桥北端11级台阶,南端3级台阶。建造年代不详。

大柯桥 位于蔡源乡大柯村,跨小溪,系石梁桥。由2块条石铺砌,厚分别为0.6米和0.4米。桥长2.5米、宽1米、高1.8米,单孔,跨径1.2米。清代建造。

格路口桥 位于焦滩乡格路口村,跨小溪,系石拱桥。桥长6.7米、宽2.4米、高4米,单孔,跨径3.7米。为石练至焦滩古道必经之所,建造年代不详。

独山桥 位于焦滩乡独山村,跨小溪,系石梁桥。由2块条石铺砌,条石分别长2.3米和2.5米,板厚0.14米。桥长3米、宽0.7米、高1.3米、净跨2米。建于明代。

坑尾桥 位于焦滩乡沿上村香菇寮,跨小溪,系石梁桥。桥长3米、宽0.76米、高2米。建造年代不详。

宝善桥 位于龙洋乡黄塔,跨黄塔源,系木梁廊桥。桥长29.23米、宽4.8米、高4米,单孔,跨径10米。始建于明代,清代道光、光绪及民国年间多次重修。桥纵向明间通按佛龛,行人横向出入,两堍封闭建佛龛,故俗称佛殿桥。桥面建廊屋5间,桥下悬崖飞瀑,有"十八龙湫"之誉。2009年秋,耗资10万元进行了修复,2006年8月列为县级文物保护单位。

永济桥 位于龙洋乡潘竹岭脚,跨潘竹坑,系石拱桥。桥长13.5米、宽3米、高5米,单孔,跨径8米。清嘉庆年间修建,名永通桥,后圮。光绪十八年(1893),程虎臣捐资复建石桥,改名永济桥。

半山桥 位于龙洋乡半山,跨半山坑,系石拱桥。桥长15.5米、宽3.2米、高5.2米,单孔,跨径10.5米。清光绪年间(1875—1908)中期,程虎臣出资复建石桥,原桥名已无可考。

埠头洋桥 位于龙洋乡埠头洋村,跨小河,系石拱桥。桥长12.6米、宽2.8米、高5米,单孔,跨径7.8米。清代建造。

赤枝桥 位于龙洋乡赤枝村,跨小溪,系石拱桥。桥长14.5米、宽3.2米、高5.6米,单孔,跨径10米。清代建造。

黄家碓桥 位于龙洋乡赤枝村,跨小溪,系石梁桥。桥长4米、宽1米、高

2.4 米。桥面 3 块条石铺砌。清代建造。

独口桥 位于龙洋乡独口村，跨山涧，系石拱桥。桥长 7.5 米、宽 2.3 米、高 4 米，单孔，跨径 3.6 米。清代建造。

垵潭桥 位于龙洋乡垵潭村，跨小坑，系石梁桥，两侧桥台用巨石砌成曲形，上用巨大条石铺筑，构造较为特殊。桥长 5 米、宽 2.4 米、高 3 米，单孔，跨径 2.1 米。清代建造。

垵潭石梁桥(摄于 2008 年 9 月 10 日)

凉岭下桥 位于龙洋乡凉岭下村，跨小坑，系石梁桥。桥长 6 米、宽 2.4 米、高 9.3 米，单孔，跨径 2 米。此桥构造较为独特，两侧曲形桥台用巨石砌筑，上用巨大条石铺设。建造年代不详。

横坑拱桥 位于龙洋乡黄塔村横坑，跨小溪，系石拱桥。桥长 6 米、宽 2 米、高 2.9 米，单孔，跨径 2.8 米。天然块石拱。建造年代不详。

横坑口桥 位于龙洋乡黄塔村横坑，跨小溪，系石拱桥。桥长 5 米、宽 2 米、高 2.7 米，单孔，跨径 2.8 米。建造年代不详。

排路下桥 位于龙洋乡西坑口村排路下，跨小溪，系石梁桥。桥长 12.6 米、宽 3 米、高 5 米，单孔，跨径 2.6 米。建造年代不详。

外桥 位于柘岱口乡柘岱口，跨油榨坑，系石拱桥。桥长 10 米、宽 2.5 米、高 3.7 米，单孔，跨径 6 米。清嘉庆年间(1796—1820)里人黄崇本建。

内桥 位于柘岱口乡柘岱口，跨油榨坑，系石拱桥。桥长 11.5 米、宽 3.3 米、高 3.7 米，单孔，跨径 6 米。清嘉庆年间(1796—1820)里人黄崇本建。

镇西桥 位于柘岱口乡坑西，跨金溪，系石拱桥。桥长 10.1 米、宽 3.6 米、高 3.5 米，单孔，跨径 6 米。清嘉庆年间(1796—1820)里人黄崇本建。

镇武桥 位于柘岱口乡坑西，跨金溪，系石拱桥。桥长 10 米、宽 4 米、高 4 米，单孔，跨径 6 米。清嘉庆年间(1796—1820)里人黄崇本建。

九金桥 位于柘岱口乡坑西村金溪路 38 号，跨金溪，系石拱桥。桥长 5 米、宽 2.6 米、高 8 米，单孔，跨径 3.3 米。族谱记载为“九金桥”。建造年代不详。

画锦桥 位于柘岱口乡坑西，跨金溪，系石拱桥。桥长 10.5 米、宽 2.9 米、高 4.3 米，单孔，跨径 6 米。清嘉庆年间(1796—1820)里人黄书林建。

黄中桥 位于柘岱口乡河边坑，跨河边坑，系五折边石拱桥。桥长 10 米、宽 5.4 米、高 2.2 米，单孔，跨径 7.5 米。明嘉靖年间(1522—1566)里人黄中建。桥面镌刻有文字，惜年代久远，字迹已模糊不清。原桥头立有石碑，上刻“黄中造”

三个大字。

坞里桥 位于柘岱口乡开阳村坞里,跨小溪,系石拱桥。桥长10米、宽4米、高4米,单孔,跨径3.4米。当地人传为明中后期建造。

界桥 位于安口乡坝头,跨徐村源,系石墩木梁廊桥。桥长28米、宽4米、高4.6米,2孔,跨径10米。始建于明初,民国30年(1941)重修。叠石为基、架木为屋,长十余丈,有廊屋11间,其中引桥屋2间。桥之北为遂昌境,桥之南为龙泉境,以此分界,故名界桥。桥有楹联一对:“香阁峙中流,花雨涵敷蒙遂邑;长虹起太末,星河横贯入龙渊”。2006年8月列入县级文物保护单位。

徐村桥 位于安口乡徐村,跨徐村源,系木梁廊桥。桥长31.7米、宽4米、高5米,单孔,跨径10米。桥面建廊屋10间,始建于清初。2009年夏,经多方筹集,耗资30余万元进行了全面维修。2006年8月列入县级文物保护单位。

徐村廊桥(摄于2008年12月2日)

吉庆桥 位于安口乡桂义岭脚,跨徐村源,系石拱桥。桥长12米、宽4米、高3米,单孔,跨径6米。清光绪四年(1878),里人国学生吴锡铨、徐金铭、周积尧议捐,费500金,越二年而工成。后毁于水。民国丙辰年(1916),里人廖万兴重建。

兴隆桥 位于安口乡桂洋,跨乌石坑,系石拱桥。桥长12米、宽4米、高3.8米,单孔,跨径6.5米。清宣统三年(1911),里人廖万兴捐资复建。

永安桥 位于安口乡桂洋,跨十四都源,系木梁廊桥。桥长20米、宽4.2米、高5米,单孔,跨径11米。桥面有廊屋7间,建于清光绪二十三年(1907)。明向南侧设有佛龛,额题“永安桥”匾。

保安桥 位于安口乡桂洋,跨十四都源,系石拱桥。桥长8.7米、宽1.8米、高3米,单孔,跨径6米。清光绪十七年(1891)建。

德庆桥 位于安口乡桂洋,跨十四都源,系石拱桥。桥长9米、宽2.4米、高3.4米,单孔,跨径5米。桥下游拱顶石刻“德庆桥”3字,右刻“民国十二年”,左直刻“徐树樟合家造”小字。民国12年(1923)建。

济龙桥 俗称岩下桥。位于安口乡岩下,跨石仓源,系木梁廊桥。桥长12.2米、宽4.2米、高4.3米,单孔,跨径6米。桥面有廊屋3间。梁上书“大清光绪乙巳叁拾壹年桂月癸丑卯时吉旦建造”，桥匾现尚存，为一农户所收藏，题有“济龙桥光绪三十三年丁未题”字样。清光绪三十一年(1905)建。

永贞桥 俗称道堂桥，又称种榧田桥。位于垵口乡种榧田，跨石仓源，系石拱桥。桥长25米、宽4米、高8米，单孔，跨径13米。南侧压边石刻“永贞桥”三字。民国28年(1939)建。

永贞石拱桥(摄于2010年4月26日)

小估坑桥 位于垵口乡淤连山村小估坑，跨小估坑，系石拱桥。桥长15米、宽2.6米、高4.1米，单孔，跨径6米。建于清代。

万安亭桥 位于垵口乡桂洋村万安亭，跨小溪，系石梁桥。桥面分3节各5块条石铺设，桥桩10根条石八字形斜撑。桥长8.5米、宽1.9米、高3.5米。民国庚申年(1920)建造。

二、高速公路桥梁

2006年12月30日建成通车的龙(游)丽(水)高速公路，遂昌县境内长28.986千米，有桥梁总计48座。其中大桥16座、中小桥32座(见表1-5))，总长4022.9延米。属主线的大桥12座2068.24延米，中小桥17座830.98延米；属互通大桥4座506.16延米，中小桥15座617.52延米。

主线大型桥梁

渡船头大桥(遂龙交界) 位于北界镇，龙丽高速公路K71+914.81与龙游县交界处，跨灵山港。桥梁全长104米、宽23米，5孔，跨径20米。上部结构采用预应力钢筋砼空心板，下部结构采用二柱式墩、肋式和U形台、扩大基础、挖孔灌注桩基础。设计荷载汽—超20、挂—120。由浙江省交通规划设计研究院设计，浙江天一交通建设有限公司施工。2003年5月开工，2005年5月20日完工。

排云岭外桥 位于北界镇，龙丽高速公路K75+840.8处，跨官溪。桥梁全长102米、宽23米，4孔，跨径20米。上部结构采用预应力钢筋砼空心板，下部结构采用U形台、扩大基础，柱式墩、挖孔灌注桩基础。设计荷载汽—超20、挂—120。由浙江省交通规划设计研究院设计，浙江天一交通建设有限公司施工。2003年5月开工，2004年12月30日完工。

田铺1号桥 位于北界镇，龙丽高速公路K76+212.8处，跨官溪。桥梁全长168米、宽23米,5孔,跨径30米。上部结构采用预应力钢筋砼小箱梁,下部结构采用U形台、扩大基础,二柱式墩、挖孔灌注桩基础。设计荷载汽—超20、挂—120。浙江省交通规划设计研究院设计,浙江通途交通工程有限公司施工。2003年5月开工,2006年5月25日完工。

肖箕湾2号桥 位于新路湾镇,龙丽高速公路K77+085.8处,跨官溪。桥梁全长128米、宽23米,6孔,跨径20米。上部结构采用预应力钢筋砼空心板,下部结构采用二柱式墩、肋式和U形台、扩大基础、挖孔灌注桩基础。设计荷载汽—超20、挂—120。由浙江省交通规划设计研究院设计,浙江通途交通工程有限公司施工。2003年5月开工,2006年3月30日完工。

新路湾大桥 位于新路湾镇,龙丽高速公路K81+757.8处,跨官溪。桥梁全长129米、宽23米,6孔,跨径20米。上部结构采用预应力钢筋砼小箱梁,下部结构采用二柱式墩、肋式和U形台、扩大基础、挖孔灌注桩基础。设计荷载汽—超20、挂—120。浙江省交通规划设计研究院设计,广东中人企业集团有限公司施工。2003年5月开工,2006年12月15日完工。

骑马兰桥 位于新路湾镇,龙丽高速公路K82+370.8处,跨蕉溪。桥梁全长107米、宽23米,5孔,跨径20米。上部结构采用预应力钢筋砼空心板,下部结构采用三柱式墩、肋式和U形台、扩大基础、挖孔灌注桩基础。设计荷载汽—超20、挂—120。由浙江交通规划设计研究院设计,广东中人企业集团有限公司施工。2003年5月开工,2006年12月25日完工。

小马埠桥 位于新路湾镇,龙丽高速公路K84+531.3处,跨蕉溪。桥梁全长164米、宽23米,8孔,跨径20米。上部结构采用预应力钢筋砼空心板,下部采用二柱式墩、柱式和肋式台、挖孔灌注桩基础。设计荷载汽—超20、挂—120。由浙江省交通规划设计研究院设计,浙江交通工程建设集团有限公司施工。2003年5月开工,2006年11月20日完工。

竹山下大桥 位于妙高镇,龙丽高速公路K92+659.4处,跨小溪。桥梁全长150米、宽23米,4孔,跨径35米。上部结构采用预应力钢筋砼小箱梁,下部结构采用U形台、扩大基础,二柱式墩、挖孔灌注桩基础。设计荷载汽—超20、挂—120。由浙江省交通规划设计研究院设计,中铁四局集团第五工程有限公司施工。2003年5月开工,2006年5月完工。

遂昌大桥 位于妙高镇,龙丽高速公路K94+520.4处,跨襟溪和遂龙、遂金线。桥梁全长278米、宽23米,9孔,跨径3×20+42+70+42+3×20米。上部结构采用预应力钢筋砼连续箱梁,下部结构采用实体墩、钻孔灌注桩基础,肋式和U形台、扩大基础。设计荷载汽—超20、挂—120。由浙江省交通规划设计研究院设计,中铁四局集团第五工程有限公司施工。2003年5月开工,2006年2月完工。

渡船头桥 位于妙高镇,龙丽高速公路 K95+476.4 处,跨小溪、农田。桥梁全长 104 米、宽 23 米,5 孔,跨径 20 米。上部结构采用预应力钢筋砼空心板,下部结构采用肋式台、二柱式墩、钻孔灌注桩基础。设计荷载汽—超 20、挂—120。由浙江省交通规划设计研究院设计,浙江省宏途交通建设有限公司施工。2003 年 5 月开工,2006 年 4 月完工。

高路大桥 位于妙高镇,龙丽高速公路 K98+495.4 处,跨襟溪。桥梁全长 264 米、宽 23 米,13 孔,跨径 20 米。上部结构采用预应力钢筋砼空心板,下部结构采用二柱式墩、肋式台、钻孔灌注桩基础。设计荷载汽—超 20、挂—120。浙江省交通规划设计研究院设计,浙江宏途交通建设有限公司施工。2003 年 5 月开工,2006 年 4 月完工。

资口大桥 位于妙高镇,龙丽高速公路 K99+356.4 处,跨襟溪。桥梁全长 370 米、宽 23 米,12 孔,跨径 30 米。上部结构采用预应力钢筋砼小箱梁,下部结构采用 U 形台、扩大基础,二柱式墩、钻孔灌注桩基础。设计荷载汽—超 20、挂—120。浙江省交通规划设计研究院设计,浙江宏途交通建设有限公司施工。2003 年 5 月开工,2006 年 4 月完工。

互通桥梁

北界互通 E 匝道 242 桥 位于北界镇,龙丽高速公路 E·K0+242 处。桥梁全长 114 米、宽 8 米,5 孔,跨径 20 米。上部结构采用预应力钢筋砼空心板,下部结构采用扩大基础,二柱式墩、U 形台、挖孔灌注桩基础。设计荷载汽—20、挂—120。由浙江省交通规划设计研究院设计,浙江天一交通建设有限公司施工。2003 年 5 月开工,2006 年 3 月 25 日完工。

北界互通 F 匝道 198 桥 位于北界镇,龙丽高速公路 F·K0+198 处。桥梁全长 100 米、宽 8 米,4 孔,跨径 20 米。上部结构采用预应力钢筋砼空心板,下部结构采用 U 形台、扩大基础,二柱式墩、挖孔灌注柱基础。设计荷载汽—20、挂—120。由浙江省交通规划设计研究院设计,浙江天一交通建设有限公司施工。2003 年 5 月开工,2006 年 4 月 30 日完工。

遂昌东互通 A 匝道 1 号桥 位于妙高镇,龙丽高速公路 A·K0+080 处。桥梁全长 146 米、宽 19 米,7 孔,跨径 20 米。上部结构采用预应力钢筋砼空心板,下部结构采用二柱式墩、肋式和 U 形台、扩大基础、钻孔灌注桩基础。设计荷载汽—20、挂—120。由浙江省交通规划设计研究院设计,浙江宏途交通建设有限公司施工。2003 年 5 月开工,2006 年 4 月完工。

遂昌东互通 D 匝道桥 位于妙高镇,龙丽高速公路 D·K0+074.1 处。桥梁全长 146 米、宽 8 米,7 孔,跨径 20 米。上部结构采用预应力钢筋砼空心板,下部结构采用柱式墩、肋式和 U 形台、扩大基础、钻孔灌注桩基础。设计荷载汽—

20、挂—120。由浙江省交通规划设计研究院设计,浙江宏途交通建设有限公司施工。2003年5月开工,2006年4月完工。

表 1-5 龙丽高速公路遂昌境内中小桥梁一览

桥 名	桩 号	孔数/跨径	桥梁全长	桥梁上部结构类型	完工日期
北界桥	K31+783	2×20m	51.04	预应力钢筋砼空心板	2006年
金钩里桥	K33+046	4×20m	84	预应力钢筋砼小箱板	2006年
金钩里通道桥	K33+197	1—20m	30.04	预应力钢筋砼空心板	2006年
互通大云头桥	ML·K34+053	4×20m	91.04	预应力钢筋砼空心板	2006年
A匝道231桥	A·K0+231.776	2×25m	66.04	预应力钢筋砼空心板	2006年
田铺2#桥	K35+114	4×20m	85.04	预应力钢筋砼空心板	2006年
肖箕湾1#桥	K35+406	4×20m	87.54	预应力钢筋砼空心板	2006年
双坑1#桥	K36+787	2×16m	45.04	预应力钢筋砼空心板	2006年
双坑2#桥	K37+150	4×20m	96.04	预应力钢筋砼空心板	2006年
官溪桥	K37+477	4×20m	86.04	预应力钢筋砼空心板	2006年
斋公堰通道	K38+308	1—8m	16	钢筋砼空心板	2006年
溪西畈通道桥	K39+318	1—8m	17	钢筋砼空心板	2006年
桃源坑桥	K41+722	1—16m	26.04	预应力钢筋砼空心板	2006年
互通1#桥	ML·K42+265	1—25m	35.04	预应力钢筋砼空心板	2006年
互通2#桥	F·K0+242	1—25m	33.04	预应力钢筋砼空心板	2006年
小马埠分离桥	K42+881	1—20m	30.04	预应力钢筋砼空心板	2006年
小马埠分离2#桥		2×20m	51.04	预应力钢筋砼空心板	2006年
馒头山桥	K45+592	4×20m	85.04	预应力钢筋砼空心板	2006年
大地塔桥	K45+138	1—8m	16	装配式钢筋砼空心板	2006年
大马埠分离桥	K43+819.425	1—20m	36.04	预应力钢筋砼空心板	2006年
青云岭脚桥(右)	K48+682	1—16	26.04	预应力钢筋砼空心板	2006年
青云岭脚桥(左)	K48+700	3×13	42.04	预应力钢筋砼空心板	2006年
左线233桥	ZML·K49+233	1—13	16.04	预应力钢筋砼空心板	2006年
右线239桥	YML·K49+239	1—13	16.04	预应力钢筋砼空心板	2006年
主线619桥	ML·K49+619	2—20	46.04	预应力钢筋砼空心板	2006年
主线456通道桥	ML·K49+456	1—20	48.04	预应力钢筋砼空心板	2006年
A匝道133通道桥	A·K0+133	1—13	19.04	预应力钢筋砼空心板	2006年
B匝道455通道桥	B·K0+445	1—20	44.04	预应力钢筋砼空心板	2006年
E匝道081通道桥	E·K0+081	1—13	29.04	预应力钢筋砼空心板	2006年

续表

桥　名	桩　号	孔数/跨径	桥梁全长	桥梁上部结构类型	完工日期
F 匝道 103 通道桥	F・K0+103.5	1—20	44.04	预应力钢筋砼空心板	2006 年
金溪通道桥	K54+793	1—13	20.04	预应力钢筋砼空心板	2006 年
互通 A 匝道 2# 桥	A・K0+291.905	4×20（宽 15m）	92.04	预应力钢筋砼空心板	2006 年
高路互通 445 通道桥	ML・K56+445.5	1—10	16	钢筋砼空心板	2006 年
互通 E 匝道通道桥	E・K0+106	1—10	22	钢筋砼空心板	2006 年
振北桥	K0+591.7	4×16+1×13 宽 8.5m	82.54	预应力钢筋砼空心板	2006 年

注：本表内桩号系施工桩号，实际桩号应加上 41.4348 米

三、普通公路桥梁

桥梁是公路的重要组成部分。1934 年修建遂（昌）松（阳）公路时，遂昌县境始有公路桥梁。1949 年，遂昌县有公路桥梁 15 座，计 351.39 延米。至 2010 年，增加到 373 座，计 13087.15 延米，全部为永久性桥梁。其中大桥 20 座，计 2646.96 延米；中桥 97 座，5674.64 延米；小桥 256 座，4765.55 延米。2011 年在建特大桥 1 座，376 米。

特大桥梁

乌溪江大桥　位于湖山乡凉山头，处在新建红星坪至凉山头公路上。跨乌溪江。桥梁全长 376 米、宽 12 米，主跨为上承式钢管混凝土拱，计算跨径 260 米，上部结构布置为 3×16+17×16+3×16，梁板为 16 米预应力砼 T 梁。主桥下部结构盖梁及立柱支承在拱肋上，盖梁为钢筋砼结构，立柱为 4 根 ϕ426×10mm 钢管内灌砼组成的格构式构件，引桥下部为变截面桥墩，桩基础、U 形桥台、扩大基础。（桥梁结构：桥梁由桥梁上部结构和下部结构以及桥梁防护建筑物组成，桥梁上部结构即桥身，是跨越桥孔的结构，因而又称桥跨结构，主要包括桥面、主梁、支座等。桥梁下部结构是支承桥跨结构的构筑物，主要包括桥墩、桥台和桥梁基础。桥梁防护建筑物是为保护桥墩、桥台、桥头基础等所修建的构筑物，主要包括桥台两侧的翼墙或堆体护坡及在桥的上游或下游设置的导流堤、防洪堤、丁坝、护岸工程设施等。）桥梁设计荷载标准为公路Ⅱ级，设计洪水频率 1/100。由浙江省交通规划设计研究院设计，四川省川交公路工程咨询有限公司作出咨询意见，中铁九桥工程有限公司和浙江交通工程建设集团第三交通工程有限公司联合体施工，安徽省公路工程建设监理有限责任公司监理。批准投资概算 11464.31 万元。2011 年 11 月 1 日开工，工期 36 个月。

大型桥梁

庄山大桥 位于妙高镇庄山，龙(游)丽(水)公路K61+900处，跨襟溪。桥梁全长399米、宽22.5米，13孔，跨径30米。上部结构采用预应力钢筋砼小箱梁，下部结构采用U形台、扩大基础，二柱式墩、钻孔灌注桩基础。设计荷载汽—20、挂—100。由浙江省交通规划设计院设计，浙江宏途交通建设有限公司施工。2003年5月开工，2006年4月完工。

水阁分离式立交桥 位于妙高镇水阁，51省道上江至三墩桥公路K3+202处，第四孔上跨水阁路。桥梁全长159.16米、宽12米，4孔，跨径35米。上部结构采用预应力水泥钢筋砼小箱梁，先简支后连续结构；下部结构采用U形台、扩大基础，二柱式墩、挖孔灌注桩基础，扩大基础。桥面铺装结构采用18厘米厚横向湿接缝+8厘米厚钢筋水泥砼底层+防水层+10厘米厚AC—13沥青砼面层。设计荷载公路Ⅱ级。由浙江省交通规划设计研究院设计，浙江金顺路桥建设有限公司施工，丽水市丽通工程监理有限公司监理。2008年12月25日开工，2011年12月完工。

东门桥 位于妙高镇东门，51省道上江至三墩桥公路K3+762处，第六孔下为准四级村道公路，跨梅溪源。桥梁全长125.29米、宽12米，6孔，跨径20米。上部结构采用预应力钢筋砼空心板，先简支后连续结构；下部结构采用柱式墩、0号肋式台、挖孔灌注桩基础，6号U形台、扩大基础。桥面铺装结构采用8厘米厚钢筋水泥砼底层+防水层+10厘米厚AC—13沥青砼面层。设计荷载公路Ⅱ级。浙江省交通规划设计研究院设计，浙江金顺路桥建设有限公司施工，丽水市丽通工程监理有限公司监理。2008年12月25日开工，2011年12月完工。

外寮桥 位于妙高镇后江村外寮。51省道上江至三墩桥公路K7+072.5处，第2孔桥下为准四级村道公路。桥梁全长154.04米、宽12米，7孔，跨径20米。上部结构采用预应力钢筋砼空心板，下部结构采用柱式墩、钻孔灌注桩基础，0号肋式台、7号U形台、扩大基础。桥面铺装结构采用8厘米厚钢筋水泥砼底层+防水层+10厘米厚AC—13沥青砼面层。设计荷载公路Ⅱ级。浙江省交通规划设计研究院设计，浙江永达交通工程有限公司施工，丽水市丽通工程监理有限公司监理。2008年12月25日开工，2011年12月完工。

龙洋桥 位于龙洋乡内龙口，木(岱口)焦(滩)公路K91+100处，跨乌溪江。1979年建有全长87米的5孔石拱桥1座，原名龙口桥。1994年6月14日毁于洪水。同年重建。桥梁全长104米、宽8.6米(净宽7.6米)，3孔，跨径25米。上部结构采用石拱，下部结构采用重力式钢筋砼墩、U形台。设计荷载汽—15、挂—80。由遂昌县勘察设计室设计，遂昌县交通工程公司施工。耗资53万元，1994年12月完工。

独山桥 位于焦滩乡独山，木(岱口)焦(滩)公路K110+000处，跨乌溪江。桥梁全长127米、宽9.2米(净宽8.2米)，3孔，跨径35米。上部结构采用石拱，下部结构采用实体墩、扩大基础。设计荷载汽—15、挂—80。由遂昌县林业局勘察设计室设计，东阳县工程队施工。1983年9月开工，1984年1月完工。

牛尾岗大桥 位于焦滩乡坟岗，三(墩桥)砾(下)公路K37+700处，跨飞石岭山谷。桥梁全长88米、宽7.8米(净宽6.2米)，单孔，跨径60米，桥高46米。上部结构采用双曲拱，下部结构采用重力式U形台。设计荷载汽—13、挂—60。由遂黄公路工程处设计，遂黄公路工程处组织当地民间施工队施工。1972年10月21日开工，1973年4月完工。

焦滩桥 位于焦滩乡焦滩，三(墩桥)砾(下)公路K46+300处，跨乌溪江。桥梁全长127米、宽10.2米(净宽8.2米)，3孔，跨径35+36+35米。上部结构采用双曲拱，下部结构采用钢筋砼实体墩、扩大基础。设计荷载汽—13、挂—60。由遂黄公路工程处设计，遂黄公路工程处组织当地民间施工队施工。1972年11月10日开工，1973年12月10日完工。

下定桥 位于黄沙腰镇下定，三(墩桥)砾(下)公路K77+200处，跨周公源。桥梁全长64.5米、宽7.8米(净宽6米)，单孔，跨径50米。上部结构采用双曲拱，下部结构采用重力式台、扩大基础。设计荷载汽—13、挂—60。由遂黄公路工程处设计，遂黄公路工程处组织当地民间施工队施工。1974年10月开工，同年12月完工。2008年耗资50万元，对该桥进行了加固维修。

下定桥(摄于2011年9月3日)

源口桥 位于柘岱口乡源口，三(墩桥)砾(下)公路K95+800处，跨周公源。桥梁全长48米、宽7.2米(净宽6.2米)，单孔，跨径40米。上部结构采用石拱，下部结构采用重力式台。设计荷载汽—15、挂—80。由林业局勘察设计室设计，林业局组织当地民间施工队施工。1981年11月开工，1982年7月完工。2008年12月因周公源电站建成后被水库淹没。

渡口桥 位于西畈乡渡口，黄(脱坑口)九(牛岙)公路K28+200处，跨洋溪源。桥梁全长63米、宽9.6米(净宽7.6米)，单孔，跨径55米。上部结构采用双曲拱，下部结构采用重力式台、扩大基础。设计荷载汽—10、挂—50。由黄西公路建设委员会设计，黄西公路建设委员会组织当地民间施工队施工。1978年

6 月开工，同年 11 月完工。

湖山大桥　位于湖山乡湖山，峡(口门)北(界)公路 K16＋800 处，跨金竹溪。桥梁全长 155 米、宽 6.5 米(净宽 5.5 米)，3 孔，跨径 46.4＋48.4＋46.4 米。上部结构采用双曲拱，下部结构采用重力式砼墩、U 形台。设计荷载汽—10、挂—50。由遂昌县交通局设计室设计，乌溪江水库移民改线指挥部施工。耗资 18.686 万元，1978 年 8 月 20 日开工，1979 年 6 月 30 日完工。1999 年 10 月，耗资 5 万元，对桥台护坡进行了加固。2007 年投入 25 万元，使用国内最先进的检测仪器对大桥进行了检测。

金溪桥　位于妙高镇金溪，遂(昌县城)金(溪)公路 K4＋460 处，跨襟溪。桥梁全长 128 米、宽 36 米(净宽 28 米)，6 孔，跨径 20 米。上部结构采用预应力钢筋砼空心板，下部结构采用 U 形台、扩大基础，柱式墩、钻孔灌注桩基础。设计荷载汽—20、挂—100。浙江省交通规划设计研究院设计，浙江八咏公路工程有限公司中标施工。2004 年 10 月开工，2006 年 11 月 30 日完工。

金溪大桥(摄于 2011 年 9 月 3 日)

甲门潭大桥　位于焦滩乡甲门潭，石(练)王(村口)公路 K35＋210 处，跨乌溪江(湖南镇水库)。桥梁全长 214.06 米、宽 9 米，10 孔，跨径 20 米。上部结构采用后张法预应力钢筋混凝土空心板；下部结构采用 U 形台、扩大基础，柱式墩、钻孔灌注桩基础。桥面为厚 13 厘米钢筋混凝土，接缝处用钢纤维水泥混凝土。设计荷载汽—20、挂—100。由浙江省交通规划设计研究院设计，陕西省路桥集团有限公司施工。2005 年 10 月开工，2009 年 10 月完工。

金岸垃圾填埋场桥　位于妙高镇金岸，上坑垃圾填埋场专用道 K0＋500 处，跨襟溪。桥梁全长 209.58 米、宽 8 米(净宽 7 米)，10 孔，跨径 20 米。上部结构采用预应力钢筋砼空心板，下部结构采用 U 形台、扩大基础，二柱式墩、钻孔灌注桩基础。设计荷载汽—20、挂—100 由浙江省交通规划设计院设计，浙江宏途交通建设有限公司施工。2003 年 5 月开工，2006 年 4 月完工。

上龙潭大桥　位于湖山乡雷石，湖山至萤石矿专用公路 K0＋420 处，跨湖山源。桥梁全长 140 米、宽 8 米(净宽 7 米)，单孔，跨径 108 米。上部结构采用双曲拱，下部结构采用钢筋砼实体墩、U 形台、扩大基础。设计荷载汽—10、挂—50。为当时浙江省单孔净跨最大的双曲拱桥。1980 年获县科技一等奖。由遂昌县交通局工程师蓝光谅设计，遂昌县交通局工程队施工。耗资21.4万元，1979年8月29日开工，1980年5月完工。

福罗淤桥　位于湖山乡福罗淤村，村道火烧岗至桐梗寺公路约K13＋500处，跨周公源。桥长114.33米、宽5.9米，5孔，跨径第1、5跨19.425米、第2、3、4跨20.05米。上部结构采用石拱，下部结构为重力式片石混凝土墩、U形台、扩大基础。设计荷载汽—15、挂—80。由遂昌县交通局设计室设计，遂昌县大柘镇民间施工队施工。1991年11月1日开工，1992年4月完工。

云峰大桥　位于云峰镇社后，处在社后通往湖边的村道上，跨濂溪。桥梁全长111米、宽13米（行车道10米），4孔、跨径20米。上部结构采用后张法预应力钢筋砼空心板，下部结构采用钢筋砼实体墩、U形台、扩大基础。设计荷载汽—20、挂—100。由遂昌县公路勘察设计所设计，云峰镇政府组织施工。2002年2月开工，2005年11月完工。

中桥头桥　位于蔡源乡中桥头，石（练）王（村口）公路K36＋820处，跨大枫坑。桥梁全长114米、宽8.5米，5孔，跨径20米。上部结构采用后张法预应力钢筋混凝土空心板；下部采用U形桥台、扩大基础，柱式墩、钻孔灌注桩基础。桥面为厚13厘米钢筋混凝土，接缝处用钢纤维水泥混凝土，设计荷载汽—20、挂—100。由浙江省交通规划设计研究院设计，绍兴市双保路桥工程建设有限公司施工，2005年10月开工，2009年10月完工。

大竹桥　位于濂竹乡大竹，即村道大竹至横坑公路K0＋750处，跨梧桐源，长116米，5孔，跨径8.7米。1996年建设濂竹电站，建造大坝蓄水发电，该坝体为砌石双曲线拱坝，高38米。1999年横坑村筹集资金10万元，在坝顶建公路交通便桥（主桥长44米、宽3.3米），设计承重3.5吨。

中小桥梁

遂昌县内中小桥梁见表1-6、1-7。

表1-6　遂昌县境内省、县、乡道公路中小型桥梁一览

桥梁名称	桥梁中心桩号	路线名称	桥长		桥宽		桥梁分类	桥梁上部结构	设计荷载等级	跨越地物	修建年度
			桥梁全长（米）	跨径组合（孔*米）	桥梁全宽（米）	桥面净宽（米）					
兰头铺桥	38.983	龙丽线	74.5	2*25	10	9	中桥	拱桥	汽车—20级	小溪	2004
田铺桥	39.302	龙丽线	73	5*12.2	10	9	中桥	梁桥	汽车—20级	小溪	2004
大谷岭下桥	39.717	龙丽线	62	1*36	10	9	中桥	拱桥	汽车—20级	小溪	2004
大谷岭上桥	39.939	龙丽线	62.4	2*20	10.1	9	中桥	拱桥	汽车—20级	小溪	2004
大坪桥	40.789	龙丽线	61	4*13	10.1	9	中桥	梁桥	汽车—20级	小溪	2004
风车口下桥	40.935	龙丽线	72	3*16	10.1	9	中桥	拱桥	汽车—20级	小溪	2004

续表

桥梁名称	桥梁中心桩号	路线名称	桥长		桥宽		桥梁分类	桥梁上部结构	设计荷载等级	跨越地物	修建年度
			桥梁全长(米)	跨径组合(孔*米)	桥梁全宽(米)	桥面净宽(米)					
风车口上桥	41.198	龙丽线	73	4*16	10.1	9	中桥	梁桥	汽车—20级	小溪	2004
双坑桥	41.392	龙丽线	17	1*8	10.1	9	小桥	拱桥	汽车—20级	小溪坑	2004
横坑桥	41.501	龙丽线	58.7	3*16	10.1	9	中桥	梁桥	汽车—20级	小溪	2004
横坑岸桥	41.699	龙丽线	12.7	1*5	10	9	小桥	梁桥	汽车—20级	原龙丽线	2004
新路湾桥	45	龙丽线	48	3*11	10	9	中桥	拱桥	汽车—20级	小溪	2004
望京桥	45.577	龙丽线	35.5	2*12	12.3	11.4	小桥	拱桥	汽车—20级	小溪	2004
桃源坑桥	46.611	龙丽线	16	1*6	10	9	小桥	拱桥	汽车—20级	小山坑	2004
小马埠桥	47.094	龙丽线	32.7	1*18	11.1	9.7	小桥	拱桥	汽车—20级	小溪	2004
大马埠分离桥	48.835	龙丽线	36	1*20	10.5	9.5	中桥	梁桥	汽车—20级	小溪	2007
洋条桥	52.487	龙丽线	14	1*10	10	10	小桥	拱桥	汽车—20级	山沟	2004
横坑2号桥	55.419	龙丽线	36	1*16	11.1	10	小桥	拱桥	汽车—20级	山沟	2004
横坑1号桥	55.946	龙丽线	39.8	2*8.5	10.1	9	小桥	梁桥	汽车—20级	小汗坑	2004
上江中桥	58.33	龙丽线	39	3*10	24	16	小桥	梁桥	汽车—超20级	小溪	2007
金岸小桥	60.335	龙丽线	25	1*20	24	16	中桥	梁桥	汽车—超20级	小溪	2007
濂溪桥	61.449	龙丽线	64	3*20	22	20	中桥	梁桥	汽车—超20级	小溪	2007
资口1号桥	62.763	龙丽线	19.74	1*16	20	20	小桥	梁桥	汽车—超20级	小溪	2008
资口2号桥	63.005	龙丽线	19.74	1*16	20	20	小桥	梁桥	汽车—超20级	小溪	2008
渡船头小桥	1.221	遂龙线	22	1*10	27	16	小桥	梁桥	汽车—20级	电站进水渠	2007
妙智堂桥	5.879	遂龙线	17.2	2*6.8	9.1	8	小桥	梁桥	汽车—20级	梅溪	2009
上石马桥	6.734	遂龙线	41	2*16	9	4.4	中桥	梁桥	汽车—20级	小溪	2004
尹村桥	7.261	遂龙线	73	5*13	10.1	9	中桥	梁桥	汽车—20级	小溪	2004
五突头桥	8.756	遂龙线	25	1*16	10.9	9	小桥	梁桥	汽车—20级	小溪	2004
三墩桥桥	10.565	遂龙线	42	3*10	7	6.65	小桥	拱桥	汽车—20级	小溪	2004
坑口桥	24.304	遂龙线	17	1*8	10	9	小桥	拱桥	汽车—20级	库区沉水	2004
三宝栏桥	28.097	遂龙线	45	6*7.45	8.3	8.3	中桥	梁桥	汽车—20级	小溪	2004
大山桥	31.325	遂龙线	15	1*6	6.6	6	小桥	拱桥	汽车—20级	小溪	2004
垵口桥	36.273	遂龙线	12	1*7	6.6	6	小桥	拱桥	汽车—20级	山沟	2004
根竹口桥	38.924	遂龙线	34.8	3*9	8.5	7.45	小桥	梁桥	汽车—20级	小溪	2004
西岱岭脚桥	42.288	遂龙线	20.7	2*6	6.6	6	小桥	拱桥	汽车—20级	小溪	2004

续表

桥梁名称	桥梁中心桩号	路线名称	桥长		桥宽		桥梁分类	桥梁上部结构	设计荷载等级	跨越地物	修建年度
			桥梁全长（米）	跨径组合（孔＊米）	桥梁全宽（米）	桥面净宽（米）					
竹濂下桥	44.093	遂龙线	14	1＊6	6.6	6	小桥	拱桥	汽车—20 级	小溪	2004
竹濂中桥	45.043	遂龙线	18.5	2＊6	7.6	7	小桥	梁桥	汽车—20 级	小溪	2004
竹濂上桥	45.27	遂龙线	12	1＊6	7.6	7	小桥	梁桥	汽车—20 级	小溪	2004
坝头桥	56.77	遂龙线	17.3	1＊8	6.6	6.05	小桥	拱桥	汽车—20 级	小溪	2004
黄塔口桥	85.52	樵线	48	2＊20	6	5	中桥	拱桥	汽车—超 20 级	乌溪江	1987
西坑口桥	93.276	樵线	24.5	2＊7	7.2	6.2	小桥	拱桥	公路—II 级	乌溪江	1979
黄沙岭脚桥	98.059	樵线	15	1＊8	7.2	6.2	小桥	拱桥	公路—II 级	乌溪江	1979
王村口桥	100.52	樵线	91.6	3＊25	7.5	6.5	中桥	拱桥	公路—II 级	乌溪江	1979
凉岭下桥	50.063	西独线	20	1＊12	5.6	5	小桥	双曲拱	公路—II 级	独源	2005
双溪口桥	54.822	西独线	14	1＊8	8.1	7.1	小桥	拱桥	公路—II 级	独源	1984
靠独口桥	57.612	西独线	18.6	1＊10	8.1	7.1	小桥	拱桥	公路—II 级	独源	1984
独口桥	59.063	西独线	83	2＊30	8.7	7.7	中桥	拱桥	公路—II 级	乌溪江	1985
碧龙源电站桥	7.033	梅白线	44	1＊20	7.2	6.2	中桥	拱桥	公路—II 级	乌溪江	2003
连头桥	0.114	连直线	44	4＊8	5	5	中桥	梁桥	公路—II 级	小溪	1956
龙口桥	2.874	连直线	19	2＊8	5.1	5	小桥	梁桥	公路—II 级	小溪	1956
东姑桥	5.416	连直线	36.4	4＊6.7	6.3	5.5	小桥	拱桥	公路—II 级	小溪	1956
叶油桥	11.72	连直线	21.3	2＊8	5	5	小桥	梁桥	公路—I 级	小溪	1976
治岭头桥	16.80	连直线	10	1＊7	6.9	5.9	小桥	梁桥	公路—II 级	小溪	1983
杨梅岗桥	20.8	连直线	13.8	1＊7	6.9	5.9	小桥	拱桥	公路—Ⅱ级	小溪	1983
直源桥	23.814	连直线	33	1＊25	8.6	7.6	中桥	拱桥	公路—II 级	瓯江	1984
大定下桥	2.114	三砳线	34.1	2＊13	10.5	9	小桥	梁桥	公路—II 级	小溪	1999
大定上桥	2.385	三砳线	34.9	2＊13	10.5	9	小桥	梁桥	公路—II 级	小溪	1999
英路桥	2.658	三砳线	36	4＊6	10.5	9	小桥	拱桥	公路—II 级	小溪	1999
小忠桥	3.557	三砳线	30	2＊10	10.5	9	小桥	梁桥	公路—II 级	小溪	1999
高路下桥	4.166	三砳线	36.2	2＊13	10.5	9	小桥	梁桥	公路—II 级	小溪	1999
高路村桥	4.92	三砳线	30.4	2＊10	10.5	9	小桥	梁桥	公路—II 级	小溪	1999
高路上桥	5.247	三砳线	30.4	2＊10	10.5	9	小桥	梁桥	公路—II 级	小溪	1999
好川下桥	5.588	三砳线	25.6	1＊16	10.5	9	小桥	梁桥	公路—II 级	小溪	1999
好川村桥	6.348	三砳线	18	1＊10	10.5	9	小桥	梁桥	公路—II 级	小溪	1999
沙口桥	8.546	三砳线	24	1＊13	10.5	9	小桥	梁桥	公路—II 级	小溪	1999

续表

桥梁名称	桥梁中心桩号	路线名称	桥长		桥宽		桥梁分类	桥梁上部结构	设计荷载等级	跨越地物	修建年度
			桥梁全长（米）	跨径组合（孔*米）	桥梁全宽（米）	桥面净宽（米）					
排前电站桥	9.308	三砺线	11.2	1*6	10.5	9	小桥	拱桥	公路—II级	小溪	1999
排前桥	9.723	三砺线	12.7	1*5	10.5	9	小桥	拱桥	公路—II级	小溪	1999
大柘桥	14.858	三砺线	28.5	1*20	14	12	中桥	梁桥	公路—II级	小溪	1998
田后上桥	16.714	三砺线	58.6	3*16	10.5	9	中桥	梁桥	公路—II级	小溪	1999
田后桥	16.92	三砺线	26	1*16	10.5	9	小桥	梁桥	公路—II级	小溪	1999
大田上桥	17.767	三砺线	48.2	3*13	10.5	9	中桥	梁桥	公路—II级	小溪	1999
大田下桥	17.929	三砺线	48.2	3*13	10.5	9	中桥	梁桥	公路—II级	小溪	1999
峡口门桥	18.799	三砺线	58.8	2*20	8.5	7	中桥	拱桥	公路—II级	小溪	1989
蔡源桥	52.505	三砺线	35.6	1*13	10	8	小桥	双曲桥	公路—I级	乌溪江	1973
郭家岭桥	53.318	三砺线	15.8	1*13	10.3	8.3	小桥	双曲桥	汽车—10级	乌溪江	1973
兰蓬桥	64.1	三砺线	11	1*5.5	6.8	6	小桥	拱桥	汽车—10级	乌溪江	1973
大洞源桥	65.938	三砺线	9	1*5.5	7.2	7.2	小桥	拱桥	公路—I级	乌溪江	1973
前口桥	66.684	三砺线	9	1*5	8.1	7.1	小桥	拱桥	汽车—10级	乌溪江	1973
石马岭脚桥	73.945	三砺线	11	1*5.5	6.2	5.8	小桥	拱桥	汽车—10级	乌溪江	1973
黄脱口桥	79.846	三砺线	24.2	1*15	8.1	7.1	小桥	拱桥	汽车—10级	黄脱坑	1987
浦坑口桥	83.19	三砺线	14	1*6	9	8	小桥	拱桥	汽车—10级	浦坑	1974
大熟桥	86.087	三砺线	14	1*6	8.2	7.2	小桥	拱桥	汽车—10级	大熟坑	1975
河边坑桥	88.215	三砺线	16.6	1*8	8.4	7.4	小桥	拱桥	汽车—10级	河边坑	1975
柘岱口桥	93.189	三砺线	16.8	1*8	7.6	6.6	小桥	拱桥	汽车—10级	小坑	1975
利民桥	93.3	三砺线	53	2*22	6.6	5.2	中桥	拱桥	汽车—10级	周公源	1980
尹家桥	102.66	三砺线	17	2*6	7.6	6.6	小桥	拱桥	汽车—10级	小溪	1982
茶园桥	104.72	三砺线	12	1*6	8.3	7.3	小桥	拱桥	汽车—10级	茶园坑	1982
乌岗坑口桥	108.71	三砺线	12	1*6	7.6	6.6	小桥	拱桥	汽车—15级	坞岗坑	1982
举淤坑桥	23.588	黄九线	14	1*5	7.6	6.6	小桥	拱桥	汽车—10级	洋溪源	1977
西畈桥	34.8	黄九线	38.4	2*14	7.1	6.1	小桥	拱桥	汽车—10级	洋溪源	1982
杨梅坑口桥	36.788	黄九线	11	1*6	7.1	6.1	小桥	拱桥	汽车—10级	洋溪源	1982
刘家桥	39.708	黄九线	39	3*10	7	6	小桥	梁桥	汽车—10级	洋溪源	1999
上西坑桥	43.59	黄九线	14	1*8	8.7	7.7	小桥	拱桥	汽车—10级	洋溪源	1985
西坑口桥	44.91	黄九线	16	1*8	8.8	7.8	小桥	拱桥	汽车—10级	洋溪源	1993
梭溪桥桥	6.253	峡北线	21	1*17	6.6	5.6	小桥	拱桥	汽车—10级	梭溪	1900

续表

桥梁名称	桥梁中心桩号	路线名称	桥长		桥宽		桥梁分类	桥梁上部结构	设计荷载等级	跨越地物	修建年度
			桥梁全长（米）	跨径组合（孔*米）	桥梁全宽（米）	桥面净宽（米）					
大坑口桥	18.56	峡北线	57.5	3*15	6.6	5.6	中桥	拱桥	汽车—10级	乌溪江	1978
升口亭桥	22.946	峡北线	20	1*10	7.8	7	小桥	拱桥	汽车—10级	小溪	1979
翁村桥	24.85	峡北线	32	2*10	8.5	7.5	小桥	拱桥	汽车—10级	乌溪江	1983
叶村桥	28.7	峡北线	10	1*5	8.6	7.6	小桥	拱桥	汽车—10级	小溪	1982
交塘桥	33.907	峡北线	18	1*8	8.6	7.6	小桥	拱桥	汽车—10级	交塘坑	1983
银坑桥	34.364	峡北线	18	1*8	8.6	7.6	小桥	拱桥	汽车—10级	交塘坑	1983
水口桥	35.452	峡北线	16	1*8	8.1	7.1	小桥	拱桥	汽车—10级	梭溪	1981
青云居桥	37.622	峡北线	11	1*6	8.1	7.1	小桥	拱桥	汽车—10级	梭溪	1980
大弄坑桥	46.833	峡北线	13	1*5	8.6	7.6	小桥	拱桥	汽车—10级	定村坑	1978
三十箩桥	49.74	峡北线	85.04	4*18.5	7.5	6.5	中桥	梁桥	汽车—10级	桃溪	2003
应村桥	53.305	峡北线	47	3*13	7.5	6.5	中桥	梁桥	公路—II级	桃溪	2003
新村桥	59.257	峡北线	14	2*4.5	6	5.4	小桥	拱桥	汽车—10级	小溪	1964
白水桥	61.34	峡北线	10	1*7	6	6	小桥	梁桥	汽车—10级	小溪	1964
周村桥	64.58	峡北线	48.1	3*12	5.1	4.5	中桥	拱桥	汽车—10级	小溪	1964
金钩桥	67.12	峡北线	48.8	3*12	5	4.45	中桥	拱桥	汽车—10级	小溪	1959
双溪口桥	4.258	三长线	14	1*8	8.1	7.1	小桥	拱桥	汽车—10级	桃溪	1979
湖连桥	9.553	三长线	12.8	1*8	8.1	7.1	小桥	拱桥	公路—I级	桃溪	1980
上溪下桥	13.638	三长线	16	1*8	8.2	7.2	小桥	拱桥	汽车—10级	桃溪	1980
梧桐桥	6.366	钢梧线	25.4	1*13	8.6	7.6	小桥	拱桥	汽车—10级	梧桐源	1988
大公殿桥	5.784	潘金线	22.8	1*13	8.6	7.6	小桥	拱桥	汽车—10级	桃源	1985
双溪口桥	8.262	潘金线	31.4	1*11	8.6	7.6	小桥	拱桥	汽车—10级	桃源	1995
火烧坪桥	3.471	大双线	19	1*8	8.6	7.6	小桥	拱桥	汽车—10级	乌溪江	1990
考坑口桥	4.632	大双线	15	1*6	10	9	小桥	拱桥	汽车—10级	乌溪江	1990
苦株树下桥	5.436	大双线	15	1*6	10	9	小桥	拱桥	汽车—10级	乌溪江	1990
大路后桥	24.158	大双线	9	1*5	8.3	7.3	小桥	拱桥	汽车—10级	盘溪	1986
水口桥	24.327	大双线	18	1*10	8.3	7.3	小桥	拱桥	汽车—10级	盘溪	1986
鸭弄口桥	24.792	大双线	13	1*5	8.1	7.1	小桥	拱桥	汽车—10级	盘溪	1986
大湾桥	25.284	大双线	25	1*15	8.3	7.3	小桥	拱桥	汽车—10级	盘溪	1986
乌桥桥	27.22	大双线	26	1*16	8.4	7.4	小桥	拱桥	汽车—10级	盘溪	1986
考剪潭桥	29.317	大双线	34	2*12	8.8	7.8	小桥	拱桥	汽车—10级	盘溪	1986

续表

桥梁名称	桥梁中心桩号	路线名称	桥长		桥宽		桥梁分类	桥梁上部结构	设计荷载等级	跨越地物	修建年度
			桥梁全长（米）	跨径组合（孔＊米）	桥梁全宽（米）	桥面净宽（米）					
坑口桥	4.894	丁大线	25.2	2＊6	8.1	7.1	小桥	梁桥	汽车—10 级	叶坞源	1995
后山桥	11.6	丁大线	7	1＊5	9.1	8.1	小桥	拱桥	汽车—10 级	上旦源	1985
山坑桥	14.983	丁大线	9	1＊5	9.6	8.6	小桥	拱桥	汽车—10 级	上旦源	1985
古楼桥	5.493	金牛线	20	1＊14	9.1	8.1	小桥	梁桥	汽车—10 级	古楼源	1998
下坪头桥	7.701	金牛线	8	1＊5	7	6.5	小桥	拱桥	汽车—10 级	小溪	1998
力其桥	0.086	长社线	21.8	1＊12	11	10	小桥	梁桥	汽车—10 级	濂溪	1998
西岩桥	1.231	湖大线	30	1＊22	8.6	7.6	中桥	拱桥	汽车—10 级	乌溪江	1980
X614 一桥	6.841	新汀线	32.6	2＊10	8.6	7.6	小桥	拱桥	汽车—15 级	周村源	2005
大洞坑桥	14.753	新汀线	21.4	1＊8	8.4	7.4	小桥	拱桥	汽车—10 级	小溪	2005
X614 三桥	20.068	新汀线	8	1＊5	7	6.5	小桥	拱桥	汽车—10 级	小溪	2005
土地门口桥	32.184	新汀线	11.2	1＊6	8.6	7.6	小桥	拱桥	汽车—10 级	周村源	1986
三坑口桥	32.33	新汀线	11.5	1＊6	8.6	7.6	小桥	拱桥	汽车—10 级	周村源	1986
白炭窑基桥	32.64	新汀线	11.5	1＊6	8.6	7.6	小桥	拱桥	汽车—10 级	周村源	1986
X614 七桥	32.976	新汀线	11	1＊7	9.7	8.7	小桥	拱桥	汽车—10 级	周村源	1986
另垢儿桥	34.144	新汀线	14	1＊8	9.7	8.7	小桥	拱桥	汽车—10 级	周村源	1986
高棠桥	36.796	新汀线	21.2	2＊7	8.1	7.1	小桥	拱桥	汽车—10 级	周村源	1986
汀溪桥	38.686	新汀线	27.2	2＊10	7.6	7	小桥	拱桥	汽车—10 级	周村源	1986
山井岭脚桥	18.216	桂王线	14.3	1＊5	5.6	5	小桥	拱桥	汽车—10 级	小溪	1964
拳头桥	19.96	桂王线	15.3	1＊5	5.6	5	小桥	拱桥	汽车—10 级	小溪	1964
沿坑桥	21.62	桂王线	19	1＊8	5.4	4.6	小桥	拱桥	汽车—10 级	小溪	1965
牛头岭脚桥	23.332	桂王线	18.8	1＊8	5.1	4.5	小桥	拱桥	汽车—10 级	小溪	1965
双溪口桥	35.647	桂王线	43.8	2＊12	5.6	5	小桥	拱桥	汽车—10 级	小溪	1986
飞鹤桥	0.047	遂尖线	48.3	5＊8.5	12.5	9	中桥	梁桥	汽车—10 级	北溪	1983
夹路桥	1.97	小金线	20	2＊6	6.8	6.25	小桥	拱桥	汽车—10 级	小溪	1964
川东桥	4.894	小金线	12.2	1＊7	7.6	7	小桥	梁桥	汽车—10 级	小溪	1983
大桥桥	16.435	小金线	20.1	2＊6	6.9	6.3	小桥	拱桥	汽车—10 级	小溪	1964
川坞桥	17.39	小金线	10	1＊7	8	7	小桥	梁桥	汽车—15 级	小溪	1984
石壁下通道桥	4.879	石王线	23	1＊13	10.5	9	小桥	梁桥	公路—II 级	小溪	2005
小考源 1 号桥	6.729	石王线	26	1＊16	10.5	9	小桥	梁桥	汽车—20 级	小考源	2005
小考源 2 号桥	7.091	石王线	19.5	1＊13	10.5	9	小桥	梁桥	汽车—20 级	小考源	2005

续表

桥梁名称	桥梁中心桩号	路线名称	桥长		桥宽		桥梁分类	桥梁上部结构	设计荷载等级	跨越地物	修建年度
			桥梁全长（米）	跨径组合（孔*米）	桥梁全宽（米）	桥面净宽（米）					
小考源3号桥	7.159	石王线	20	1*13	10.5	9	小桥	梁桥	汽车—20级	小考源	2005
小考源4号桥	7.487	石王线	46	1*20	10.5	9	中桥	梁桥	汽车—20级	小考源	2005
小考源5号桥	7.684	石王线	34	1*20	10.5	9	中桥	梁桥	汽车—超20级	小考源	2005
小考源6号桥	8.115	石王线	27	1*16	10.5	9	小桥	梁桥	汽车—20级	小考源	2005
小考源7号桥	8.219	石王线	28	1*16	10.5	9	小桥	梁桥	汽车—20级	小考源	2005
小考源8号桥	8.289	石王线	25	1*13	10.5	9	小桥	梁桥	汽车—20级	小考源	2005
小考源9号桥	8.465	石王线	22.5	1*13	10.5	9	小桥	梁桥	汽车—20级	小考源	2005
小考源10号桥	8.525	石王线	27.4	1*16	10.5	9	小桥	梁桥	公路—II级	小考源	2005
坟岗桥	8.677	石王线	72	3*20	10.5	9	中桥	梁桥	公路—II级	小溪	2005
甲门坑1号桥	9.496	石王线	88.04	4*20	8.5	7.5	中桥	梁桥	汽车—20级	乌溪江	2009
甲门坑2号桥	10.07	石王线	80	4*16	8.5	7.5	中桥	梁桥	汽车—20级	乌溪江	2009
甲门坑3号桥	10.169	石王线	66.04	3*20	8.5	7.5	中桥	梁桥	汽车—20级	乌溪江	2009
小金坑口桥	11.921	石王线	57.04	3*16	8.5	7.5	中桥	梁桥	汽车—20级	乌溪江	2009
枫坑口桥	12.18	石王线	86.04	4*20	8.5	7.5	中桥	梁桥	汽车—20级	乌溪江	2009
水礁潭1号桥	13.183	石王线	91.54	4*20	8.5	7.5	中桥	梁桥	汽车—20级	乌溪江	2009
钓鱼岭脚桥	13.72	石王线	46.04	2*16	8.5	7.5	中桥	梁桥	汽车—20级	乌溪江	2009
水礁潭2号桥	15.353	石王线	37.04	2*16	8.5	7.5	中桥	梁桥	汽车—20级	乌溪江	2009
蔡口2桥	17.89	石王线	50.04	2*20	8.5	7.5	中桥	梁桥	汽车—20级	乌溪江	2009
蔡口桥	20.273	石王线	27	1*21	9.3	8.3	中桥	拱桥	公路—II级	乌溪江	2005
满天星桥	23.035	石王线	26	1*13	9	9	小桥	梁桥	汽车—20级	小溪	2008
板角口桥	24.488	石王线	33	1*20	9	9	中桥	梁桥	汽车—20级	小溪	2008
朱坑口桥	28.759	石王线	29	1*16	9	9	小桥	梁桥	汽车—20级	小溪	2008
水阁1#桥	1.569	株北线	18	1*13	18	15	小桥	梁桥	公路—II级	小溪	2006
水阁2#桥	2.293	株北线	21	1*16	18	17	小桥	梁桥	公路—II级	小溪	2006
水阁3#桥	2.473	株北线	20.5	1*16	36	28	小桥	梁桥	公路—II级	小溪	2006
利民桥	1.648	庄梧线	65	3*20	20.5	16	中桥	梁桥	公路—II级	濂溪	2008
毛田桥	4.166	庄梧线	29	1*20	9.5	9.5	中桥	梁桥	公路—I级	濂溪	2008
石柱桥	0.119	石金线	13	1*6	9.5	3.02	小桥	梁桥	汽车—10级	小溪	2010
黄砭口桥	38.889	玉黄线	10	1*5	7.1	6.5	小桥	拱桥	汽车—10级	小溪	1960
庄山桥	4.855	三庄线	77	5*13	10.1	9	中桥	梁桥	汽车—10级	小溪	1996

表 1-7　2010 年遂昌县村道公路中小型桥梁一览

桥梁名称	路线名称	所在地	中心桩号	设计荷载等级	桥梁全长	桥面净宽	主桥上部结构	跨越地物类型	桥跨组合	建桥年月
大桥桥	大桥至西源头	妙高镇	0.146	其他	8	4	拱桥	小溪	1＊6	2004.12
葛坪桥	大桥至西源头	妙高镇	0.2	其他	8	6.5	拱桥	小溪	1＊5	
苦竹坑桥	遂龙线—东梅	妙高镇	2.889	其他	10	4	梁桥	小溪	1＊8	2005.12
C009 一桥	水阁—东门	妙高镇	0.723	其他	8	4	梁桥	小溪	1＊6	2005.12
镇东桥	遂龙线—渡船头	妙高镇	0.005	其他	10	4.3	梁桥	小溪	1＊7.1	1971.12
古院桥	遂龙线—古院	妙高镇	0.02	其他	40	3	拱桥	小溪	3＊11.5	
C018 一桥	遂龙线—古院	妙高镇	0.2	其他	40	4	梁桥	北溪	3＊13	2005.12
C114 一桥	土地口—隔溪	妙高镇	0.019	其他	34	4	梁桥	小溪	3＊8	2005.12
C114 二桥	土地口—隔溪	妙高镇	1.007	其他	48	4	梁桥	隔溪	3＊12	2005.12
渠道桥	枫树坪—麻洋	妙高镇	0.3	其他	13	3.7	梁桥	小溪	1＊8	
高际头桥	枫树坪—麻洋	妙高镇	2.54	其他	10	4.5	拱桥	小溪	1＊8	
麻洋口桥	枫树坪—麻洋	妙高镇	6.33	其他	8	4	拱桥	小溪	1＊5	
麻洋桥	枫树坪—麻洋	妙高镇	7.412	其他	8	4.1	拱桥	小溪	1＊5	
C028 一桥	遂龙线—骆村	妙高镇	0.037	其他	85	4	拱桥	小溪	6＊12	1985.12
C030 一桥	C007—东红	妙高镇	0.186	其他	9	4	梁桥	小溪	1＊6	2005.12
C031 一桥	C030—东梅寺	妙高镇	0.315	其他	9	4	梁桥	小溪	1＊6	2005.12
C032 一桥	C007—井头坞	妙高镇	0.183	其他	12	4	梁桥	小溪	1＊8	2005.12
C036 一桥	小金线—仓角坞	妙高镇	0.226	其他	20	4	梁桥	小溪	1＊13	2004.12
十三都桥	东峰—十三都	三仁乡	3.1	其他	15	6	拱桥	小溪	1＊12	2010.12
C046 一桥	龙丽线—上江	妙高镇	0.08	其他	15	5.5	梁桥	小溪	1＊11.5	
C046 二桥	龙丽线—上江	妙高镇	0.892	其他	15	5.5	梁桥	小溪	1＊11.5	
C081 一桥	连直线—洋浩	云峰镇	0.023	其他	42	4	梁桥	小溪	5＊7	1998.12
C082 一桥	水口—清水源	云峰镇	4.99	其他	19	3.5	拱桥	小溪	1＊10	2005.12
C082 二桥	水口—清水源	云峰镇	7.22	其他	15	3.5	拱桥	小溪	1＊10	2005.12
C082 三桥	水口—清水源	云峰镇	8.64	其他	20	3	拱桥	小溪	1＊13	2005.12
大坑桥	大坑—八门岗	云峰镇	0.01	其他	10	5	拱桥	小溪	1＊5	
范村桥	范村—徐岙	云峰镇	0.094	其他	41	4	梁桥	小溪	3＊10	1990.12
祥川村头桥	祥川—墩头	云峰镇	0.01	其他	16	4.5	拱桥	小溪	1＊12	1989.12
双墩桥	祥川—墩头	云峰镇	0.8	其他	15	6.5	拱桥	小溪	1＊12	1989.12
后潘桥	龙口—下马	云峰镇	0.846	其他	9	4	拱桥	小溪	1＊5	1989.12
祥川桥	龙口—下马	云峰镇	3.541	其他	20	4	拱桥	小溪	1＊12	1989.12
东姑村桥	连直线—东姑	云峰镇	0.55	其他	10	8	拱桥	小溪	1＊6.5	2009.9

续表

桥梁名称	路线名称	所在地	中心桩号	设计荷载等级	桥梁全长	桥面净宽	主桥上部结构	跨越地物类型	桥跨组合	建桥年月
东姑桥	东姑—上畈	云峰镇	0.017	其他	30	4	拱桥	小溪	2＊12	1989.12
古亭桥	连直线—古亭	云峰镇	1.168	其他	75	2.6	拱桥	小溪	3＊20	2008.12
钢厂桥	云峰—毛田	云峰镇	2.232	其他	17	3.5	梁桥	小溪	1＊12	2004.12
土地口桥	土地口—隔溪	云峰镇	0.019	其他	34	6	拱桥	小溪	3＊8	1982.12
苏山路口桥	C090—灵觉塘	云峰镇	0.7	其他	12	5	拱桥	小溪	1＊6	1989.12
洋内桥	C090—灵觉塘	云峰镇	0.76	其他	10	4.5	拱桥	小溪	1＊6	1989.12
C162 二桥	风车口—上横坑	新路湾镇	1.282	其他	9	4	梁桥	小溪	1＊5.5	2010.1
C165 一桥	上横坑—老卜坑	新路湾镇	0.812	其他	14	4	拱桥	小溪	1＊11	1989.12
C165 二桥	上横坑—老卜坑	新路湾镇	2.951	其他	10	4	梁桥	小溪	1＊7	1992.12
外双坑桥	风车口—双坑	新路湾镇	1.8	其他	10	4.5	拱桥	小溪	1＊8	
一村桥	小金线—一村	新路湾镇	0.05	其他	11	5	拱桥	小溪	1＊8	
马埠桥	小金线—大马埠	新路湾镇	0.2	其他	36	4	拱桥	小溪	3＊10	
夹路畈桥	小金线—胡家	新路湾镇	1.15	其他	11	4	拱桥	小溪	1＊8	
大侯周下桥	新路湾—大候周	新路湾镇	0.1	其他	28.5	3.5	拱桥	小溪	2＊12.5	
大侯周上桥	新路湾—大候周	新路湾镇	0.23	其他	35	2.5	拱桥	小溪	3＊9	
南渡桥	小金线—云峰陈岙	新路湾镇	0.09	其他	17	5	梁桥	小溪	1＊12	
丙庄桥	丙庄—溪淤	新路湾镇	0.02	其他	31	3.1	拱桥	小溪	2＊11.2	
白益坞桥	丙庄—溪淤	新路湾镇	0.73	其他	32	5	拱桥	小溪	2＊11.2	
西山岗桥	骑马兰—杨梅坪	新路湾镇	0.254	其他	29	4	拱桥	小溪	1＊18	1989.12
小侯坑桥	骑马兰—杨梅坪	新路湾镇	9.449	其他	10	4	梁桥	小溪	1＊7	1991.12
新远桥	溪淤—远路口	新路湾镇	0.02	其他	20	3.2	拱桥	小溪	2＊8.5	
远路口桥	溪淤—远路口	新路湾镇	0.2	其他	36	4	拱桥	小溪	3＊10	
C179 一桥	C177—小侯	新路湾镇	0.016	其他	11	4	梁桥	小溪	1＊9	1989.12
俱进桥	大马埠—桐川二期	新路湾镇	0.011	其他	22	5	梁桥	小溪	2＊10	
C201 一桥	潘金线—登埠村	北界镇	0.978	其他	14	4	梁桥	小溪	1＊8.5	1986.12
坑里潘桥	北界—坑里潘	北界镇	0.35	其他	77	8	梁桥	小溪	4＊15	2005.12
淤弓桥	峡北线—淤弓	北界镇	0.186	其他	49	2.9	梁桥	小溪	3＊13	1999.12
王坞桥	C221—吴村	北界镇	0.02	其他	43.5	4.5	梁桥	小溪	3＊12.5	2009.12
C243 一桥	长树源—亦溪	金竹镇	2.225	其他	8	4	梁桥	小溪	1＊5	2005.12
华溪村 1 桥	叶村—华溪	金竹镇	1.5	其他	10	4.2	拱桥	小溪	1＊6	
华溪村 2 桥	叶村—华溪	金竹镇	2.1	其他	10	4.2	拱桥	小溪	1＊6	
夏东村 1 桥	叶村—夏东	金竹镇	0.03	其他	10	5	拱桥	小溪	1＊8	

续表

桥梁名称	路线名称	所在地	中心桩号	设计荷载等级	桥梁全长	桥面净宽	主桥上部结构	跨越地物类型	桥跨组合	建桥年月
夏东村 2 桥	叶村—夏东	金竹镇	0.15	其他	12	5	拱桥	小溪	1＊8	
里田坑桥	官坞—安山	金竹镇	0.53	其他	8	4	拱桥	小溪	1＊5	
回龙寨村 1 桥	峡北线—回龙寨	金竹镇	0.03	其他	20	4	梁桥	小溪	4＊4	
回龙寨村 2 桥	峡北线—回龙寨	金竹镇	0.75	其他	20	3.5	拱桥	小溪	1＊15	
西岸村桥	峡北线—西岸	金竹镇	0.55	其他	30	4	拱桥	小溪	1＊25	
墙后桥	王川—早坞	金竹镇	0.19	其他	7	5	梁桥	小溪	1＊5	
弄内桥	升口亭—岭坑	金竹镇	0.92	其他	17	3.8	梁桥	小溪	2＊7	
岭坑村桥	升口亭—岭坑	金竹镇	2.56	其他	20	3	梁桥	小溪	2＊8	
C263 一桥	峡北线—云内	金竹镇	0.078	其他	65	4	梁桥	小溪	4＊10	2000.12
云内村桥	峡北线—云内	金竹镇	1.800	其他	7	5.5	梁桥	小溪	1＊5	
双峡溪桥	双峡溪—大西坞	金竹镇	0.054	其他	28	4	拱桥	小溪	1＊18	2005.12
渔山桥	三砾线—后垄	大柘镇	0.253	其他	48	4	拱桥	小溪	4＊10	1981.12
大垵桥	大畔畈—大垵	大柘镇	0.144	其他	45	4	拱桥	小溪	3＊13	2001.10
后村桥	丁大线—后村	大柘镇	0.266	其他	30	4	梁桥	小溪	2＊10	1985.12
横源口桥	横源口—童家	大柘镇	0.039	其他	38	4	梁桥	小溪	3＊11	1985.12
螺心墩桥	横源—卓家	大柘镇	0.05	其他	28	3	拱桥	小溪	3＊8	
双溪桥	双溪—白麻	大柘镇	0.033	其他	38	4	拱桥	小溪	3＊11	1978.4
东坑岭脚桥	塘根—东坑	大柘镇	4.08	其他	8	4	拱桥	小溪	1＊5	
前山桥	白麻—前山	大柘镇	10.68	其他	8	4	拱桥	小溪	1＊5	
章师桥	新安—黄萝	石练镇	2.503	其他	11	4	梁桥	小溪	1＊6.5	2000.11
梭溪桥	新安—黄萝	大柘镇	3.35	其他	55	3	拱桥	小溪	4＊12	1990.1
接卫桥	林业站—太虚观	石练镇	0.027	其他	68	4	梁桥	小溪	5＊12	1999.12.28
小竹溪桥	林业站—太虚观	石练镇	0.285	其他	16.5	4	梁桥	小溪	1＊10	2002.12
柳村桥	石练—方村	石练镇	0.036	其他	52	4	梁桥	小溪	3＊16	2005.12
方村桥	石练—方村	石练镇	1.586	其他	45	4	梁桥	小溪	5＊8	1968.12
坪塘桥	淤头—坪塘	石练镇	0.048	其他	39	4	拱桥	小溪	3＊11	1980.12
定村桥	定溪—上阁	石练镇	0.027	其他	17	4	拱桥	小溪	1＊13.5	1990.8
大湾桥	大湾—山前	王村口镇	0.03	其他	15	5.5	拱桥	小溪	1＊10	
下村村脚桥	关川—弓桥头	王村口镇	0.25	其他	12.7	4.8	拱桥	小溪	1＊10	
黄坛里口桥	关川—弓桥头	王村口镇	1.6	其他	8.4	4.1	拱桥	小溪	1＊7	
弓桥头门口桥	桥头—九突	王村口镇	0.03	其他	19.3	7.4	梁桥	小溪	1＊17	
岙头 1 桥	桥头—九突	王村口镇	1.877	其他	9.7	5	拱桥	小溪	1＊8	

续表

桥梁名称	路线名称	所在地	中心桩号	设计荷载等级	桥梁全长	桥面净宽	主桥上部结构	跨越地物类型	桥跨组合	建桥年月
金铺1桥	桥头—九突	王村口镇	2.109	其他	10	5.2	拱桥	小溪	1*8.5	
金铺2桥	桥头—九突	王村口镇	2.413	其他	10	5	拱桥	小溪	1*8	
岙头2桥	桥头—九突	王村口镇	2.686	其他	12.6	5	拱桥	小溪	1*5	
双溪口桥	双溪口—后塘	王村口镇	0.05	其他	32.6	6.5	拱桥	小溪	2*14	
火烧岗桥	火烧岗—桐梗寺	黄沙腰镇	0.69	其他	13.5	4	拱桥	小溪	1*7	1990.1
河头桥	火烧岗—桐梗寺	黄沙腰镇	0.8	其他	63	4	拱桥	小溪	2*25	1990.1
长丘桥	火烧岗—桐梗寺	黄沙腰镇	3.661	其他	20	4	拱桥	小溪	1*12	1990.1
小路坑口桥	火烧岗—桐梗寺	黄沙腰镇	4.658	其他	13	4	拱桥	小溪	1*6	1990.1
黄金滩桥	火烧岗—桐梗寺	黄沙腰镇	6.361	其他	14	4	拱桥	小溪	1*7.5	2003.10
玉米坑口桥	火烧岗—桐梗寺	黄沙腰镇	8.835	其他	14.5	4	拱桥	小溪	1*8	2003.10
下官坑口桥	火烧岗—桐梗寺	黄沙腰镇	10.176	其他	10	4	梁桥	小溪	1*5.5	2003.12
山门坑口桥	火烧岗—桐梗寺	黄沙腰镇	11.49	其他	58	4	梁桥	小溪	6*8	2003.12
后垵桥	火烧岗—桐梗寺	黄沙腰镇	11.964	其他	26	4	梁桥	小溪	2*8	2003.9
罗客淤桥	火烧岗—桐梗寺	湖山乡	12.794	其他	89	4	梁桥	小溪	8*10	2003.12
周淤坑口桥	火烧岗—桐梗寺	湖山乡	15.238	其他	9	4	拱桥	小溪	1*5	2000.12
大善坑口桥	火烧岗—桐梗寺	湖山乡	16.409	其他	8.5	4	拱桥	小溪	1*5	2000.11
石角桥	火烧岗—桐梗寺	湖山乡	17.92	其他	9	4	拱桥	小溪	1*5	2000.12
小洞源桥	前口—小洞源	黄沙腰镇	2.745	其他	9	4	拱桥	小溪	1*5.5	2006.9
浦坑桥	黄沙腰—岭根	黄沙腰镇	4.158	其他	12	4	拱桥	小溪	1*6.4	1985.12
角坞口桥	七树湾—杨茂源	黄沙腰镇	2.2	其他	15	4.5	拱桥	小溪	1*10	1981.10
张坑口桥	七树湾—杨茂源	黄沙腰镇	5.8	其他	8.6	4.5	梁桥	小溪	1*5	1981.10
新河背大桥	C470—河背村委会	黄沙腰镇	0.067	其他	71	4.4	梁桥	小溪	4*18.6	2008.12
上定桥	上定至杨茂源	黄沙腰镇	0.55	其他	98	4.2	拱桥	小溪	4*20	1990.1
杨茂源桥	上定—杨茂源	黄沙腰镇	1.08	其他	27	3.1	拱桥	小溪	2*10	1992.8
梓里口桥	好川—梓里	三仁乡	0.3	其他	12	3	拱桥	小溪	1*9.5	
沙口桥	沙口—油瓶下	三仁乡	0.05	其他	14	5	梁桥	小溪	1*10	
千义坑桥	小岱—千义坑	濂竹乡	2.09	其他	16	4	梁桥	小溪	1*10	2005.12
水口大桥	大竹—横坑	濂竹乡	1.50	其他	12	5	拱桥	小溪	1*5	
洋溪桥	三长线—洋溪	应村乡	0.027	其他	28	4	梁桥	小溪	2*12	1986.1
下定村桥	三长线—洋溪	应村乡	0.410	其他	15	4.5	拱桥	小溪	1*9	
南塘桥	峡北线—南塘	应村乡	0.018	其他	30	4	拱桥	小溪	3*9.5	2005.1
南塘上桥	峡北线—南塘	应村乡	0.95	其他	40	4	拱桥	小溪	3*10	

续表

桥梁名称	路线名称	所在地	中心桩号	设计荷载等级	桥梁全长	桥面净宽	主桥上部结构	跨越地物类型	桥跨组合	建桥年月
潘坑口桥	小金竹—潘坑口	应村乡	0.34	其他	8	6	梁桥	小溪	1＊5	
白水桥	白水—西山头	应村乡	0.036	其他	44.5	4	拱桥	小溪	2＊18	1989.1
C560一桥	峡北线—汀溪	应村乡	0.008	其他	11	4	拱桥	小溪	1＊7	1989.12
C560二桥	峡北线—汀溪	应村乡	0.069	其他	20	4	拱桥	小溪	1＊13	1989.12
砖窑桥	应村—花峦	应村乡	0.818	其他	14	4	梁桥	小溪	1＊10	1982.12
应村桥	应村—花峦	应村乡	0.1	其他	40	4	梁桥	小溪	3＊11	
章家山大桥	应村—花峦	应村乡	0.47	其他	70	3.5	拱桥	小溪	2＊25	
夏旦源桥	应村—花峦	应村乡	1.6	其他	13	4	拱桥	小溪	1＊8	
花峦桥	应村—花峦	应村乡	2.1	其他	10	5	梁桥	小溪	1＊8	
利民桥	花峦—天师磁	应村乡	0.3	其他	15	5.5	梁桥	小溪	1＊8	
桐树源桥	花峦—天师磁	应村乡	3.8	其他	11	5	梁桥	小溪	1＊7	
C568一桥	C562—黄家源	应村乡	0.496	其他	14	4	梁桥	小溪	1＊10	2007.1
C593一桥	高坪—茶树坪	高坪乡	0.35	其他	7	4.5	梁桥	小溪	1＊5	
C593二桥	高坪—茶树坪	高坪乡	0.4	其他	8	4.5	梁桥	小溪	1＊6	
C596一桥	高坪—岱岭	高坪乡	0.05	其他	14	4.5	拱桥	小溪	1＊8.5	
大柳沙口桥	双潭桥—坪益	湖山乡	3.3	其他	7	5	拱桥	小溪	1＊5	
白岩坑桥	双潭桥—坪益	湖山乡	6.53	其他	7	5	拱桥	小溪	1＊5	
上少逆桥	坪头岗—九峰岩	湖山乡	9.95	其他	13	4.5	梁桥	小溪	1＊9	
九峰岩桥	坪头岗—九峰岩	湖山乡	10.3	其他	7	4.5	拱桥	小溪	1＊5	
下畈桥	桥头—建洋	湖山乡	1.1	其他	8	3	梁桥	小溪	1＊6	
上仓桥	桥头—建洋	湖山乡	2.35	其他	7	3	梁桥	小溪	1＊5	
三归桥	峡北线—三归	湖山乡	2.986	其他	75	4	梁桥	小溪	3＊20	2001.12
C637一桥	黄泥岭—苎埠洋	湖山乡	0.011	其他	16	4	梁桥	小溪	1＊11	1985.12
塘垵桥	C623—塘垵	湖山乡	2.9	其他	9	4	梁桥	小溪	1＊7	
C653一桥	甲门潭至姚岭	湖山乡	1.849	其他	12.5	5.5	梁桥	小溪	1＊6	2007.3
C653二桥	甲门潭至姚岭	湖山乡	3.247	其他	20	5.5	梁桥	小溪	1＊10	2007.3
油车桥	蔡源—叶岭	蔡源乡	0.819	其他	8.5	4	拱桥	小溪	1＊6	
高峦岭脚桥	蔡源—叶岭	蔡源乡	1.248	其他	9.5	4.5	拱桥	小溪	1＊6	
马岙桥	蔡源—叶岭	蔡源乡	1.704	其他	10	6.5	拱桥	小溪	1＊6	
西坑口1桥	西坑口—西坑里	龙洋乡	0.13	其他	20	6	梁桥	小溪	2＊8	
西坑口2桥	西坑口—西坑里	龙洋乡	2.54	其他	20	6	梁桥	小溪	2＊8	
西坑下桥	西坑口—西坑里	龙洋乡	4.77	其他	30	6	梁桥	小溪	3＊8	

续表

桥梁名称	路线名称	所在地	中心桩号	设计荷载等级	桥梁全长	桥面净宽	主桥上部结构	跨越地物类型	桥跨组合	建桥年月
泉苑桥	西坑里—泉苑	龙洋乡	0.01	其他	16	5	拱桥	小溪	1＊12	
上阴坑桥	黄坑坪—岙头	柘岱口乡	1.2	其他	14	5	拱桥	小溪	1＊5	
大榧树桥	西畈—下床坑	西畈乡	1.552	其他	12.5	4	梁桥	小溪	1＊7.5	1998.9
哨门边桥	西畈—下床坑	西畈乡	1.981	其他	11.5	4	梁桥	小溪	1＊6.5	1998.9
C811 二桥	下床坑口—下西坑	西畈乡	1.7	其他	10	5	拱桥	小溪	1＊5	
下床坑口桥	下床坑口—下西坑	西畈乡	0.025	其他	25	4	梁桥	小溪	1＊19	1993.9
官坑口桥	官坑口—官坑	西畈乡	0.041	其他	60	4	拱桥	小溪	3＊18	1982.12
官坑桥	官坑口—官坑	西畈乡	1.602	其他	14	4	拱桥	小溪	1＊9	1980.11
水岩口桥	官坑口—官坑	西畈乡	2.359	其他	16	4	拱桥	小溪	1＊12.5	1982.6
独坑口桥	湖岱口—黄连坑	西畈乡	0.918	其他	33	4	梁桥	小溪	2＊14	2003.9
岩坑口桥	湖岱口—黄连坑	西畈乡	2.622	其他	17	4	梁桥	小溪	1＊12	1986.3
根竹口桥	51 省道—根竹口	垵口乡	0.743	其他	13	4	梁桥	小溪	1＊8	1959.12
村头桥	51 省道—根竹口	垵口乡	1.093	其他	29.5	4	梁桥	小溪	3＊8.5	1959.12
三河口桥	三河口—西岱	垵口乡	0.02	其他	20	6	拱桥	小溪	1＊11	
金口户桥	坝头—淤连山	垵口乡	1.852	其他	11	4	梁桥	小溪	1＊7	2005.12
横坑口桥	坝头—淤连山	垵口乡	2.88	其他	11	4	梁桥	小溪	1＊6.5	2005.12
徐村桥	51 省道—徐村	垵口乡	0.381	其他	16	4	梁桥	小溪	1＊11.5	2002.10

四、城市桥梁

城市桥梁系指县城区域的桥梁，自置县以来陆续建成。宋以前已无考，宋、元、明、清及民国均对桥梁进行过多次修复或重建。1949 年，城区共有各种桥梁 8 座，其中木便桥就有 6 座。中华人民共和国成立后，尤其是 20 世纪 80 年代以来，遂昌县城的桥梁得到快速的发展。至 2010 年，城区共有各类桥梁 40 座，总长度为 2202.39 延米（见表 1-8）。

古桥变迁

南溪桥　位于县城东街三中门外（东街与凯恩路交叉处），跨南溪。古名碧澜桥，始建年代不详。明万历七年（1579），知县钟于淳在碧澜桥旧址利用原石脚重建，“石梁下有洞门五，上有石栏”，改名惠通桥。据说汤显祖任遂昌县令时，在此桥“纵囚观灯”。清康熙二十五年（1686），桥被洪水漂没，改渡名斩蛟渡。后改架木浮桥。清光绪年间（1875—1908）重建为木桥。北侧桥头建有“三官殿”。

1968 年 11 月，于惠通桥旧址上移 53 米，建成钢筋混凝土梁桥。桥长 60 米、宽 4.5 米，5 孔，跨径 11.5 米，高 4 米，耗资 4 万元。1999 年 9 月，于北侧桥头建文昌亭。

太保殿桥 位于县城南溪桥上游平昌广场南侧，跨南溪。旧时近东义学，故名登瀛桥，亦名坡仙桥，又名瑞仙桥。元至大三年(1310)，达鲁花赤(蒙语县掌印官)暗打剌建。清康熙五十年(1711)，知县缪之弼倡捐重修。后圮，改架木桥，俗称太保殿桥。

1984年6月，改建成钢筋砼拱桥。桥长56.3米、宽6米，3孔，跨径11.5米，高5米。遂昌县交通局公路勘察设计室设计，遂昌县交通局工程队施工，耗资5万元。

下南门桥 位于县城太保殿桥上游国税局门外，跨南溪。古名安定桥，明正德年间(1506—1521)里人兴建。清康熙四十九年(1710)，知县缪之弼重建。后屡修屡圮，改架小木桥，俗称南门桥。

1964年10月，在旧址下移87米处，建成钢筋砼简支梁桥。桥长63.2米、宽2.2米，9孔，跨径6米，高4.3米。1999年9月22日，桥拆除，并在原桥址下移约200米处，建成钢筋砼拱桥。桥长70米、宽14米。遂昌公路勘察设计所设计，遂昌县建设局施工，耗资221万元。2000年6月6日完工。2005年改称下南门桥。

上南门桥 位于县城接上南门路，跨南溪。古名莲花桥，俗称荷花滩桥，通古南门大道。清咸丰九年(1859)，里人邓元福助租田12箩，光绪十九年(1893)，教谕罗树棠、里人叶永蘅合助租田8箩，以为平常维护之费用。

1985年5月，在旧桥址下移135米处，建成钢筋砼拱桥，桥长95.96米、宽11米，5孔，跨径15米，高7.6米，仍称荷花滩桥。2005年该桥上游新荷花滩桥建成后改称上南门桥。2006年5月，由上海市城市建设设计研究院设计，杭州华成市政公用工程有限公司施工，重建为钢筋砼拱桥，桥长60.87米、宽18米，3孔，跨径20米。

飞鹤桥 位于县城东街与北溪路交叉口电影院左侧，跨北溪。古名迎恩桥，又名双溪桥。《处州府志》载：元至大元年(1308)，主簿杨延瑞建，后圮。明宣德五年(1430)，御史潘岳改建，又圮。《遂昌县志·双溪桥记》：双溪在县治之东，遂昌之要津。明正德二年(1507)，县令邵文忠谕旨合邑鸠石建桥，未竣离任而去，新令张钺续成之。清康熙五十五年(1716)，知县何基伟重建，下筑石墩，上覆瓦屋，雕梁画栋，颇为壮观，更名飞鹤桥。清嘉庆五年(1800)毁于洪水，改架串木板桥，则时通时绝。民国二十七年(1938)，浙江省交通管理处在原桥址招标兴建简易公路桥，次年8月15日被窜犯遂昌县城之日军焚烧。后架木板桥通行。

20世纪50年代初，修复为石墩木梁桥。1967年，改建为5孔钢筋砼梁桥，桥面宽6米。1983年对桥东侧墩和桥面进行了加宽，增设人行道桥面按9＋2×1.75布设。2002年8月，再次对桥西侧拼宽(桥北方向拼宽3.5米，桥南方向拼宽 6 米),5 孔减为 4 孔(南端孔上游填作路基),桥长 39 米,宽 17 米(北 16 米、南 18.5 米),行车道 10.5 米,设计荷载左侧汽—20、右侧汽—15。

老北门桥 位于县城飞鹤桥上游北门接君子路,跨北溪。古名永安桥,始建年代不详。宋嘉定年间(1208—1224),知县陈逵因木桥易圮募民建成石墩廊屋桥,上题“济川之梁”,而名济川桥,俗称东梅桥。明万历十年(1583),知县王有功修筑,用木板铺设,上覆以屋;万历四十一年(1613),知县林刚中重修;崇祯十年(1637),礀圮桥坏,知县何廷栋重修。清康熙十年(1671),邑令韩武增修;康熙五十五年(1716),知县何其伟重修;乾隆二十九年(1764),知县王懋重修,改名北固桥。后桥覆屋坏,仅架以木,屡修屡圮。嘉庆十七年(1812)十二月,邑人徐文光捐巨资建成石桥,“下筑石洞,上建石栏”仍复旧名济川桥。同治年间(1862—1874)桥石崩,徐文光四子徐焕然售产兴修。光绪十五年(1889),中桥洞又坠落,徐文光之孙徐智堂再倡捐修复。民国期间(1912—1949)又毁于洪水,改架木板通行。

1952 年 12 月,遂昌县人民政府拨款 4166 万元(旧人民币),利用原桥墩改建成木梁桥,改名北门桥。1962 年冬,在木梁上铺筑混凝土桥面。1968 年,重建成双曲拱桥,桥长 39.4 米、宽 3.7 米,3 孔,跨径 10 米,高 5.5 米。1995 年 3 月,其上游 50 米处之新北门桥建成后,改称老北门桥。

叶坦桥 位于县城叶坦,跨襟溪。始建年代不详。明隆庆元年(1567),县令池浴德“以桥圮,病涉,改卜成之”木桥,名东关桥。清康熙四十九年(1710),县令缪之弼倡修仍架木桥。乾隆二十九年(1764),知县王懋创建,下用石柱,上铺阔板,改名平政桥。乾隆五十三年(1788)为洪水所毁,移上游南溪塔潭,改用船桥缆以铁索,不数年船桥又遭废坏。光绪年间(1875—1908)建架木浮桥。民国年间改建木便桥。

1987 年 9 月,遂昌县交通勘察设计室设计,遂昌县交通局组织施工,建成钢筋砼拱桥,是称叶坦桥。桥长 114.4 米、宽 12 米,3 孔,跨径 32 米,高 7 米。上部结构采用空腹式钢筋混凝土拱,下部结构采用柱式墩、U 形重力式台、扩大基础。耗资 58.6 万元。

附:路栈桥

龙潭湾路栈桥 位于县城龙潭,遂龙公路 K3+385 处(施工桩号 K0+240.98~524.02)。桥长 283.04 米,宽 11.5 米(栈桥路段路幅 25 米,其中右侧路基宽 12 米、隔离带 1.5 米)。分 21 跨,跨径 13 米。自两侧桥台起分别为四跨一联各两联,中心处为五跨一联,全桥共五联。设计标准为城市次干道Ⅱ级,设计荷载城—B 级。上部结构采用 13 米钢筋砼简支空心板,梁高 0.61 米,边板挑臂 25 厘米;下部结构采用独柱墩、重力式桥台、钻孔灌注桩基础。浙江大学建筑设计研究院市政交通分院设计,浙江广厦市政工程有限责任公司承建,丽水市处州工程监理有限公司监理。2004 年 9 月 14 日开工,2006 年 9 月 11 日竣工。

表 1-8 2010 年遂昌县城市桥梁一览

桥梁名称	所在道路、区	所跨流域	桥梁结构	全长(米)	孔数	净跨(米)	净宽(米)	行车道(米)	高(米)	载重能力	建成或重建年月
叶坦桥	叶坦路	襟溪	钢混双铰拱	114.4	3	32.0	12.0		7.0		1987.9
将军桥	平昌路	襟溪	钢砼 T 形平板拱	86.0	5	13.5×219.0×3	18.5		9.71	汽—20 挂—100	1997.12
龙潭桥	平昌路	襟溪	U 形桥墩连续钢构桥	95.12	3	21+40+21	12.0	7.0			2005.8
下杭山桥	平昌路	襟溪	钢混空心板桥	78.0	3	26.0	18.0	12.0			2006.5
南溪桥	凯恩路	南溪	钢混梁板桥	60.0	5	11.5	4.5		4.0		1968.11
太保殿桥	凯恩路	南溪	钢混双铰平板桥	56.3	3	11.5	6.0		5.0		1984.6
下南门桥	凯恩路	南溪	双飞燕拱桥	60.0	3		14.0				2000
上南门桥	凯恩路	南溪	空心板简支梁桥	60.87	3	20.0×3	18.0	12.0			2006.5
荷花滩桥	凯恩路	南溪	双飞燕空腹式拱桥	60.0	3		17.0				2004.8
吴乐桥	凯恩路	南溪	双曲拱桥	31.6	5	13.0	3.7		7.0		1971.11(1997 年修建)
飞鹤桥	东街	北溪	钢混空心板桥梁	44.2	4		22.5		4.5	汽—15 挂—80	1983.拼宽至 13 米 2002.8 拓宽现状
北溪桥	北溪路	北溪	钢混 T 形梁	36.3	4	8.0	2.0		3.2		1975.5
公园路桥	公园路北延伸段	北溪	钢砼双铰平板桥	50.7	3	11.7	15.0		4.0	汽—20 挂—100	1993.6
老北门桥	君子路	北溪	钢混梁板桥	39.4	3	10.0	3.7		5.5		1968
北门桥	北街延伸段	北溪	钢砼斜空心板梁	50.0	4	12.0	15.0		4.6	汽—20 挂—100	1995.3
供销车队桥	君子路	北溪	石拱桥	22	1	17.6	7.0		5.0		
古塘源口桥	君子路	北溪	钢混双铰平板桥	23.0	2	10.0	4.0		3.3		1984.6
官碧桥	君子路	北溪	钢混空心板桥	43.6	3	13.0	12.0	7.0	4.0		2005.4
上石马桥	君子路	北溪	钢混双铰平板桥	30.0	2	12.5	4.0		5.0		
古院桥	源古路	北溪	简支梁桥	43.0	3	12.7	14.0	8.8			2006.4
梅溪庵桥	梅溪路	梅溪	钢筋砼 T 形桥	9.0	1	7.0	4.5		2.6		1976

续表

桥梁名称	所在道路、区	所跨流域	桥梁结构	全长（米）	孔数	净跨（米）	净宽（米）	行车道（米）	高（米）	载重能力	建成或重建年月
梅溪Ⅰ号桥	君子路	梅溪			1	13.0				汽—20 挂—100	
梅溪Ⅱ号桥	君子路	梅溪	简支梁板桥	21.0	1	16.0	18.0			汽—20 挂—100	2007.8
梅溪Ⅲ号桥	君子路	梅溪	空心简支梁桥	20.0	1	16.0	30.0			汽—20 挂—100	2007.8
龙潭湾路栈桥	牡丹亭路	襟溪		283.04	21	13.0	11.5				2006.9
渡船头桥	东城区	襟溪	钢混双铰平板拱	94.4	5	15.0	6.0		4.3		1982.12
上江桥	东城区	襟溪	双铰矩型平板拱	107.8	4	25.0	22.6		6.5	汽—20 挂—100	1995
金溪大桥	东城区	襟溪	钢混空心板桥	128.04	6		36.0			汽—20 挂—100	2006.11
金岸桥	东城区	襟溪	钢混双铰平板桥	92.6	3	15.0	5.0		5.2		1986.9
职业园区道路桥梁	上南门路	小溪	简支梁板桥	17.04			21.0				2004.1
后江村桥	君子路	北溪	钢混空心板梁桥	44.0	2	18.7	16.0				2009.8
茗月山庄 东桥（映月桥）	君子路	北溪	钢混空心板桥	43.33	3	12.8	9.0	8.0	3.0	汽—20 挂—100	2004.10
茗月山庄 景观步行桥（明月桥）	君子路	北溪	钢混空心板桥	40.30	3	12.2	12.0		3.0		2004.10
茗月山庄 西桥（望月桥）	君子路	北溪	钢混空心板桥	44.35	3	12.8	9.0	8.0	3.0	汽—20 挂—100	2004.10
源口桥	凯恩路	十四都源	钢混简支梁平板桥	56.6	6	7.5	2.0		4.8		1969
枫树坪桥	凯恩路	十四都源	钢混简支梁平板桥	48.0	3	12.0	1.4		3.5		1988
镇东桥	桥亭路	小溪	混凝土梁桥	9.4	1	5.9	4.2		2.6		1991.12
龙谷桥	水阁路	梅溪	简支梁板桥	17.0	1	11.7	22.0	12.0	3.0	汽—20 挂—100	2009.12
川坞桥	金苍路	川坞溪	简支梁板桥	10.0	1	7.0	24.0	15.0		汽—20 挂—100	2007.9
三川桥	金苍路	三川溪	简支梁板桥	16.0	1	13.0	20.0	15.0		汽—20 挂—100	2007.9

五、民间桥梁

民间桥梁之名来自民间交通，以民间交通中修建的桥梁而得名。1962 年开始，民间交通建设逐渐兴起。是年 9 月，召开浙江省地方交通工作会议，确定民间交通建设支援农业的重点:平原地区着重修建桥梁,山区着重修建道路。民间交通建设实行“民办公助”,省财政每年拨出一定经费,作为专用资金,补助各地民间交通建设。20世纪六七十年代,遂昌县民间交通建设项目如城桂线、北应线、桂王线、石黄线等公路,后多升级为省、县道公路。

遂昌县的民间桥梁大多修建于20世纪八九十年代。1986年,浙江省召开山区经济工作会议,通过《加快山区交通建设的意见》,要求山区各县根据实际情况,适当修建能通拖拉机和小型载重汽车的机耕路(即简易公路)。由此,遂昌县交通局把修建简易公路和民间桥梁作为主要工作,使民间桥梁得到快速发展。遂昌县2003年“康庄工程”实施之前,修建在通村公路(简易公路)上的民间桥梁不下千座,除1992年版《遂昌县交通志》所载453座、计10354.62延米的民间桥梁外,1989年之后修建了民间桥梁241座、计3735.5延米,见表1-9。其中5座简略记述如下。另有大量不是修建在村道的民间桥梁,因未作专项调查统计,从略。

万石桥 原桥位于大柘镇横街村,跨柘溪,桥长56米、3孔、系石墩木梁廊屋桥。清乾隆四十年(1775),里人黄姓和尹时美等募银三千两,历时四年才建成。两座石墩内藏有铁大刀、铁公鸡以使其坚固,硬木梁上铺小松木串成板,再覆以黄泥夹小卵石,路中心铺三行石条,其中并用卵石排成八字形密铺,故称“万石桥”。因其建筑特殊,被《浙江古代道路交通史》收录。1973年为洪水冲塌。

1976年,当地政府筹集资金,县交通局补助,改建成石拱桥,桥长40米、宽4米,2孔、跨径15米。2005年,由里人王宏宇等人发起募捐,在桥上部建筑廊屋,以恢复旧观。

柳村桥 位于石练镇柳村,跨练溪。桥长52米、宽4.5米,3孔、跨径15米,高3米。系钢筋混凝土双铰平板拱桥。县公路勘察设计室设计,县交通局补助2.63万元,其余为当地村集资,1978年10月建成。2004年8月受“云娜”台风影响为洪水冲毁。

2005年6月7日开工重建,2006年6月6日竣工。由遂昌县公路勘察设计所设计,设计荷载汽—20、挂—100,浙江瑞峰建设有限公司承建。桥长60.04米、净宽12米,3孔,跨径16米,两侧设1.75米人行道,系预应力砼空心板桥。青石栏,桥两头各饰2只石狮,古朴典雅。

对寅桥 位于黄沙腰镇对寅村,跨周公源。1987年遂昌县交通局曾于此置船设渡,桥竣工后撤渡。2005年8月开工兴建,2006年10月竣工。由遂昌县公路勘察设计所设计,设计荷载汽—20、挂—100。遂昌县华诚建设有限公司承建。桥长55.04米、宽3米,3孔、跨径16米,两侧各设0.25米安全带,系后张法预应力砼空心板桥。

排路下桥 位于龙洋乡西坑口村排路下,跨乌溪江,桥长105米、宽2.3米、高16米，系钢丝索人行桥。该桥双孔主孔41米和46米，加两端接线台18米。上部结构采用5根直径18.5毫米钢丝索，上铺硬木板桥面，桥上两边各挂拉2根直径11毫米钢丝扶手索；下部结构采用钢筋混凝土桥台、墩柱及基础。耗资3万元。2002年9月建成。遂昌县有3座此类钢丝索人行桥，均在龙洋乡境内，形式、构造和造价俱相仿，皆由遂昌县交通局助理工程师邵关宏设计施工。

纱帽潭桥 位于大柘镇纱帽潭，跨湖山源，桥长50米、宽1.8米、高7米。借用河床中央状似纱帽的巨石为桥墩，上部结构石墩北岸采用双曲拱、单孔，跨径23.3米；石墩南岸采用钢筋混凝土简支梁，2孔，跨径6.4米和7.5米。当地村集体筹资9千元，县交通局补助4千元，1986年4月建成。由遂昌县公路段退休职员施水根设计施工。

表1-9 2003年前遂昌县村道公路民间桥梁一览

桥梁名称	所在线路	类 型	长度(米)	宽度(米)
牛岭脚桥	妙高镇麻洋村机耕路	拱桥	9	5
枫树坪坝头桥	妙高镇麻洋村机耕路	平板桥	7	3
西坞滩桥	妙高镇枫树坪村机耕路	平板桥	70	2
七星堰桥	妙高镇葛坪村简易公路	平板桥	9.5	4
塘里桥	妙高镇葛坪村简易公路	平板桥	8	4
踏步下桥	妙高镇葛坪村简易公路	拱桥	6	4
黄坞口桥	妙高镇东红村机耕路	拱桥	5	2.5
陈官塘桥	妙高镇东红村机耕路	平板桥	6	3
猪场桥	妙高镇东红村机耕路	平板桥	5	2.5
新东1号桥	妙高镇新东村机耕路	平板桥	6	3
新东2号桥	妙高镇新东村机耕路	平板桥	5	3
上塘水桥	妙高镇井头坞村机耕路	拱桥	9	3.5
井头坞村口桥	妙高镇井头坞村机耕路	拱桥	10	4
井头坞3号桥	妙高镇井头坞村机耕路	平板桥	7	3
黄庄村脚桥	妙高镇黄庄村机耕路	平板桥	6	3
西源头1号桥	妙高镇西源头村机耕路	拱桥	6	4
西源头2号桥	妙高镇西源头村机耕路	拱桥	6	4
东姑桥	云峰镇东姑村专用道	平板桥	15	3.5
白沙桥	云峰镇白沙村专用道	平板桥	8	3.5
下马桥	云峰镇下马村简易公路	平板桥	18	3.5
上岭根1号桥	云峰镇上岭根村机耕路	石拱桥	7	4.5
上岭根2号桥	云峰镇上岭根村机耕路	石拱桥	6	4.5

续表

桥梁名称	所在线路	类　型	长度(米)	宽度(米)
上岭根 3 号桥	云峰镇上岭根村机耕路	石拱桥	5	4.5
上岭根 4 号桥	云峰镇上岭根村机耕路	石拱桥	6	4.5
上岭根 5 号桥	云峰镇上岭根村机耕路	石拱桥	6	4.5
上岭根 6 号桥	云峰镇上岭根村机耕路	石拱桥	7	4.5
上岭根 7 号桥	云峰镇上岭根村机耕路	石拱桥	5	4.5
祥川村桥	云峰镇祥川村简易公路	石拱桥	22	4
下桥头桥	云峰镇墩头村机耕路	石拱桥	18	4
云墩桥	云峰镇墩头村机耕路	石拱桥	18	4
后潘桥	云峰镇柿亨村机耕路	石拱桥	16	4
苏山桥	云峰镇木岱村机耕路	石拱桥	7	4
木岱桥	云峰镇木岱村机耕路	石拱桥	8	4
桐子湾桥	云峰镇岩里村机耕路	平板桥	30	3
范村桥	云峰镇徐岙村机耕路	平板桥	15	5
旦里桥	云峰镇徐岙村机耕路	平板桥	5	4.5
十八步桥	云峰镇徐岙村机耕路	平板桥	5	4.5
洋浩桥	云峰镇洋浩村简易公路	平板桥	65	3.5
上桥头桥	云峰镇湖边村机耕路	平板桥	76	2.5
甲溪桥	云峰镇隔溪村机耕路	拱桥	20	3
水口桥	云峰镇蚱蜢殿村机耕路	拱桥	28	4
大步桥	云峰镇潘坞村机耕路	石拱桥	10	3
大坑桥	云峰镇八门岗村简易公路	拱桥	7	3
张板畈桥	云峰镇陈岙村机耕路	平板桥	6	3
猪槽垵桥	云峰镇陈岙村机耕路	平板桥	5.5	3
水礁边桥	云峰镇陈岙村机耕路	平板桥	6	3
河口库边桥	云峰镇清水源村机耕路	拱桥	9	3.5
苏庄桥	云峰镇清水源村机耕路	拱桥	6	3
河口桥	云峰镇清水源村机耕路	平板桥	10	2.5
双坑 1 号桥	新路湾镇双坑村机耕路	平板桥	10	4
下横坑桥	新路湾镇上横坑村机耕路	石拱桥	16	4
上横坑桥	新路湾镇上横坑村机耕路	平板桥	10	4
老卜坑 1 号桥	新路湾镇老卜坑村机耕路	拱桥	10	4
老卜坑 2 号桥	新路湾镇老卜坑村机耕路	平板桥	10	4

续表

桥梁名称	所在线路	类　型	长度(米)	宽度(米)
老卜坑 3 号桥	新路湾镇老卜坑村机耕路	平板桥	10	4
杨梅坪 1 号桥	新路湾镇杨梅坪村机耕路	平板桥	10	4
杨梅坪 2 号桥	新路湾镇杨梅坪村机耕路	平板桥	10	4
西山岗桥	新路湾镇社硋前村机耕路	石拱桥	40	4.5
小侯桥	新路湾镇社硋前村机耕路	平板桥	15	4
夹路畈 1 号桥	新路湾镇夹路畈村机耕路	平板桥	10	4.5
夹路畈 2 号桥	新路湾镇夹路畈村机耕路	平板桥	10	4.5
桐川 1 号桥	新路湾镇桐川村机耕路	平板桥	10	4.5
桐川 2 号桥	新路湾镇桐川村机耕路	平板桥	10	4.5
桐川 3 号桥	新路湾镇桐川村机耕路	平板桥	10	4.5
下村桥	北界镇登埠村机耕路	石拱桥	12	6
鱼塘前桥	北界镇登埠村机耕路	平板桥	30	3
松硋内桥	北界镇硋头背村机耕路	石拱桥	15	4
夏东 1 号桥	金竹镇夏东村机耕路	拱桥	10	3
夏东 2 号桥	金竹镇夏东村机耕路	拱桥	20	3
早坞 1 号桥	金竹镇早坞村简易公路	平板桥	10	3
早坞 2 号桥	金竹镇早坞村简易公路	平板桥	15	3
早坞 3 号桥	金竹镇早坞村简易公路	平板桥	10	3
早坞 4 号桥	金竹镇早坞村简易公路	平板桥	12	3
岭坑 1 号桥	金竹镇岭坑村机耕路	拱桥	30	3
岭坑 2 号桥	金竹镇岭坑村机耕路	平板桥	20	3.5
云内 1 号桥	金竹镇云内村机耕路	拱桥	50	3.5
云内 2 号桥	金竹镇云内村机耕路	平板桥	10	3
云内 3 号桥	金竹镇云内村机耕路	平板桥	10	3
弄内桥	金竹镇弄内村机耕路	平板桥	30	3
兰蓬 1 号桥	金竹镇兰蓬村机耕路	拱桥	20	3
兰蓬 2 号桥	金竹镇兰蓬村机耕路	拱桥	10	3
兰蓬 3 号桥	金竹镇兰蓬村机耕路	拱桥	25	3
兰蓬 4 号桥	金竹镇兰蓬村机耕路	拱桥	20	3
官坊 1 号桥	金竹镇官坊村机耕路	拱桥	20	3
官坊 2 号桥	金竹镇官坊村机耕路	拱桥	10	3
交塘 1 号桥	金竹镇交塘村简易公路	拱桥	12	3

续表

桥梁名称	所在线路	类　型	长度(米)	宽度(米)
交塘2号桥	金竹镇交塘村简易公路	拱桥	13	3
双峡溪桥	金竹镇大西坞村机耕路	拱桥	25	3
亦溪1号桥	金竹镇亦溪村机耕路	拱桥	8	3
亦溪2号桥	金竹镇亦溪村机耕路	拱桥	9	3
岭胜1号桥	金竹镇岭胜村机耕路	拱桥	20	3
岭胜2号桥	金竹镇岭胜村机耕路	拱桥	10	3
安山1号桥	金竹镇安山村机耕路	拱桥	10	3
安山2号桥	金竹镇安山村机耕路	拱桥	15	3
双溪桥	大柘镇白麻村简易公路	平板桥	35	4.5
大垵桥	大柘镇大垵村简易公路	平板桥	44	5
后垅坑桥	大柘镇大垵村简易公路	平板桥	12	4
渔山桥	大柘镇后垅村简易公路	平板桥	35	3
上村桥	大柘镇后垅村简易公路	平板桥	10	3
横源1号桥	大柘镇横源村简易公路	平板桥	40	3.5
东坑脚桥	大柘镇东坑村机耕路	拱桥	16	6
半山桥	大柘镇东坑村机耕路	拱桥	9	4
前山桥	大柘镇前山村机耕路	石拱桥	14	6
方村桥	石练镇柳方村简易公路	平板桥	30	4
柳村桥	石练镇柳村村简易公路	平板桥	45	5
定溪桥	石练镇定溪村简易公路	石拱桥	40	7
练溪桥	石练镇坪塘村简易公路	平板桥	35	5
章师桥	石练镇章师村简易公路	平板桥	15	4.5
宏岗1号桥	石练镇宏岗村简易公路	平板桥	5	6
宏岗2号桥	石练镇宏岗村简易公路	平板桥	5	6
宏岗3号桥	石练镇宏岗村简易公路	平板桥	5	6
象岗1号桥	石练镇象岗村简易公路	石拱桥	40	5
象岗2号桥	石练镇象岗村简易公路	石拱桥	15	4
象岗3号桥	石练镇象岗村简易公路	平板桥	25	5
象岗4号桥	石练镇象岗村简易公路	平板桥	12	5
从菊溪桥	石练镇爱丰村简易公路	拱桥	30	4
电站坑桥	石练镇上垵村简易公路	平板桥	5	6
王曹1号桥	石练镇王曹村机耕路	平板桥	10	3.5

续表

桥梁名称	所在线路	类 型	长度(米)	宽度(米)
王曹 2 号桥	石练镇王曹村机耕路	平板桥	10	3.5
黄箩 1 号桥	石练镇黄箩村机耕路	平板桥	6	3.5
黄箩 2 号桥	石练镇黄箩村机耕路	平板桥	9	3.5
金铺 1 号桥	王村口镇金铺村机耕路	拱桥	15	3
坳头 1 号桥	王村口镇坳头村机耕路	拱桥	25	4
坳头 2 号桥	王村口镇坳头村机耕路	拱桥	20	4
坳头 3 号桥	王村口镇坳头村机耕路	拱桥	20	4
坳头 4 号桥	王村口镇坳头村机耕路	拱桥	20	4
坳头 5 号桥	王村口镇坳头村机耕路	平板桥	12	4
坳头 6 号桥	王村口镇坳头村机耕路	平板桥	10	4
坳头 7 号桥	王村口镇坳头村机耕路	平板桥	14	4
坳头 8 号桥	王村口镇坳头村机耕路	平板桥	10	4
坑里桥	王村口镇石笋头村简易公路	拱桥	15	6
黄山头 1 号桥	王村口镇黄山头村机耕路	拱桥	16	3.8
大坑 1 号桥	王村口镇大坑村机耕路	拱桥	12	3
大坑 2 号桥	王村口镇大坑村机耕路	拱桥	15	3
大坑 3 号桥	王村口镇大坑村机耕路	拱桥	18	3
大坑 4 号桥	王村口镇大坑村机耕路	拱桥	10	3
大坑 5 号桥	王村口镇大坑村机耕路	拱桥	20	3
大坑 6 号桥	王村口镇大坑村机耕路	拱桥	13	3
大坑 7 号桥	王村口镇大坑村机耕路	拱桥	18	3
大坑 8 号桥	王村口镇大坑村机耕路	拱桥	16	3
大坑 9 号桥	王村口镇大坑村机耕路	拱桥	12	3
大坑 10 号桥	王村口镇大坑村机耕路	拱桥	14	3
大坑 11 号桥	王村口镇大坑村机耕路	拱桥	20	3
大树下桥	王村口镇亚洋村机耕路	拱桥	9	2
珠坑桥	王村口镇亚洋村机耕路	平板桥	9	2
双石桥	王村口镇后塘村简易公路	平板桥	35	6
东坞村桥	黄沙腰镇东坞村机耕路	平板桥	8	3
岭根 1 号桥	黄沙腰镇岭根村机耕路	拱桥	12	6
岭根 2 号桥	黄沙腰镇岭根村机耕路	拱桥	8	4
河头桥	黄沙腰镇定淤潭村简易公路	拱桥	80	6

续表

桥梁名称	所在线路	类　型	长度(米)	宽度(米)
大六茅坑桥	黄沙腰镇邵村村简易公路	拱桥	12	6
大路坑桥	黄沙腰镇邵村村简易公路	拱桥	12	6
黄金滩桥	黄沙腰镇邵村村简易公路	拱桥	12	6
河背桥	黄沙腰河背村机耕路	拱桥	80	3.5
角坞口桥	黄沙腰镇杨茂源村机耕路	拱桥	12	4
杨茂源桥	黄沙腰镇杨茂源村机耕路	拱桥	8	4
岩平桥	黄沙腰镇杨茂源村机耕路	拱桥	8	4
黄脱坑1号桥	黄沙腰镇黄脱坑村机耕路	平板桥	8	3
小洞源桥	黄沙腰镇小洞源村机耕路	拱桥	15	4
白粉墙1号桥	黄沙腰镇白粉墙村机耕路	拱桥	8	2.5
白粉墙2号桥	黄沙腰镇白粉墙村机耕路	平板桥	8	2.5
梓里口桥	三仁乡际上村机耕路	平板桥	23.5	5
忠村桥	三仁乡际上村机耕路	平板桥	25	3
路头岭脚桥	濂竹乡横坑村机耕路	平板桥	80	3
水口桥	濂竹乡横坑村机耕路	拱桥	12	4
叉路口桥	濂竹乡叶家田村机耕路	石拱桥	5	3.5
溪根桥	濂竹乡千义坑村简易公路	石拱桥	10	4
东源1号桥	应村乡东源村简易公路	拱桥	20	4
东源2号桥	应村乡东源村简易公路	拱桥	15	4
东源3号桥	应村乡东源村简易公路	拱桥	15	5
东源4号桥	应村乡东源村简易公路	拱桥	15	4
东源5号桥	应村乡东源村简易公路	拱桥	20	4
白水桥	应村乡西山头村机耕路	拱桥	50	3
西山头1号桥	应村乡西山头村机耕路	拱桥	8	3
西山头2号桥	应村乡西山头村机耕路	拱桥	8	3
章家山桥	应村乡花峦村机耕路	拱桥	50	3.5
花峦1号桥	应村乡花峦村机耕路	拱桥	20	3.5
塘下1号桥	高坪乡塘下村机耕路	拱桥	10	5
洋桥头桥	高坪乡茶树坪村简易公路	拱桥	10	5
桃源桥	高坪乡茶树坪村简易公路	拱桥	9	4.5
三归桥	湖山乡三归村简易公路	石拱桥	75	4
大柳杉坑桥	湖山乡坪益村简易公路	石拱桥	5	3.5

续表

桥梁名称	所在线路	类 型	长度(米)	宽度(米)
白岩桥	湖山乡坪益村简易公路	石拱桥	5	3.5
九峰岩1号桥	湖山乡九峰岩村简易公路	平板桥	9	4
九峰岩2号桥	湖山乡九峰岩村简易公路	平板桥	7	4
九峰岩3号桥	湖山乡九峰岩村简易公路	平板桥	9	4
左肩坑桥	湖山乡左肩村机耕路	拱桥	12	5
柏坞坑桥	湖山乡左肩村机耕路	拱桥	5	5
洋仓坑桥	湖山乡左肩村机耕路	拱桥	5	5
石角坑桥	湖山乡左肩村机耕路	拱桥	10	5
黄麻坵桥	湖山乡建洋村机耕路	平板桥	5	4.5
恶坑桥	湖山乡福罗淤村机耕路	拱桥	10	5
九圩坑桥	湖山乡福罗淤村机耕路	拱桥	10	5
塘垵1号桥	湖山乡塘垵村机耕路	拱桥	13	5
塘垵2号桥	湖山乡塘垵村机耕路	平板桥	5	4
塘垵3号桥	湖山乡塘垵村机耕路	拱桥	8	4
塘垵4号桥	湖山乡塘垵村机耕路	拱桥	6	4.5
塘垵5号桥	湖山乡塘垵村机耕路	平板桥	6	4.5
风斜岭桥	湖山乡黄泥岭村机耕路	拱桥	15	5.5
麻山桥	湖山乡苎埠洋村机耕路	拱桥	5	4
下高际桥	湖山乡苎埠洋村机耕路	拱桥	5	4
马凹桥	蔡源乡叶岭村机耕路	拱桥	10	4
大枫岭脚桥	蔡源乡叶岭村机耕路	拱桥	10	4
白粉墙桥	蔡源乡叶岭村机耕路	拱桥	11	4
致富桥	蔡源乡大柯村简易公路	石拱桥	9	5
中头桥	蔡源乡大柯村简易公路	石拱桥	9	4
下蓬1号桥	焦滩乡下蓬村简易公路	拱桥	10	6
上蓬1号桥	焦滩乡上蓬村简易公路	拱桥	10	6
独口桥	龙洋乡垵潭村简易公路	石拱桥	40	6
垵潭1号桥	龙洋乡垵潭村简易公路	石拱桥	15	6
双溪口桥	龙洋乡凉岭下村机耕路	石拱桥	11	6

续表

桥梁名称	所在线路	类　型	长度(米)	宽度(米)
赤枝1号桥	龙洋乡赤枝村机耕路	平板桥	6	4.5
赤枝2号桥	龙洋乡赤枝村机耕路	石拱桥	13	4.5
赤枝3号桥	龙洋乡赤枝村机耕路	石拱桥	14	4.5
赤枝4号桥	龙洋乡赤枝村机耕路	石拱桥	20	4.5
黄塔1号桥	龙洋乡黄塔村机耕路	平板桥	6	4.5
黄塔2号桥	龙洋乡黄塔村机耕路	石拱桥	13	4.5
黄塔3号桥	龙洋乡黄塔村机耕路	石拱桥	14	4.5
黄塔4号桥	龙洋乡黄塔村机耕路	石拱桥	14	4.5
上阴坑桥	柘岱口乡岙头村机耕路	石拱桥	6	4.5
官坑口桥	西畈乡官坑村机耕路	石拱桥	18	3
串垃坑桥	西畈乡下床坑村机耕路	石拱桥	10	4.5
哨门坑桥	西畈乡下床坑村机耕路	石拱桥	8	4.5
下床坑口桥	西畈乡下西坑村机耕路	石拱桥	25	4.5
下床坑口桥	西畈乡独坑村机耕路	石拱桥	6	5
岩坑口桥	西畈乡黄连坑村机耕路	石拱桥	8	4.5
独坑口桥	西畈乡黄连坑村机耕路	石拱桥	30	5
火烧桥	垵口乡淤连山村简易公路	平板桥	5	4
古楼桥	垵口乡淤连山村简易公路	平板桥	5	4
横坑口桥	垵口乡淤连山村简易公路	石拱桥	5	3
三坑源口桥	垵口乡乐山头村机耕路	石拱桥	40	4
陈山圩桥	垵口乡乐山头村机耕路	石拱桥	5	4
陈公圩桥	垵口乡乐山头村机耕路	石拱桥	5	4
双坑桥	垵口乡乐山头村机耕路	石拱桥	5	4
利坑桥	垵口乡乐山头村机耕路	石拱桥	6	4
溪口桥	垵口乡小岩村简易公路	平板桥	15	4.5
岩下口桥	垵口乡小岩村简易公路	石拱桥	10	3.5
三河口桥	垵口乡西岱村机耕路	石拱桥	50	4
西岱1号桥	垵口乡西岱村机耕路	石拱桥	8	4
西岱2号桥	垵口乡西岱村机耕路	石拱桥	8	4
徐村桥	垵口乡徐村村简易公路	平板桥	7	3.5

第五节 隧 道

遂昌县境内群山连绵，地形复杂，严重制约公路建设。20 世纪 80 年代末，开始修筑隧道以建设公路，至 2010 年底，共修筑隧道 21 座，总长 9430.2 延米，其中长隧道 2 座，3615 延米；中隧道 3 座，2301.4 延米；小隧道 16 座，3513.8 延米。另有在建隧道 12 座，5051 延米。

一、高速公路隧道

田铺隧道 位于北界镇田铺，中心桩号龙丽温高速公路 K76＋682.3，系连拱整体式单向行车双车道隧道。长 165 米，其中明洞长 10 米，暗洞长 155 米。纵坡为单向坡 3%。行车道宽 2×3.75 米、路缘带宽 0.25 米、侧向余宽 0.25 米、检修道宽 0.75 米。净高 6.76 米(建筑限界净高 5 米)。隧道断面采用锚喷支护复合模注砼衬砌。内夹防排水层。明洞为现浇钢筋砼衬砌，暗洞衬砌用新奥法施工。二次衬砌采用 C30 自防水砼结构，抗渗标号为 S8。侧墙白瓷砖饰面，高度 2.5 米。采用 SD 型乳黄色隧道专用防火涂料饰面。端墙式洞门。洞内路面结构采用 7 厘米厚 C20 砼找平层＋20 厘米厚钢纤维水泥砼底板＋10 厘米厚沥青砼面层。浙江省交通规划设计研究院设计，浙江通途交通工程有限公司施工，温州市交通工程咨询监理有限公司监理。2003 年 1 月开工，2005 年 12 月 31 日完工。

筲箕湾隧道 位于新路湾镇筲箕湾村，中心桩号龙丽温高速公路 K77＋270.05。系连拱整体式单向行车双车道隧道。长 105 米，其中明洞长 10 米，暗洞长 95 米。纵坡为单向坡 3%，行车道宽 2×3.75 米、路缘带宽 0.25 米、侧向余宽 0.25 米、检修道宽 0.75 米、净高 6.86 米(建筑限界净高 5 米)。隧道断面采用锚喷支护复合模注砼衬砌，内夹防排水层。明洞为现浇钢筋砼衬砌，暗洞衬砌用新奥法施工。二次衬砌采用 C30 自防水砼结构，抗渗标号为 S8。侧墙白瓷砖饰面，高度 2.5 米，用 SD 型乳黄色隧道专用防火涂料饰面。端墙式洞门。洞内路面结构采用 7 厘米厚 C20 砼找平层＋20 厘米厚钢纤维水泥砼底板＋10 厘米厚沥青砼面层。由浙江省交通规划设计研究院设计，浙江通途交通工程有限公司施工，温州市交通工程咨询监理有限公司监理。2003 年 1 月开工，2005 年 12 月 25 日完工。

新路湾隧道 位于新路湾镇新路湾村，中心桩号龙丽温高速公路 K82＋

080.8。为连拱整体式单向行车双车道隧道。长377米,其中明洞长10米、暗洞长367米。纵坡为单向坡1.45%,行车道宽2×3.75米、路缘带宽0.25米、侧向余宽0.25米、检修道宽0.75米、净高6.91米(建筑限界净高5米)。隧道断面采用锚喷支护复合模注砼衬砌,内夹防排水层。明洞为现浇钢筋砼衬砌,暗洞衬砌用新奥法施工。二次衬砌采用C30自防水砼结构,抗渗标号为S8。侧墙白瓷砖饰面,高度2.5米,用SD型乳黄色隧道专用防火涂料饰面。端墙式洞门。洞内路面结构采用7厘米厚C20砼找平层+20厘米厚钢纤维水泥砼底板+10厘米厚沥青砼面层。由浙江省交通规划设计研究院设计,广东中人企业集团有限公司施工,温州市交通工程咨询监理有限公司监理。2003年12月开工,2006年11月30日完工。

桃源坑隧道 位于新路湾镇骑马兰村,中心桩号龙丽温高速公路K83+027.3。系连拱整体式单向行车双车道隧道。长140米,其中明洞长10米,暗洞长130米,纵坡为单向坡3%。行车道宽2×3.75米、路缘带0.25米、侧向余宽0.25米、检修道宽0.75米、净高6.76米(建筑限界净高5米)。隧道断面采用锚喷支护复合模注砼衬砌,内夹防排水层。明洞为现浇钢筋砼衬砌,暗洞衬砌用新奥法施工。二次衬砌采用C30自防水砼结构,抗渗标号为S8。侧墙白瓷砖饰面,高度2.5米,用SD型乳黄色隧道专用防火涂料饰面。端墙式洞门。洞内路面结构采用7厘米厚C20砼找平层+20厘米厚钢纤维水泥砼底板+10厘米厚沥青砼面层。由浙江省交通规划设计研究院设计,广东中人企业集团有限公司施工,温州市交通工程咨询监理有限公司监理。2003年1月开工,2006年11月30日完工。

青云岭隧道 位于新路湾镇馒头山村,系双洞曲墙单向行车双车道隧道。左洞长2180米,其中明洞长10米,暗洞长2170米,中心桩号龙丽温高速公路K88+887.3,双向纵坡2.1%;右洞长2130米,其中明洞长35米,暗洞长2095米,中心桩号龙丽温高速公路K88+907.3,双向纵坡2.15%。行车道宽2×3.75米、路缘带宽0.25米、侧向余宽0.25米、检修道宽0.75米。净高6.85米(建筑限界净高5米)。设计时速80km/h。隧道断面采用锚喷支护复合模注砼衬砌,内夹防排水层。明洞为现浇钢筋砼衬砌,暗洞衬砌用新奥法施工。二次衬砌采用C30自防水砼结构,抗渗标号为S8。衬砌厚度Ⅱ类围岩厚45厘米,Ⅲ类围岩厚35厘米,Ⅳ类围岩厚30厘米,明挖区段厚65厘米。建有中心控制室1个,采用机械通风。侧墙白瓷砖饰面,高度2.5米,用SD型乳黄色隧道专用防火涂料饰面。洞内路面结构采用7厘米厚C20砼找平层+20厘米厚钢纤维水泥砼底板+10厘米厚沥青砼面层。由浙江省交通规划设计研究院设计,浙江省交通工程建设集团有限公司和中铁二十一局集团第三工程有限公司施工,温州市交通咨询监理公司和浙江公路水运工程监理有限公司监理。2003年1月开工,

2006 年 7 月 13 日完工。

西凹口隧道　位于妙高镇渡船头村竹山下，中心桩号龙丽温高速公路 K92＋883.9，系双连拱曲墙整体式单向行车双车道隧道。长 265 米，其中明洞长 10 米，暗洞长 255 米。双向坡，龙游端 2.1%，丽水端 3%。行车道宽 2×3.75 米、路缘带宽 0.25 米、侧向余宽 0.25 米、检修道宽 0.75 米、净高 6.9 米（建筑限界净高 5 米）。隧道断面采用锚喷支护复合式模注砼衬砌，内夹防排水层。明洞为现浇钢筋砼衬砌，暗洞采用新奥法施工。二次衬砌采用 C30 自防水砼结构，抗渗标号为 S8。侧墙白瓷砖饰面，高度 2.5 米，用 SD 型乳黄色隧道专用防火涂料饰面。端墙式洞门。洞内路面结构采用 7 厘米厚 C20 砼找平层＋20 厘米厚钢纤维水泥砼底板＋10 厘米厚沥青砼面层。由浙江省交通规划设计研究院设计，中铁四局集团第五工程有限公司施工，浙江省公路水运监理有限公司监理。2003 年 1 月开工，2005 年 10 月完工。

二、省道公路隧道

迎宾隧道　位于北界镇大谷岭村，中心桩号龙丽公路 K39＋495，系单洞双向行车双车道隧道。长 149 米，行车道宽 9 米，人行道宽 2×0.5 米，建筑限界净高 5 米。隧道断面为直墙式单心圆拱。洞内侧墙用条石衬砌，拱顶采用锚喷支护模注砼衬砌，洞内路侧排水，端墙式洞门。洞内路面结构采用 7 厘米厚素砼找平层＋20 厘米厚水泥砼面层。遂昌县公路管理段设计，遂昌县交通工程公司施工。1992 年 10 月开工，1994 年 12 月完工。遂昌县县长江华东为隧道题名。

迎新隧道　位于新路湾镇风车口村，中心桩号龙丽公路 K40＋057，系单洞双向行车双车道隧道。长 148 米，行车道宽 9 米，人行道宽 2×0.5 米，建筑限界净高 5 米。隧道断面为直墙式单心圆拱，洞内侧墙用条石衬砌，拱顶采用锚喷支护模注砼衬砌。洞内路侧排水，端墙式洞门。洞内路面结构采用 7 厘米厚素砼找平层＋20 厘米厚水泥砼面层。由遂昌县公路管理段设计和施工。1992 年 10 月开工，1994 年 12 月竣工。遂昌县县长江华东为隧道题名。

迎新隧道（摄于 2011 年 8 月 27 日）

洋条隧道　位于妙高镇洋条村，中心桩号龙丽公路 K51＋666，系单洞双向行车双车道隧道。长 638 米，行车道宽 7 米，人行道宽 2×0.75 米，建筑限界净高 5.1 米。隧道断面为直墙式单心圆拱,采用锚喷支护复合模注砼衬砌。洞内路侧排水,端墙式洞门。洞内路面结构采用 7 厘米厚素砼找平层+20 厘米厚水泥砼面层。由浙江省交通设计院设计,仙居县交通工程公司和核工业部华东基础工程总公司施工。1988 年 6 月开工,1992 年 3 月竣工。为遂昌县第一座公路隧道。丽水地区公路管理处党委书记、处长邹观水为隧道题名。

竹山下隧道　位于妙高镇渡船头村竹山下,起讫桩号 51 省道上江至三墩桥公路 K2+015～K2+910。系连拱整体式双向行车双车道隧道。长 895 米,其中明洞 10 米,暗洞 885 米,纵坡为双向坡,进洞方向 2.2%,出洞方向−0.5%。行车道宽 11 米,路缘带宽 0.50 米,人行道宽 2×1.5 米,检修道高 2.5 米,建筑限界净高 5 米。隧道断面采用锚喷支护复合模注砼衬砌,内夹防排水层。明洞为现浇钢筋砼衬砌,暗洞衬砌采用新奥法施工。二次衬砌做成自防水砼结构,其抗渗标号为 S8。侧墙白瓷砖饰面,高度 2.5 米,拱部用深蓝色涂料,两端均为端墙式洞门,洞内路面结构采用 15 厘米厚 C20 砼找平层+20 厘米厚钢筋水泥砼底板+6 厘米厚 AC—13 沥青砼面层。由浙江省交通规划设计研究院设计,浙江金顺路桥建设有限公司施工,丽水市丽通工程监理有限公司监理。2008 年 12 月开工,2011 年 12 月完工。

十字岭隧道　位于妙高镇水阁村十字岭,起讫桩号 51 省道上江至三墩桥公路 K3+394～K3+505,系连拱整体式双向行车双车道隧道。长 111 米,其中明洞 7 米,暗洞 104 米,纵坡为单向坡−1.8%,行车道宽 11 米,路缘带宽 0.5 米,人行道宽 2×1.5 米,检修道高 2.5 米,建筑限界净高 5 米。隧道断面采用锚喷支护复合模注砼衬砌,内夹防排水层。明洞为现浇钢筋砼衬砌,暗洞衬砌采用新奥法施工。二次衬砌做成自防水砼结构,其抗渗标号为 S8。侧墙白瓷砖饰面,高度 2.5 米,拱部用深蓝色涂料,两端均为端墙式洞门,洞内路面结构采用 15 厘米厚 C20 砼找平层+20 厘米厚钢筋水泥砼底板+6 厘米厚 AC—13 沥青砼面层。由浙江省交通规划设计研究院设计,浙江金顺路桥建设有限公司施工,丽水市丽通工程监理有限公司监理。2008 年 12 月开工,2011 年 12 月完工。

东门隧道　位于妙高镇东门村,起讫桩号 51 省道上江至三墩桥公路 K4+077～K4+470,系连拱整体式双向行车双车道隧道。长 393 米,其中明洞 20 米,暗洞 373 米,纵坡为单向坡 2.2%,行车道宽 11 米,路缘带宽 0.5 米,人行道宽 2×1.5 米,检修道高 2.5 米,建筑限界净高 5 米。隧道断面采用锚喷支护复合模注砼衬砌,内夹防排水层。明洞为现浇钢筋砼衬砌,暗洞衬砌采用新奥法施工。二次衬砌做成自防水砼结构,其抗渗标号为 S8。侧墙白瓷砖饰面,高度 2.5 米,拱部用深蓝色涂料,两端均为端墙式洞门,洞内路面结构采用 15 厘米厚 C20 砼找平层+20 厘米厚钢筋水泥砼底板+6 厘米厚 AC—13 沥青砼面层。由浙江省交通规划设计研究院设计,浙江省永达交通工程有限公司施工,丽水市丽通工程监理有限公司监理。2008 年 12 月开工,2011 年 12 月完工。

内庄隧道 位于妙高镇后江村内庄,起讫桩号 51 省道上江至三墩桥公路 K7+741～K8+220。系连拱整体式双向行车双车道隧道。长 479 米,其中明洞 7 米,暗洞 472 米,纵坡为单向坡 2.5%,行车道宽 11 米,路缘带宽 0.5 米,人行道宽 2×1.5 米,检修道高 2.5 米,建筑限界净高 5 米。隧道断面采用锚喷支护复合模注砼衬砌,内夹防排水层。明洞为现浇钢筋砼衬砌,暗洞衬砌采用新奥法施工。二次衬砌做成自防水砼结构,其抗渗标号为 S8。侧墙白瓷砖饰面,高度 2.5 米,拱部用深蓝色涂料,两端均为端墙式洞门,洞内路面结构采用 15 厘米厚 C20 砼找平层+20 厘米厚钢筋水泥砼底板+6 厘米厚 AC—13 沥青砼面层。由浙江省交通规划设计研究院设计,浙江永达交通工程有限公司施工,丽水市丽通工程监理有限公司监理。2008 年 12 月开工,2011 年 12 月完工。

三、农村公路隧道

西岭隧道 位于三仁畲族乡排前村,中心桩号县道三砾公路 K11+511。系单洞双向行车双车道隧道。长 768.4 米,行车道宽 7 米,人行道宽 2×0.75 米,建筑限界净高 5 米。隧道断面为直墙式单心圆拱,采用锚喷支护复合模注砼衬砌。洞内路侧排水,端墙式洞门。洞内路面结构采用 7 厘米厚素砼找平层+20 厘米厚水泥砼面层。遂昌县公路勘察设计室设计,苍南矿建公司和浙江省第七地矿工程公司施工,丽水地区交通工程质量监督站监理。1995 年 11 月 20 日开工,1998 年 1 月 18 日完工试通车。里人涂建明为隧道题字。

飞石岭隧道 位于石练镇黄皮村,中心桩号县道石王公路 K5+707。系单洞双向行车双车道隧道。长 1435 米,行车道宽 9 米,人行道宽 2×0.75 米,建筑限界净高 5 米。隧道断面为直墙式单心圆拱,采用锚喷支护复合模注砼衬砌,内夹防排水层。明洞为现浇钢筋砼衬砌,暗洞采用新奥法施工。二次衬砌采用 C30 自防水砼结构,抗渗标号为 S8。洞内路侧排水,端墙式洞门。洞内路面结构采用 7 厘米厚 C20 砼找平层+15 厘米厚水稳基层+22 厘米厚水泥砼面层。由浙江省交通规划设计研究院设计,中铁第十四工程局和浙江交工集团有限公司施工,丽水市公路水运工程监理咨询公司监理。2001 年 7 月开工,2003 年 7 月完工。

小考隧道(摄于 2011 年 9 月 4 日)

小考隧道 位于焦滩乡格路口村,中心桩号县道石王公路 K7+184。系单洞双向行车双车道隧道。长 65 米,行车道宽 9 米,人行道宽 2×0.75 米，建筑限界净高 5 米。隧道断面采用锚喷支护复合模注砼衬砌，内夹防排水层。明洞为现浇钢筋砼衬砌，暗洞采用新奥法施工。二次衬砌采用 C30 自防水砼结构，抗渗标号为 S8。洞内路面结构采用 7 厘米厚 C20 砼找平层＋15 厘米厚水稳基层＋22 厘米厚水泥砼面层。洞内路侧排水，端墙式洞门。由浙江省交通规划设计研究院设计，浙江交工集团有限公司施工，丽水市公路水运工程监理咨询公司监理。2001 年 7 月开工，2003 年 7 月完工。

毛竹岗隧道 位于焦滩乡格路口村，中心桩号县道石王公路 K9＋753。系单洞双向行车双车道隧道。长 426 米，行车道宽 9 米，人行道宽 2×0.75 米，建筑限界净高 5 米。隧道断面采用锚喷支护复合模注砼衬砌，内夹防排水层。明洞为现浇钢筋砼衬砌，暗洞采用新奥法施工。二次衬砌采用 C30 自防水砼结构，抗渗标号为 S8。洞内路面结构采用 7 厘米厚 C20 砼找平层＋15 厘米厚水稳基层＋22 厘米厚水泥砼面层。洞内路侧排水，端墙式洞门。由浙江省交通规划设计研究院设计，陕西路桥集团有限公司施工，丽水市公路水运工程监理咨询公司监理。2005 年 9 月 8 日开工，2011 年 1 月 24 日完工。

长濂隧道 位于云峰镇长濂村，中心桩号县道庄梧公路 K1＋011。系连拱整体式单向行车双车道隧道。长 180 米，行车道宽 8 米，人行道宽 2×1 米，建筑限界净高 5 米。隧道断面采用锚喷支护复合模注砼衬砌，内夹防排水层。明洞为现浇钢筋砼衬砌，暗洞采用新奥法施工。二次衬砌采用 C30 自防水砼结构，抗渗标号为 S8。洞内路面结构采用 7 厘米厚 C20 砼找平层＋20 厘米厚水稳基层＋22 厘米厚水泥砼面层。由中国公路工程咨询集团有限公司设计，浙江正方交通建设集团中标施工，杭州公路工程监理咨询公司监理。2005 年 6 月开工，2007 年 2 月完工。

奕山隧道 位于湖山乡奕山村，中心桩号乡道奕山至坪头岗公路 K0＋932。系单洞双向行车双车道隧道。长 171.8 米，行车道宽 5 米，人行道宽 2×1 米，建筑限界净高 4.5 米。隧道断面为直墙式单心圆拱。二次衬砌采用模注砼施工。洞内路面结构采用 7 厘米厚素砼找平层＋20 厘米厚水泥砼面层。由遂昌县公路勘察设计室设计，遂昌县交通工程公司施工，遂昌县交通局监理。1994 年 10 月开工，1998 年 9 月完工。

打石岗隧道 位于垵口乡垵坑村，中心桩号乡道垵口至垵坑凹公路 K6＋795。系单洞双向行车单车道隧道。长 230 米，净宽 4.5 米，建筑限界净高 4.5 米。隧道两端用块石衬砌，直墙式洞门。洞顶采用锚喷 C20 砼厚 5 厘米，两侧为毛洞。洞内路面结构采用 10 厘米厚素砼调平层＋20 厘米厚水泥砼面层。由遂昌县公路勘察设计所设计，垵口村自筹资金组织施工。2001 年 2 月开工，2007 年 12 月完工。

霸天门隧道 位于妙高镇枫树坪村，中心桩号村道枫树坪至麻洋公路 K1＋

092。系单洞双向行车单车道隧道。长109米，净宽5米，建筑限界净高4.7米。隧道断面为直墙式单心圆拱。洞身衬砌采用锚喷钢筋砼结构。直墙式洞门，洞内路侧排水，洞内路面结构采用10厘米厚素砼调平层+20厘米厚水泥砼面层。由遂昌县公路勘察设计所设计，妙高镇政府组织施工。2002年5月15日开工，2004年12月完工。

第六节 站 场

一、养护站

公路养护管理站原称道班。1991年5月，浙江省交通厅发出通知，统一称公路养护管理站，简称养护站。

养护站职员按“二长六员”制配备，即站长、工会小组长、政治宣传员、质量管理员、记录统计员、经济核算员、设备管理员、生活福利员，但往往不能配齐而身兼数职。公路站的主要职责是：认真贯彻国家的公路养护方针，坚持科学养路，预防为主、防治结合，坚持日常巡查，做好水毁和突发性灾害事故的抢修，协助做好公路路政和交通量调查的经常性工作，保障公路完好畅通。

已废弃的王坞道班(摄于2005年2月6日)

养护站主要建有学习、生产、管理等规章制度，实行站长负责制，并建有统一的“二图六表”，即管养路线示意图、公路路况示意图和机动车使用情况统计表、路料采办使用情况统计表、公路养护年度生产计划表、主要生产任务完成情况表、小修保养经费计划执行情况表、出勤生产情况表，还建立文明台账和公路养护(路政)巡查记录台账。

民国23年(1934)8月，遂(昌)松(阳)公路建成后，由省公路管理局第三区管理处(设衢县)管理车运业务和养路工作。民国30年(1941)5月，省交通管理处在全省设6个工务段。其中碧游工务段设在遂昌县金岸，管辖碧湖至龙游、金岸至遂昌公路及遂昌至湖山人力车路，计207千米，有工程技术人员13人、道工120人。民国31年(1942)6月，开始试行“民众养护”，但不久为阻日军入侵实行

“毁路还田”,民众养护终因抗战而难以实施,即行停止。民国 34 年(1945)9 月,抗战胜利后,县境内公路相继修复,恢复了道班养护工作。1948 年 11 月,设置遂昌道班,当时有领班 1 人、道工 9 人、伙夫 1 人,负责养护县境内公路。

1949 年 5 月后,龙丽线经军民抢修恢复通车。同年 9 月,浙江省军管会交通处在金岸设工务段,下设 5 个道班,有道工 60 人。1950 年 6 月 1 日,养路工作由第四(衢州)运输段兼管。1952 年成立新路湾领工班。后养护体制几经变革,至 1964 年 4 月,新路湾工区并入遂昌养护工区,划归浙江省交通厅丽水养路总段领导后,机构相对稳定。1980 年,成立遂昌县社队养护公路段,后改称县乡公路段,1990 年 10 月又改称县乡公路管理所。至 1988 年,专业养护道班 21 个,道工 99 人,管养 230.93 千米省、县道公路;县乡养护道班 21 个,农工 104 人,管养 319.24 千米县、乡道公路。

2000 年开始,专业养护由小道班逐渐向大型的综合性公路养护管理站转变。首先在省道公路试点,原来 21 个养护站减至 14 个。2003 年,县乡公路管理所并入遂昌县公路管理段,随着路面的高等级化,用经济补偿的办法解除了全部农工(计 94 人)的用工合同,撤销了县乡养护的全部道班。根据“管养分开”的原则,成立了遂昌县公路养护工程有限公司。通过招投标,将公路养护交由养护公司承包。至 2010 年,遂昌县共有养护站 12 个,道工 46 人,养护境内公路 676.197 千米。其中省道公路 85.894 千米,农村公路 590.303 千米(其中县道 568.284 千米、乡道公路 22.019 千米)。专用道和部分乡道以及全部村道分别由使用单位和所在乡镇养护。

新路湾养护站　1955 年设置,前身为北界道班;1968 年迁址北界镇大谷岭村,改称大谷岭道班;2005,年迁址新路湾镇新路湾村,改称新路湾公路站。位于龙丽线 K44+600。占地面积 5629 平方米,建筑面积 1294.64 平方米,投资 171 万元。2010 年底,有养护工人 6 人,养护里程 58.942 千米。

城郊养护站　1961 年设置,前身为尖山道班,初租住广仁院(尖山寺),1967 年在尖山寺建工房;1989 年,迁址妙高镇黄泥岭,改称城郊道班。位于遂龙线 K11+770,2006 年大修,投资 99.76 万元。占地 5690 平方米,建筑面积 899.92 平方米。2010 年底,有养护工人 6 人,养护里程 34.6 千米。

根竹口养护站　1970 年设置,地处垵口乡根竹口村,位于遂龙线 K39+500。1986 年重建。2002 年改建,投资 52.9 万元,占地面积 600 平方米,建筑面积 795 平方米。2006 年修缮,投资 20.37 万元。2010 年,投资 30 万元再次维修。2010 年底,有养护工人 4 人,养护里程 38.88 千米。

大柘养护站　1970 年设置,原址在大柘镇村下,1998 年迁址向西 400 米重建,投资 92.63 万元。位于三砾线 K15+100,占地 2194 平方米,建筑面积 1205 平方米。2010 年,投资 200 万元,拆除原车库 152 平方米,新建路政中队综合办公楼1195平方米。2010年底,有养护工人6人,养护里程89.994千米。

湖山养护站 1970年设置,原址在老湖山大马兰,为乌溪江水库淹没;1979年,在湖山乡香炉岗村重建,位于峡北线K16+620,1992年扩建。占地面积1574.44平方米,建筑面积384.95平方米。2010年底,有养护工人3人,养护里程29.15千米。

白水养护站 1968年设置,地处北界镇白水村,位于峡北线K61+300。2000年改建,投资13.36万元。占地面积353平方米,建筑面积216平方米。2010年底,有养护工人2人,养护里程53.76千米。

连头养护站 1967年设置,1984年改建,投资4.25万元。地处云峰镇连头村,位于连直线K0+062。占地面积880平方米,建筑面积642.49平方米。2010年再次改建,投资150万元,新征土地360平方米,拆除原工具间200平方米,新建办公房及车库755.6平方米。2010年底,有养护工人4人,养护里程27.63千米。

叶油养护站 1969年设置,地处云峰镇叶油,位于连直线K11+000。1987年重建,投资2.91万元。2006年,村道建设占去用地面积320平方米。2010年扩建,投资100万元,拆除原仓库130平方米,新建办公房及车库175平方米。占地面积992平方米,建筑面积473平方米。2010年底,有养护工人4人,养护里程43.851千米。

修建后的叶油站房(摄于2010年7月19日)

金岸养护站 1949年9月设置,工房建于1963年,坐落在三川乡车路(2005年公路改建时拆除)。1983年,迁址平昌重建,投资4.26万元,位于小金线K19+200处。占地面积1229.72平方米,建筑面积654平方米。2010年,投资30万元改建维修,拆除原工具间和厨房126平方米,新建钢结构车库264平方米。2010年底,有养护工人6人,养护里程12.857千米。

外蓬养护站 1966年设置,地处垵口乡外篷,位于桂王线K4+750。2010年神龙谷景区建设征迁重建,迁至桂王线K6+100,占地面积2142平方米,建筑面积1425平方米,投资300万元。2010年底,有养护工人2人,养护里程23千米。

叶村养护站 1983年设置,地处金竹镇叶村,位于峡北线K28+260。占地面积500平方米,建筑面积154.31平方米。2010年底,有养护工人1人,养护里程 36.681 千米。

蟠龙养护站 1985 年设置。地处焦滩乡蟠龙,位于木焦线 K105＋970。占地面积 133.4 平方米,建筑面积 112 平方米。2010 年底,有养护工人 2 人,养护里程 86.711 千米。

二、汽车站

汽车站是汽车运输企业组织公路客货运输的基层单位。根据经营的业务可分为客运站、货运站和客货兼营站。此外,城市公共汽车为乘客上下车在行车路线上设置的停车点,也通常称为汽车站。2010 年底遂昌县共有客运站 16 个,其中二级客运站 1 个、五级客运站 15 个,没有专门的货运站。另有港湾式简易停靠站 88 个。

客运站

客运站是专门办理旅客运输业务的汽车站,一般设在公路旅客集散点,因站场的规模和客流量等要素分为五个等级。客运站的主要工作分商务和车务两部分:商务如售票、接受行李包裹的托运等;车务如车辆的调度、检查、加油、维修、接收和发送等。通常设有售票处、问事处、行包托运处、小件寄存处、候车室、停车场等。

遂昌客运站 位于妙高镇平昌路 1 号,系二级客运站。始建于民国 25 年(1936),位于遂昌县城飞鹤桥北端西侧建站房 50 平方米,民国 28 年(1939)扩建停车棚 1 间,可停车 2 辆。1959 在旧站址东北侧新建客运站房 1 幢计 200 平方米,其中候车室 115 平方米。1974 年在原车站路(现称牡丹亭路)42 号建三层客运站房 1 幢计 1462 平方米,底层为框架结构候车室,并建停车棚 732 平方米。1995 年 12 月再次于现址建成新客运站,占地面积 8376 平方米、停车场面积 4033 平方米、候车室面积 2100 平方米、建筑面积 2800 平方米,遂昌县华通汽运有限责任公司经营。2009 年年发送旅客量 251 万人,日均发班次 392 个。至 2010 年,又已不能适应旅客流量,需新建客运站。

城西客运中心 系专门办理旅客运输业务的汽车站。位于石练镇五雷街,占地 2000 余平方米。1994 年筹建,1999 年启用。遂昌西部乡镇农村客运车辆皆集聚于此。2000 年 9 月 20 日,城西客运中心改建为遂昌捷利达运输有限公司,公司迁址至妙高镇。场地至今闲置,产权属遂昌县运输管理所。

应村客运站 位于应村乡应村,系农村五级站。占地面积 1252 平方米,站房建筑面积 1222 平方米,耗资 65 万元,2006 年 12 月建成,2010 年底尚未开展客运业务。

根竹口客运站 位于垵口乡根竹口村,系农村五级站。占地面积 218 平方米，站房建筑面积 434 平方米，耗资 20 万元，2006 年 12 月建成，2010 年底尚未开展客运业务。

柘岱口客运站　位于柘岱口乡柘岱口村，系农村五级站。占地面积 1777 平方米，站房建筑面积 500 平方米，耗资 50 万元，2007 年 12 月建成，2010 年底尚未开展客运业务。

三仁客运站　位于三仁畲族乡高碧街村，系农村五级站。占地面积 700 平方米，站房建筑面积 600 平方米，耗资 59 万元，2007 年 12 月建成，2010 年底尚未开展客运业务。

濂竹客运站　位于濂竹乡治岭头村，系农村五级站。占地面积 600 平方米，站房建筑面积 216 平方米，耗资 40 万元，2007 年 12 月建成，2010 年底尚未开展客运业务。

马头客运站　位于云峰镇上马头村，系农村五级站。占地面积 1500 平方米，站房建筑面积 300 平方米，耗资 65 万元，2009 年 11 月建成，2010 年底尚未开展客运业务。

大柘客运站　位于大柘镇溪东村，系农村五级站。占地面积 2800 平方米，站房建筑面积 720 平方米，耗资 77.0154 万元，2009 年 11 月建成，2010 年底尚未开展客运业务。

北界客运站　位于北界镇北界村，系农村五级站。占地面积 2000 平方米，站房建筑面积 240 平方米，耗资 80 万元，2009 年 12 月建成，2010 年底尚未开展客运业务。

焦滩客运站　位于焦滩乡焦滩村，系农村五级站。占地面积 200 平方米，站房建筑面积 400 平方米，耗资 40 万元，2009 年 12 月建成，2010 年底尚未开展客运业务。

龙洋客运站　位于龙洋乡内龙口村，系农村五级站。占地面积 182 平方米，站房建筑面积 728 平方米，耗资 108 万元，2009 年 12 月建成，2010 年底尚未开展客运业务。

白马山客运站　位于新路湾镇三井村，系农村五级站。占地面积 2000 平方米，站房建筑面积 300 平方米，耗资 60 万元，2009 年 12 月建成，2010 年底尚未开展客运业务。

蔡源客运站　位于蔡源乡下村村，系农村五级站。占地面积 600 平方米，站房建筑面积 700 平方米，投资 38 万元，2009 年 12 月建成，2010 年底尚未开展客运业务。

高坪客运站　位于高坪乡高坪村，系农村五级站。占地面积 1328 平方米，站房建筑面积 225 平方米，投资 60 万元，2010 年 1 月建成，2010 年底尚未开展客运业务。

平昌客运站 位于妙高镇平昌村,系农村五级站。占地面积1200平方米,站房建筑面积1100平方米,耗资116.6418万元,2010年12月建成,2010年底尚未开展客运业务。

红星坪客运站 位于湖山乡红星坪村,系农村五级站。占地面积1080平方米,站房建筑面积150平方米,投资85万元,2010年12月建成,2010年底尚未开展客运业务。

已撤销的乡镇客运站

金岸站 始设于民国25年(1936)5月。1967年建站房1幢计68平方米,1992年撤销,房产转卖。

新路湾站 始设于1953年。1954年建站房5间,木炭仓库5间;1957年建宿舍112平方米、饭厅50平方米,1992年撤销,房产转卖。

北界站 始设于民国29年(1940)。1968年建站房126平方米;1985年移址建站房373.09平方米,1992年撤销,房产转卖。

治岭头站 始设于1957年。同年建站房65平方米。1992年撤销,房产转卖。

黄磁口站 始设于1966年。同年建站房240平方米。1992年撤销,房产转卖。

大柘站 始设于1955年。1962年建站房135平方米。1992年撤销,房产转卖。

湖山站 始设于1962年。1978年建站房180平方米。1992年撤销,房产转卖。

金竹站 始设于1983年。同年建站房240平方米。1992年撤销,房产转卖。

王村口站 始设于1972年。同年建站房161平方米。1992年撤销,房产转卖。

石练代办站 始设于1963年。利用原石练道班房。1992年撤销,房产转卖。

港湾式停靠站 自2006年开始,陆续在全县主要客运线路沿途新建港湾式简易停靠站。至2010年底,全县共有88个港湾式停靠站。

三、加油站

公路加油站是机动车辆燃料的补给站,也是汽车司乘人员的暂时休息场所。除高速公路的加油站专门设置在服务区和停车区外,其余的公路加油站一般沿公路两侧单独设置。遂昌境内共有高速公路加油站2家,其他公路加油站20家,加油点9家。

龙丽温高速遂昌段加油站

遂昌停车区加油站(东侧)　编号32330039,位于遂昌县妙高镇,龙丽温高速K94+200处,遂昌停车区(东侧)内。建于2007年1月,同年8月投入使用。营业用房150平方米。储油罐总容量220立方米,其中汽油140立方米,柴油80立方米。加油机4台。主营93#汽油、97#汽油、0#柴油,兼营润滑油。2009年销量839吨。

遂昌停车区加油站(西侧)　编号32330040,位于遂昌县妙高镇,龙丽温高速K94+200处,遂昌停车区(西侧)内。建于2007年1月,同年8月投入使用,营业用房150平方米。储油罐总容量220立方米,其中汽油140立方米,柴油80立方米。加油机4台。主营93#汽油、97#汽油、0#柴油,兼营润滑油。2009年销量1042吨。

其他公路加油站

中石化遂昌县前山加油站　位于遂昌县妙高镇君子路210号,建于1979年,1999年8月改建。占地面积1298.8平方米,建筑面积201.99平方米。储油罐总容量150立方米,其中汽油90立方米,柴油60立方米。有加油泵岛2座,加油机4台。主营90#汽油、93#汽油、97#汽油、0#柴油,兼营润滑油。2009年销量4307吨。

遂昌县华通汽运有限公司加油站　位于遂昌县妙高镇君子路41号,始建于1964年。1987年改建,占地面积1804平方米,建筑面积116平方米,储油罐总容量100立方米,其中汽油60立方米,柴油40立方米,有加油机4台。主营汽油、柴油和煤油。2009年销量2230吨。

中石化遂昌县西门加油站　位于遂昌县妙高镇凯恩路45号,占地面积92平方米。储油罐总容量20立方米,其中汽油8立方米,柴油12立方米,有加油机2台。主营汽、柴油,2009年销量124吨。

中石化遂昌县城中加油站　位于遂昌县妙高镇平昌路下杭山村,占地面积2814平方米,建筑面积563.72平方米。储油罐总容量120立方米,其中汽油90立方米,柴油30立方米。加油泵岛4座,加油机4台。主营90#汽油、93#汽油、97#汽油、0#柴油,兼营润滑油。2009年销量2022吨。

中石化遂昌县北界加油站　位于遂昌县北界镇北界村,龙丽线K34+000处。1986年7月建成投入使用,2007年8月改建。占地面积1975平方米,建筑面积257平方米。储油罐总容量120立方米,其中汽油30立方米,柴油90立方米,加油泵岛4座,加油机4台。主营93#汽油、0#柴油,兼营润滑油。2009年销量523吨。

中石化遂昌县金钩石油商店　位于遂昌县北界镇金钩村,龙丽线K38+600

处。原属个体加油站,1999 年 6 月被遂昌县石油支公司收购,占地面积 172 平方米,建筑面积 67 平方米。储油罐总容量 40 立方米,其中汽油 20 立方米,柴油 20 立方米。加油泵岛 1 座,加油机 2 台。主营 90#汽油、0#柴油,兼营润滑油。2009 年销售量 323 吨。

中石化遂昌县新路湾加油站 位于遂昌县新路湾镇骑马兰,龙丽线 K48+500 处。占地面积 1668 平方米,建筑面积 208.48 平方米,储油罐总容量 90 立方米,其中汽油 30 立方米,柴油 60 立方米。加油泵岛 2 座,加油机 2 台。主营 93#汽油、0#柴油,兼营润滑油。2009 年销量 366 吨。

中石化遂昌县上江加油站 位于遂昌县妙高镇上江村,龙丽线 K57+450 处。1992 年 12 月建成投入使用,占地面积 1413 平方米,建筑面积 189.34 平方米。储油罐总容量 200 立方米,其中汽油 50 立方米,柴油 150 立方米。加油泵岛 2 座,加油机 4 台。主营 93#汽油、0#柴油,兼营润滑油。2009 年销量 1472 吨。

中石化遂昌城东石油商店 位于遂昌县妙高镇下杭口村,龙丽线 K58+600 处。原属遂昌县经济协作办经营,1999 年 8 月被遂昌石油支公司收购,2008 年改建。占地面积 3225 平方米,建筑面积 368.34 平方米。储油罐总容量 170 立方米,其中汽油 60 立方米,柴油 110 立方米,加油泵岛 2 座,加油机 4 台。主营 93#汽油、97#汽油、0#柴油,兼营润滑油。2009 年销量 1941 吨。

遂昌县华泰实业有限公司加油站 位于遂昌县妙高镇庄山村,龙丽线 K65+000 处,占地面积 1500 平方米,建筑面积 127 平方米。储油罐总容量 150 立方米,其中汽油 100 立方米,柴油 50 立方米,加油机 3 台。主营汽油、柴油。2009 年销量 560 吨。

遂昌县垵口加油站 位于遂昌县垵口乡朱口村,遂龙线 K36+000 处,占地面积 200 平方米,建筑面积 100 平方米。1995 年 1 月建成投入使用。储油罐总容量 20 立方米,其中汽油 7 立方米,柴油 13 立方米,加油机 2 台。主营汽油、柴油。2009 年销量 372 吨。

中石化遂昌县垵口石油商店 位于遂昌县垵口乡根竹口村,遂龙线 K39+620 处,占地面积 193 平方米,建筑面积 50 平方米。2001 年 3 月建成投入使用。储油罐总容量 16 立方米,其中汽油 8 立方米,柴油 8 立方米,加油机 2 台。主营 90#汽油、0#柴油,兼营润滑油。2009 年销量 26 吨。

中石化遂昌县大柘加油站 位于遂昌县大柘镇通济路,三砾线 K14+660 处。占地面积 675 平方米,建筑面积 96 平方米,2000 年 4 月迁址改建投入使用。储油罐总容量 40 立方米,其中汽油 20 立方米,柴油 20 立方米,加油泵岛 1 座,加油机 2 台。主营 93#汽油、0#柴油,兼营润滑油。2009 年销量 2122 吨。

遂昌县峡口门加油站 位于遂昌县石练镇峡口门,三砾线 K21+000 处。

占地面积210平方米，建筑面积110平方米，1993年9月建成投入使用。储油罐总容量52立方米，其中汽油12立方米，柴油40立方米，加油机3台。主营汽油、柴油。2009年销量475吨。

遂昌石练誉福加油站 位于遂昌县石练镇五雷街，三砾线K24+600处。占地面积150平方米，建筑面积50平方米，1979年8月建成投入使用。储油罐总容量27立方米，其中汽油12立方米，柴油15立方米，加油机1台。主营汽油、柴油，兼营润滑油。2009年销量170吨。

遂昌县石练南街加油站 位于遂昌县石练镇南街，三砾线K23+100处。占地面积340平方米，建筑面积150平方米，1995年1月开始营业，1998年4月迁址改建投入使用。储油罐总容量25立方米，其中汽油10立方米，柴油15立方米，加油机2台。主营90#汽油、0#柴油。2009年销量389吨。

遂昌县柘岱口志虎加油站 位于遂昌县柘岱口乡柘岱口村，三砾线K99+000处。占地面积200平方米，营业房10平方米，1998年7月投入使用。储油罐总容量36立方米，其中汽油12立方米，柴油24立方米，加油机2台。主营汽油、柴油、煤油。2009年销量320吨。

遂昌县湖山加油站 位于遂昌县湖山乡香炉岗村，峡北线K15+500处。占地面积240平方米，建筑面积50平方米，1993年2月开始营业。储油罐总容量45立方米，其中汽油30立方米，柴油15立方米，加油机3台。主营汽油、柴油。2009年销量298吨。

遂昌县海潮加油站 位于遂昌县王村口镇桥东，桂王线K42+500处。占地面积630平方米，建筑面积80平方米，1999年3月建成投入使用。储油罐总容量16立方米，其中汽油8立方米，柴油8立方米，加油机2台。主营汽油、柴油，兼营润滑油。2009年销量438吨。

中石化遂昌县社后石油商店 位于遂昌县云峰镇兴云街37号。原属个体加油站，1999年6月被遂昌县石油支公司收购。储油罐总容量20立方米，其中汽油10立方米，柴油10立方米，加油机2台。主营93#汽油、0#柴油，兼营润滑油。2009年销量253吨。

加油点

遂昌县新路湾金敏加油点 位于遂昌县新路湾镇新路湾村上桥头，龙丽线K47+000处。占地面积60平方米，建筑面积45平方米。2003年9月开始营业。储油罐总容量8立方米，其中柴油8立方米，加油机1台，主营柴油。2009年销量150吨。2010年撤销。

遂昌县三仁农机加油点 位于遂昌县三仁乡高碧街村，三砾线K2+000处。占地面积300平方米，建筑面积85平方米，1993年3月建成投入营业。储油罐总容量35立方米,其中柴油35立方米,加油机2台。主营柴油。2009年销量327吨。

遂昌县焦滩加油点 位于遂昌县焦滩乡焦滩桥头,三砾线K46+000处。占地面积100平方米,建筑面积84平方米。储油罐总容量20立方米,其中柴油10立方米,煤油10立方米,加油机2台,主营柴油、煤油。2009年销量224吨。

遂昌县黄沙腰加油点 位于遂昌县黄沙腰镇黄沙腰村,三砾线K85+000处。占地面积105平方米,建筑面积45平方米,1997年2月开始营业。储油罐总容量40立方米,其中柴油40立方米,加油机2台,主营柴油。2009年销量180吨。

遂昌县湖山农机加油点 位于遂昌县湖山乡香炉岗村,峡北线K15+000处。占地面积150平方米,建筑面积50平方米,1993年1月开始营业。储油罐总容量21立方米,其中柴油21立方米,加油机2台,主营柴油。2009年销量348吨。

遂昌县金竹国林加油点 位于遂昌县金竹镇金竹村,峡北线K24+000处。占地面积600平方米,建筑面积40平方米,1994年1月开始营业。储油罐总容量27立方米,其中柴油27立方米,加油机2台,主营柴油。2009年销量301吨。

遂昌县应村加油点 位于遂昌县应村乡应村村,峡北线K55+000处。占地面积800平方米,建筑面积20平方米,1978年6月营业。储油罐总容量50立方米,其中柴油50立方米,加油机3台,主营柴油。2009年销量300吨。

遂昌县连头腾达加油点 位于遂昌县云峰镇连头村,小金线K11+000处。占地面积200平方米,建筑面积60平方米。储油罐总容量24立方米,其中柴油24立方米,加油机2台,主营柴油。2009年销量300吨。

遂昌县西畈渡口加油点 位于遂昌县西畈乡渡口村。占地面积30平方米,建筑面积10平方米。1998年5月开始营业。设有钢筋水泥混凝土制成的储油池1只,机械加油机1台,主营柴油。2009年销量60吨。

四、停车场

车辆停放的基本方式有路上停放和路外停放两种。路上停放是车辆在道路一侧或两侧沿路缘石停放,一般作短时间的临时性停放。路外停放是车辆在道路以外专辟的停车场所停放,相对能容纳较多的车辆,并可停放较长的时间。停放车管理上均采用收费的办法。

2000年以前,遂昌县家庭自备车不多,对停车场所建设和管理的需求不大。1979年,建城关停车场,位于妙高镇车站路48号,1995年,改为建设用地,建成住宅区。2006年以后,随着高速公路的开通和农村公路的全面改造,家庭自备车大量增加,停放车的问题日益突出,停车场的建设和管理得到重视。至2010

年，遂昌县城有停车场7处，约24800平方米。

金岸停车场 位于遂昌县妙高镇金岸村，占地面积17700平方米，2006年建成投入使用，由工业园区管委会经营，主要接纳工业园区企业及外地货运车辆停放。2011年1月，绿通物流公司经竞拍取得该地块用于物流基地建设，不再停车。

公安路停车场 位于遂昌县妙高镇公安路，占地面积1000平方米，可停放30余辆轿车，2007年投入使用，由遂昌县城发公司经营。

北溪路停车场 位于遂昌县妙高镇北溪路，占地面积600平方米，可停放20辆轿车，2009年投入使用，由遂昌县城发公司经营。

君子路生态停车场 位于遂昌县妙高镇君子路烟草分公司旁，占地面积1000平方米，可停放34辆小型货车，2010年投入使用，由遂昌县城发公司经营。

电影院停车场 位于遂昌县妙高镇东街电影院，占地面积500平方米，可停放15辆轿车，由遂昌县城发公司经营。

渡船头停车场 位于遂昌县妙高镇渡船头村，占地面积4000平方米，可停放100辆轿车，2005年8月建成使用，2007年因龙潭至梧桐公路建设停业。

平昌广场地下停车库 位于遂昌县妙高镇平昌广场地下，车库面积4000平方米，可停放80余辆轿车。2005年8月投入使用，由县人防办经营，为遂昌凯恩集团公司租赁使用。

路上泊车点 遂昌县城区9条街道，共610个停车泊位点，自2010年7月15日开始实行计时收费管理。收费标准一类街道一个泊位每小时收费人民币4元；二类街道一个泊位每小时收费人民币2元。

五、高速公路收费站

北界收费站 位于遂昌县北界镇大谷岭，龙丽温高速K75处。占地面积3900平方米，建筑面积918平方米，其中综合楼建筑面积647平方米。收费站设4个车道，可作二进二出或一进三出模式。人员配置为4个收费班组，每个班组3名收费员。

新路湾收费站 位于遂昌县新路湾镇小马埠，龙丽温高速K84处。占地面积20000平方米，建筑面积1300平方米，其中综合楼建筑面积1118.3平方米。收费站设4个车道，可作二进二出或一进三出模式。人员配置为4个收费班组，每个班组3名收费员。

遂昌收费站(青云岭隧道所) 位于遂昌县妙高镇株树窟，龙丽温高速K91处。占地面积26993平方米，建筑面积1790平方米，其中综合楼建筑面积1518.4平方米。收费站设4个车道，可作二进二出或一进三出模式。人员配置为4个收费班组，每个班组3名收费员。

青云岭隧道所负责从北界至古市的路面的巡查工作。人员配置为8名巡查员,5名监控员。

遂昌收费站是遂昌中心所的办公中心,人员配置:1名所长,5名管理人员、4名设备维护人员。

龙丽温高速公路遂昌收费站(摄于2007年9月11日)

遂昌东收费站 位于遂昌县妙高镇金岸,龙丽温高速K98处。占地面积3020平方米,建筑面积918平方米,其中综合楼建筑面积735.7平方米。收费站设4个车道,可作二进二出或一进三出模式。人员配置为4个收费班组,每个班组3名收费员。

六、高速公路停车区

遂昌停车区 位于遂昌县妙高镇渡船头,龙丽温高速K94+200处。占地面积25949平方米,建筑面积700平方米。其中宿舍楼建筑面积252平方米。变电所2个,建筑面积为396平方米;汽车修理间2个,建筑面积210平方米;加油站2个,建筑面积294平方米。能为驾驶人员提供休息、加油及维修等服务业务。

七、沥青拌和场

沥青拌和场位于遂昌县妙高镇源口村黄泥岭,遂龙线K11+770处。2002年10月建成投产,占地面积3000平方米,建筑面积1500平方米,现有管理人员1人。

2000年6月购进导热油沥青加温储存设备,存储量为300立方米,耗资55万元。2002年10月,购进LJGQ—40型沥青混凝土拌和设备一套,每小时产量40吨,耗资60.6万元;2006年8月购入环保型的QLB—1000型沥青拌和楼一座,对老设备进行了更新,每小时产量80吨,耗资160.5万元,具有自动筛分集料、

城郊沥青拌和场(摄于2008年3月4日)

拌和均匀、自动控温等先进功能，除尘设备为目前世界最先进的布袋除尘器，废气排放达到环保要求。

城郊沥青拌和场承担了遂昌境内沥青砼路面的新建、改建和大中修工程任务。

八、稽征检查站

1997 年 10 月，根据浙江省人民政府浙政发〔1997〕222 号文批准设立，属遂昌县公路运输管理所管理。位于遂昌县新路湾镇樟坪村，龙丽公路 K44＋000 处。占地面积 1235 平方米，办公楼建筑面积 343.78 平方米，稽查征收亭建筑面积 35.28 平方米。配备稽查人员 15 名，24 小时连续对龙丽线的过往车辆进行公路各项规费的稽查工作。2009 年 1 月 1 日起停止稽查。

九、换乘中心

换乘中心位于石练镇路堰，三砾线 K24＋900 处，系捷利达运输有限公司经营，专门为游客前往国家 AAAA 级景区南尖岩、神龙谷提供换乘服务的场所。占地面积 6232 平方米、建筑面积 355 平方米，投资 400 万元，于 2009 年 10 月 1 日投入使用。中心有中型旅游汽车 6 辆，驾驶员 7 人、管理人员 5 人。每 10 分钟发车一班，票价每人 20 元。2010 年共运送旅客 4.438 万人。

第二章　运　输

第一节　运输工具

一、古代交通工具

《史记·河渠书》曰："陆行载车、水行载舟，泥行蹈毳、山行即桥。"遂昌县四面环山，出行则翻山越岭，是故陆路运输自古没有"载车"，素以扁担箩筐、肩挑背驮为主。行人旅客"山行即桥"，交通工具主要有肩舆、轿和畜力坐骑等几种。

官轿　为官吏所专用，以官职大小分 2 人、4 人、8 人抬行。清代知县乘较简陋的 2 杠 2 人抬红漆朱顶兰呢轿，康熙年间，遂昌县衙设有轿伞扇夫 7 名。

彩轿　又名花轿，亦名喜轿。轿身为木制长方形，上有顶盖，四周围以红色帘幕，用绣花彩绸装饰，专用于迎娶。20 世纪 50 年代前遂昌县各乡皆盛行，今少有沿用。

小官轿　形同彩轿，轿四周常饰以黑色帘幕，多为民间富商、乡绅、医生或富家妇孺乘坐。明末清初，遂昌县城设有"轿行"，供人租用。

肩舆　遂昌县的肩舆分两种，一种类似滑竿，临用时在竹、木躺椅两侧绑以竹杠抬行；一种类似担架，临时用 2 枝竹杠绑扎而成，简易方便，适合于百姓使用。

竹轿　习称为篼，为遂昌县民间所常见，俗称凉轿。竹制，形如椅子，故亦称躺椅轿。这种竹制椅子，至今遂昌方言仍称其为"轿交椅"。有坐式和躺式两种，无顶盖，农村富家多置之，用于接送老弱病残者。民国 27 年(1938)，经县政府统计，县城有躺椅轿 11 乘，专业轿户 6 户。

凥子轿　亦称为篼子，俗名三板轿(靠、座、蹬各用一板)，用绳子将 3 块木板缀成，以两杠抬行，轻巧灵便，尤其适用山区崎岖小路。

眠轿　遂昌民间称门板轿，下置一木板，四角用绳系住，用一长杠贯穿上部抬行，乘者卧其中，冷时可盖被子，故曰眠轿。也有用篾箩之类代替木板的，重心低而稳，似摇篮，乘坐舒适。

畜力坐骑 主要是马和驴。明、清时的驿站均备有马和驴，马主要是供人骑乘，驴主要是用以运货，可负载200斤左右。驴驮至今遂昌县尚有使用，主要在不通公路的山地、高坡等修筑建筑物时运输材料。

二、兽力车

遂昌县山高路险，不通车马，兽力车仅在20世纪60年代前后，作为公路养护工具，主要是牛车和马车，用以运输砂石料和路面匀砂。

三、人力车

遂昌县人力车主要有黄包车、手拉车、独轮车、自行车及脚踏三轮车等五种。

黄包车 民国23年(1934)，遂昌县城南街商户周根林购置2辆黄包车，在遂松公路上接送客商。黄包车民国时从日本引进，故亦称“东洋车”，多用人拉，因车子涂黄漆，俗称黄包车。遂松公路通车后，黄包车客运即萧条淘汰。1988年11月，妙高镇居民赵新首置脚踏三轮车，在县城范围接送旅客。载客脚踏三轮车沿用“黄包车”之名，俗称“三轮黄包车”。20世纪90年代后，个体客运三轮车兴起，2006年和2009年，县运管稽征所对全县616辆三轮黄包车免费进行了全面改造。至2010年，全县共有三轮黄包车615辆。

手拉车 遂昌县最早的手拉车始于民国23年(1934)，当时松阳商车(即手拉车)，在刚建成的遂松公路上经营运输。民国27年(1938)，浙江省公路管理局拨租给遂昌县手拉车40辆，组成手拉车队。抗日战争时期，抗战物资(主要是食盐)经瓯江运至遂昌，用手拉车转运至湖山，再经水路运到浙西和赣南各地，手拉车曾多达200辆。1961年全县有手拉车528辆，遂昌县人民政府对手拉车实行统一管理，分为专业车、副业车和自备车，限制手拉车经营运输。改革开放后，开放经营，手拉车得以迅速发展，1988年全县拥有手拉车12837辆。20世纪90年代之后，随着拖拉机、汽车的大量投入运输，手拉车逐渐退出运输市场，只有少量农户作为备用车尚在使用。

独轮车 人力推挽的车辆，只有一个车轮着地，形似辘轳，故又名辘轳车，简称鹿车，俗称羊角车。北宋高承《事物纪原》认为三国时诸葛亮所用的“木牛流马”就是小车或独轮车。明嘉靖年间(1522—1562)始出现于浙江省常山至江西省玉山的道路上。由于早先皆系木轮，对路面容易造成损坏，故当地多次勒碑禁止。直至民国后改用胶皮轮，减少了对道路的损坏，才逐渐在浙江省得以广泛使用。

遂昌县古代独轮车未见记载。1951年遂昌县在大柘征购了一批粮食急需运往前线,请来了永康县一支独轮车队,承担运输任务。运粮结束后,大柘镇的张清云等9人从永康人手中买下了九辆旧独轮车,最初往返于遂昌至大柘的手拉车道上,为供销社运输货物,1955年后逐步转移到大柘至湖山的手拉车道上。独轮车视道路情况不同,可载货150～300千克或载客2～4人。遂昌县最迟至1958年尚有少量使用。其优点是投资少,又便于通行田埂、小道,缺点是速度慢,每天仅可行进20千米左右,且上坡时需有人在前拉挽。始学者因需要控制平衡,有一定难度,熟练后即可在不足1米的小道上行走自如。

自行车 又称脚踏车。自行车是一种经济方便的交通工具,也可作为体育运动器械。遂昌县民国17年(1928),县城南隅街居民叶芗首先购进自行车。民国30年(1941),有自行车35辆。自1953年开始,商业部门每年有10余辆自行车配售给各机关、企事业单位公用。至1978年,全县有自行车7119辆,其中公用车1288辆。当时大多为28寸高轮载重型海狮、永久、凤凰、飞鸽等国产名牌,少量为24至26寸矮轮轻便型自行车。改革开放后,自行车敞开供应,每年递增2000多辆。因轻便型自行车设计美观、款式新颖、灵活轻便,受到群众欢迎,载重型自行车逐渐退出市场。至2000年全县拥有自行车97893辆。2000年之后摩托车开始普及,电动车发展迅速,逐渐替代了自行车。2009年12月26日,遂昌成立了自行车运动协会,自行车多为高档的赛车型山地车,至2010年底,有会员100人,骑自行车开始成为群众喜欢的一项体育运动。

脚踏三轮车 脚踏三轮车用人力脚踏,分载客、装货两种。经营运客的脚踏三轮车,俗称"三轮黄包车"(见黄包车)。遂昌县装货脚踏车起始于20世纪60年代,多为机关单位食堂购菜、运粮,80年代后得以发展。2000年以后,脚踏三轮车在全县各乡镇普遍使用,可载150千克货物,灵活方便,很适宜居民使用。因未作统计,实际数量难以查证。

四、索道

索道是由驱动机带动钢丝绳,牵引客厢或货厢在距离地面一定高度的空间运行的运输机械。索道具有对自然地形适应性强、爬坡角度大、基建费用省、能缩短运输距离等优点。通常分为货运索道和客运索道。

遂昌县至今只有货运索道而没有客运索道。多用于高山地区运输木材,形式大多为单线循环式索道。既作承载又作牵引的钢丝绳循环运行,便可把木材由甲地运往乙地。这种索道适用于运输量小、服务年限短、爬坡角度大的遂昌山区。一般运输量为每小时15吨左右,运行速度为每秒2米左右,爬坡角度为35°。优点是构造简单、架设容易,很适应当地林农的木材批量运输。

1959年,浙江省林业厅在遂昌县的垵口乡、石练乡大茂坑组建伐木场,首先使用架空索道。1983年实行家庭联产承包责任制,山林承包到户后,农户家庭伐木也逐渐应用索道运输。1985 年遂昌纤维板厂投产后,索道运输木材迅速在全县范围普遍应用。至 2009 年 12 月,全县共有运输木材的索道 576 条,有关部门对其进行了整顿,分六期对 399 名索道从业人员进行培训,保留了 145 条索道。之后,又经多次整顿,至 2010 年底,留有索道 155 条。

五、机动车

摩托车 摩托车是用汽油机驱动,靠手把操纵前轮轮向的两轮车或三轮车。摩托车轻便灵活、行驶迅速,成为应用广泛的大众交通工具。

二轮摩托车分为越野型和公路型两种。越野型摩托车多装用单缸汽油机,排量为 125～400 毫升;公路型摩托车一般装有 2～4 缸汽油机,排量在 400 毫升以上。摩托车的车型很多,小轮摩托车和机器脚踏车相继出现,配置中、小功率的汽油机,排量一般为 50～200 毫升,车轮径小幅宽、结构轻巧、造型美观、座位低、行止方便,适合在城市内使用。

三轮摩托车有两种,一种是用功率较大的二轮摩托车加装一个有车轮的边斗而成的侧三轮摩托车,多用于警务和军事任务,民间没人使用。一种是一轮在前居中、两轮在后的三轮摩托车,在车上装配相应的车厢,可用于城乡的旅客和货物运输,进入 21 世纪以后,这种摩托车在遂昌县的城乡到处可见。

民国 35 年(1946),遂昌县开成纸厂黄国源购进日本产的第一辆摩托车。1964 年,浙江省公安厅分配给遂昌县公安局第一辆国产长江牌摩托车用于公务。20 世纪 80 年代之后,摩托车在城乡普及。2010 年底,全县共有摩托车 32606 辆(含轻便摩托车 788 辆)。

拖拉机 农用拖拉机是根据农业生产的特点进行设计和制造的。1959 年 11 月洛阳第一拖拉机厂建成第一辆国产拖拉机后,1967 年遂昌县金岸良种繁育场购置第一辆福建产工农 7 型手扶拖拉机。至 20 世纪 80 年代中期,拖拉机的生产得以迅速发展。但由于广大农村简易公路质量差、标准低,农用轻型汽车短缺,难以满足农村商品经济发展的需要,而拖拉机在农业生产中效益低、亏损严重。自 20 世纪 70 年代之后,政府在养路费缴纳上给予优惠、远远低于汽车,并且给予免税,运价略高于汽车,且机用柴油价格优惠,使拖拉机运输的利润空间增大。因此,遂昌县的大中型拖拉机和手扶拖拉机几乎全部投入公路运输中。随着农村经济的发展,反映在公路运输上是货点多、分布面广、道路条件不好,托运的货物批次多、数量少、运距短、货种复杂、装卸麻烦。手扶拖拉机以其结构灵巧的优势,在短途运输中,相当程度上取代了汽车运输和人力运输。至 1988 年,全县有营运拖拉机 1321 辆,其中手扶拖拉机 1295 辆。

拖拉机经营公路运输,其效率远远低于汽车。特别是手扶拖拉机,最高时速只有 15 千米,能源消耗比汽车多,起动、爬坡或超负荷运行排放大量浓烟,噪音最高达96分贝，机手操作劳动条件很差。拖拉机公路运输终非长久之计，自21世纪以来，随着公路交通现代化水平的提高，拖拉机逐步退出公路运输市场，2009年最后一辆手扶拖拉机退出了运输市场。至2010年，全县仅有营运小型拖拉机23辆，且均为永康产的工农型小型方向盘拖拉机。2000年之后，大中型方向盘拖拉机有所增加，主要用于工程建设中的砂石料运输。2010年底，大中型方向盘拖拉机有446辆。

汽车 是由本身装备的动力装置驱动，具有4个或4个以上车轮，不依靠轨道和架线在陆地上行驶的车辆。汽车具有高速、机动、使用方便等优点，是一种重要的陆上交通工具。主要供人乘用和载运货物，经过改装，也可用于起重、消防、救护、环境卫生等作业，用途越来越广。汽车按用途一般可分为六类：①轿车；②客车；③载货汽车；④牵引车；⑤专用运输车；⑥特种车。

轿车 是指装有轿式车身，座位不超过8个，供人乘用的小型汽车，又称小客车。轿车车身一般为封闭式，设四个车门，也有敞篷式，设两个车门的。轿车按发动机排量可分为高级轿车，排量在6升以上，时速可达160～200千米；中级轿车，排量为3～6升，最高时速可达200千米；普通轿车，排量为1～3升，最高时速可达180千米；微型轿车，排量为1升以下，自重一般500千克左右。

吉普车是一种四轮全轮驱动的轻型越野汽车。“吉普”是英文jeep的音译。具有良好的动力性和通过性，除供军事部门使用外，还适用于各种野外作业或道路条件恶劣地区的交通工具，通常纳入小客车的范畴。

遂昌县1971年开始有吉普车。1983年才有轿车和面包车，多为政府部门的公务用车。1984年5月鸟笼厂谢建强购入第一辆私人用丰田牌面包车始，至21世纪初，家庭自备轿车得到快速发展。至2010年底，全县共有各类轿车6070辆(含微型车114辆)，其中家庭用车达5409辆，大多为普通轿车。

客车 指装有箱式车身，设有9个以上座位，运载较多乘客的汽车，又称大客车。客车按总体结构可分为单车和列车；按用途可分为旅行客车、城市客车、公路客车和游览客车。

民国24年(1935)5月，浙江省交通厅拨给遂昌美国雪佛莱牌20座客车1辆。1960年遂昌汽车中心站有小道奇、福特牌等客车4辆。1978年11月，丽水汽运公司遂昌分公司购入2辆客车列车(分两节车厢，之间用活动褶篷连接。车厢前后相通，故又称铰接式或通道式客车)，专供遂昌县妙高镇至西屏镇的农村公共汽车线路使用，1989年以后停驶。1988年，遂昌县有各类客车46辆。至2010年底，遂昌县有各类客车217辆、4367客位。

载货汽车 是指载运货物的汽车，俗称卡车，装载货物的货箱通常与驾驶室安装在一个车架上，形式多样。载货汽车按载重量分为轻型、中型、重型三种，载重量3.5吨以下的为轻型载货汽车，4～8吨的为中型载货汽车，8吨以上的为重型载货汽车。另外,还有一种1吨以下的轻型(微型)载货汽车,多用轿车底盘改制而成,主要用于城市运送食品、日用工业品等小批量货物。

遂昌县最早的载货汽车是民国24年(1935)浙江省交通厅拨给1.5吨进口轻型载货汽车,属省交通厅经营。1949年5月,遂昌县尚无自备载货汽车。1960年,遂昌汽车中心站,有载货汽车11辆。1966年底,遂昌县有国产解放、跃进、钱塘江等牌的载货汽车28辆。1988年,全县有各类载货汽车364辆,其中私营载货汽车16辆。至2010年底,全县有各类载货汽车926辆、6354吨位,大多为重型和轻型载货汽车,且均为民间经营。

牵引车 专门用于牵引挂车或半挂车。由汽车或牵引车和挂车组成的车列称汽车列车。挂车有两种:全挂车和半挂车。挂车的总重量由它自身承受的称全挂车;挂车的总重量一部分由牵引车承受的称半挂车。载货汽车列车按组合形式分为四种:全挂汽车列车、半挂汽车列车、双挂汽车列车和长货汽车列车。在我国载货汽车列车被禁止上高速公路,所以发展受到一定的限制。

遂昌县的载货挂车、半挂车开始于20世纪80年代初。至2010年,共有牵引车134辆、3766吨位。

专用运输车 是指按运输货物的特殊要求设计,有专门车厢并装有相应附属设备的运输车,如自卸汽车、液灌汽车、冷藏汽车、散装水泥汽车、集装箱汽车等。

1962年遂昌县公路段购进第一辆3吨解放牌自卸汽车,1964年石油公司购进第一辆液灌汽车。

特种车 是指主要用于完成特殊工作的汽车,如救护车、消防车、垃圾车、洒水车、囚车以及各种工程车等。

1965年遂昌县人民医院购入首辆救护车,1968年遂昌汽车站购入首辆吊车,1976年消防中队购入2辆消防车,1980年环卫所购进2辆垃圾车。至2010年,遂昌县有特种车88辆(含专用运输车辆)。

1989—2010年遂昌县各类机动车辆概况如表2-1所示。

表2-1 1989—2010年遂昌县各类机动车辆概况

年度	大客车	大货车	小客车	小货车	农用客车	农用货车	二轮摩托车	三轮摩托车	特种车	拖拉机			简易车
										手扶	轮式	小型	
1989	38	283	279	129	81	198	595	27	28	1268	24	58	114
1990	40	285	297	136	99	203	643	29	28	1172	14	150	98
1991	41	289	302	137	103	206	756	30	29	1167	9	186	72
1992	43	292	309	140	107	210	859	33	29	1248	11	245	45
1993	42	295	314	143	112	215	877	37	29	809	7	550	39

续表

年度	大客车	大货车	小客车	小货车	农用客车	农用货车	二轮摩托车	三轮摩托车	特种车	拖拉机			简易车
										手扶	轮式	小型	
1994	45	298	328	147	118	217	913	39	30	635	5	606	7
1995	49	311	340	169	124	221	1283	42	31	1151	3	1076	4
1996	53	315	350	173	139	225	2128	45	30	989	3	1028	2
1997	55	318	359	180	145	239	7465	57	31	856	2	1084	80
1998	58	325	369	182	148	243	8675	73	32	1093	2	1157	102
1999	64	354	473	184	168	266	10007	178	32	951	/	1672	102
2000	69	379	503	211	168	300	11331	326	32	1000	/	1711	132
2001	104	2285	506		/	306	14077	356		146	287	1504	
2002	203	2566	520		/	346	16778	363		120	484	1308	
2003	226	552	541		/	376	20404	423		85	638	1094	
2004	193	621	564		/	399	24221	701		48	658	649	
2005	213	722	586		/	460	28104	1034		39	621	537	
2006	203	936	617		/	475	30996	1357		32	585	339	
2007	207	633	639		/	478	33853	1758		18	554	309	
2008	185	966	950		/	483	35826	1979		12	504	199	
2009	211	727	2157		/	489	37825	1992		1	449	45	
2010	217	926	6067	1483	/	492	39850	2448	88	0	446	23	

注:1.2001年至2009年,小型车辆仅指在遂昌办理牌照增加之数量,而在丽水办理牌照的未统计在内。

2.其他车辆在统计时,因口径不同,故数据多有变化。

六、电动车

电动车是指用蓄电池或燃料电池作能源的电动驱动的机车。主要有电动汽车和电动自行车二种。具有噪音小、起动迅速、使用方便等特点,适用于城市和郊区的客、货运输。

遂昌县20世纪90年代末,开始出现电动自行车,十多年来得到迅速发展,至2010年,全县拥有电动自行车4万余辆。2009年10月,遂昌县凯恩大酒店首次购进1辆4座小型电动汽车,至2010年,全县有小型电动汽车5辆。

第二节 公路客运

一、客运企业

遂昌县华通汽运有限责任公司 位于妙高镇平昌路1号，前身是1941年1月设立于遂昌金岸的“驿运站”。民国24年(1935)5月，浙江省公路局从丽水调拨美国产雪佛莱20座汽油载客汽车1辆，在遂(昌)松(阳)公路接送旅客，次年(1936)直达丽水。民国29年(1940)，遂昌至龙游公路建成，龙游至丽水客运通车。民国30年(1941)日军进犯丽水，客运停止。抗战胜利后，民国35年(1946)12月丽水至遂昌客运恢复，每日对开一班，车上售票，全程票价7500元(法币)，次年(1947)遂昌至龙游客运恢复，龙南公路租给浙江省汽车股份有限公司经营。民国37年(1948)4月21日，遂(昌)龙(游)客运班车改为松(阳)龙(游)直达班车，遂昌县城旅客须至金岸搭车。

1949年5月，遂昌县人民政府接管交通。1949年8月，遂昌汽车站直属省交通公司。1960年8月，实行运养合一，遂昌汽车站扩大为遂昌汽车中心站。1962年4月，中心站并入龙游运输段，仍称遂昌汽车站。1971年5月，恢复遂昌汽车中心站，归丽水运输段管辖。1984年，又改称遂昌站。1988年2月，浙江省交通运输体制下放，浙江省汽车运输公司遂昌站更名为浙江省丽水地区汽车运输公司遂昌分公司，下设办公室、稽查股、计划财务股、机务技术股和客运站、货运站、汽车保修车间。1992年10月成建制下放，由遂昌县交通局接收管辖，改称遂昌县长途汽车运输公司。1994年6月，遂昌县运输公司与遂昌县长途汽车运输公司合并，改称遂昌县汽车运输总公司。

2001年1月，经遂昌县企业改革领导小组批准，同意遂昌县汽运总公司按照国家《公司法》现代企业制度的要求进行企业改制，改名为遂昌县华通汽运有限责任公司，实行独立核算、自主经营、自负盈亏的股份制企业经营方式。2008年8月，浙江魏氏实业(集团)有限公司对公司的股权成功进行全部收购。之后，遂昌县华通汽运有限责任公司由浙江魏氏实业(集团)有限公司实行控股，公司注册资本为2000万元。

遂昌县华通汽运有限责任公司是遂昌县最大的客运企业，具有道路客运三级，道路货运三级资质的专业企业。公司下辖客运分公司、城乡公交公司、汽车出租旅游分公司、汽车修理厂、加油站和公司全额投资注册的遂昌县华通旅行社有限公司。2003年获得ISO9001质量体系认证，跨市县班车及旅游出租车均安装了卫星定位装置(GPS)(GPS卫星跟踪系统，其功能是实时记录车辆在行驶中所在位置、速度、运行线路，包括处于某个位置的具体时间、经度、纬度、状态信息、方向等，并具有报警防盗抢等功能，数据无须人为读取，可实时监控车辆运行情况，以便及时对车辆违规行驶或意外事故进行处理和调配)及行车记录仪(行驶记录仪，即"黑匣子"，其功能是能够循环记录最新时段内车辆运行速度、转向、制动、倒车、大灯等数据，数据须取件读取，为车辆安全管理和事故分析提供数据)。2009年，公司员工79人，经营用地2万平方米，房产3万平方米；客运车辆140辆，其中跨县长途班线36辆、县境内短途班线45辆、旅游出租车5辆、城乡公交车27辆、出租车27辆，各等级客运班线33条；完成旅客运量310万人次，完成旅客周转量8250万人千米，实现运输产值2020万元，净资产达4399万元人民币。

公司先后获得各种荣誉称号，客运分公司曾是省级文明单位和部级文明汽车客运站、浙江省交通行业文明示范窗口、浙江省文明客运汽车站；公司职工吴金娟曾被授予全国交通系统先进工作者和全国"三八"红旗手。

表2-2 遂昌县华通公司企业领导一览

机构名称	姓名	职务	籍贯	任职时间
丽水地区汽车运输公司遂昌分公司	黄发雄	经理	浙江遂昌	1989.1—1993.10
	苗发松	副经理	山东庆云	1989.1—1993.10
	邓松发	副经理	浙江遂昌	1989.1—1990.2
	范国良	副经理	浙江遂昌	1989.1—1993.10
遂昌县长途汽车运输公司	苗发松	经理	山东庆云	1993.10—1994.6
	范国良	副经理	浙江遂昌	1993.10—1994.6
	张成尧	副经理	浙江遂昌	1993.11—1994.6
	严小明	副经理	浙江江山	1993.11—1994.6
	郑勇青	副经理	浙江遂昌	1994.3—1994.6
遂昌县汽车运输总公司	苗发松	总经理	山东庆云	1994.6—2001.1
	李成唐	副总经理	浙江松阳	1994.6—2001.1
	张成尧	副总经理	浙江遂昌	1994.6—2001.1
	严小明	副总经理	浙江江山	1994.6—2001.1
	郑勇青	副总经理	浙江遂昌	1994.6—2001.1
	范国良	副总经理	浙江遂昌	1994.6—2001.1

续表

机构名称	姓　名	职　务	籍　贯	任职时间
遂昌县华通汽运有限责任公司	苗发松	董事长兼总经理	山东庆云	2001.2—2003.10
	李成唐	副总经理	浙江松阳	2001.2—2003.6
	张成尧	副总经理	浙江遂昌	2001.2—2003.6
	郑勇青	副总经理	浙江遂昌	2001.2—2006.9
	叶关林	副总经理	浙江松阳	2001.2—2006.9
	范国良	副总经理	浙江遂昌	2003.7—2006.9
	毛永强	副总经理	浙江遂昌	2003.2—2003.12
	毛永强	董事长兼总经理	浙江遂昌	2003.12—2006.9
	张成尧	副总经理	浙江遂昌	2003.12—2006.9
	郑勇青	副总经理	浙江遂昌	2003.12—2006.9
	黄建国	董事长	浙江龙游	2006.9—2008.7
	高品富	总经理	浙江遂昌	2006.9—2008.7
	毛增荣	副总经理	浙江兰溪	2006.9—2008.7
	徐土松	副总经理	浙江遂昌	2006.9—2008.7
	周伟军	副总经理	浙江遂昌	2006.9—2008.7
	陆国明	法人代表、总经理	浙江云和	2008.8—
	吴芳芳	副总经理	浙江云和	2008.8—
	高品富	副总经理	浙江遂昌	2008.8—
	郑勇青	副总经理	浙江遂昌	2008.12—

遂昌县运输公司　位于妙高镇原东街54号。民国期间为埠班，有埠夫13人。1950年成立搬运工会，1953年称遂昌运输工会第六小组。1955年5月，成立遂昌县搬运服务站。1958年改称地方国营遂昌搬运站。1959年3月，松阳县并入遂昌后改称地方国营遂昌县运输公司，下设城关、西屏、古市三个搬运站。1962年4月，遂昌县运输公司撤销，分设城关、西屏、古市搬运站。1971年城关搬运站购置跃进牌货车1辆，开始经营长途运输。1979年1月，恢复遂昌县运输公司，仍下设城关、西屏、古市三个搬运站。1982年10月，恢复松阳县建制后，城关搬运站改称遂昌县运输公司。1985年公司在原址改建五层综合楼，建筑面积1740平方米。1987年12月，购置东风牌客车，开始经营客运业务。1988年获浙江省客运金龙杯奖。1993年完成客运量62.01万人，客运周转量2412.72万人千米；完成货运量0.9万吨，货运周转量276.9万吨千米。1994年6月，遂昌县运输公司与遂昌县长途汽车运输公司合并，组建“遂昌县汽车运输总公司”。

表 2-3 遂昌县运输公司企业领导一览

机构名称	姓 名	职 务	籍 贯	任职时间
遂昌县运输公司	陈隆信	经 理	浙江文成	1989.1—1994.3
	钟磁根	副经理	浙江遂昌	1989.1—1992.4
	邱雄飞	副经理	浙江遂昌	1989.1—1992.6
	上官文豪	副经理	浙江遂昌	1989.1—1993.8
	李成唐	副经理	浙江松阳	1992.11—1994.6
	应力民	副经理	浙江遂昌	1994.3—1994.6

遂昌捷利达运输有限公司 前身为遂昌县城西客运中心，2000 年 9 月 20 日，成立捷利达运输有限责任公司，2005 年 10 月，改制为私营企业。注册资本 151 万元，注册于石练镇五雷街，办公地点现设于县城君子路 276 号，占地面积 400 平方米、建筑面积 380 平方米，内设经理室、办公室、财务室、安全机务科、石练车队、金竹车队、王村口车队及石练换乘中心，管理人员 9 人，公司员工共 160 人，为县内第二大客运运输企业。

公司经营范围为县内班车客运、县际班车客运、市际班车客运、县内包车客运、县际包车客运、市际包车客运、客运公交。2010 年，拥有 74 辆客车、1464 个客位，经营 21 条线路，主要承担遂昌县西部 12 个乡镇的旅客运输任务；固定资产 843 万元，上交税款 24.8 万元，完成客运量 183 万人，客运周转量 6173 万人千米。

2009 年 10 月，成立石练换乘中心，地址在石练镇路堰，占地面积 6232 平方米，建筑面积 355 平方米，现有 6 辆客车，主要任务是换乘到南尖岩、神龙谷景区的游客。

表 2-4 遂昌捷利达公司企业领导一览

机构名称	姓 名	职 务	籍 贯	任职时间
遂昌捷利达运输有限公司	华朝林	法人代表	浙江遂昌	2000.9—2005.10
	莫如飞	副经理	浙江遂昌	2000.10—2005.10
	聂 坚	法人代表、董事长兼总经理	浙江遂昌	2005.10—
	吴达俊	副经理	浙江遂昌	2005.10—
	朱可风	副经理	浙江遂昌	2005.10—

二、班车客运

班车客运是指公路上用于定线、定站、定时的营业性运输的大客车。它行驶于城镇、乡村之间，是汽车运输单位组织公路汽车旅客运输的主要形式。客运班车一般分普通客运班车、直达客运班车（快客）和旅游客运班车三类。为使旅客预先知道各类班车的到发时间，并便于车站适时进行各项旅客集散的组织工作，车站都制定和公布班车时刻表。

遂昌县的客运线路分为跨省线路、跨市线路、跨县线路和县内线路四种，逐年根据客流的变化进行调整和增加。主要由遂昌县华通汽运有限公司和遂昌捷利达运输有限公司经营。

整装待发的客运班车（摄于2012年8月27日）

1989至1992年，遂昌县有营运客车37辆（其中运输公司5辆），1645个座位（其中运输公司235座位）。年均完成客运量约320万人次（其中运输公司40万人次），旅客周转量为6294万人千米（其中运输公司900万人千米）。因受丽水地区计划控制，基本保持不变。

1994年，遂昌县长途汽车运输公司和遂昌县运输公司合并，成立遂昌县汽车运输总公司。全县有营运客车56辆，1670个座位。当年完成旅客运量262万人次，旅客周转量6035万人千米。

2001年，遂昌县有营运客车104辆，2100个座位。当年完成旅客运输量201万人，旅客周转量8952万人千米。

2010年，遂昌县有客运车辆217辆、4367个客位，其中投入班车客运154辆、3413个客位。客运线路63条、日发1002班次。其中：高速公路客运线路14条、日发19班次；跨省线路1条、日发0.5班次；跨市线路17条、日发40.5班次；跨县线路4条、日发27班次；县内线路41条、日发934班次（见表2-5）。2010年公路营业性旅客运输量472万人，旅客周转量15016万人千米。

表 2-5 2010 年遂昌县客运中心客运班线班次

线路类别	班 线	里程(千米)	班 次	票价(元)
跨 省	遂昌—上海	460	11:45	152.00
跨 市	遂昌—杭州 其中快客	279	12:25 21:30 7:05 8:35 9:45 13:00 15:00 16:30	90.00 98.00
	遂昌—湖州	387	10:25	99.00
	遂昌—温州(快客)	230	7:15 9:50 13:25	70.00
	遂昌—萧山	322	10.00 13.30	90.00
	遂昌—宁波	408	10:35	120.00
	遂昌—北仑	483	8:20(隔天)	136.00
	遂昌—柯桥	322	9:55	89.00
	遂昌—路桥	332	9:35	100.00
	遂昌—义乌	193	8:10 11:35 14:20	60.00
	遂昌—金华	136	6:50 12:40	43.00
	遂昌—永康	143 174	8:00 12:30	38.00 48.00
	遂昌—武义	107	7:15 12:40	24.00
	遂昌—瑞安	265	8:35	79.00
	遂昌—衢州	103	7:20 9:15 12:00 13:30 15:00 17:10	30.00
	遂昌—龙游	75	首班 6:20,末班 17:00, 日发 15 班,约 40 分钟一班	19.00
	遂昌—千岛湖(庆元发车)	174	13:40	52.00
跨 县	遂昌—丽水 (快客)	96	首班 6:30,末班 18:40, 日发 20 班,约 35 分钟一班	35.00
	遂昌—龙泉	103	8:50 12:35	42.00
	遂昌—景宁	142	8:30 12:55	39.00
	遂昌—松阳	32	首班 6:40,末班 18:40, 日发 44 班,约 15 分钟一班	9.00
	遂昌—庆云(千岛湖发车)	251	13:15	75.00

续表

线路类别	班 线	里程(千米)	班 次	票价(元)
县 内	遂昌—坑西	110	6:30	27.00
	遂昌—砳下	113	8:00 10:30	28.00
	遂昌—西畈	125	8:40 11:30	33.00
	遂昌—蔡源	56	11:20 15:30	15.00
	遂昌—毛阳	110	12:50	28.00
	遂昌—黄沙腰	88	14:40	23.00
	遂昌—关川(经焦滩)	74	6:40	20.00
	遂昌—吴处	71	10:00 14:00	19.00
	遂昌—埠头洋	73	13:00	19.00
	遂昌—王村口	61	16:00	16.00
	遂昌—龙洋	70	7:30 8:20 9:10 11:00 12:00 15:00 17:00	18.00
	遂昌—金竹(经北界)	69	7:10 10:50 12:40 13:40 14:50	15:00
	遂昌—金竹(经峡口门)	52	首班 6:20,末班 17:00,日发 32 班,每日 20 分钟一班	13.00
	遂昌—长树源	72	13:00	18.00
	遂昌—叶村	54	8:20 14:40	14:00
	遂昌—早坞	52	15:00	14.00
	遂昌—梭溪(经兰蓬)	52	6:50 9:10 13:50 16:10	13.00
	遂昌—梭溪(经北界)	56	7:10 14:50	15.00
	遂昌—前山	46	14:05	10.00
	遂昌—高棠	61	7:40 9:50 11:50 14:30 16:00	13.00
	遂昌—天师砇	50	9:10 15:20	13.00
	遂昌—琴淤	59	6:40 9:00 13:30 15:40	15.00
	遂昌—石练	30	首班 6:00,末班 18:00, 日发 72 班,每 10 分钟一班	8.00
	遂昌—社后	21	首班 6:40,末班 17:00, 日发 36 班,每 20 分钟一班	6.00
	遂昌—马头	18	首班 7:00,末班 16:50, 日发 16 班,每 20 分钟一班	5.50
	遂昌—北界	27	首班 6:40,末班 17:30, 日发 27 班,每 20 分钟一班	7.00
	遂昌—高坪	60	6:40 8:00 8:40 9:30 10:20 11:20 12:20 13:10 14:10 15:40 16:30	15.00
	遂昌—小岱	36	7:50 9:00 10:40 12:15 13:50 16:00	9.00
	遂昌—根竹口	39	8:50	10.00

续表

线路类别	班线	里程(千米)	班次	票价(元)
县内	遂昌—桂洋	49	10:30(周六改为9:30)	12.00
	遂昌—坝头	54	11:30 14:00 16:00	14.00
	遂昌—石柱	46	12:50	12.00
	遂昌—蕉川	17	8:20 9:20 10:20 11:20 12:20 13:20 15:20 16:20	5.5
	北界—苏村	12	7:40 9:20 10:40 12:20 14:30 16:00 17:00	4.00
	北界—社后	22	7:00 9:00 12:00 14:00	7.00
	遂昌—南尖岩	51	7:30 13:50	16.00
	遂昌—白马山(经远路口)	51	9:35 15:30	15.00
	遂昌—白马山(经应村)	61	11:50 16:00	16.00
	遂昌—神龙谷	53	13:00	15.00
	遂昌—千佛山	36	首班6:45,末班16:15, 日发20班,每30分钟一班	10.00

三、旅游客运

旅游客运是指用汽车沿公路载运旅客往返于各风景点的业务。旅游客运按其形式不同可分为旅游班车和旅游包车两种。

遂昌山清水秀,风光秀丽,旅游资源十分丰富。但地处浙西南山区,藏在深闺人未识,起步比较晚。2000年之前遂昌的旅游是空白,无所谓旅游客运。之后,在政府的强力推动下,逐步开始白马山、飞石岭、遂昌金矿、南尖岩、神龙谷等景区的开发。至2010年,遂昌县有国家AAAA级景区4个,成为浙江省拥有4A级景区最多的县,还有一批A级景区和省、市级农家乐旅游点,全年共接待国内外旅客402.83万人次。

相对旅游业的发展来说,遂昌县旅游客运的发展是缓慢而滞后的。遂昌县的十余家旅行社均未配置自己的客运车辆,旅游客运的业务主要是委托或租用外地旅游客运企业安排车辆接送。

旅游班车

旅游客运班车是专为通往名胜古迹和风景区而设。旅游客运班车的车辆性能和车辆内的设备及服务条件通常优于普通客运班车。遂昌县的旅游班车设定都是长期性的。

表 2-6 遂昌县主要旅游班车线路

主要景区	班次时间
南尖岩	7:30 14:20
遂昌金矿	7:15 7:50 9:00 10:40 12:15 16:00
神龙谷	8:40 13:50
千佛山(飞石岭)	6:15 至 16:15 每半小时 1 班次
红星坪温泉度假村	6:10 9:00 14:00 15:40
汤沐园温泉	6:15 至 16:15 每半小时 1 班次
中国竹炭博物馆	新路湾、北界、龙游等方向班车途径博物馆

旅游包车

遂昌县旅游包车企业有 2 家,即 1995 年 4 月成立的遂昌县汽车出租(旅游)公司,2001 年 4 月改制后称遂昌县华通汽运有限责任公司汽车出租旅游分公司,当年投放旅游车 3 辆(“长安”和“柳州五菱”牌面包车型),至 2010 年底只有 5 辆车,其中大型 4 辆、中型 1 辆,192 个客位。2000 年 9 月,遂昌捷利达运输公司购置 1 辆中型旅游车,20 个客位,开始经营旅游包车业务。实行计程包车和计时包车。

四、出租客运

出租客运是指城市中为公众提供不定线交通的租乘汽车。出租汽车的车型主要是轿车,也有普通客车、旅游客车和客货两用车。车上有专门的标记和“出租”(或英文 TAXI)字样,以便识别。收费标准高于其他公路公共交通工具。

遂昌县的首辆出租客运小汽车出现在 1994 年 7 月,当年就发展到 10 辆,开始都为个体户经营。1995 年 4 月,遂昌县汽车运输总公司组织各个体经营户组建了“遂昌汽车出租(旅游)有限公司”,并将客运站门前的空地作为出租车的停放点,此种不良方式一直延续至今。出租车未实行打表收费,采用车主和旅客协议收费的办法。由于遂昌县城区域不大,出租车市场小,自 1998 年以后出租客运审批从开放进入调控审批阶段,并数次对出租车市场进行整顿,但效果不大。

2001 年 4 月,遂昌县华通汽运有限责任公司向工商部门进行注册登记,改名为“遂昌县华通汽运有限责任公司汽车出租旅游分公司”。截至 2010 年底,全县有出租车企业 1 个、出租车驾驶员 30 人、出租车 27 辆,其中帕萨特 1 辆、桑塔纳 21 辆、捷达 5 辆。

五、公交客运

公交客运,亦称“城市公共交通”,是指在城市(县城以上)及其郊区范围内,为方便大众出行,用客运工具进行的旅客运输。21世纪,国家重视城乡一体化发展,随之提出了城乡一体化公交,公交线路的范围扩展至县(区)内乡(镇)。

公交客运企业属公益性企业,经营管理的基本方针是为公众出行服务,其经济效益主要见诸社会效益,而不是单纯地着眼于企业自身的盈利。企业发生的政策性亏损,一般由政府给予补贴。

遂昌县城市公交客运开始于1999年9月,开辟了妙高镇源口至庄山(利民化工厂)公交线路,先期投入9辆中巴车,后增至12辆营运。1999年10月,遂昌县永新化工厂取得了妙高镇叶坦至永新化工厂(十三都)公交线路经营权,永新化工厂2辆接送职工上下班的自备客车作为公交用车,后经营权转让给捷利达运输有限公司。2007年10月,华通汽运有限责任公司取得妙高镇茗月山庄至兴居花园和大毛头村至株树窟2条公交线路,投放8辆中巴车营运。2009年6月,又开通了大桥工业园区至茗月山庄的公交线路,由华通汽运有限责任公司投入4辆公交车进行营运。见表2-7。

城乡公交一体化 城乡客运一体化是浙江省交通厅道路运输管理局于2004年提出的。遂昌县最早开办的城乡公共汽车是1977年11月,遂昌汽车中心站投入2辆客车列车(通道式客车)开通妙高镇至西屏镇线路,营运里程30千米,沿途设置21个停靠站。实行定车、定线、定班、定员,采取城市公共汽车服务方式,一线多班、站点密集、随车售票。至1989年停止。2007年1月由原来承包经营班线的车辆更新投放公交型汽车,开通了县城(妙高镇)至云峰镇的城乡公交线路(见表2-8)。

表2-7 城市公交线路一览

线 路	里 程	车 辆	座 位	往返班次	票 价
源口—利化	13	10	150	6:00—21:00 每日每辆车9个往返	2.00
叶坦—永化	14	3	41	6:30—17:00 每日每辆车11个往返	2.00
大毛头—株树窟	8	1	17	6:30—18:30 每日每辆车5个往返	1.00
兴居花园—茗月山庄	7	1	17	6:30—18:30 每日每辆车5个往返	1.00
茗月山庄—大桥	14	1	17	6:00—18:00 每日每辆车12个往返	2.00

表2-8 城乡公交线路一览

线 路	里 程	车 辆	座 位	往返班次	单 价
北门—社后	20	6	78	6:00—18:00 每日每辆车8～9个往返	4.00

六、自备车客运

自备车客运是公路汽车旅客运输的重要形式，属于非营业性运输，通常称为自用客运，包括个人自备汽车和单位自备汽车两种。遂昌县的自备车主要为轿车。至 2012 年，全县有小汽车 12644 辆，另有外地上牌的 4500 辆。

单位自备车客运　遂昌县自 1971 年始在政府行政部门配自备车，当时多为吉普车，1983 年之后才逐渐更换为轿车和中巴车。至 2010 年，遂昌县各行政单位、乡（镇）政府、企事业单位都配有数量不等的自备车，多为轿车。此外，一些厂矿企业也自备少量的客车，专用于接送职工上下班。2010 年底，遂昌金矿有自备大客车 6 辆，绿源木业有自备大客车 1 辆，成屏一级电站有自备中巴 1 辆。

个人自备车客运　遂昌县自 1984 年 5 月始有个人自备车，进入 21 世纪后，个人自备车得到快速发展，尤其是 2007 年高速公路通车后，得以更快发展，多为普通轿车。至 2010 年，全县有个人自备车 5409 辆，已经远远超过了机关企事业单位自备车。

第三节　公路货运

公路货运主要指汽车货物运输，是使用汽车载运货物的业务，亦称汽车货运，是公路运输的主要组成部分。公路货运具有面广、点多、分散的特点，一般都是两地之间“门到门”的直达货物运输，可以节约中转装卸费用，减少货损货差，缩短货物在途时间。公路货运也为铁路运输、水路运输、航空运输等集散货物，是大物流产业的一个重要环节。公路货运有多种分类方法，按经营结构分为普通车辆货物运输和专用车辆货物运输；按一次托运货物重量可分为汽车整车货物运输和汽车零担货物运输等等。

一、货运企业

义通运输服务部　位于遂昌县妙高镇车站路 41 号后门，成立于 2009 年 9 月 15 日，注册资本 0.5 万元，法人代表黄冬恒。经营范围为货运站（场）货运配载和代理，从事托运、零担业务。现有大、小货车 7 辆，41 吨位，2010 年完成货物运输量 5904 吨、运输周转量 142 万吨千米。

通达公铁联运　位于遂昌县妙高镇车站路 198 号，成立于 2001 年 8 月 2 日，注册资本 3 万元，法人代表张遂明。经营范围为普通货运和货运站（场）货运配载,从事托运、零担业务。现有3辆车、26吨位,2010年完成货物运输量3744吨、运输周转量90万吨千米。

遂昌县尚有多家私营货运企业,因资料不全故从略。

二、普通货物运输

普通货物运输是相对于专用车辆货物运输而言的公路货运,是公路货运的主要形式,主要的组织形式是汽车合同运输和汽车包车运输。

遂昌县自民国24年(1935)始有公路货运,由省统一经营。1949年5月后,经过对私有企业的改造,公路货运全部由国有企业经营。改革开放以前,遂昌只有两家经营公路货运的企业:遂昌汽车中心站和遂昌县运输公司。20世纪60年代以后,遂昌县的粮食、林业、商业、供销部门及部分厂矿先后购置汽车,以承运本单位的物资为主。1980年全县(含松阳)56家单位的货运汽车有167辆。1990年以后,由于货运市场的全面放开,竞争日趋激烈,先是各单位车辆纷纷承包或转让给个人经营,接着国有运输企业也将货运车辆承包给个人。至20世纪90年代末,国有企业最终完全退出了货运市场。

1999年,遂昌县共有各种货运车辆1994辆,总吨位3158吨,完成货物运输量191万吨,货物运输周转量11115万吨千米。2010年,全县共有各类货运车辆926辆,计6354吨,其中普通货物运输车辆860辆,计5676吨;私营和个人货物运输经营业户556家,其中普通货运经营业户538家;完成货物运输量286万吨,货物周转量31259万吨千米。

三、零担货运

汽车零担货物运输是汽车运输企业承办的一次托运不足规定整车重量限额货物的运输,简称汽车零担货运。托运人一次托运的货物不足3吨;或单件体积一般不小于0.01立方米、不大于1.5立方米;或单件重量不超过200千克;或货物的长度、宽度、高度分别不超过3.5米、1.5米、1.3米的,都按零担货物受理。零担货物的特点是:货物批量小、品种繁多、站点分散、运输组织要求严密。

20世纪60年代初,中国遭受三年重大自然灾害,经济全面萧条。1964年11月,为解决公路运输客货两淡、车辆停空,在丽水地区进行一次经济调查,丽水运输段提出“面向山区、短途、支线,承运轻泡、长干、零担”的运输方针。遂昌汽车站开始开设汽车零担货物运输业务。零担班车的班期间隔较长,或10天、或5天不等。零担货运班车机动灵活、集零为整又化整为零,有力地支援了农业生产。“文化大革命”期间,零担货运一度受到影响,停停办办,时有起伏。20世纪80年代实行改革开放政策,农村拖拉机、简易车运输得到迅速发展,零担货运受到冲击,1988年遂昌汽运分公司停止了零担货运业务。

随着生产日益社会化、专业化，商品从生产领域到消费领域的流通过程，往往不是一个地区内一种运输方式所能单独完成。遂昌县自20世纪90年代开始出现了类似于“零担”的“快递”业务，更加便捷、灵活、经济的运输方式受到全社会的青睐。2010年，全县有快递公司8家。

四、危险货物运输

危险货物运输是指公路运输中办理易燃、易爆、有腐蚀性、有毒、有放射性及易于分解放氧等货物的运输。危险货物运输应有专门的车辆，在运输过程中要分别按其特性妥善防护管理，以免伤害人员或损坏物资、设备和污染环境。经营危险货物运输要经公路运输管理部门的行政许可。

遂昌县冶金、化工业历史悠久，20世纪60年代又成为“小三线”的基地，危险物品的消耗和产品都较多，主要有爆炸品、气体、易燃液体、毒性物质和腐蚀性物质。改革开放前主要是生产厂家自行组织运输，监管工作比较薄弱。

20世纪90年代以后，危险货物运输市场逐渐开放。2001年对全县的危险货物运输市场进行了专项整治，符合条件的危险货物运输业户换发了新证。2004年7月，《中华人民共和国道路运输条例》开始正式实施，危险货物运输开业条件中对车辆拥有数从10辆降为5辆。2005年，遂昌县公路运输管理所在所有的危险货物运输车辆上都安装了GPS卫星定位系统和车辆行驶记录仪。2006年7月以前，危险货物运输车辆的经营范围没有分类，自2006年8月之后，危险货物运输实行分类分项管理。

2010年，遂昌县道路危险货物运输企业共6家，危险货物运输驾驶员85人、押运员74人、装卸管理员15人，全部持证上岗。危险货物运输车辆59辆，计566吨位，其中罐车19辆，计253吨；厢式车35辆，计264吨；普通栏板车5辆，计49吨。全年完成危险货物运输量8万吨，危险货物周转量2090万吨千米。

五、大型物件运输

公路大件运输是指公路运输中对庞大、沉重而又不可分割的整体货物的运输。大型物件在体积和重量上超过了普通载货汽车允许的装载容积和重量、并超过了公路线形和桥涵通过能力的规定界限，运输时就要采取一定的工程技术和运输组织措施，并应取得公路路政管理部门的行政许可。

遂昌县在改革开放之前没有自己的公路大件运输经营企业，少量的大型物件都是由建设单位联系外地的大件运输企业运输。随着现代大工业的发展，化工、冶金、电力和制造业所用设备的体积和重量日益增大，公路大型物件运输逐步兴起。2004年之后，遂昌才开始有大件运输经营业户。截至2010年，全县有大件运输经营业户5家，都属牵引车，为私人经营，有大件运输牵引车5辆、48吨位。

六、集装箱运输

公路集装箱运输是指把适合装箱的货物装入集装箱内,再用集装箱汽车载运的一种运输形式。主要用于件杂货运输。集装箱通常采用汽车列车的组合形式,其中以半挂式汽车列车居多,集装箱汽车装载部位的尺寸按标准集装箱尺寸确定,并在四角设有固定集装箱的扭锁装置。

遂昌县的集装箱运输发展缓慢。2008 年以前集装箱业务均委托或承包给外地运输企业经营。2010 年,遂昌县有集装箱运输经营业户 1 家,集装箱挂车 2 辆,64 个吨位。全年完成集装箱运输量 768 个公路标准集装箱(TEU)。

第四节　物流、仓储

现代物流是指利用先进信息技术和物流装备,整合传统运输、储存、装卸、搬运、包装、流通加工、配送、信息处理等物流环节,实现物流运作一体化、信息化、高效化的第三利润源泉。2008 年被浙江省交通运输厅确定为现代交通“三大建设”即建设大港口、建设大路网、建设大物流的战略目标之一。

一、浙江省绿通物流有限公司

浙江省绿通物流有限公司位于遂昌县妙高镇牡丹亭中路 7 号,成立于 2003 年 7 月 14 日,注册资本 1300 万元,法人代表黄剑飞、总经理叶关林。2008 年 12 月 27 日,公司被丽水市交通局确定为“市级重点扶持交通物流基地”和“市级培育龙头企业”;2009 年 3 月 24 日,被遂昌县交通局确定为全县唯一的“重点物流联系企业”;2010 年 12 月 24 日,被浙江省道路运输协会公布为“浙江省三级道路运输企业”。

公司实行事业部管理模式,下设贸易发展部、物流拓展部、客户服务部、经营管理部、安全保卫部和办公室。公司员工 380 人。经营范围包括:普通货运、货物专用运输、经营性危险货物运输、卷烟雪茄烟零售、汽车及汽车配件销售、吊车施救、汽车租赁、汽车修理、物流配送、代办中国移动业务、铲车和挖机出租服务、土石方工程等。随着公司业务不断攀升、经营范围不断扩大、公司实力不断增强,2009 年进驻宁夏青铜峡新井煤矿进行露天煤矿开采和煤炭运输,2010 年又进入新疆,从事煤炭运输。公司拥有各类车辆 385 辆,其中包括自备车 5 辆、配送车 59 辆、挖掘机 13 台、装载机 3 台。2010 年,实现销售收入 2713.61 万元,企业净利润 58.16 万元，上交国家税收 158.66 万元，总资产 6580.25 万元。

为落实省交通厅实施浙江省城乡物流一体化发展规划，公司自筹资金 107 万元，于 2009 年 5 月至 12 月期间，建成城乡网络配送站 12 个(见表 2-9)。

表 2-9 遂昌县农村物流配送站一览

配送站	租房面积(m^2)	软件设施(万元)	办公设施等(万元)
新路湾镇	80	0.5	1.5
王村口镇	100	0.5	1.5
云峰镇	100	0.5	1.5
濂竹乡	150	0.5	1.5
北界镇	130	0.5	1.5
柘岱口乡	55	0.5	1.5
石练镇	80	0.5	1.5
金竹镇	80	0.5	1.5
应村乡	100	0.5	1.5
龙洋乡	100	0.5	1.5
高坪乡	100	0.5	1.5
大柘镇	100	0.5	1.5

公司按照现代物流理念，充分利用本地资源，努力做强做大专业物流企业。目前已经完成和正在进行的重大项目有：

新建农村货运站。2010 年 3 月，公司在遂昌县妙高镇后江村开工建设后江货运站，历时半年，至 9 月基本建成。耗资 35.7 万元。占地面积 2870 平方米，建筑面积 1800 平方米。

物流基地建设。经过几年筹备，2010 年底经遂昌县发改局批准，并于 2011 年 1 月通过政府挂牌出让竞得妙高镇金岸农民新村西侧 G(2010)07 号地块，用于建设浙江省绿通物流有限公司物流中心基地。该地块面积 17710 平方米，竞价 770 万元，公司计划用两到三年时间，分两期完成该项目建设。物流中心主要分交易、信息、物流、仓储、配套服务、加工六个区。一期工程占地 13320 平方米，主要包括交易区、加工区、仓储区；二期工程占地 4390 平方米，主要有综合办公楼(配套服务)、信息区和物流运输区。整个项目占地 17710 平方米，总建筑面积 14168 平方米，总投资 4500 多万元。2011 年 6 月 30 日开工。

二、浙江遂昌凯运物流有限公司

浙江遂昌凯运物流有限公司位于遂昌县妙高镇平昌路 16 弄 1 支弄 8 号，成立于 2003 年 4 月 10 日，注册资本 200 万元，法人代表吴周云。公司于 2005 年、

2008年先后被评为守合同重信用单位,也是丽水市重点联系企业。公司下设总经理室、财务部、销售部、安全部、机务部,有管理人员15人。经营范围包括:汽车运输、货运调度、汽车咨询服务、汽车销售(不含九座以下乘用车)。

2004年8月,公司在江西省上饶县旭日北大道组建成立了上饶县凯运汽车运输有限公司;2009年6月,在遂昌县金岸工业园区组建成立了丽水市第一家危品一类维修企业——浙江遂昌凯运机动车维修有限公司。2010年公司投入500多万元,新增货运车辆32台,800多吨位,大大提高了道路货物运输的运力。至此,公司拥有各类营运车辆300辆。2010年实现销售收入1336万元,企业净利润32万元,上交国家税收80万元,总资产1870万元。

三、浙江遂昌神剑物流有限公司

浙江遂昌神剑物流有限公司位于遂昌县妙高镇平昌路16弄1支弄8号,成立于2008年10月10日,注册资本100万元,法人代表姜慧勤。公司拥有危品运输资质,系市、县重点货运联系企业。

公司下设总经理室、财务室、安全机务室、档案室,有管理人员6人。拥有6辆炸药车、3辆油罐车、配备驾驶员9名、押运员9名。经营范围包括:货运(危险货物运输:爆炸品类1项、气体类1项;易燃液体类)、汽车销售(不含九座以下乘用车)、汽车咨询服务、汽车配件零售;货运调度;消防器材销售、安装;停车服务。

2010年,公司实现销售收入384万元、企业净利润11万元、上交国家税收23万元、总资产200万元。

第五节 运输服务

一、搬运装卸

搬运装卸是指汽车货物运输生产过程始末的装货作业和卸货作业,是汽车进行货物运输必不可少的重要环节。货物装卸作业对车辆使用效率、货物运达速度、运输质量和运输费用都有重要的影响,一般由货物承运单位或发货、收货单位负责组织。物流产业兴起后,通常由物流企业负责组织。

遂昌县的汽车搬运装卸方式经历了从人力到半机械、机械化的发展过程。人力搬运装卸和以人并利用简单工具进行的搬运装卸方式,延续了相当漫长的时间。清末出现了埠班搬运,民国23年(1934)后有了手拉车搬运,1949年5月后至20世纪70年代以前遂昌虽没有专业搬运装卸,但主要仍然是手拉车搬运。1960年遂昌汽车站设立装卸班,专门承担汽车装卸,1970年之后装卸工由汽车站职工家属承担。整个装卸过程全部依靠人力。

改革开放之后,汽车货运市场逐渐放开,货物运输由国营和集体经营转为私营和个体经营。汽车货物搬运装卸业务随之改为自行雇工装卸方式,遂昌县已没有专业的货物装卸企业。2007年之后物流产业兴起,装卸、搬运业务一般由物流企业负责组织。普通货物装卸至今仍大量沿用人力作业,部分特殊货物的半机械、机械化装卸设备得以发展:集装箱和托盘装卸机械,如起重机、跨车、大型叉车、铲车等;利于装卸作业的各种找平装置,如举升平台、固定装卸平台等;专用运输汽车,如粉粒状货物用罐车有气力输送装置,液罐车有泵组,矿砂、煤、砂石料可用自卸车,配以铲斗装载机或输送机等。装卸作业部分实现了机械化甚至自动化。

二、联运

联运是指两种或两种以上运输方式或同一种运输方式的几个运输企业,遵照统一的规章或协议,联合完成某项运输业务。是一种综合利用各种运输工具,比较经济、合理、迅速地完成客货运输的重要运输形式。

遂昌县联合运输最早是民国36年(1947)5月,浙江省公路联营运输处丽水段与丽温快船公司合办车船联运,遂昌汽车站可购直达温州的联运票。1948年因国内战争而停止。

1971年9月,丽水地区汽车运输段开辟客运联运线站,遂昌汽车站开始发售有关中转线的车票,到站办理签票手续,以方便旅客。1972年3月,丽水地区成立统一运输指挥部,负责本地区的客、货联运工作,实行统一指挥、统一调度、统一计划受理、统一票据、统一结算。不久即因矛盾而解散。

1988年11月,丽水地区成立联运服务部,1989年6月,改称联运公司,遂昌汽车运输分公司也相应设立遂昌联运站,开展铁路、公路、水路联合运输业务。1991年之后,因公路运输市场完全开放而终止业务。

2005年前后,遂昌县的"快递"业务快速发展,零星小件物品的联合运输得以蓬勃发展,尤其是物流产业的兴起,作为物资流通的大平台,整合了各种运输方式,使联合运输更加安全、快捷、方便、高效。

三、机动车维修企业

一类(3家):

浙江遂昌凯运机动车维修有限公司 位于遂昌县金岸工业园区29—164号(龙丽线K60+500处),成立于2009年5月21日,注册资本100万元,法人代表吴周云、总经理蒋运财。具有维护一类汽车整车维修企业资质,也是丽水市第一家危品一类维修企业,还是5家保险公司特约维修公司和遂昌县交通事故施救中心。经营范围为大中型货车维修、小型车辆维修、危险货物运输车辆维修。公司维修场地8000多平方米,内有职工宿舍楼一幢三层500平方米、办公场所150平方米,内设经理室、财务室、普通维修区、危品维修区、待修区。管理人员9人,员工共32人,其中高级检验员1人、中级8人。吊车1辆、拖车1辆、施救车1辆,维修设备齐全。2010年固定资产32.2297万元,产值40万元,上交税款1.5万元。

遂昌县华通汽运有限责任公司修理厂 位于妙高镇车站路48号,成立于2001年1月5日,注册资本444.14万元,法人代表陆国明。具有维修一类汽车整车维修企业资质,经营范围包括:大中型客车维修、大中型货车维修、小型车辆维修和汽车配件销售。前身是1960年9月建立的遂昌汽车中心站汽车修理车间。拥有维护场地5021平方米,其中主厂房1386平方米、停车场地1545平方米,维修设备齐全、维修力量较强。2010年维修产值30余万元。

遂昌县德众汽车销售服务有限公司 位于妙高镇牡丹亭中路598号,2010年10月25日成立,前身为2006年9月成立的"浙江遂昌车之翔汽车维修有限公司",注册资本200万元,法人代表钟建雄。具有维修一类汽车整车维修企业资质,经营范围包括:小型车辆维修、车辆装潢(蓬布、坐垫及内饰),汽车快修;汽车配件销售;二手车经纪、销售;汽车信息咨询。公司系上海大众、斯柯达、荣威、名爵四个品牌的准"4S"店。现有职工55人,占地面积8800平方米。

二、三类经营业户见表2-10。

表2-10 遂昌县汽车维修二、三类经营业户一览

经营业户名称	法人代表	经营资质
遂昌金矿有限公司机运车间	朱金发	二类汽车整车维修企业
遂昌县进口车辆修理厂	黄连新	二类汽车整车维修企业
遂昌隆昌汽车修理行	孟永福	二类汽车整车维修企业
遂昌县民信汽车修配厂	徐文忠	二类汽车整车维修企业
遂昌县万修小车修理厂	詹志红	二类汽车整车维修企业
遂昌县安通汽车维修服务中心	张金根	二类汽车整车维修企业
遂昌杨财法汽车修理厂	杨财发	二类汽车整车维修企业
遂昌县军强汽车维修部	余军强	二类汽车整车维修企业
遂昌县畅通汽车修理厂	王昌贤	二类汽车整车维修企业
遂昌捷通汽车维修服务中心	周吉寅	三类维修业户(快修)
春英车辆坐垫加工厂	廖春英	三类维修业户

续表

经营业户名称	法人代表	经营资质
遂昌县忠林车辆修理部	邹小伟	三类维修业户
遂昌县鑫海汽车摩托车修理部	胡立海	三类维修业户
浙江剑光酒业有限公司	俞　剑	三类维修业户
遂昌汇众轿车修理部	周水法	三类维修业户
遂昌县立峰车辆修理部	兰立峰	三类维修业户
遂昌祖平轮胎修理店	杨昌宇	三类维修业户
包青文轮胎修理店	包青文	三类维修业户
岳军轮胎修理店	刘岳军	三类维修业户
遂昌里程汽车维修服务中心	胡邑邕	三类维修业户
遂昌县弘昌汽车修理部	周昌武	三类维修业户
遂昌县期健汽车电器修理店	庄期健	三类维修业户
老马汽车电器修理部	马颂军	三类维修业户
遂昌车友汽车装饰品经营部	潘黄平	三类维修业户
王根贤电瓶修理部	王春喜	三类维修业户
遂昌县浙南汽车美容中心	刘新根	三类维修业户
根富汽车修理店	项根富	三类维修业户
石练农机服务站	毛更贤	三类维修业户
遂昌顺安汽车修理店	柴辅盈	三类维修业户
遂昌帮华汽车电器修理店	黄帮华	三类维修业户
晓伟汽车小修店	陈小辉	三类维修业户
新路湾汽车修理店	姜法坤	三类维修业户
汤海松轮胎修理店	汤海松	三类维修业户
遂昌路路通修车行	金英军	三类维修业户
土根汽车轮胎修理店	王土根	三类维修业户
遂昌功顺修理店	雷功顺	三类维修业户
曾会轮胎修理店	曾　会	三类维修业户
贤富修理店	叶贤富	三类维修业户
遂昌县小康汽车电器商行	温惠康	三类维修业户
彭冬生电瓶修理店	彭冬生	三类维修业户
遂昌县江山祝君汽车修理店	祝王君	三类维修业户
军杰汽车修理店	王军杰	三类维修业户
欣熠车辆电路修理店	翁建军	三类维修业户

续表

经营业户名称	法人代表	经营资质
遂昌县上江机动车服务中心	王光镭	三类维修业户
遂昌立崇汽车修理店	程立崇	三类维修业户
谢卫娥	谢卫娥	三类维修业户
遂昌陶忠畏轮胎修理店	陶忠畏	三类维修业户
陈国友	陈国友	三类维修业户
衢州汽车修理店	张　建	三类维修业户
遂昌县车之家汽车装潢美容中心	林文君	三类维修业户
遂昌好来汽车美容装潢行	王祺友	三类维修业户
遂昌供销车队	罗　平	三类维修业户
遂昌小梅汽车水箱修理店	梅喜振	三类维修业户
曾照波	李文泽	三类维修业户
遂昌县爱车族汽车美容装潢店	叶权青	三类维修业户
遂昌粤达汽车装潢部	刘志辉	三类维修业户
遂昌石马汽车喷漆店	罗育清	三类维修业户
遂昌恒泰汽车装潢店	柳　杨	三类维修业户
遂昌县华骏汽车修理厂	李春球	三类维修业户
遂昌城东洗车场	邵爱珠	三类维修业户
遂昌万通汽车装潢美容中心	詹志红	三类维修业户
遂昌彪马汽车维修部	竺发强	三类维修业户
遂昌肖军调油泵店	肖书堂	三类维修业户
罗修明	罗修明	三类维修业户
遂昌汇众小车修理厂	叶德良	三类维修业户

四、汽车驾驶员培训

汽车驾驶员培训是指接受培训的人,通过学习培训和考试,能正确运用汽车的各种操纵机构和控制装置,使汽车正常行驶的教学过程。汽车驾驶员培训分理科和术科两门。理科的主要内容包括熟知交通规则,能正确识别各种交通标志和交通信号;熟悉汽车的构造和性能以及驾驶操作规程,熟练使用汽车的各种操纵机构和控制装置以及各种指示仪表和信号装置;能正确判断并及时排除汽车常见故障,保证汽车经常处于良好的技术状态。术科的主要内容包括发动机启动、汽车起步、变速换挡、选择路面和经济车速、安全滑行、制动减速和停车等。

民国时期,按《浙江省管理汽车司机暂行章程》规定,凡车主或驾驶员在指定管理汽车的机关申请登记、候期考核、经考核合格后由省建设厅发给临时执照，满一个月后如无违章或未发生交通事故的方换给正式驾驶执照。

1949年至1985年，由于当时社会车辆的保有量和增长量较少，全日制的汽校每年能向社会提供足够的汽车驾驶员。对确实急需驾驶人员的单位，均采用“以师带徒”的方式，随车传授驾驶技术，自己培养部分驾驶人员。通过考试由车辆监理部门发给实习驾驶证，6个月实习期满经审核后发给驾驶执照。

1985年3月，遂昌县交通局首次举办货车驾驶员培训班，学员85人，学习期6个月，学习分理科和术科两部分。1987年7月又先后举办了两期汽车驾驶员培训班，共有65名学员考试合格；同年9月，遂昌县举办首期小型汽车驾驶员培训班，学员8人，学习期4个月，分理科和术科两类学习。

1987年10月，交通监理权移交公安部门后，遂昌县大型货车驾驶员一律由丽水地区车辆监理部门统一培训。1994年2月25日，国务院办公厅国发办〔1994〕29号文《交通部职能配置、内设机构和人员编制方案》规定，将汽车驾驶员培训学校和驾驶员培训的行业管理纳入交通部门。由于部门之间利益矛盾，使汽车驾驶员培训和行业管理的移交经历了漫长的时间。2001年4月19日，浙江省人大常委会通过的《浙江省道路运输管理条例》出台，再次重申了把汽车驾驶员培训行业纳入交通部门管理。

2003年3月，遂昌县运管所和交通局职工40人投资入股，设立了遂昌县安达机动车驾驶技术培训有限公司。同年8月职工个人股份全部退出，变更为遂昌县安达汽车驾驶学校有限公司。至2010年，全县有二类驾校1家，三类驾校2家，拥有各类教练车67辆，驾校从业人员72人，全年培训驾驶员2000人。

遂昌安达汽车驾驶学校有限公司 简称“安达汽校”，2003年3月5日成立于妙高镇高路村，后迁址三仁乡高碧街村丁口，注册资本150万元，法人代表华朝林，2005年10月改制为私营企业后，法人代表莫如飞。具有驾培二类资质，经营范围为普通机动车驾驶员培训（B1、B2、C1、C2、C3、C4）。设有校长室、办公室、机务安全科、财务室，管理人员7人；有教练员31人，教练车26辆（桑塔纳23辆、捷达自动挡1辆、东风大货车2辆）；理科培训教室200平方米、办公楼300平方米、桩考训练场地12000平方米，拥有2条“九选四”大小车道、2台教学模拟器。2010年底固定资产1000万元；培训驾驶员1500人，每位学员收费标准：大车4000元、小车3000元、小车自动挡3200元。系丽水市“诚信企业”，2008和2010年度均为“浙江省十佳驾培机构”。

丽水市大地汽车驾驶员培训学校有限公司遂昌分公司 简称“大地汽校”，2006年12月19日成立于妙高镇古院村，注册资本500万元，法人代表钟宾华。具有驾培三类资质，经营范围为普通机动车驾驶员培训专项类：C1。分公司办公地点在县城青云小区18幢，设有校长室、综合科、理教科、驾培综合科，管理人员

6人;有教练员22人,教练车21辆(桑塔纳20辆、大车1辆);教室1个90平方米,妙高镇古院草料场和金岸孟山头两处训练场地8000平方米。2010年底,分公司固定资产100万元;培训驾驶员450人。每位学员收费标准:大车3800元、小车3000元。

遂昌县顺达机动车驾驶员培训有限公司 2009年6月12日在妙高镇东街110号成立,注册资本10万元,法人代表华利平、经理侯冠胜。具有驾培三级资质,经营范围为普通机动车驾驶员培训(D、E、F)。设有办公室、业务室、财务室,管理人员7人;有教练员12人,教练车20辆;教室500平方米,训练场地位于妙高镇上江,占地面积3000平方米。2010年培训驾驶员600人,每位学员收费标准为515元。

五、汽车检验

汽车检验也称汽车诊断技术,是指凭借仪器设备对汽车进行性能测试和故障检查的方法和手段。能够测试出汽车各项工作性能指标,并可在汽车或总成不解体的情况下发现故障及其产生的原因。主要用于汽车保养前的诊断和汽车维修后的质量检验。

民国24年(1935),遂昌县始有汽车时,按《浙江省管理汽车暂行章程》,公、商汽车在交通部门规定地点进行登记、检验、发照后方可行驶。1951年9月,按《浙江省人民政府交通厅公路管理局1951年度汽车检验的暂行办法》,全县的公、商汽车及机械脚踏车(军用车辆除外),由丽水监理小组办理年度检验以及换照手续。1956年10月,规定申领机动车号牌的行车执照须经车辆检验合格方可办理。1961年开始,遂昌县车辆年检由县交通管理站检验后报地区车辆监理所在行驶证上签注合格。1975年12月,浙江省公安局、浙江省交通局联合颁发《浙江省城市和公路交通管理规定实施细则(试行)》,对车辆分类、车辆检验、牌证核发、补换牌证、车辆转籍、报停、报废等工作,都作了统一的规定,其中车辆检验分初检、年检、临时检验。1987年开始,规定以汽车牌照号码的末位数字为该车年检相应月度时间。

2001年,交通部颁发国家标准《汽车维修、检测、诊断技术规范》,遂昌县数次申请建立汽车综合性能检测站未果,全县的汽车检测均送至丽水市进行。2005年7月1日,对营运车辆实行新的维护周期制度。二级维护的周期,原则上由行驶时间间隔确定:小货车、租赁小型客车和教练车6个月;大型货车4个月;出租车、危险品运输车辆、客运车辆(含旅游和大中型租赁客车)3个月。2007年开始,遂昌县一年一次的车辆技术等级评定检测合格时间为《道路许可证》的年度审验时间,等级评定和年度审验合并进行。2008年3月14日,丽水市机动车辆安全检测站遂昌检测线开检,至此遂昌籍机动车可就地定期检验。

六、车辆保险

保险是处理风险的一种方法。一方面，保险人向投保人收取费用，另一方面，一旦投保人在规定期限内发生某种意外事故而蒙受损失，保险人得按原定契约予以经济赔偿或提供劳务。机动车辆保险主要有汽车损失保险、车上人员责任保险和机动车第三者责任保险三种主要险种。另外，尚有车上货物责任保险、无过失责任保险、不计免赔偿、玻璃单独破碎保险、车身划痕损失保险、车辆停驶损失保险以及特殊车辆损失保险、特种车固定设备、仪器损坏保险等。

遂昌县保险业务开始于1951年。1953年开展了保险业务的整顿，遂昌一度开展了运输保险，主要是财产物资的保险。1958年之后，撤销了保险机构，停办一切保险业务。1981年，遂昌县恢复了保险机构。1982年，开办了运输工具险。1985年，扩展了车上人员责任保险。1986年，增办了机动车第三者责任险。1987年，对机动车保险实行了赔付率同保费挂钩的办法，是时，遂昌县的保险机构仅有中国人民财产保险股份有限公司遂昌分公司一家。20世纪90年代之后保险业得以发展，至2010年，遂昌县的保险机构有10家之多，均承办各类机动车的保险业务。

第六节　非公路交通部门的公路运输

非公路交通部门的公路运输是指公路交通部门所属的汽车运输企业外，其他的机关、企业、事业单位以及运输专业户的公路运输营运业务。

遂昌县自1935年建成公路以来，公路运输基本是由交通运输部门经营。民国36年(1947)，丽水、永康等地商车股东集资成立“浙江省汽车股份有限公司”经营龙南线货运市场，直至1953年，龙遂松公路货运改由国营浙江省运输公司丽水分公司承担。客运业务则一直由交通运输部门经营。1956年，私营汽车社会主义改造结束之后，形成了单一的运输市场，凡属营业性运输，均由公路交通部门独家经营，实行计划管理，非经特许，机关企事业汽车不得从事营业性运输。1957年，国务院发布了《合理组织运用机关企业货运汽车的指示》。1961年，国务院发布的《关于厂矿企业办运输的几项规定》中指出，厂矿企业内部运输由自备运输工具负责完成，为非公路交通部门汽车运输的发展创造了条件。自1971年开始，遂昌县粮食、林业等部门及治岭头黄铁矿等厂矿企业纷纷自备运输汽车组建了规模不等的车队，参加公路运输。1979年，国务院转发交通部《关于统一组织机关事业单位汽车情况报告》。至1980年,遂昌县有车单位56家,拥有载重汽车182辆、734吨位。1983年,浙江省交通厅根据交通部提出的“有河大家行船,有路大家行车”方针,鼓励扶持非公路交通部门的公路运输发展。同时,允许个人购买汽车从事营业性运输,个体运输专业户发展迅猛。随着改革开放政策的不断深入,公路运输市场竞争日益激烈。1987年,浙江省汽运公司撤销,下属分公司成建制下放各地、市。1992年10月,丽水地区汽车运输公司遂昌分公司下放,由县交通局管辖。下放后汽运企业虽然推行各种形式的承包经营责任制,但仍然在随后退出了货运市场。2001年1月,国有交通部门的公路运输企业经过改制,遂昌县的国有资产完全退出了公路运输市场。至2010年,遂昌县有道路客运经营业户2家,各类客车217辆、4367客位;有道路货运经营业户556家,各类货车926辆、6324吨位。

浙江省林业厅汽车第三分队 前身为1971年4月建成的浙江省农林局汽车队第三分队,原址位于妙高镇北门路4号,占地2241.9平方米,建有保养车间、辅助车间、仓库、办公室及职工宿舍等。1987年划归县林业局管理,名称未改。1990年有职工57人,有解放牌、东风牌汽车16辆、160吨位,另有工具车、吉普车2辆。固定资产原值153.60万元,年完成产值165.9万元,创税利16.10万元。嗣后逐年通过承包等方法,最终将车辆折价给职工个人。1996年为遂昌县森林食品有限公司兼并。

遂昌县供销车队 原位于北街125号。遂昌县供销联合总社于1978年12月建立。至1988年底,拥有机动车辆34辆,其中轿车2辆、面包车1辆、小客车1辆22座、小货车8辆、大货车17辆、挂车3辆、农用车1辆、大型拖拉机1辆,计143吨位。1990年有货车10辆、挂车2辆,货运量0.65万吨,货运周转量220万吨千米。20世纪90年代中期,车辆逐年作价给职工个人经营,车队撤销。

遂昌县粮食车队 原位于南溪路47号。1971年始购4.5吨钱塘江牌汽车1辆,1977年丽水地区粮食局设立运输队,分队常驻遂昌县粮食局。1979年地区粮食局运输分队划归遂昌县粮食局,建立遂昌县粮食车队,有载重汽车7辆,23吨位。1990年有主车7辆、挂车4辆,68.5吨位,年利润1603万元。20世纪90年代中期,车辆作价给职工个人经营,车队撤销。

遂昌县物资车队 原位于东街73号,1986年由遂昌县物资局组建。1990年,有职工12人,货车6辆、挂车2辆,35吨位,承包给个人经营。至20世纪90年代中期,所有车辆均作价给职工个人经营,车队撤销。

遂昌县商业车队 原位于车站路29号。1980年6月建立。1990年有货车9辆,挂车2辆,63吨位,年货运量1.1万吨,货物周转量330.15万吨千米。至20世纪90年代中期,所有车辆均作价给职工个人经营,车队撤销。

永新化工厂车队 位于三仁畲族乡十三都村。1985年3月建立永新厂运输公司，1986年1月改称永新厂车队。1988年3月一度撤销，1993年3月复设厂运输车队，有载重货车8辆、救护车1辆、工具车1辆、大客车2辆、小轿车1辆、面包车1辆、摩托车1辆，合计15辆。1999年9月货车作价给个人经营，大客车加入公交客运线路，车队撤销。

遂昌金矿车队 位于濂竹乡治岭头。1980年建立，至1994年底，有汽车27辆，112.3吨位。2010年底，车队职工26人，有车辆16辆，其中客车6辆、货车5辆、小车5辆，全年客运量为8.3万人次，货运周转量42.9万吨千米。

截至1988年，遂昌县有16家厂矿企事业单位建有汽车队。在20世纪90年代中期，因公路运输市场经济的不断成熟，纷纷将车辆作价给个人经营，汽车队相继撤销。2010年底，仅遂昌金矿尚保留汽车队，主要承担企业内部的原料、产品和景点游客的运输任务。

表2-11 1989—2010年遂昌县公路客、货运输量一览

年　份	客运量(万人)	客运周转量(万人千米)	货运量(万吨)	货运周转量(万吨千米)
1989	295.888	7484.818	10.531	1393.707
1990	284.466	7283.708	9.188	1443.821
1991	227.241	7879.923	8.671	1489.844
1992	226.94	9427.4	21.552	2705.5
1993	242.8	10181.59	23.707	2976.05
1994	259.8	10996.12	26.078	3276.631
1995	285.78	12106.73	33.3	4857.58
1996	297.21	12712.07	34.97	5060.63
1997	483	13220.55	220	5277.22
1998	483	9800	102	960
1999	504	9870	104	979
2000	594	9780	105	970
2001	487	14285.9	21.5	2565
2002	509.4	15944	23	2657
2003	514.23	16629.7	14.14	2489.6
2004	579.34	18230.3	18.66	3689
2005	453.65	27562.98	16.2	3270.15
2006	470.95	18692.5	126.68	9713.7
2007	491.2	19726.5	130.2	9619.6
2008	485	19500	138	10250
2009	468	14862	265	23100
2010	472	15016	286	31259

第二篇 水路交通

第三章　水上设施

第一节　内河航道

遂昌县河流分属钱塘江、瓯江两大水系，是浙江省两大水系的发源地，有“钱瓯之源”之称。西北部的乌溪江、洋溪源、周公源、湖山源和桃溪、官溪、桃源分别注入乌溪江湖南镇水库和灵山港，属钱塘江水系，流域面积1865平方千米；东南部的十四都源、南溪、北溪、襟溪、濂溪注入松阴溪，属瓯江水系，流域面积674平方千米。

一、钱塘江水系航道

乌溪江　衢江支流，源自福建省浦城县大福罗山北麓，经龙泉市于长年坑入县境，经外龙口、焦滩、大溪边，至龙鼻头入衢州市境。县境内干流长60.5千米。住溪长年坑至王村口17千米可流放木排。王村口至龙鼻头43.5千米，航道宽10～20米，水深0.5～2.0米，可通船筏。1975年前，小船顺流载重1.5～2.0吨，航速日行40千米；逆流载重0.75吨，航速日行15千米。是古时遂昌通往省城的唯一航道。1979年，衢州市湖南镇电站山泉峦大坝建成蓄水，龙鼻头至焦滩29.5千米成为库区深水航道。

碧龙源　源自福建省浦城县狮子峰山麓，经龙泉市白岩村西滩入县境，至龙口汇乌溪江。西滩至龙口8千米可流放木排。

独源　源自龙泉市，在凉岭下入县境，至独口汇乌溪江。凉岭下至独口8千米可流放木排。

关川　源自王村口镇阳扒凹西麓，经官塘、麻形至王村口汇乌溪江。干流长21千米，麻形至王村口10千米可流放木排。

磐溪　源自王村口镇大坑村石桃源，经吴处、对正至双溪口汇关川。对正至双溪口2.5千米可流放木排。

湖山源 源自大柘镇羊尖顶东南麓,经塘根、大柘、峡口门、梭溪桥至三归汇乌溪江(湖南镇水库)。干流长30千米,大柘至湖山25千米可流放木排,湖山至苎口7.5千米可通船筏。峡口门以上河段称柘溪。

湖山库区(摄于1999年夏)

金竹溪 源自高坪乡朝坑村,经金竹、王川,至湖山汇湖山源。金竹至湖山8千米可流放木排。

练溪 源自石练镇大茂坑坳下,经大茂坑、石坑口、石练,汇湖山源。干流长18千米,大茂坑至峡口门8千米可流放木排。

周公源 源自福建省浦城县龙井头营盘尖南麓苦马潭,在砾下入县境,经尹家、柘岱口、黄沙腰、上定、邵村至周公口汇乌溪江。县境内干流长52.5千米,尹家至仙人坝15千米可流放木排,仙人坝至周公口30千米可通船筏。

洋溪源 源自西畈乡黄连尾西南麓,经湖岱口、西畈、渡口,至举淤口出境,在衢州洋口汇乌溪江。干流长23千米,湖岱口至举淤口12.5千米可流放木排。

桃溪 源自高坪乡和尚岭,经高坪、湖连、双溪口、里村、小金竹、应村、南塘、白水、淤弓、周村,至北界镇五金潭与官溪汇合,注入灵山港。干流长35千米,应村至北界12.5千米可流放木排。

官溪 源自新路湾镇白马山西麓大平殿,经三井、远路口、溪淤、丙庄、大侯周、新路湾、官溪、风车口、兰头铺,至北界镇五金潭与桃溪汇合,注入灵山港。干流长32千米,远路口至北界19千米,可流放木排。

桃源 源自金华市婺城区山坑乡珊瑚,在金鸡头入境,经寨下、王宅桥、苏村、王坞,至龙游县马戌口注入灵山港,县境内干流长21.5千米,苏村至北界12.5千米可流放木排。

二、瓯江水系航道

十四都源 源自垵口乡北园,经黄磁口、根竹口、朱口、垵口、大山、源口,至叶坦汇入襟溪。干流长44.5千米,根竹口至叶坦28千米可流放木排。源口至叶坦河段称南溪。

南溪 十四都源下游,傍县城南面一段河流。起自源口,经吴乐至叶坦与北溪汇合,注入襟溪。干流长5千米,吴乐至叶坦2.5千米(溪面最宽198米,在荷花滩;最狭46.5米,在射圃潭)可通竹木筏。

北溪 源自三仁乡井盏架西麓，经排前、沙口、好川、高桥、小忠、石板桥、三墩桥、古院，至叶坦与南溪汇合，注入襟溪。干流长21.5千米，高碧街至叶坦8.5千米可流放木筏。

襟溪 由南溪和北溪于叶坦汇合而名。自叶坦桥起经龙潭、金溪，至庄山汇濂溪，注入松阴溪，干流长11千米。自古可通船筏，是遂昌县水路通往丽水、温州的航道。民国35年(1946)龙潭水电站建成后仅可于涨水时通竹木筏。

濂溪 源自云峰镇小龙葱尖南麓，至苏庄滩上游称清水源。经清水、苏庄滩、马头、范村、连头、龙口、古亭、社后、湖边、长濂，至庄山汇襟溪，注入松阴溪。干流长35千米，龙口至庄山18千米可流放木排。

第二节 库区航道

一、乌溪江库区航道

乌溪江水库，即衢州市湖南镇水库。1979年1月开始蓄水，正常水面总面积达4133公顷，其中遂昌县境内2067公顷，遂昌人惯称乌溪江水库。乌溪江、周公源、湖山源等河流注入库内，库区水域主要在湖山乡。库区水面宽阔，水较深，是比较理想的航道，现为六级航道，总长65.5千米。

湖山至焦滩　　六级航道，长23.5千米。

湖山至大溪边　六级航道，长11千米。

湖山至左肩　　六级航道，长23千米。

焦滩至龙鼻头　六级航道，长27千米。

二、成屏水库

成屏水库包括成屏一级水库和成屏二级水库。一级水库1988年蓄水，正常水面170.13公顷，位于妙高镇成屏；二级水库1966年蓄水，正常水面86.2公顷，位于妙高镇里步口。20世纪90年代，一级和二级水库都曾有游艇和渡船，因未开发航道，2005年以后不再有游艇和渡船活动。

第三节　渡口码头

渡口,是指设于河流、湖泊、水库或沿海邻近岛屿间,专供渡运人、货、车的场所及设施,包括渡运所需的场地、道路、水域、码头以及为渡运服务的其他设施。

一、渡口

遂昌山高水急,古人出行多为步行,逢山越岭、遇水涉河,应当是古已有之。现有文字记载最早的渡口是明代朱九职造舟龙鼻头济渡和明隆庆年间(1567—1573)设置的定溪义渡(今黄沙腰镇上定)。清光绪版《遂昌县志》记载渡口有14处。渡口分为三类:交通渡、乡镇渡和专用渡。2010年遂昌县有渡口14处,均在乌溪江水库四周,皆属乡镇渡,并且都建有简易式渡埠。共有渡船17艘,其中钢质人力渡船4艘,钢质机动渡船13艘;渡工或驾机员17名。

赤山渡　渡口编码106106101107,位于湖山乡赤山岭头,横湖山源,至对岸矿山,渡运距离450米。原湖山源在赤山设堰,并建有碇步。1979年湖南镇水库蓄水,碇步淹没,始设赤山渡。备有钢质人力渡船1艘,渡工1名,2009年客运量4万人次。

苎口渡　渡口编码106106101109,位于湖山乡麻车坪,又称麻车坪渡,横乌溪江,至对岸凉山头,渡运距离300米。原渡设在苎口,1979年湖南镇水库蓄水,苎口村为水淹没,水位上升,遂迁至麻车坪。备有钢质人力渡船1艘,渡工1名,2009年客运量2.5万人次。

桐埂渡　渡口编码106106101108,位于湖山乡桐埂,横乌溪江,至对岸,渡运距离200米。原桐埂渡于1979年湖南镇水库蓄水时被淹没,迁至现新建之桐埂村。备有钢质人力渡船1艘,渡工1名,2009年客运量1.2万人次。

甲门潭渡　渡口编码106106103104,位于焦滩乡甲门岭脚,横乌溪江,至对岸,渡运距离100米。原设在甲门潭的渡口于1979年湖南镇水库蓄水时淹没,迁移至甲门岭脚。备有钢质人力渡船1艘,渡工1名,2009年客运量1.5万人次。2010年甲门潭大桥建成后罢渡。

大溪边渡　渡口编码106106101106,位于湖山乡大溪边,横水库,至黄泥岭,渡运距离1.2千米。清康熙版《遂昌县志》载:“周公口渡,邑西九十里”,横周公源。中淤渡,横乌溪江,为邑西通衢州、江山要津。1979年湖南镇水库蓄水,两渡淹没后新设大溪边渡。备有功率16.17KW50客位钢质机动渡船1艘,驾机员 1 名,2009 年客运量 6.5 万人次。

九峰岩渡 渡口编码 106106101117,位于湖山乡九峰岩,经大溪边、苎口、赤山,至湖山,渡运距离 19.5 千米。1991 年设置。备有功率 24kW30 客位钢质机动渡船 1 艘,驾机员 1 名,2009 年客运量 6000 人次。

黄泥岭渡 渡口编码 106106101115,位于湖山乡黄泥岭,经苎口、赤山,至湖山,渡运距离 11.0 千米。1979 年设置。备有功率 24kW30 客位钢质机动渡船 2 艘,驾机员 2 名,2009 年客运量 6.5 万人次。

福罗淤渡 渡口编码 106106101114,位于湖山乡福罗淤,经左肩、黄泥岭、苎口、赤山,至湖山,渡运距离 23.0 千米。1987 年设置。备有功率 24kW30 客位钢质机动渡船 1 艘,驾机员 1 名,2009 年客运量 2.2 万人次。

凉山头渡 渡口编码 106106101112,位于湖山乡凉山头,经赤山,至湖山,渡运距离 6.0 千米。1990 年设置。备有功率 24kW30 客位钢质机动渡船 1 艘,驾机员 1 名,2009 年客运量 9000 人次。

白砝下渡 渡口编码 106106101113,位于湖山乡白砝下,至对岸矿山,渡运距离 4.0 千米。1990 年设置。备有功率 24kW30 客位钢质机动渡船 1 艘,驾机员 1 名,2009 年客运量 1.5 万人次。

左肩渡 渡口编号 106106101111,位于湖山乡左肩,经黄泥岭、苎口、赤山,至湖山,渡运距离 17.0 千米。渡口原在曲辛,1979 年湖南镇水库蓄水淹没后改置。备有功率 24kW30 客位钢质机动渡船 3 艘,驾机员 3 名,2009 年客运量 1 万人次。

城围渡 渡口编码 106106101110,位于湖山乡姚岭村城围,经桐梗、黄泥岭、苎口、赤山,至湖山,渡运距离 18.0 千米。1991 年设置。备有功率 24kW30 客位钢质机动渡船 1 艘,驾机员 1 名,2009 年客运量 5000 人次。

奕山渡 渡口编码 106106101105,位于湖山乡奕山,经苎口、赤山,至湖山,渡运距离 5.0 千米。1990 年设置。备有功率 24kW30 客位钢质机动船 1 艘,驾机员 1 名,2009 年客运量 4000 人次。

紫林坞渡 渡口编码 106106101116,位于湖山乡紫林坞,经大溪边、苎口、赤山,至湖山,渡运距离 11.5 千米。备有功率 24kW30 客位钢质机动渡船 1 艘,驾机员 1 名,2009 年客运量 4 万人次。

1988 年以后废渡:

埠头洋渡 旧名永祚渡,位于龙洋乡埠头洋,横乌溪江,至对岸,渡运距离 100 米。清嘉庆二十三年(1819)里人李春霆、刘虚居等倡捐置产,改立义渡。1989 年 7 月,埠头洋桥建成,撤渡。

蟠龙渡 位于焦滩乡抱鸡笼,横乌溪江,至对岸,渡运距离 100 米。先用竹筏摆渡,1970 年后改木质人力渡船。1995 年建成翻板坝,撤渡。

上塘渡 又称后安渡,位于黄沙腰镇后安,横周公源,至对岸,渡运距离100米。1974年仙人坝供销社赠旧木船设渡,1988年县交通局拨款1000元改造新木质人力渡船。2003年9月后安桥建成,撤渡。

对寅渡 位于黄沙腰镇对寅,横周公源,至对岸,渡运距离100米。1987年县交通局拨款700元置木质人力渡船设渡。2006年10月对寅桥建成,撤渡。

里步口渡 位于妙高镇里步口,横渡成屏二级水库,渡运距离400米。1980年高际头三级电站建成后设置。备有18客位木质人力渡船1艘,渡工1名。2004年12月,枫树坪至麻阳公路霸天门隧道建成,撤渡。

二、码头

码头是指供船舶停靠,货物装卸和旅客上下用的水上建筑物。遂昌县的码头均设置在湖山乡的乌溪江水库周围,共有三处。

湖山码头 又称香炉岗码头,位于湖山乡香炉岗。1979年湖南镇水库蓄水后设置,原在湖山大桥上游水库北岸,称湖山客船埠头,建有阶梯路面43米,阶梯107级、宽5米的渡埠。2001年6月,开始新建香炉岗码头,地点移至水库南岸湖山大桥下游500米处,有30客位客运码头泊位2个,其中接线长0.478千米。码头结构采用重力式,2006年6月,建成投入使用。

湖山码头(摄于2007年夏)

黄泥岭码头 位于湖山乡黄泥岭,原为1979年建成的简易埠头,称黄泥岭渡口。2010年11月3日,浙江省交通运输厅批复同意建设乌溪江水库黄泥岭交通码头。新建50客位客运码头泊位2个、100吨级货运兼车渡泊位1个及相应陆域配套设施。设计年通过能力为货3.9万吨、客17.9万人次、车0.5万辆次。客运泊位采用斜坡道和踏步结合,货运兼车渡泊位采用斜坡道。码头结构型式采用重力式,工程概算577万元。由温州市海港规划设计有限公司设计。

大溪边码头 位于湖山乡大溪边,原为1979年设置的简易埠头,称大溪边渡口。2010年11月3日,浙江省交通运输厅批复同意建设乌溪江水库大溪边交通码头。新建50客位客运码头泊位2个、100吨级货运兼车渡泊位1个及相应陆域配套设施。设计年通过能力为货3.9万吨、客17.9万人次、车0.5万辆次。客运泊位采用斜坡道和踏步结合,货运兼车渡泊位采用斜坡道。码头结构型式采用重力式，工程概算 616 万元。由温州市海港规划设计有限公司设计。2012 年 1 月 6 日开标，施工单位浙江海洋工程有限公司，中标价 490.41 万元。监理单位安徽省公路工程建设监理有限责任公司。

三、待渡亭

待渡亭是供旅客乘船时候船休息的渡口附属设施。早期渡口都未设待渡亭，20 世纪 90 年代初，遂昌县交通局和民政局分别在一些渡口建设待渡亭。至 2010 年，全县有 10 处渡口建有待渡亭，它们是：大溪边待渡亭、黄泥岭待渡亭、苎口待渡亭、赤山待渡亭、白砼下待渡亭、九峰岩待渡亭、桐梗待渡亭、甲门潭待渡亭、紫林坞待渡亭和凉山头待渡亭。规模均在 12 平方米左右。

第四章　水上运输

第一节　水运工具

遂昌山高流细，受内河航道的限制，古代运输船舶都是装载量在2吨级以下小型木质船。自1979年湖南镇水库蓄水后，才逐步有了机动船。20世纪80年代的机动船都为木质船，之后，部分改置水泥质船。从1990年开始，渡口逐步购置钢质船。至2009年初，钢质船完全替代了木质和水泥质的渡船。水运工具有多种分类法，按动力分，可分为非机动船和机动船；按用途分，可分为客船和货船；按船材质分，可分为木船、水泥船和钢质船。

一、竹筏

竹筏　又称竹排。遂昌县盛产毛竹，竹筏作为水上交通工具，古已有之。一般用当年生长的毛竹24～28根，立冬砍下，削去青皮以防爆裂(贴水部分保留1/4青皮以增强光滑和牢固度)，制成主副两筏。主筏头部用火熏至焦黑呈弧状上翘形，通常长8米、宽1.5米；副筏平直，通常长6米、宽1.5米。在两头和腰间凿孔，用硬木平行穿孔绑扎而成。运货时主副两筏前后相连，一人操作，放空或货物少时两筏相叠。顺流载重500～600千克，逆水载重200～300千克，运干货时筏上置货架垫高，遇有乘客则临时添置排盂、小凳，以便乘坐。自20世纪70年代后已退出水上运输，现在仅供游客水上漂流。

二、木船

鸬鹚船　专门用于鸬鹚捕鱼的小船，船小体轻，渔家自备。亦多用竹筏替代。自20世纪60年代后消失。

舴艋船　这是一种两头尖的小船，在遂昌常被用作家庭自备船，亦用作渔家撒网捕鱼船。

乌篷船　亦称箬篷船，船舱覆以篾篷或以箬叶编制的半圆形的篷，用于遮阳避雨，内置小方桌一张，旅客少时尚可卧睡。旧时常用作短途航行，主要是载客，亦可载货。

被淘汰的木质渡船(摄于2009年2月5日)

划船　类似舴艋船，通常一头尖一头平，用双桨或单桨划行。甚至有用大木盘为船，多为渔家撒网捕鱼用。至今仍有所见。

木帆船　是一种四舱的小船，长7～10米、宽6～7米，前舱和中间两舱为客舱，后舱为船家行船操作处。舱首竖6～9米左右高桅杆挂帆，中间两舱覆盖篾篷以避风雨。以篙、桨为推力。自古以来，乌溪江至衢州、襟溪至温州的客船主要是小帆船。目前，仅乌溪江水库尚有少量存在。

三、机动船

拖船　又称拖轮，20世纪60年代县林业局购置2艘拖船：森工1号柴油机动力44kW、森工2号柴油机动力59kW，将木排从小湖南拖至衢县黄砝口水库。1979年湖南镇水库蓄水后，拖船迁至乌溪江水库画眉丘。1982年添置柴油机动力100kW的钢质拖船1艘，1985年后停止水上木材运输，拖船作业结束。

木质机动船　主要用于农业、渔业生产，运输少量农用物资，多为农民、渔家家庭自备船。20世纪80年代发展起来，载重量一般在2000～3000千克之间。目前在湖山、焦滩以农民自备船形式普遍存在。

水泥船　水泥船有钢筋水泥混凝土船和钢丝网水泥船两类，遂昌县的水泥船均为钢丝网筒机船，安装8.8kW的落舱座机。20世纪80年代后一度少量在乌溪江水库替代木质渡船。2000年之后被淘汰。

更新的钢质渡船(摄于2008年6月24日)

钢质船　是用各种规格的钢板和型材焊接而成，由船底、两舷、艏艉和甲板组成的水密空心结构。1990年始在赤山和大溪边两个库区渡口购置了钢质"三防"(防沉、防翻、防超载)渡船。由于钢质船具有抗风力强、水阻小、行速快、稳性好,以及坚固耐撞、耐腐,修理成本低等特点,航行性能、操作性能和安全性能均优于木质船和水泥船,故成为发展的主要船型。2008年,批准实施遂昌县客运渡船更新改造工程,更新木质渡船12艘,于2009年完成,在丽水市率先实现客运渡船全部钢质化。浙江省港航管理局每艘渡船补助20万元,各渡工每人出资3.5万元。2010年,全县拥有24kW20t30客位钢质机动船12艘和24kW20t50客位钢质机动船1艘,分布于乌溪江水库的10个渡口;4艘非机动钢质船,分布于4个渡口。

交通艇 多系钢质或玻璃钢质船,为各单位工作需要自备的客船。用途不同,大小不等。均为20世纪80年代以后逐渐添置。2010年,乌溪江库区有8～50客位各种交通艇9艘。

第二节 水运方式

遂昌县地处钱塘江、瓯江两水之源,清康熙版《遂昌县志》载"遂昌高山细流,不通舟楫,举步峻险,搬运维艰"。水上交通历来不甚发达。然而遂昌自古林业资源丰富,大量竹木柴炭等地方特产的出口和盐、布等日常生活用品的进口仍主要通过水上航线运输。乌溪江水路由王村口经龙鼻头至衢州而达杭州;瓯江水路由渡船头经界首至丽水、温州而达上海、福州、广州;官溪水路由北界经马戍口入龙游灵山港而达杭州。水路运输在古代的物资交流方面曾发挥重要作用。

一、排运

遂昌县森林资源丰富,是浙江省林业大县之一,也是我国南方48个重点用材林基地县之一。宋哲宗元祐年间(1086—1094),温州造船业兴盛,所需木材均从瓯江上游水运至温州,遂昌就有木材运至外地销售。明万历年间(1573—1619),西乡木材就顺乌溪江直达衢县樟树潭,南乡十四都源和县城附近的竹木及土特产均经襟溪循松阴溪入瓯江水运至青田、温州。清末民初,水上运输进一步发展。短途运输一般采用"大水赶羊",即散漂,在雨后让过洪水前峰,乘溪水未落之机,将木材逐根推入水中,任其漂流,至预定起岸地的拦河坝内,或起水上岸,或编排再运。长途运输以木排放运为主,木排也称木筏,有长梢、料板、松段、柳段和柳木长梢等几种筏。长梢筏又名四花筏,即在编制时先用穿柴串四花眼孔,使之成"甲"(即一片);两甲尾部相搭,使之成层,两层上下相叠,使之成"名"

(即一节);3名以上用火绳联结,即为“一溜筏”(即一条排),三名一溜是古时遂昌县长梢排运的最佳模式。段木筏则多5～9名。

乌溪江上游的王村口是木材外运的主要口岸。遂昌西乡的龙洋、关川,南乡的徐村、黄碗口,龙泉西乡住溪、碧龙和北乡东书、上田,福建省浦城的下场坑、毛洋一带的木材,都在这里集结,再转运至衢州的樟树潭、萧山的义桥、闻家堰和杭州的江干等地,起水出售。1949年,王村口的年木材运量已超过龙泉全县运出量,成为钱塘江支流乌溪江上最大的木材集散地。

大柘、石练、金竹等地的木材则集中在湖山大溪边扎排,从乌溪江流放外销的木材数量也相当可观。1956年6月成立中淤竹木筏分社,当年三季度货运量达0.7万吨,货物周转量达60.39万吨千米。1949年后乌溪江水运的木材,全部交衢州贮木场,数量约占全县水运木材量的72%。1979年1月湖南镇水库蓄水后,在琴淤乡画眉丘成立乌溪江木材中转站,用拖船运至山泉峦大坝交库。1985年后排运完全消失。

高坪、梭溪、新路湾、蕉川的竹木产品,都集中在北界桦铺扎排,经灵山港运往龙游,也可直运至杭州、宁波、上海等地。1949年后,经灵山港运出的木材,交龙游贮木场,数量约占全县水运木材量的20%。1959年在龙游渡船头设临时转运点,木材从遂昌车运至渡船头,再扎排运到龙游,1960年撤销。1961年组建北界林业站专业排工队伍,木材从遂昌车运到北界扎排水运至龙游交库。1967年解散排工,北界水运停止。

垵口、三仁、妙高等地木材,均由南、北两溪集中到妙高的叶坦、龙潭扎排,直放丽水或温州。至20世纪50年代,经襟溪循松阴溪入瓯江,水运至丽水或温州交贮木场,数量约占全县水运木材量的8%。1965年后襟溪水运完全停止。

二、客运

遂昌县各内河航道,自古没有专营客船,除官绅、富商以货船代客专程送行外,一般旅客都搭乘货船。

1979年1月,湖南镇水电站封坝蓄水后,衢县乌溪江航运公司抽调2艘木质柴油机客船进入乌溪江水库经营客运,山泉峦大坝至焦滩、山泉峦大坝至湖山,每日各往返一次。同年7月,遂昌县西屏航运站从丽水地区航管所开港队购进1艘开港船,改装成24kW50客位柴油机客船,年底投入客运。每日从大溪边至山泉峦大坝往返一次。1980年客运量1.34万人次,旅客周转量14.88万人千米。由于船质差、耗油大、亏损多,1981年4月停驶转卖。乌溪江水库客运仍由衢县乌溪江航运公司独家经营。1988年8月,衢县运输公司水路客运站试开周公源库区客船航班,试航4个月,因常遇水位降低,客班不能按预定航程行驶而停开。1995年,衢县乌溪江航运公司,因经营效益不好,停止乌溪江水库的客运业务。

三、货运

清康熙版《遂昌县志》卷二载:“盐课:运司专辖”;“漕运:粮储道专辖,随漕本色月粮给军。康熙三十四年(1695),归船政官支销”。可见清朝初期水运已较发达,并已纳入官府有效管理。除了官府专营的盐、粮之外,民间的竹木柴炭和山货特产也有了相当规模。这些物资和土特产,全部通过乌溪江(钱塘江)和襟溪(瓯江)航线运输。

乌溪江航线　自古以来,遂昌县王村口、龙洋、焦滩、黄沙腰、柘岱口、西畈、湖山、金竹、大柘、石练等乡镇及龙泉县西北地区住龙、碧龙等地的进出物资,素赖乌溪江水运。王村口、湖山成为木材和商品的集散地。民国26年(1937)运量为0.74万吨。

民国31年(1942),日军侵占浙江内地,浙赣铁路和龙游至温州公路运输相继中断。两浙盐务管理局开辟浙西南盐道,从乐清盐场发盐,循瓯江水运至龙泉和遂昌金岸,再以人力肩挑或手拉车运至遂昌王村口或湖山(大溪边)中转,经乌溪江水运至衢县集散浙西、赣南各地。当时,王村口、大溪边两埠日停船均达120余艘。

中华人民共和国成立后,遂昌县隶属衢州专区,乌溪江水运由衢州船民协会统一经营。1956年6月,衢县航运管理站遂昌工作组在中淤设立后,将乌溪江放排工人并入衢县红星木帆船运输社,成立中淤竹木筏分社,有工人153人,实行统一运输管理。

1960年,王村口区供销社在湖山设立中转站,置办船只建立船队,自营商品物资运输。运输船队拥有木船12艘,每艘载重2吨,逆水仅载0.75吨,招聘船工12人。1965年桂义岭至王村口公路通车,船队遣散。1961年,黄沙腰区供销社也置办船队,拥有木船16艘,雇佣船工16人,每月自仙人坝至衢县黄礤口再转湖山往返一次,年运量300余吨。1975年,三砾公路黄沙腰通车,船运告停。

1960年,琴淤公社成立木帆船运输队,有木帆船13艘,船工13人;1973年增至30艘;1974年又增加临时副业船79艘(农民的自备渔船)。至此拥有木船109艘,船工110人,当年货运量1.4万吨,货物周转量21万吨千米。1979年1月湖南镇水库蓄水后,木帆船运输队解散。此后,乌溪江货物水运至衢县山泉峦大坝中转,随着公路交通的发展,乌溪江水运遂走向萧条。

襟溪航线　襟溪是遂昌县城经松阴溪入瓯江通往丽水、温州的重要水道,明、清以来水运十分兴盛。清末民初,大量来遂昌经商的青田、温州商贾和船民,陆续定居襟溪沿岸,设立转运行和水运埠头,从事水上运输。遂昌县从襟溪进出口的商品物资,常年货运量0.7万吨左右,十四都源的竹木柴炭和土特产均经襟溪水运至温州。民国23年(1934)遂松公路建成,手拉车逐渐发展。民国27年(1938)12月遂昌县手车队成立,省公路局拨租手车40辆,水运转淡。抗日战争时期,浙赣铁路、龙温公路运输中断,浙西、赣南的物资常经瓯江水运至遂昌中转,水运复兴,每日来往船只多达200余艘。遂昌县的金岸、上江、渡船头、叶坦成为物资集散地,过塘行、转运行应运而生。民国30年(1941)1月,浙江省驿运管理处在金岸设驿运站,兼管水运。民国32年(1943)5月,浙江省田粮处调派船只1200艘,集中金岸,调运军粮16000石。抗日战争结束,省政府回迁杭州,水运再次转淡。

民国35年(1946),龙潭水电站建成,船筏不能过坝,只通至渡船头。民国36年(1947),张传灿开办友义水陆运输行,经营水上运输。逢春夏雨季,十四都源尚有少量木排流放至青田、温州。1965年,成屏二级电站建成,水运终止。

四、渡运

遂昌县地处浙西南山区,素称"九山半水半分田",层峦叠嶂,谷深流急,自古就设渡以利行旅。通常先用竹筏,后改以船渡。明万历年间(1573—1619),遂昌县独山人叶以萃捐租分别在独山、焦滩、龙口置船设渡。清康熙版《遂昌县志》载有渡口10处。古代遂昌县渡口皆为当地富户捐募集资,购置田产,设立渡会,以便维持,世人视为善举。渡船均不收费,称为义渡。中华人民共和国成立后,土地改革,田租废除,渡口均由所在地村管理,仅对外地客收取过渡费。经费困难的,交通或民政部门给予适当补贴。自2006年之后,除乌溪江水库的渡口外,其余各地的渡口均因公路开通或架设桥梁而撤渡。渡运分为义渡和经营渡。

义渡 渡船和渡工工资(月工资650～800元)由地方政府或县移民办公室提供和承担,对旅客不收过渡费的叫义渡。2010年,乌溪江水库有5个义渡、5艘渡船,分别是:赤山、苎口、桐埂、甲门潭和大溪边渡。

经营渡 渡船由交通主管部门在更新时提供补贴,每年按油耗给予相应补贴,对旅客实行收费(每千米0.35元左右)的为经营渡。2010年,乌溪江水库有经营渡9处、渡船12艘,分别是:福罗淤、黄泥岭、凉山头、白砬下、左肩、城围、奕山、紫林坞和九峰岩渡。

第三节 船舶维修服务

一、船舶维修

船舶维修是指使用期内的船舶为保持良好的技术状态所进行的定期维护和修理。1979 年之前遂昌县没有机动船,各种人力木质船都是船主自行维修。20 世纪 80 年代之后,机动船逐年增加,但总量不多,且均为 30 座以下的小型客船为主,维修业务很少,未建立专业的船舶维修厂。

岁修,亦称小修,一般结合年度检验进行。遂昌县港航管理所对船体和安全、救生、消防及动力装置、通信导航设备等项目进行一般性外表检查,发现有缺陷的,即请外地专业船舶维修人员进行修理。

2002 年,遂昌县移民办公室投资 7 万元,在苎口渡口修建了 126 平方米的船舶维修亭。

二、船舶检验

船舶检验是对船舶实行的技术监督检验,以保障船舶具备安全航行的条件。可分为法定检验、船舶入级检验和公正检验三种。遂昌县港航管理所根据遂昌县的实际情况,对各渡口的船舶和已经登记的农户自备木质机动船负责提请丽水市港航管理处进行检验。

法定检验(根据国家船舶检验局关于内河船乘客定额与舱室设备规范)每年由丽水市港航管理处执行。内容主要有对载重线的检验、对船舶安全构造、安全设备、通讯设备的检验;对船舶号灯、号型、声响和灯光信号的检验;对防污染结构与设备的检验等。除年度检验外,还进行了中间检验(钢质船每 3 年一次、玻璃钢质船每 2 年 1 次),船底外部检验(钢质船每 3 年 1 次、玻璃钢质船每 2 年 1 次)和换证检验(钢质船每 6 年 1 次、玻璃钢质船每 4 年 1 次)。

三、船舶救生

船舶救生是指船舶乘员使用船上救生设备救助落水人员,或在遭遇海难时按照救生部署弃船自救。遂昌县所有从事载客的船舶都配置有救生设备,主要的救生设备有以下几种:

救生圈 救助落水人员单人用的救生设备,是由泡沫塑料或其他轻质材料制成的环状浮体，外包色彩鲜明的(橙色)布，四周有救生把手索，用时套在腋下，能使人直浮水中。救生圈一般按客位定额配备。

救生衣　供乘员个人穿着的救生设备，可使人面部露出水面。分成人用和儿童用两种。以塑料或木棉作为浮力材料，也有为充气式的。一般按乘员定额配备，每人一件。

遂昌县的载客船舶都在湖山水库，水域不大，水面平静，并且船舶吨位小，按船舶检验规范要求，没有配置救生艇、救生筏。

第三篇 交通建设

第五章　工程建设

第一节　交通重点工程

一、龙丽高速公路遂昌段建设工程

龙丽高速公路是浙江省人民政府“十五”计划重点建设工程，也是浙江省高速公路网总体布局规划建设“两纵两横十八连三绕三通道”中十八连之一连。龙丽高速公路是浙西南的交通大动脉，它的建成，极大推动沿高速公路经济走廊的形成，并有力促进全省经济互补和合作发展，对加快丽水山区经济腾飞具有十分重要的意义。

龙丽高速公路遂昌段建设工程，前期为龙丽一级公路遂昌段建设工程。2002 年 1 月 18 日，工程的项目可行性研究报告经浙江省发展计划委员会浙计基础〔2002〕33 号文批复，2002 年 8 月 17 日，浙江省发展和改革委员会以〔2002〕166 号文批复了工程初步设计，工程概算为 8.5055 亿元。2002 年 1 月 7 日，遂昌县委、县政府决定成立“龙丽一级公路遂昌段建设工程指挥部”负责组织实施。该工程项目由浙江省交通规划设计研究院承担设计，起点为遂昌北界（桩号 K30＋100，与龙游县交界），经新路湾、桃源坑、马埠村、西凹口、渡船头，终点为 50 省道遂昌段与松阳县交界处（桩号 K59＋000），路线长约 29 千米。按部颁一级公路技术标准设计，双向四车道，计算行车速度 60 千米/小时，路基宽 22.5 米，路幅布置为：中央绿化分隔带宽 1.5 米＋两侧路缘带宽 2×0.5 米＋行车道宽 2×7 米＋硬路肩宽 2×2.5 米＋土路肩宽 2×0.5 米。桥涵与路基同宽，桥涵设计荷载标准汽—20、挂—100，路面设计标准轴载 BZZ—100。项目法人为遂昌县龙丽一级公路有限责任公司。2002 年 11 月 25 日，通过招投标，施工分 7 个合同段，监理分 2 个合同段。2002 年 12 月 21 日，在遂昌县新路湾大马埠举行了开工奠基仪式。2003 年 1 月，正式进场施工，至 2003 年底，已完成总投资 3.04 亿元，形象进度35.7%。

2003年浙江省交通厅通过实地考察和多次调研后,11月29日会同丽水市政府在丽水召开了龙丽、丽龙一级公路提升高速公路会议,决定将两龙一级公路提升为高速公路。12月8日,浙江省交通厅以浙交〔2003〕508号文发出《关于龙丽、丽龙一级公路改建为高速公路的通知》。2004年10月13日,经浙江省发展和改革委员会浙发改函〔2004〕232号文批复了。龙丽高速公路工程的项目可行性研究报告,2005年3月28日由浙江省发展和改革委员会浙发改设计〔2005〕54号文件批复了工程初步设计,工程概算为13.97亿元,2010年概算批复金额调整为15.856527亿元。2005年4月20日,遂昌县委、县政府成立遂昌县龙丽高速公路建设领导小组和龙丽高速公路遂昌段建设工程指挥部负责实施。

龙丽高速公路遂昌段项目建设对沿线环境影响的评价由浙江省环境保护科学研究院在原一级公路的基础上重新设计,2005年4月25日,由浙江省丽水市环境保护局丽环建〔2005〕034号文批复;2004年11月18日,浙江省水利厅浙水许〔2005〕38号文批复,水土保持方案。

龙丽一级公路提升为高速公路后,龙丽丽龙高速公路指挥部和龙丽高速公路遂昌段建设工程指挥部即着手妥善解决一级改高速的遗留问题。根据浙江省交通厅《关于龙丽丽龙一级改高速公路建设有关事宜的批复》(浙交复〔2005〕140号),主要完成了新增工程组价及补充协议签订和停工补偿工作。使一级改高速公路建设工程得以顺利推进。

龙丽高速公路遂昌段的施工图设计由浙江省交通规划设计研究院完成。工程起于遂昌北界,经新路湾、妙高、庄山,止于松阳交界处。实施里程为K30+420～K59+400(设计桩号),长28.987千米。工程采用部颁高速公路设计标准,全封闭全立交,路基宽度23米,为双向四车道高速公路,沥青砼路面。设计行车速度为80千米/小时(青云岭隧道60千米/小时),全线桥涵设计车辆荷载为汽车一超20、挂车一120,地震基本裂度六度。共设北界、新路湾、遂昌、遂昌东四处互通立交,在互通立交处设置收费站。设遂昌停车区一处。沿线设有通信、收费、监控、照明系统以及标志、标线、护栏、隔离栅、防眩、防落物网、隔音墙及视线诱导等交通安全设施和绿化环保系统。

该工程实行项目法人责任制和政府领导下的指挥部代建制相结合的建设体制,项目业主为浙江龙丽丽龙高速公路有限公司,在项目建设期间,采用“项目代建制”的管理模式,即龙丽丽龙高速公路指挥部和龙丽高速公路遂昌段建设工程指挥部,负责本项目工程的具体实施。本项目监督由浙江省交通厅质监站、丽水市质监站执行。

该工程共设11个合同段(8个土建合同段、1个交通安全设施合同段、1个房建工程合同段、1个绿化工程合同段)。各合同段中标承包单位具体情况如下：浙江天一交通建设公司第一合同段（K30＋420～K34＋600）4.18 千米路基、桥涵互通立交和 K30＋420～K47＋500 路面工程；浙江通途交通工程公司第二合同段（K34＋600～K38＋200）3.598 千米路基、桥涵隧道工程；广东中人企业集团第三合同段（K38＋200～K43＋000）4.8 千米路基、桥涵、隧道和互通立交；浙江交通工程建设集团有限公司第四合同段（K43＋000～K47＋500）4.5 千米路基、桥涵、隧道工程；中铁二十局三公司第五合同段（K47＋500～K50＋000）2.506 千米路基、桥涵、互通立交工程；中铁四局集团五公司第六合同段（K50＋000～K53＋600）3.603 千米路基、桥涵工程；浙江宏途交通建设有限公司第七合同段（K53＋600～K59＋400）5.8 千米路基、桥涵、隧道、互通立交工程和 K47＋500～K59＋400 路面工程；浙江八咏公路工程有限公司第八合同段（县城连接线 K0＋000～K2＋204 和延伸段 K1＋000～K2＋781）3.985 千米路基、桥涵工程及路面工程；浙江建安实业集团股份有限公司第九合同段（4 个收费站及停车区）房建工程；东阳市顺风交通设施有限公司第十合同段（K30＋420～K59＋400）29.987 千米交通安全设施工程；龙游县广源园林有限公司第十一合同段全线绿化工程。监理单位分别为温州市交通工程咨询监理有限公司、浙江公路水运工程咨询监理公司、浙江江南工程建设监理有限公司。

该工程共征用土地 244.4 公顷，拆迁民房 36057 平方米。工程共完成路基填筑 456.65 万立方米、土石方开挖 416.62 万立方米；沥青砼路面 770.616 平方千米；大桥 17 座 3108.94 延米、中小桥 38 座 1852.28 延米；分离隧道 1 座单洞 2165 米，联体隧道 5 座 1052 延米；互通 4 处，停车区 1 处，收费站 4 个，房屋建筑面积 16240 平方米。

该工程交通安全设施主要工程量有波形梁护栏 107969 米、匝道中央分隔带砼护栏 1700 米，各类端头 154 个、活动护栏 640 米、隔离栅 62539 米，桥上防护网 1080 米，各类大型交通标志 255 个，隧道内标志、公里牌、百米桩、可移动临时标志 760 个，橡塑安全设施 1264 个，交通标线 42382 平方米，单双面突起路标 9832 个，轮廓标 11462 个，防眩板 4939 米。并增设环保设施隔音墙（声屏障）1200 米左右。

龙丽高速遂昌段绿化工程总长度为 28.987 千米。工程主要内容包括北界互通及收费站、小马埠互通及收费站、株树窟互通及收费站、高路互通及收费站、青云岭隧道进出口、遂昌停车区、中分带、下边坡及弃方场地与隧道顶、县城连接线、遂龙支线、50 省道庄山至上坞源环形交叉口等绿化工程。通过各类高大刚毅和树形优美的乔木、色彩艳丽的红枫、花石榴、无患子，香气四溢的桂花、月季，以及颜色、风格不同的灌木色块，高低错落、风姿不一、形成一个公路生态群落。2006 年 7 月开工，当年 12 月完工，耗资 1131 万元。

龙丽一级公路遂昌段 2003 年 1 月开工，2005 年 3 月提升为高速公路初步设计批复后,至2006年12月30日主体工程竣工,举行通车典礼,2007年1月1日零时正式通车。

2006年12月30日龙丽高速公路遂昌段开通典礼

2006年11月6—14日,浙江省交通厅质量监督局会同丽水市、衢州市交通工程质量监督站对龙丽高速进行了结构物中间交工质量检测。2006年12月15—20日进行了路基、路面、安全设施的交工质量检测;2008年1月12—13日,丽水市交通工程质量监督站会同有关单位对50省道恢复段及县城连接线和延伸段进行了交工质量鉴定;2009年7月1—3日,浙江省质量监督局组织了龙丽高速环保(绿化)工程质量鉴定,浙江省水利厅对龙丽高速遂昌段工程水土保持设施进行了专项验收;2010年1月26—27日,浙江省环保厅会同有关单位对龙丽高速工程进行环保专项验收。

二、省道干线工程

龙南公路小马埠至上江改线工程 为浙江省重点交通建设项目。龙(游)南(山)公路系遂昌县与外部联系的重要通道,关系遂昌县的经济与社会发展。起点为新路湾小马埠(龙南线K51+876),终点为妙高镇上江(龙南线K63+281),全长11.405千米。改建后,龙游到丽水比原路缩短9.5千米,龙游到遂昌县城比原路缩短10.3千米。1987年,浙江省交通厅以浙交〔1987〕119号文批准立项,1987年11月25日,遂昌县人民政府以遂政〔1987〕131号文件成立“遂昌县上江至小马埠改线工程指挥部”组织实施。

该工程由浙江省交通设计院按山岭重丘二级公路标准设计,路基宽8.5～10.0米,泥结碎石路面宽7～9米,全线转角43个,平曲线最小半径60米,最大纵坡6.27%,最短坡长180米,桥涵设计荷载汽—20、挂—100,隧道净宽7+2×0.75米,小桥涵与路基同宽。

工程施工分别由遂昌县交通局工程队、仙居县交通工程公司、核工业部华东基础工程总公司、丽水地区公路总段工程队承建。1988年6月5日开工,1992年3月15日竣工。共挖土方356558立方米,填方357599立方米,干砌挡墙44969立方米,浆砌挡墙35889立方米,干砌护坡10482立方米,浆砌护坡1130立方米,隧道1座638米,桥梁4座120.2延米,收费办公室1幢,售检票亭2只,圆涵2道26.2延米,盖板涵83道1343.5延米,拱涵10道297.4延米。消耗水泥5708吨，木材777立方米，钢材77.2吨。征用土地18.436公顷，拆迁民房5563.26平方米。耗资1243.36万元。1992年3月18—19日，由浙江省公路管理局组织交工验收。

50省道遂昌境内公路改建工程　为浙江省"八五"重点交通工程建设项目。该工程分两期实施：一期起点为北界兰头铺(龙丽线K40+800)，终点为上江(龙丽线K63+288)，长19.2148千米；二期起点为金岸(龙丽线K64+708.4)，终点为界首(龙丽线K68+400)，长3.707千米。1992年，浙江省交通厅批准立项。1992年6月9日，遂昌县人民政府成立"遂昌县龙丽线北界至上江段公路改造工程指挥部"组织实施。

该工程由遂昌公路管理段和遂昌县公路勘察设计所按山岭重丘二级公路技术标准测设，路基宽度10～12米，桥涵设计荷载汽—20、挂—100，桥面宽9+2×0.5米，隧道宽9+2×0.5米，小桥涵与路基同宽；水泥砼路面宽7～9米，砼面层厚22厘米，基层为15厘米厚水泥稳定砂砾土。

1992年10月13日，一期工程开工。其中兰头铺(北界)至新路湾段路基工程分别由遂昌公路管理段和遂昌县交通工程公司分段承包施工，路面工程由遂昌公路管理段承包施工；新路湾至上江段路面工程由丽水地区公路管理处工程队和公路实业总公司分段承包施工。1994年10月25日，二期工程开工。金岸至界首段路基路面工程分别由遂昌县交通工程公司和遂昌县路桥建设工程公司承包施工(路面工程后由遂昌公路管理段施工)。北界至上江改线工程共建大桥1座111.6米(后变更为中桥)、中桥9座571.13延米、小桥2座29.47延米，石拱涵3道32.4延米、石盖涵49道695.37延米，隧道2座297延米。金岸至界首改线工程共完成中桥1座76.74米、小桥1座19米，涵洞10道74延米。耗资2284.71万元，其中省补1842万元，县自筹333.55万元，缺口资金107.16万元。1995年9月15日，以上两期工程同时竣工，均为合格工程。1996年1月23—25日，通过浙江省公路管理局组织的交工验收。

51省道遂昌段路面砂改油工程　为遂昌县"十五"重点工程建设项目。该工程分两期实施：一期起点为三墩桥(遂龙线K10+500)，终点为根竹口(遂龙线K39+700)，长29.2千米；二期起点为根竹口，终点为坝头(遂龙线K57+680)，实际施工长17.255千米。2000年4月21日，浙江省交通厅以浙交复〔2000〕112号文件批准立项；2001年2月23日，遂昌县委办、县府办成立"遂昌县公路重点工程建设指挥部"组织实施。

工程由遂昌县公路管理段和遂昌县公路勘察设计所按山岭重丘三级公路标准设计，路面宽度为5.5米，路面结构形式根据纵坡大小分两种：大于6%地段采用2.5厘米厚上拌+4厘米厚下贯面层+15～20厘米厚水泥稳定砂砾基层+平均10厘米厚级配碎砾石调拱层；小于6%地段采用3厘米厚细粒式沥青砼表处

＋15～20厘米厚水泥稳定砂砾基层＋平均10厘米厚级配碎砾石调拱层。一期施工单位是浙江八咏公路工程有限公司(A标K10＋500～K24＋500)、松阳县路桥工程有限公司(B标K24＋500～K39＋700),2000年6月16日开工,同年12月10日完工。二期施工单位是缙云县路桥工程公司,2001年5月20日开工,同年11月20日完工。监理单位是遂龙线遂昌段砂改油工程监理办,两期工程均评为优良工程,耗资1654.59万元。

龙潭至梧桐公路改建工程 该工程为浙江省重点工程,也是政府承诺的“十件实事”之一,系遂昌县城与外部联系的重要进出口道路,对拉开城市发展框架、改善城市交通,促进遂昌县经济和社会发展具有重要作用。由浙江省交通厅《关于遂昌县龙潭至梧桐段公路改建工程初步设计的批复》(浙交复〔2004〕101号)、遂昌县发改局《关于龙潭至上江段城市道路建设工程初步设计的批复》(遂发投〔2004〕148号)、《关于上江至庄山段城市道路建设工程初步设计的批复》(遂发投〔2004〕149号)、《关于庄山至力其桥段城市道路建设工程初步设计的批复》(遂发投〔2004〕150号)文批准建设。龙梧公路起点为龙潭(遂龙线K3＋000),经上江、金岸、庄山,终点为梧桐(庄梧线K5＋754),全长11.555千米(其中龙丽线2.801千米、遂龙线3.0千米、庄梧线5.754千米)。浙江省交通厅批复龙梧公路主线采用二级公路标准建设,桥涵设计荷载汽—20、挂—100,桥涵与路基同宽;设计行车速度60千米/小时;龙潭至庄山段路基宽度17米、路面宽度14米;庄山至梧桐段路基宽度10.5米、路面宽度9米;沥青路面,全线新建桥梁5座。县政府结合城市总体规划和东城工业园区的建设,自筹资金按城市道路主干道标准实施:龙潭至上江段路基加宽至24米,其中机动车道宽16米、人行道2×4米;上江至庄山段路基分别加宽至36米和24米,机动车道宽16米;庄山至力其桥段路基加宽至22～24米,机动车道宽16米;力其桥至梧桐段仍按原设计路基宽10.5米实施。2004年8月10日,县政府成立“遂昌县龙潭至梧桐公路改建工程指挥部”组织实施。

该项目公路工程由中国公路工程咨询监理总公司设计,给排水工程由浙江工业大学建筑设计研究院市政分院设计。监理单位为杭州公路工程监理咨询公司。施工单位第一合同段为浙江天宇交通建设集团有限公司,第二合同段为浙江正方交通建设集团股份有限公司。交通安全设施为浙江鹰鹭交通设施有限公司;交通标线为丽水海威交通有限公司;生态植被护坡工程为浙江省林科院园林绿化工程有限公司;电力管线落地土建为龙游市政工程有限公司。监督单位为丽水市交通工程质量监督站。完成工程量挖方36.541万立方米、填方38.27万立方米,沥青砼路面167.134千平方米、水泥砼路面25.6千立方米,圬工砌体6.7万立方米,中小桥梁5座183.62延米、涵洞41道,隧道1座180米。全线共征迁6家企业建筑面积1.85万平方米、迁移农户150多户建筑面积4.854万平方米，征用土地 27.05 公顷。2005 年 6 月 16 日开工，2007 年 11 月 30 日完工，批复概算 2.3 亿元。2008 年 1 月 22 日，通过交工验收。2010 年 7 月 14 日，省市有关部门组织竣工验收，被评为优良工程。

龙丽线洋条岭路段破板修复工程　龙游至丽水公路遂昌境内路基路面改造工程于 1995 年底完工。自 1996 年投入使用以来，为缓解交通压力、促进当地经济与社会发展发挥了重要作用。20 世纪 90 年代，交通市场竞争激烈，运输价格放开，公路超限运输情况愈演愈烈。额定 10 吨的汽车运 30 吨货物的情况已成为平常事，公路的荷载设计已远远不能适应。尤其是洋条岭路段，连续 2.5 千米设计极限的纵坡和弯道，运行一年后，不但水泥混凝土路面损坏严重，且造成多起重大交通事故，成为有名的交通事故“黑点”。自 1997 年开始，省、市两级公路管理部门几乎年年安排修复项目。至 2010 年，共耗资 1310.3797 万元，修复破损水泥混凝土路面累计 11181.61 平方米。其成本不但超过了当年上小公路改建的总投资，且若按 7 米宽的路面计算已经长达 15.974 千米的里程了。

龙丽线破板修复工程（摄于 2010 年 1 月 8 日）

51 省道上江至三墩桥段公路改建工程　系浙江省“十一五”重点工程建设项目。该工程有效地避开了 51 省道穿城路段，对拓展城区发展空间有着重大

意义。根据浙江省发展和改革委员会浙发改设计（2008）77 号《关于 51 省道上江至三墩桥段公路改建工程初步设计批复的函》，2007 年 12 月 25 日，遂昌县人民政府成立“遂昌县 51 省道上江至三墩桥公路改建工程指挥部”组织实施。工程起点为上江，与遂龙线 K0＋995 相接，经渡船头、水阁、半路亭、内庄，终点为三墩桥，与三砾线 K0＋550 相衔接，长 9.963 千米。其中大桥 2 座 273.33 延米、小桥 2 座 57.08 延米、互通立交大

2008 年 10 月 30 日上江至三墩桥公路改建工程开工典礼

桥1座159.08米、隧道4座1878延米。

该工程按二级公路标准设计,设计速度60千米/小时,路基宽12米,路面宽10.5米,桥涵与路基同宽,隧道净宽11.83米、净高6.8米、建筑限界净高5米,桥涵设计荷载公路Ⅱ级,大中桥设计洪水频率1/100,小桥、涵洞及路基设计洪水频率1/50。路面结构采用40厘米厚水泥稳定碎石基层(其中水泥含量3.5%的20厘米、水泥含量5%的20厘米)+6厘米厚AC—20沥青混凝土下面层+4厘米厚AC—13沥青混凝土上面层。施工单位:第一合同段(K0+000~K3+920)为浙江金顺路桥建设有限公司;第二合同段(K3+920~K9+963)为浙江永达交通工程有限公司,第三合同段(全线交安设施工程)为嘉兴通明交通工程有限公司。2008年12月25日开工,2012年1月16日通过交工验收,核定概算19850.54万元。

51省道王村口至老虎跳段公路改建工程 系浙江省重点交通工程,起点为王村口镇西侧,接石王公路K51+870.3,经塔潭、独口、西坑口、龙洋、埠头洋,终于遂昌县和龙泉市交界处的老虎跳,长13.487千米。其中大桥4座597.6延米,中小桥2座135.2延米,隧道3座1528延米。2010年1月29日,浙江省发展和改革委员会以浙发改设计〔2010〕14号文件对初步设计予以批复,工程概算为2.1452亿元。2010年5月17日,遂昌县人民政府成立"51省道遂昌县王村口至老虎跳公路改建工程指挥部"组织实施。

该工程由浙江省交通规划设计研究院按二级公路技术标准设计,设计速度每小时60千米,路基宽10米,其中行车道宽2×3.5米,硬路肩宽2×0.75米,土路肩宽2×0.75米,桥涵与路基同宽,隧道宽10米,建筑限界净高5米。桥涵设计荷载公路Ⅱ级,大中桥设计洪水频率1/100,小桥、涵洞及路基设计洪水频率1/50。

该工程分两个合同段施工,第一合同段为杭州市交通工程集团有限公司,中标价6591.3637万元,起讫桩号为K0+000~K6+600,线路长6.595千米,其中隧道2座1015延米,大桥2座320.37延米,中桥1座54.04米,涵洞25道389.1延米,计划工期22个月。第二合同段为丽水大地路桥建设工程有限公司,中标价8092.4362万元,起讫桩号为K6+600~K13+492,路线长6.892千米。工程内容有路基、隧道、桥涵及13.492千米的沥青混凝土路面、绿化和安全设施工程。其中隧道1座513米,大桥2座277.26延米,中桥1座81.47米,涵洞26道386.8延米。计划工期28个月。监理单位为丽水市丽通工程监理有限公司,中标价305.218万元,包括全线路基、路面、隧道、桥涵、交通安全设施、照明及绿化等工程的施工监理,监理服务期52个月。

该工程2010年9月9日举行开工典礼,开始土地征用等政策处理工作,2011年4月27日正式发出开工令,计划2013年8月完工。

三、县道建设工程

三(墩桥)石(练)公路改建工程　为遂昌县“八五”末跨“九五”重点建设工程项目。其有效地改善了遂昌县西部12个乡镇交通状况，对促进全县经济和社会发展有着重要意义。工程分两期实施：

第一期为三砺线排前至大柘段公路改建工程。工程起点为排前(三砺线K10＋246)，终点为大柘村下(三砺线K17＋700)，长5.32千米。改线后使里程缩短2.1千米，洋钿岙高程降低了86米，社会和经济效益显著。1995年3月11日，浙江省交通厅以浙交〔1995〕69号文下达计划。1995年12月19日，遂昌县计经委批复立项。1995年6月21日，遂昌县人民政府成立“遂昌县洋钿岙公路隧道工程指挥部”组织实施。

遂昌县公路勘察设计室按山岭重丘三级公路技术标准设计，路基宽10.5米、路面宽9米，最小平曲线半径153米，最大纵坡5%，桥涵设计荷载汽—20、挂—100，隧道净宽7＋2×0.75米，小桥涵与路基同宽。1995年8月，组织了遂昌县交通建设工程的首次招议标，省内外共19家承包商参加了投标。第一合同段(三砺线K10＋246.5～K12＋090)中标单位为苍南矿建公司，第二合同段(三砺线K12＋090～K13＋900)中标单位为浙江省第七地矿工程总公司。两家企业均为二级施工企业。1995年11月20日开工，1998年1月15日完工。永安至大柘段(三砺线K13＋900～K15＋567)长1.67千米，大柘镇政府无偿向永安村征用农田3.348公顷，路基宽度由10.5米加宽至24米，由镇政府组织，遂昌县交通工程公司施工。1998年9月6日，路面工程经遂昌县人民政府组织议标，确定遂昌公路管理段为施工单位，1999年6月30日竣工。该工程共完成土石方17.16万立方米，防护工程1.83万立方米，水泥砼路面41473.91平方米，小桥13座28.5延米，石拱涵5道96.25延米、盖板涵27道556.9延米、圆管涵4道71.2延米，隧道1座768.4米。全线共征用土地7.8公顷。耗资1422万元。1996年底丽水地区交通工程质量监督站成立后，即开始对该工程进行质量监督工作。经检验评定，路基、隧道工程为合格工程，路面工程为优良工程。

第二期为三墩桥至排前段(K0＋000～K10＋246)和大柘至石练段(K17＋700～K23＋254)，总长15.8千米。其中新建里程为8.2千米、拓宽里程9.7千米，缩短里程3.88千米。1998年2月9日，遂昌县人民政府成立“遂昌三墩桥至石练公路改建工程指挥部”组织实施。

遂昌县公路勘察设计室按山岭重丘二级公路技术标准设计，路基宽度10.5～18.0米、水泥砼路面9～12米，桥涵设计荷载汽—20、挂—100，小桥涵与路基同宽。工程分四个标段，分别由丽水地区路桥工程处，浙江省隧道工程公司，诸暨市公路桥梁工程公司和丽水市(今莲都区)交通工程公司施工，丽水地区交通工程质量监督站监督。1998年9月16日，路基工程开工，1999年5月完工，其中完成新建桥梁16座511.85延米，涵洞113道1621.4延米。路面工程由衢州市衢江交通工程公司和金华市八咏路桥工程有限公司施工，2000年5月开工，同年12月15日完工。路面结构采用15厘米厚级配碎石基层＋22厘米厚水泥砼面层。总投资2687.55万元。2000年12月28日，丽水市交通质量监督站进行了工程质量鉴定，评为优良工程。2001年8月28日，省交通厅副厅长阎震参加了在石练举行的三石公路通车暨石王公路开工典礼。

石练至王村口公路改建工程 为浙江省"十五"重点交通工程建设项目，线路在崇山峻岭中穿越，地质地形复杂，是施工较为困难的公路建设工程。工程分两期实施：

石王公路改建一期工程。根据浙江省交通厅浙交复(2000)415号《关于遂昌县石王公路改建一期工程初步设计审查意见》实施，起点为石练镇，穿越飞石岭隧道，终于坟岗。主线长8.832千米(另有猪腰岭连接线1.2千米)。县政府专门成立了石王公路路线走向调研小组，就经馒头岭走向和经焦滩走向问题，广泛听取省、市、县、乡、村意见。2001年3月29日，姚丕森、汪益林、赖正文联合提出"关于要求改变遂昌县石王公路小考至独山段走向的紧急建议"，提出改走小考至独山村路线。遂昌县人民政府经反复调研、实地考察与方案比较，及2001年11月15日，根据浙江省文物管理委员会"关于遂昌县石王公路路线走向请示的批复"，顾全西部地区发展和确保独山村文物保护区的完整，决定采用跨甲门潭建桥经焦滩至王村口的路线。2001年2月23日，遂昌县人民政府成立"遂昌县公路重点工程建设指挥部"组织实施，2003年2月17日，作了调整，成立"石王公路建设工程指挥部"负责实施。

该工程按二级公路技术标准设计，起点至飞石岭隧道进洞口段5千米的路基宽12米、路面宽9米，其他路段路基宽8.5米、路面宽7米，路面结构为级配砂砾底基层＋15厘米厚水稳基层＋22厘米厚水泥砼面层，隧道净宽9＋2×0.75米，共2座1515延米，中小桥12座370.88延米。施工单位为中铁十四工程局(第一合同段：K22＋800～K28＋855)、浙江省交工集团有限公司(第二合同段：K28＋855～K31＋640；猪腰岭连接线1.2千米)和杭州路美交通工程公司(全线交通安全设施工程)，监理单位为丽水市公路水运工程监理咨询公司，设计单位为浙江省交通规划设计研究院。2001年7月开工，2005年6月完工。2005年8月4—5日，丽水市交通工程质量监督站组织交工质量检测，同年11月25日，业主组织交工验收，投入试运营。2006年11月27日，丽水市交通工程质量监督站组织竣工质量鉴定，评定为优良工程，耗资6395.777万元。

石王公路改建二期工程。根据2005年11月19日丽水市交通局《关于遂昌县石王公路牛尾岗至王村口段改建工程两阶段施工图设计的批复》实施，二期工程起点为牛尾岗大桥桥下，连接一期终点 K31＋640，在甲门潭跨湖南镇水库，逆乌溪江西岸，经下蓬、尖石娄、焦滩、蔡口、亚垟，至王村口，终点 K52＋235，路线长 20.724 千米。其中，桥梁 14 座 1018.02 延米，隧道 1 座 426 米。批准概算为 12651 万元。征用土地 44.4 公顷，拆迁民房 98 户，16053.21 平方米。

该工程按二级公路技术标准设计，设计时速每小时 40 千米，路基宽 8.5 米、路面宽 7 米；路面结构采用级配砂砾底基层＋15 厘米厚水稳基层＋22 厘米水泥砼面层；隧道宽 9＋2×0.75 米，建筑限界净高 5 米；桥梁宽度与隧道相连的 10.5 米，其余与路基同宽。桥梁设计荷载汽—20、挂—100，路面标准轴载 100kN；大中桥设计洪水频率 1/100，小桥、涵洞及路基设计洪水频率 1/50。设计单位为浙江省交通规划设计研究院，监理单位为浙江大学建设监理公司，施工单位第一合同段为陕西路桥集团有限公司（K31＋640～K35＋666，长 4.026 米）；第二合同段为绍兴市双保路桥工程建设有限公司（K35＋666～K43＋336，长 7.67 千米）；第三合同段为浙江永达交通工程有限公司（K43＋336～K52＋235，长 9.028 千米）。其中短链 129 米。工程自 2005 年 9 月 8 日开工，因甲门潭大桥跨越库区，水位长期居高不下，尤其是主河道的五个墩基础施工多次受阻，延误了工期，2011 年 1 月 24 日，才全部完工。2008 年 10 月 10 日，三标段进行了交工验收；2010 年 2 月 2 日，一标段进行了交工验收；2011 年 1 月 25 日，二标段进行了交工验收。

县道砂石路面硬化工程　该工程是根本上扭转遂昌县境内公路交通通行条件的标志性工程。根据浙江省交通厅浙交（2004）459 号《关于全省县（省）道砂石路面硬化工程实施意见》和浙交（2004）503 号《浙江省县道砂石路面改造工程管理办法》等文件批准建设。2005 年，遂昌县县道砂石路面改造工程共 20 个项目，实施里程为 316.71 千米，总投资达 1.1 亿元。县道砂石路面硬化工程资金实行全额包干，地方自筹与省厅补助相结合的政策。按省核定里程数、路面结构，并结合当地经济发展状况，浙江省交通厅按照一县一方案，核定补助资金，不足部分由遂昌县自筹的办法。遂昌县县道砂石路面硬化工程的补助资金，浙江省交通厅按路面宽度及结构不同确定为 24～29 万元/千米。遂昌县县道砂石路面硬化工程指挥部采用包干办法确定工程勘测设计费 4000 元/千米、工程管理费 5000 元/千米和工程监理费 6000 元/千米。工程共分为 8 个标段实施，业主为遂昌县县道公路砂石路面硬化工程指挥部，设计单位为遂昌县公路勘察设计所及遂昌县公路管理段，监理单位为遂昌县砂石路面硬化工程监理办公室。按浙江省公路局文件规定，交工验收和竣工验收合并进行。丽水市交通局砂改办分别于 2005 年 12 月 10 日和 2006 年 1 月 9 日，主持了 10 千米至 40 千米的 12 个项目工程验收，10 千米以下的 8 个项目由遂昌县交通局主持工程验收。具体情况详见表 5-1。

2006年,按照浙江省交通厅《关于实施乡道公路砂石路面改造工程的意见》(浙交〔2006〕27号),遂昌县开始实施14条102.793千米的乡道公路砂石路面改造工程,按山岭重丘四级公路标准(局部准四级)设计,路基宽4.5～6.5米,路面宽3.5～5米,投资3863.55万元。2006年12月20日,全部完工。业主为遂昌县乡道砂石路面改造工程办公室及遂昌县乡村康庄工程办公室,设计单位为遂昌县公路勘察设计所、遂昌县乡村康庄工程办公室及遂昌县公路管理段,监理单位为遂昌县乡道砂石路面改造工程监理办及项目所在地乡镇康庄办,施工单位分别由9家施工企业中标承建。工程管理和县道砂石路面硬化工程相同,交工验收和竣工验收合并进行,10千米以上项目由丽水市交通局砂改办主持工程验收,10千米以下项目由遂昌县交通局主持工程验收。

表5-1 2005年遂昌县县道砂石路面硬化工程竣工情况一览

路线简称	实施桩号	里程(km)	路基宽度(m)	路面宽度(m)	路面结构	施工单位	开工日期	完工日期	质量等级
柘关线	K0＋000～K15＋124	15.124	6.5	4.5	8cm厚调拱层＋20cm厚水泥砼面层	衢州市衢江交通建设工程有限公司	2月16日	11月25日	优良
连直线	K17＋38～K38＋213	20.827	6.5	5.0	8cm厚调拱＋18cm厚水稳基层＋3cm厚沥青砼面层	遂昌县公路养护有限公司	4月5日	11月25日	优良
三砾线	K0＋000～LK2＋000	22.410	6.5	4.5～5.0	8cm厚级配碎石调拱＋20cm厚水泥砼面层	遂昌县公路养护有限公司	2月16日	11月25日	优良
	K22＋78～K37＋320				8cm厚调拱＋15cm厚水稳基层＋3cm厚沥青砼面层				
	K37＋32～K43＋200				8cm厚级配碎石调拱＋20cm厚水泥砼面层				
峡北线	K0＋000～K9＋000	18.765	4.5～6.5	4.0～5.0	3cm厚沥青砼罩面层	遂昌县公路养护有限公司	2月16日	11月25日	合格
	K14＋000～K23＋765					浙江大地交通工程有限公司			
	K24＋000～K49＋000	25.00	6.5	5.0	8cm厚调拱＋18cm厚水稳基层＋4cm厚沥青砼面层	浙江大地交通工程有限公司		12月25日	
潘金线	K0＋000～K11＋218	11.218	6.5	5.0	8cm厚调拱层＋20cm厚水泥砼面层	遂昌县公路养护有限公司	4月5日	11月25日	优良
苏双线	K0＋000～K7＋470	16.770	4.5～6.5	4.0～4.5	8cm厚调拱＋20cm厚水泥砼面层	遂昌县公路养护有限公司	2月16日	11月25日	优良
	K23＋470～K32＋770		6.5	4.0	3cm厚沥青砼罩面层	庆元县公路养护中心	2月16日	11月20日	

续表

路线简称	实施桩号	里程(km)	路基宽度(m)	路面宽度(m)	路面结构	施工单位	开工日期	完工日期	质量等级
金牛线	K0+000～K19+581	19.581	6.5	4.5～5	8cm 厚调拱+18cm 厚水稳基层+3cm 厚沥青砼面层	浙江大地交通工程有限公司	2月16日	12月25日	优良
桂王线	K0+000～K10+000	36.800	6.5	5.0	8cm 厚调拱+15cm 厚泥灰结+4cm 厚沥青贯入式+3cm 厚沥青砼面层	湖州市集全交通建筑有限公司	7月1日	9月1日	优良
	K10+000～K33+190				8cm 厚调拱+18cm 厚水稳基层+3cm 厚沥青砼面层	丽水市交通工程有限公司	4月1日	11月20日	
	K33+190～K36+800				3cm 厚沥青砼罩面层	庆元县公路养护中心	2月16日	11月20日	
黄九线	K0+000～K32+000	32	6.5	4.5～5	8cm 厚调拱层+20cm 厚水泥砼面层	浙江省丽水市路桥工程公司	2月4日	11月30日	优良
	K32+000～K48+310	16.31	6.5	4.5～5	8cm 厚调拱层+20cm 厚水泥砼面层	浙江省丽水市路桥工程公司			
汀白线	K0+000～K30+000	30.00	4.5～6.5	4.5～5	5～15cm 厚调拱层+20cm 厚水泥砼面层	嵊州市通达公路桥梁建设有限公司	4月28日	12月25日	优良
梅白线	K0+000～K7+858	7.858	6.5	5	8cm 厚调拱+15cm 厚水稳基层+3cm 厚沥青砼面层	庆元县公路养护中心	2月16日	11月20日	优良
玉黄线	K29+000～K38+300	9.300	6.5	4.5	8cm 厚调拱+15cm 厚水稳基层+3cm 厚沥青砼面层	丽水市交通工程有限公司	4月1日	11月20日	优良
木焦线	K83+470～K91+134	7.660	4.5～6.0	4.0～4.5	8cm 厚调拱+15cm 厚水稳基层+3cm 厚沥青砼面层	庆元县公路养护中心	2月16日	11月20日	优良
	K99+000 K101+050	2.050	6.5	5.0	8cm 厚调拱层+20cm 厚水泥砼面层				
	K101+000 K108+000	6.950			8cm 厚调拱+18cm 厚水稳基层+4cm 厚沥青砼面层				
	K108+000 K108+613	0.613			8cm 厚调拱层+20cm 厚水泥砼面层				
三砾线	K99+75～K106+086	6.329	6.5	4.5	8cm 厚调拱层+20cm 厚水泥砼面层	衢州市衢江交通建设工程有限公司	2月16日	11月25日	优良

峡口门至湖山至金竹公路改建工程 系浙江省重点交通建设项目。起点为大柘镇峡口门，与三砾线 K18+730 相交，经华洋、梭溪桥、三归、雷石、湖山、王川、金竹，终于翁村与金牛线交叉口(原峡北线 K24+872)相接，长 15.961 千米。2009 年 11 月 4 日，浙江省发展和改革委员会以浙发改设计〔2009〕148 号文对初

步设计予以批复,核定概算为38051.25万元。2009年11月6日,遂昌县人民政府以遂政办发〔2009〕107号文成立"遂昌县峡口门至湖山至金竹公路改建工程指挥部"组织实施。

该工程由浙江省交通规划设计研究院按二级公路技术标准设计,设计时速60千米,峡口门至湖山段路基宽12米(开山困难路段宽10米),路面宽7米,桥梁宽12米(桥隧相接段宽10米),涵洞与路基同宽;湖山至金竹段路基宽8.5米,路面宽7米,桥涵与路基同宽。隧道净宽10米,建筑限界净高5米。桥梁设计荷载标准公路－Ⅱ级,路面设计标准轴载BZZ－100,大中桥设计洪水频率1/100,小桥涵洞及路基设计洪水频率1/50。征地为42公顷。

峡湖金公路改建工程开工典礼(摄于2009年12月28日)

该工程分三个合同段,第一合同段为浙江省良和交通建设有限公司,起讫桩号K0＋000～K5＋100,长5.1千米;第二合同段为衢州市交通建设有限公司,起讫桩号K5＋100～K8＋800(含全线路面工程),长3.7千米;第三合同段为永嘉市交通建设有限公司,起讫桩号K8＋800～K15＋960.825,长7.161千米。2010年4月25日,正式开工。建设工期36个月。2011年6月,该工程获中央投资2240万元,在遂昌交通建设史上尚属首次。

石笋头至阳扒凹公路建设工程　该工程是贯通南尖岩、神龙谷两个国家AAAA级旅游景区的重要通道,是一条旅游线路。由浙江省交通厅《关于下达2006年交通基本建设企业拨改计划的通知》和丽水市交通局《关于遂昌县双桂线石笋头至阳扒凹公路建设工程一阶段施工图设计的批复》批准建设。工程预算2629.34万元。2006年10月20日,遂昌县交通局成立"石笋头至阳扒凹公路建设工程指挥部"组织实施。

该工程按四级公路标准设计,设计速度20公里/小时,路基宽6.5米,路面宽6.0米,桥涵设计荷载公路—Ⅱ级,路面设计标准轴载BZZ—100。该工程路线全长13.414千米,其中:主线起点为石笋头,与双石公路终点延伸段村道516米(K18＋835)相衔接,向南展线,经金岙门,至阳扒凹为终点(K26＋582),与桂王线K9＋700相交,长7.747千米,路面为沥青混凝土路面,路面结构为4厘米厚AC—13沥青砼面层＋18厘米厚水泥稳定碎石基层＋15厘米厚级配碎石垫层(部分潮湿路段);支线起点为金岙,与朱金线K16＋819相衔接,向西展线,至金岙门为终点，与双阳公路 K25＋000 相交，长 5.667 千米，路面为水泥混凝土路面，路面结构为 20 厘米厚水泥砼面层＋15 厘米厚级配碎石基层。

2010 年 4 月石笋头至阳扒凹旅游公路通车

该工程设计单位为遂昌县勘察设计所，监理单位为松阳县宏远工程监理有限公司。施工单位第一合同段为浙江八咏公路工程公司（承担主线 K0＋000～K7＋747 段路基施工及主线和支线的路面施工）；第二合同段为浙江瓯越交通建设有限公司（承担支线 K0＋000～K5＋667 段路基施工）。监督单位为丽水市交通工程质量监督站。

该工程 2007 年 3 月开工，2010 年 4 月完工。2010 年 7 月 13 日，丽水市交通工程质量监督站组织了工程质量鉴定，评为合格工程。2011 年 1 月 4 日，通过了交工验收。

乌溪江大桥建设工程　该工程系浙江省重点交通建设项目，起点为湖山乡红星坪村，经麻车坪西侧，跨乌溪江，经弯坑，终于凉山头村，路线全长 1.32 千米。其中特大桥 1 座 376 米（主跨 260 米），隧道 1 座 355 米。2010 年 5 月 27 日，遂昌县发展和改革局以遂发投〔2010〕48 号文对初步设计予以批复，核定概算为 11464.31 万元。2009 年 11 月 6 日，遂昌县人民政府成立“遂昌县乌溪江大桥建设工程指挥部”组织实施。

该工程由浙江省交通规划设计研究院按二级公路标准设计，设计行车速度为每小时 60 千米，双向双车道，路基宽度 10 米，行车道宽 2×3.5 米，特大桥宽度为 12 米。桥梁设计荷载标准为公路－Ⅱ级，路面设计标准轴载 BZZ－100，特大桥设计洪水频率 1/100，路基、涵洞设计洪水频率 1/50。路面结构采用 22 厘米厚水泥砼面层＋20 厘米厚水泥稳定碎石基层＋20 厘米厚级配碎石底基层。采用钢管混凝土拱桥，主跨为 260 米上承式钢管砼拱，上部为预应力砼 T 梁，下部为柱式墩、U 形台、扩大基础和桩基础。

该工程设一个施工合同段，由于技术难度大以及概算调整，延至 2010 年 12 月 27 日和 2011 年 1 月 21 日，两次在杭州举行招投标，均因工程量清单预算过低和施工单位准入门槛高等原因导致流标。2011 年 7 月 26 日，举行了第三次招标，中标单位为中铁九桥工程有限公司，监理单位为安徽省公路工程建设监理有限责任公司。2011 年 11 月 1 日开工，工期 36 个月。

四、乡村康庄工程

2003年,浙江省对交通建设作出了重大战略部署,开始实施交通“六大工程”。公路以高速公路和农村公路为重点,为加快提高改善农村的交通条件,加大对农村公路建设的投入,全面开始实施“乡村康庄工程”。以前所未有的投入、前所未有的速度、前所未有的规模推进农村公路建设。2003年7月28日,遂昌县人民政府成立“乡村康庄工程领导小组”,下设“遂昌县乡村康庄工程办公室”,具体实施乡村康庄工程建设。

遂昌县人民政府先后制订了《遂昌县乡村康庄工程实施办法》、《遂昌县乡村康庄工程资金管理暂行规定》、《遂昌县乡村康庄工程招投标范本(试行)》、《遂昌县乡村康庄工程竣工验收实施意见》和《遂昌县乡村康庄工程检查考核及奖惩办法(试行)》等一系列制度和规定。经过八年的努力,至2010年底,全县391个行政村(其中6个已实施“下山脱贫、整村搬迁”)完成通村公路路基新、改建和路面硬化项目490个、计1786千米,投资总额达4.3亿元,等级公路通村率和路面硬化率均已达100%。

康庄公路(大柘镇塘根摄于2004年冬)

为规范乡村康庄工程的技术标准,浙江省交通厅印发了《浙江省准四级公路工程技术标准(试行)》,全县的通村公路统一由遂昌县康庄办和遂昌县公路勘测设计所测设,设计中按浙江省准四级公路标准严格掌握路基宽4.5米、路面宽3.5米的基本要求。各乡镇政府相应成立“乡村康庄工程办公室”,承担本辖区内的业主职责。农村公路建设资金实行“省、县补助、乡(镇)、村自筹”的原则,通村公路省补标准路基改造10万元/千米、路面硬化10万元/千米;县补标准为3万元/千米。2008年以后实施僻远山区的通村公路补助资金不同程度地有所增加。施工单位全部由遂昌县招投标管理办公室组织招投标确定,乡(镇)政府负责工程的组织实施工作,项目业主组建通村公路质量监理小组,承担监理职责。质量监督由丽水市质检监站会同遂昌县交通局共同负责。

第二节　交通建设三个阶段

一、四自工程

公路“四自”工程是浙江省交通厅在“八五”交通发展规划中提出的，目的是为了着重解决全省公路和水路“卡脖子”路段和干线航道进行各类改建和新扩建工作，重点突破，打破瓶颈制约。浙江省人民政府以浙政(1992)28 号《关于加快交通基础设施建设的通知》，出台了公路“四自”(即自行贷款、自行建设、自行收费、自行还贷)政策。1988 年 6 月开工的遂昌县 50 省道龙丽线公路改建的洋条岭隧道项目被列入“四自”工程。

二、六大工程

“六大工程”是浙江省交通厅 2003 年 7 月在实施“十五”交通发展规划时首次提出的。六大工程是指：一，高速网络工程；二，干线畅通工程；三，水运强省工程；四，乡村康庄工程；五，绿色通道工程；六，廉政保障工程。“六大工程”在“十五”期间得到全面实施，遂昌的公路交通从此发生了根本变化。

三、三大建设

“三大建设”是浙江省交通厅党组书记、厅长郭剑彪，于 2007 年 12 月 7 日代表省交通厅党组在“理论学习中心组务虚会议”上提出的。浙江交通今后发展的战略目标确定为现代交通“三大建设”，即：建设大港口；建设大路网；建设大物流。建设大港口的目标是：争取到 2012 年，全省沿海港口货物吞吐量突破 8 亿吨，集装箱吞吐量超过 1500 万标箱。建设大路网的目标是：争取到 2012 年，全省公路总里程达到 11 万公里以上，公路密度达到 110 公里/百平方公里；高速公路总里程达到 3700 公里以上，具备条件的行政村通等级公路率达到 100%。建设大物流的目标是：编制完成全省交通物流基地布局规划，出台促进交通物流发展指导意见；形成一批综合性物流基地和现代物流龙头企业，建成物流公共信息平台；形成完善的辐射全国的城际客运网络，行政村班车通达率达到 97%，城乡客运一体化覆盖率达到 50%。

第六章　生态交通建设

第一节　生态公路建设

一、公路绿化

公路绿化是指在公路两侧边坡、分隔带及沿线空地等可绿化的公路用地，利用绿色的乔木、灌木及花、草合理覆盖的工程。公路绿化应遵循“因地制宜、因路制宜、适地适树”的原则。公路绿化可起到稳固路基、保护路面、美化路容、改善环境、减少噪音、吸附烟尘、舒适行旅、诱导汽车等重要作用。

中国自古以来就有“植树以表道”的优良传统。遂昌县的公路绿化，始于民国24年（1935），即遂松公路通车的次年春，由养护部门负责陆续在遂松公路上栽植行道树。民国31年（1942），因日军侵扰，植树工作一度停止。民国35年（1946），全国公路植树规划规定，省道公路由公路管理部门栽植，县道公路由当地政府负责栽植，栽植之行道树均由当地政府督促警察及各乡保甲长保护。

三砾线种植的整齐美观行道树（摄于2010年夏）

1955年，新路湾工区组织道工在龙南线部分路段新植树苗4400株。1956年，在当地政府的支持下，发动沿线群众558人，由各乡乡长带领，分段包干，规定株距4米，新植树苗26433株。1957年，公路管理部门在龙南线和遂昌支线补植树苗1200株，绿化16千米。1962年，在遂昌县绿化委员会统一部署下，沿线社队发动群众将已成材的油茶、棕榈和果树等大树移植到公路上，但管理不善，几个月即全数枯死。1963年，当地政府和公路管理部门再次发动沿线群众新植树苗14320株，树苗大多为枫杨、乌桕、油茶、板栗等小苗。自1964年之后改为直径3厘米、苗高3米的树苗，以提高行道树的成活率，当年公路部门在龙南、城桂、金石、峡湖等线路上栽植树苗15170株。1965年，遂昌县公路管理部门与沿线生产队签订共同管理路树的合同，由国家提供树苗，生产队负责种植、培育和管理，树权国有，林副产品收入实行集体与国家二八或三七分成。“文化大革命”动乱期间，公路绿化工作中断10年，已成荫的行道树也遭受大量毁坏。

改革开放之后，公路绿化实行“国造国有”。遂昌县人民政府1981年颁布了《公路绿化管理细则》，公路管理部门也配备了1名专职绿化管理员。1982年“植树节”，遂昌公路段发动职工179人（含松阳）在龙南线金岸至界首路段植树1444株，绿化里程5.94千米。1981年至1988年，公路管理部门每年在省道龙南线、金龙线平均补植行道树2000余株，树种主要为水杉、法梧和苦楝，成活率均在70%以上。1988年，全县公路绿化里程92.73千米。

20世纪90年代之后，随着省、县道干线公路改造步伐的加快，公路绿化的投入和种植质量得到很大的提高。龙丽线、三砾线的绿化进行了全面更新，栽植了大量的樟树、紫薇、冬青、红叶李等优良树种，虽然是以乔木为主的防护林，但变得更加整齐、美观。1998年2月，浙江省交通厅、浙江省绿化委员会联合颁布的《浙江省公路绿化管理办法》规定：新建、改建的国、省道干线公路和主要县道公路，在宜林路段两侧应各征用不少于1.5米宽的土地用作绿化植树带，绿化与工程同步设计、同步组织实施、同步验收；公路绿化的管理费用单独列支，经费必须满足基本管理需要。同时，随着《中华人民共和国公路法》于1998年1月1日开始实施，损坏公路绿化的行为也得到有效的制止和处罚。

2000年，国务院下发了关于进一步推动全国绿色通道建设的通知。2001年，浙江省政府下发了关于建设“万里绿色通道”的通知。绿色通道工程即公路绿化工程，是交通生态建设的标志。公路绿色通道的规划为：高速公路和国省道干线公路绿化带宽度原则上按20～30米、县道按15米、乡道按5米设计；主要形式是路基绿化和公路两侧造林绿化统一布局，沿线城镇村庄的绿化、美化整体推进，乔、灌、花、草结合，生态、社会、经济效益结合，实现有路皆绿、树木成线、林带成网、绿化成片。2003年，遂昌县境内省道龙丽公路实施绿色通道工程，公路两侧绿化带宽度基本达到20米，成为遂昌县第一条省道干线生态公路。通过四年的实施，至2006年，全县共实现绿色通道省道27.864千米，县乡道167.048千米。

至2010年，全县1378.276千米可绿化的各类公路中，已绿化762.473千米,总绿化率达55.32%,其中省道公路(含高速公路)已绿化里程112.672千米,绿化率100%;县道已绿化里程471.215千米,绿化率96%;乡道已绿化里程30.882千米,绿化率100%;专用道已绿化里程2.553千米,绿化率100%;村道已绿化里程145.151千米,绿化率19.58%。

二、文明公路

文明公路的创建活动始于1995年,创建文明公路主要是为了改善和提高国家干线公路通行能力和规范化管理水平,纠正行业的不正之风,加大整治公路"三乱"的力度,充分发挥国家干线公路在文明建设样板路中的示范作用,推动国省道及沿线"两个文明"建设。1995年3月,交通部印发了《国家干线公路文明建设样板路实施标准》,随后,浙江省交通厅下发了《关于在全省范围内开展创建文明建设样板路活动的通知》,并制定了实施计划。经多次修订,2007年浙江省交通厅制定了《浙江省文明公路创建活动实施办法》。

文明公路创建活动的主要内容为公路养护和建设、路政管理及规范执法、沿线服务设施规范化管理、公路稽查、公路养护站规范化管理、宣传报道等方面。同时制定详细评分考核标准。一般国省道干线公路创建活动由省级主管部门组织考核验收,农村公路创建活动由市级主管部门组织考核验收。

县城至飞石岭文明公路(摄于2010年11月11日)

遂昌县的文明公路创建活动开始于2006年,遂昌县人民政府把创建文明公路活动作为改善投资环境,促进经济和社会发展,推动"两个文明"建设的载体,得到高度重视,列入政府工作考核内容,成立了以分管副县长为组长,交通、公安、工商、林业、监察、沿线乡(镇)政府等部门组成的创建领导小组。领导小组下设办公室,落实专人和专项资金,办公室设在县交通局。2006年,根据省、市的统一部署,在51省道遂龙线遂昌境内57.68千米公路开展了创建文明样板路活动。共投入1201.16万元,对遂龙线19.2744千米公路实施路面整治工程,增设和完善了防护设施,整治重点违章路段,修缮了沿途两个公路站,并筹资20万元对公路站进行绿化和美化,规范了公路站的内部管理,同年底,通过了省交通厅文明公路创建工作检查组验收,成为遂昌县第一条省道文明公路。

2010年,遂昌县文明公路创建活动扩展到农村公路,三砾公路县城至飞石岭路段长 37.5 千米，为遂昌县主要县道，系二级公路，是通往遂昌县西南部十余个乡(镇)的交通要道，也是通往南尖岩、神龙谷、千佛山、王村口红色旅游区、湖山温泉度假区、九龙山国家级自然保护区等旅游景点交通大动脉。这次创建活动突出生态理念，着重公路景观建设，取得了良好效果。共投入 900 余万元，重点是对路肩硬化、公路绿化和美化，公路站房的修缮美化等，年底，通过了丽水市交通局文明公路创建活动检查组验收，成为遂昌县农村公路第一条文明公路。

三、公路工程环评

公路工程环评是为了加强交通建设项目环境保护管理，预防交通建设项目对环境造成不良影响，促进交通事业可持续发展的环境影响评价制度。1990 年 6 月，交通部就颁布了《交通建设项目环境保护管理办法》，2003 年 5 月，再次修改完善后重新发布，规定在建设项目可行性研究阶段按环保分类名录报批环境影响报告书、环境影响报告表或登记表，涉及水土保持的还必须有水土保持方案。未经环评的项目不予审批工程可行性报告和初步设计。环评的内容主要包括建设项目概况；周围环境现状；对环境可能造成影响的分析和预测；环保措施及经济、技术论证；环境影响经济损益分析；对建设项目实施环境监测的建议和环境影响评价。

遂昌县公路工程环境影响评价始于 2001 年。新建的石王公路工程处在可行性研究阶段，浙江省环境保护局在《环境影响报告》中要求独山路段改变线路走向，避开独山村，从蔡口逆乌溪江的左岸而上，以确保独山文物保护区的完整，从而减少对该文物保护区的环境污染。自此以后，遂昌县的重要公路工程建设项目，都遵循环境影响评价的有关法律、规定，对环境保护实施了管理。

同时，公路养护工程也以维护生态、降低污染、保护沿线环境为目标，对施工与营运期产生的污染采取了相应的处理措施，增强水土保持意识，加强了边坡和荒地的绿化和治理工作。高速公路声屏障(隔离墙)的设置，沥青拌和站的烟尘、扬土应用新技术得到有效控制，沥青加温采用远红外技术，减轻了对环境的污染。

四、公路养护生态工程

公路养护生态工程是指为防止破坏生态环境或造成水土流失，确保公路安全的养护工程。遂昌县的公路养护生态工程主要有滑坡地段的治理、水毁修复中小流域治理和边坡复绿工程。

1999 年下半年，投资 30 余万元，对 50 省道龙丽线 K43＋800 官溪拉沟地段的滑坡进行了治理。2003 年 9 月，投资 40.8 万元，对县道桂王线 K3＋600 外蓬山体滑坡进行了治理。

2004年4月,在遂龙线K14+000尖山寺地段土边坡和三砾线K16+000田后地段软石土边坡,种植香根草,进行了复绿。之后,在高速公路建设和龙潭至梧桐公路建设中,边坡复绿工程得到普遍应用。

龙丽线边坡加固工程(摄于2010年10月)

2005年11月,结合梅白线水毁工程,在梅白线K7+800碧龙源电站的泄洪水道,进行了小流域治理,疏通水道,加固边坡,恢复了原有的生态环境,也保障了公路的安全畅通。

第二节　生态码头船舶建设

一、环保船舶

1990年,遂昌县率先在丽水市用钢质船更换原有的木质和水泥渡船。渡船改造采用统一船型、统一动力,主机标准化、高能效、低能耗,减低因燃烧不充分而对外排放废气的现象。通过在船舶主、副柴油机气管上安置消音器,减低了噪声污染。安装油水分离器,并对船舶内的溢油污水实行统一回收上岸处理,切断船舶污水直排源。

2011年,为应急库区水面溢油情况,设置了围油栏,有效防止水面污油扩散。

二、生态库区码头建设

2000年,遂昌县被列为浙江省生态公益林建设试点县,开始实施乌溪江水库库区周围的生态公益林试点建设。2001年8月,申报国家级生态公益林,其中水源涵养林达9386.67公顷。2002年,被批准建立遂昌国家森林公园。自此,湖山森林公园纳入遂昌国家森林公园。2004年3月,遂昌县被列为世界银行贷款项目造林。湖山旅游区森林公园共7740公顷,包括乌溪江水库周围造林,森林覆盖率达95.4%。

遂昌县在各水域设置了定点水质监测，2010 年，在龙鼻头监测点测定的乌溪江出县界的水质达国家Ⅱ类标准。

遂昌县码头建设工程环境影响评价始于 2010 年。自新建大溪边、黄泥岭二个交通码头可行性研究阶段，遂昌县环境保护局及时介入，对环境保护实施了管理。

码头施工期间，注重文明装饰，减少水泥、黄沙装卸时的粉尘逸出；生活污水汇入化粪池，达标后排放；固态废弃物集中统一处理；使用技术先进、低噪声的施工设备；同时在码头后方陆域四周布置绿化。建成使用后，船舶机舱水由陆上接收，垃圾集中上岸处理；陆域油污水与生活污水进行处理达标后排放；流动机械采用电动或无铅汽油。

第三节　节能减排

节能减排是指节能降耗和污染物减排。节能减排事关降低成本、节约能源、环境保护，交通部门历来将其当做大事来抓，不同时期提出针对性的节油措施，并将其纳入有关技术政策和技术文件之中。21 世纪以来，国家开始重视生态文明建设，大力推进建设资源节约型和环境友好型社会，节能减排工作提到了新的高度。2008 年 4 月 9 日，遂昌县交通局下发了《交通行业节能减排工作》意见，对全县交通的节能减排作了部署。

一、公路工程节能减排

自 1997 年开始，龙丽线洋条岭路段每年都需进行水泥混凝土路面破板修复。在施工中，工程技术人员从节约成本、废物利用的角度考虑，将较完整的混凝土板块运用到公路边坡及排水沟修建工程中，以替代块石。2010 年，在三砾线县城至飞石岭路段的文明公路创建中大量利用，不仅节约了原材料，减少了污染，还增加了资源的循环利用。

2000 年 6 月，遂昌县城郊沥青拌和场建设中，购进了交通部定点生产的国内最先进的导热油沥青加温储存设备，比一般沥青加温设备明显地降低了能耗。2006 年 8 月，为保护生态环境，减少污染物排放，更新了环保型的 QLE—1000 型沥青拌和楼，具有自动控温功能，除尘设备为世界最先进的布袋除尘器，废气排放达到环保要求。

2008 年 11 月，遂昌县洋条隧道照明进行节能技术改造，采用无极智能调压、隧道灯保护、车辆检测、电压跟踪技术于一体的智能化公路隧道照明节能系统。该系统设置了白天和夜间两种模式，白天无车时，隧道内照明系统只有原亮度的25%，有车则100%的亮度；夜间则一律在25%的亮度。安装后节约用电量30%以上。

2012年5月16日中国自行车产业转型升级与低碳环保高峰论坛在遂昌举行

二、公路运输节能减排

20世纪50年代初期，由于西方国家的经济封锁，依赖进口的燃油面临极大困难。遂昌县因地制宜采用木炭代燃，所有汽车均改装木炭代燃炉。50年代末、60年代初，从苏联进口的石油锐减，又再度恢复木炭代燃。1954年，交通部召开的全国汽车运输及技术工作会议上总结了一套节油经验，之后通过不断修改补充，一直继续到20世纪80年代仍被采用。遂昌县公路运输部门认真执行，主要实行油耗定额管理、规范驾驶操作、提倡经济车速(中速)、采用拖挂运输、推广节油装置等措施，曾出现过一批节油能手。

改革开放后，66号油改成70号油，汽油辛烷值提高，使汽车发动机压缩比提高而节约了油耗。1981年6月，遂昌县公路运输部门根据浙江省人民政府《关于节约石油的几项规定》，对未经批准的自装、改装、拼装的车辆，噪音大、污染严重的社会货运车辆，全部封存或报废；对“老、旧、杂”耗油高的车辆，经技术鉴定，分期、分批封存或报废，当年共封存载重汽车49辆。2005至2007年，全县对消耗大、污染大的111辆客车进行报废，更换了高中档节能环保型客车。2010年，绿通物流有限公司将5辆货运车辆改用天然气燃料，明显降低了污染。

2008年4月9日，根据浙江省交通厅《营运客车燃料消耗量限值的测量方法》和《营运货车燃料消耗量限值的测量方法》两个标准，遂昌县交通局颁发《交通行业节能减排工作》，予以贯彻实施。同时，强化了汽车综合性能检测，强制营运车辆维修保养，经检测发动机工作状况、尾气排放和喇叭噪音等车辆技术达到国家标准后才予以签证。

2010年4月12日，遂昌县开展了“周一无机动车”活动。全县城区汽车保有量6580辆，七分之一时间停开，每年能减排二氧化碳513.6万千克，相当于少破坏57.1万株树木，环保效益显著。但执行力度不强，未能收到预期效果。

第七章　公路养护工程

第一节　养护方式

中国公路划分为国道、省道、县道、乡道四个行政等级，公路养护相应实施分级管理。国道、省道和重要县道由省级公路管理机构负责养护；一般县道和乡道分别由县、乡政府负责养护。另外，高速公路由专业的公司负责养护；专用公路由使用单位负责自行养护。

一、专业公路养护

公路养护是为保持公路经常处于完好状态，防止其使用质量下降，并向公路使用者提供良好服务所进行的作业。

遂昌县专业公路养护始于民国23年(1934)，遂(昌)松(阳)公路竣工之后，浙江省公路局对全省公路实行分区管理，在衢州设立了第三管理处，负责遂昌境内公路养护和管理。民国30年(1941)5月，在遂昌金岸设立碧游工务段，负责丽水碧湖至龙游公路养护，辖养公路207千米，工程技术人员13人、道工120人。民国31年(1942)日军进犯丽水，遂昌境内公路全部破坏，养护管理停止。民国34年(1945)8月抗战胜利，陆续恢复公路养护和管理。民国37年(1948)11月，浙江省公路试行民众养护，遂昌县人民政府首次设置道班养护，有监工、领班各1人、道工9人、伙夫1人。

1949年9月，浙江省军管会交通处在遂昌设金岸工务段，有道班5个、道工60人。1950年转由第四运输段(衢州)专管，下设龙(游)遂(昌)松(阳)公路监工处，有监工1人、道工20人。1952年成立遂昌县新路湾领工区，隶属第四运输段领导。1954年1月成立浙江省交通厅公路局衢州养路段，新路湾领工区改称新路湾工区，辖养龙南公路74千米、金岸至遂昌支线6.52千米，下设2个道班。1956年改称第三工区，划归金华养路总段领导。

1957 年 10 月后实行运养合并，养护工作划归金华区公路运输管理局第一运输段管辖，至 1960 年，有 10 个道班、1 个渡班，道工 119 人，养护里程 238 千米。

20 世纪 60 年代初开始试用牛和马拉迴砂车，后逐步推广。1962 年设立新路湾、遂昌 2 个养路工区，共有牛 11 头，至少有 6 个道班使用了牛车铺砂、迴砂、平浪、运料，提高了工作效率。1964 年 4 月，运养分开，新路湾工区并入遂昌工区，划归丽水养路总段领导。次月，开始推广“罗定式”路面，每个道班至少要修 500 米“罗定式”路面，规范了泥结碎石路面的操作工序，使公路质量得到普遍提高。

1968 年 11 月，改称遂昌公路段。1971 年 1 月，实行交邮合并，划归丽水地区交通邮政局领导。1975 年 7 月，下放遂昌县工交手工业局领导。1977 年 11 月，调整全省交通管理体制，遂昌公路段重新隶属丽水地区公路总段领导，逐步开始了公路养护以线型标准化、桥梁永久化、路面黑色化、养路机械化、路树林荫化进行改造。遂昌县养护质量有了明显提高，连续 6 年被浙江省公路局评为先进单位。1988 年，有职工 145 人、21 个道班，养护和管理县境内公路 230.93 千米。

1999 年 11 月，遂昌县公路管理段成建制下放给遂昌县交通局领导。2002 年 12 月，改革公路管理体制，实行“两合并、两分开”，遂昌县县乡公路管理所并入遂昌县公路管理段，成立遂昌县公路养护工程有限公司。2010 年 10 月 25 日，改称遂昌县公路管理局。

公路养护主要由小修保养、水毁防治、大中修、改建工程以及公路绿化和安全设施工程等几个方面组成。从 1985 年开始，公路养护试行经济责任制，之后逐年不断深化和完善，实行目标管理与经济承包相结合的公路养护经济责任制。2000 年试行公路站养护招投标管理，打破档案工资，实行“独立核算、自负盈亏”的二级核算办法。至 2002 年公路管理体制改革后，实行“管养分离”，公路养护工程进入市场，经招投标由有资质的公路养护企业获得，遂昌县公路养护工程有限公司成为公路养护的主体。

遂昌县的公路在 20 世纪 80 年代以前大部为泥结碎石路面。公路养护遵循“以路面为中心、以排水为重点、加强全面养护”的原则，通过日常养护，维持公路经常处于完好状态，艰难地稳定好路率。除了经常性养护，春运和雨季养护成了“特殊养护”，省、市年年进行检查评比；公路水毁修复工程逐步得以加强，公路的抗灾能力和通行能力得到较大提高。

砂石路面改建为沥青砼路面或水泥砼路面是提高公路养护质量的关键。1988 年，全县路面硬化只有 11.699 千米，硬化率仅为 5%。至 2006 年，全县省、县、乡道 682.86 千米全部改造成水泥砼路面或者沥青砼路面，硬化率 100%。自此，公路养护有了更高的要求，从保障畅通到“畅、洁、绿、美”。2010年，又提出了建设“五型公路”的工作目标。

二、县乡公路养护

民国31年(1942)浙江省政府推行民众养护，规定县长为养路大队长，区长为中队长，组织实施壮丁养护公路。5月，碧游工务段指派工程员戴水亭在遂湖公路试办民众养护，公布实施办法，组织沿线27人编成养路队，每千米每月养路费15元。因日军进犯丽水，为阻止日军，民国32年(1943)遂昌县境内公路陆续自行毁坏，未能真正组织实施。

1952年，为运公粮需要，遂湖公路恢复通车，沿线各行政村抽调1～2人养护公路，采用评工计分法，最高每天10分，每分500元(旧人民币)。不久农村合作化运动开始而停止。

1965年3月，丽水养路总段在遂昌县大柘公社境内推行丽水地区亦工亦农公路养护试点。遂昌养路工区与横源生产队订立合同，由生产队承包三砾公路坟山岗至石练公路养护，组成好川、华洋道班，农工在道班参加养护工作，在生产队记工分，而后在丽水地区各县支线公路推广。1966年，农工养护的线路和大部分农工养护人员由遂昌公路段接管。

1972年，遂昌县工交手工业局设置1人专管社队公路养护，养护农工由各公社抽调管理，养护经费由工交手工业局按里程拨给公社管理。1977年5月，遂昌县设立交通局，内设道路股管理县乡公路社队养护工作。

1980年，遂昌县革命委员会批准建立社队养护公路段，设交通局内，系集体所有制事业单位。1984年政社分设，改称遂昌县县乡公路管理段，1985年4月改为全民所有制事业单位。1990年11月，改称遂昌县县乡公路管理所。

遂昌县乡公路的建设和养护实行“民工建勤”、“民办公助”的政策，资金来源除浙江省公路管理局给予一定补助和当地征收的手扶拖拉机、摩托车的养路费外，还采用多方集资、群众投劳等形式开拓资金渠道。计划由县乡公路管理机构编制，经市(地)交通主管部门审查后，报省公路管理部门平衡下达。

道班的养护人员全部为各乡镇沿线的农民，用工采用亦工亦农制(亦称农工制)。2002年12月，遂昌县县乡公路管理所并入遂昌县公路管理段。2005年底，养护农工全部终止了养护合同。2010年4月24日，遂昌县人民政府颁发了《遂昌县农村公路养护与管理办法(试行)》(详见附录)。

三、公路养护工程有限公司合同养护

遂昌县公路养护有限公司是依据浙江省交通厅《浙江省公路管理体制与运行体制改革的指导意见》和遂昌县人民政府《关于遂昌县公路管理体制改革实施

方案的批复》,于2002年8月19日经县交通局批准成立的,公司为自主经营,自负盈亏的独立法人。自2003年开始,不再核拨事业经费,通过招投标获得养护工程,公路管理机构通过合同管理,计量支付养护资金。2003年公司在编职工54人,通过招投标,获得县境内588.828千米公路的养护工程,其中专业公路238.187千米、县乡公路350.641千米。

2003年6月,印发了《遂昌县公路养护检查考核办法》,实行月度巡查、季度考核、年终检查评分的办法,综合管理占25%、养护质量占60%、单项工程占15%,根据达标情况与小修保养总价承包经费支付挂钩。养护公司实质上替代了原公路管理机构的公路养护职能,实现了公路管理与公路养护分离。

四、公路养护机械设备

路面清扫车在作业(摄于2011年1月4日)

1960年以前,遂昌县公路养护没有机械工具,养护主要工具为扫把、锄头、畚箕,限于手工操作,运输材料主要靠手拉车。1960年,在龙南干线开始用牛车和马车运料、铺沙、迴沙和洒水。1962年购进第一辆3吨解放牌自卸汽车,主要用于运输砂石料。1970年,从遂昌县农机厂购进第一辆手扶拖拉机,主要用于道班运输砂石料、迴砂、铺砂和接送工人上下班。随着养护机械的逐渐增多,1972年成立机修组,1982年8月设置了机料股,至2003年,县公路管理段又将所有筑、养路机械委托给遂昌县公路养护工程有限公司管理和使用。2010年末遂昌县公路养护机械情况见表7-1。

表7-1 2010年底公路部门机械设备(仪器)一览 单位:元

设备名称	规格型号	单位	数量	原 值	净 值	购建日期	设备类别
轮式装载机	ZL—50D	台	1	390,000.00	0.00	1998.06	施工机械
轮式装载机	ZL50E—Ⅱ	台	1	263,000.00	178,840.00	2007.08	施工机械
轮胎式装载机	XG951—Ⅲ	台	1	274,000.00	271,808.00	2010.10	施工机械
全液压小型装载机	ZL—10	台	1	28,300.00	28,073.60	2010.10	施工机械
全液压小型装载机	ZL—10	台	1	28,300.00	28,073.60	2010.10	施工机械
全液压小型装载机	ZL—10	台	1	28,300.00	28,073.60	2010.10	施工机械
履带式挖掘机	JCM—924C	台	1	790,000.00	777,360.00	2010.10	施工机械

续表

设备名称	规格型号	单位	数量	原　值	净　值	购建日期	设备类别
打石电锤		套	1	2,200.00	1,654.40	2008.05	施工机械
打石电锤		套	1	2,200.00	1,654.40	2008.05	施工机械
打石电锤		套	1	2,200.00	1,654.40	2008.05	施工机械
打石电锤		套	1	2,200.00	1,654.40	2008.05	施工机械
二轮压路机	ZYJ8/10	台	1	118,500.00	0.00	2000.10	施工机械
振动压路机	YZC10	台	1	370,000.00	121,360.00	2005.06	施工机械
振动压路机	YZ18J—3	台	1	276,000.00	33,120.00	2004.05	施工机械
单向平板夯	LF90	台	1	18,000.00	0.00	2000.10	施工机械
单向平板夯	LF90	台	1	17,645.00	12,563.24	2007.12	施工机械
单向平板夯	LF90	台	1	17,645.00	12,563.24	2007.12	施工机械
单向平板夯	LF90		1	15,426.00	13,945.08	2009.12	施工机械
单向平板夯	LF90		1	15,426.00	13,945.08	2009.12	施工机械
平板夯	KP—9HCW	台	1	11,200.00	11,020.80	2010.10	施工机械
冲击夯	RT—70RC	台	1	14,800.00	14,563.20	2010.10	施工机械
切割机	NKY—180W	台	1	14,800.00	14,681.60	2010.10	施工机械
沥青洒布车	HZJ5061GLQ	辆	1	124,000.00	0.00	2000.10	施工机械
沥青洒布洒水机	DL	台	1	15,000.00	0.00	1999.08	施工机械
沥青洒布车		辆	1	37,000.00	22,792.00	2001.07	施工机械
沥青砼拌和设备	QLB—1000 型	套	1	1,605,000.00	988,680.00	2006.12	施工机械
沥青摊铺机	WTL6000	台	1	598,000.00	234,416.00	2005.06	施工机械
导热油设备	2×150	套	1	550,000.00	180,400.00	2000.06	施工机械
路面养护车	XTG5062TYH	辆	1	222,000.00	1,776.00	2000.11	施工机械
自动加热嵌缝机	路邦牌 ZRQF	台	1	17,500.00	12,040.00	2007.09	施工机械
摊铺机	HTG—B2	套	1	39,400.00	0.00	1998.12	施工机械
水泥路面清缝机	GLQF—Ⅰ、Ⅱ	台	1	15,500.00	0.00	2000.09	施工机械
路面清扫车	FLM5160TSL	辆	1	482,000.00	478,144.00	2010.10	施工机械
高空作业车	HYL5053JGKA	辆	1	279,800.00	277,561.60	2010.10	施工机械
高压喷雾器	本田	台	1	4,300.00	0.00	2003.06	施工机械
担架式喷雾器	3WZ—45ASB	套	1	4,100.00	3,083.20	2008.05	施工机械
担架式喷雾器	3WZ—46ASB	套	1	4,100.00	3,083.20	2008.05	施工机械
担架式喷雾器	3WZ—47ASB	套	1	4,100.00	3,083.20	2008.05	施工机械
担架式喷雾器	3WZ—48ASB	套	1	4,100.00	3,083.20	2008.05	施工机械

续表

设备名称	规格型号	单位	数量	原　值	净　值	购建日期	设备类别
高压喷雾机	3WZ—Ⅱ	台	1	3,200.00	3,148.80	2010.10	施工机械
背负式割草机	VRS 400	台	2	8,300.00	0.00	1999.12	施工机械
背负式割草机	VRS 400	台	3	12,000.00	0.00	2000.10	施工机械
割草机	SKR 3510	台	3	10,500.00	0.00	2002.07	施工机械
割草机	KAAZ	台	5	18,250.00	0.00	2003.08	施工机械
手推式旋刀割草机	KAABTL 43	台	4	14,000.00	1,904.00	2004.06	施工机械
割草机	TL43	台	1	4,000.00	3,008.00	2008.05	施工机械
割草机	TL43	台	1	4,000.00	3,008.00	2008.05	施工机械
割草机	TL43	台	1	4,000.00	3,008.00	2008.05	施工机械
割草机	TL43	台	1	4,000.00	3,008.00	2008.05	施工机械
割草机	TL43	台	1	4,000.00	3,008.00	2008.05	施工机械
割草机	TL43	台	1	4,000.00	3,008.00	2008.05	施工机械
草坪修剪机	SP196P	台	1	2,800.00	2,755.20	2010.10	施工机械
绿篱机	TM 310	台	1	4,050.00	0.00	1999.12	施工机械
绿篱机	HT 2300A	台	1	3,500.00	476.00	2001.10	施工机械
树篱修剪机	HC—30ES		1	3,200.00	2,841.60	2009.10	施工机械
树篱修剪机	HC—30ES		1	3,200.00	2,841.60	2009.10	施工机械
树篱修剪机	HC—30ES		1	3,200.00	2,841.60	2009.10	施工机械
树篱修剪机	HC—30ES		1	3,200.00	2,841.60	2009.10	施工机械
绿篱修剪机	HC—30EST	台	1	2,950.00	2,902.80	2010.10	施工机械
油锯	CS—350WES	台	1	2,970.00	2,922.48	2010.10	施工机械
高枝油锯	PPT—2400	台	1	5,700.00	5,608.80	2010.10	施工机械
割灌机	SRM—4300	台	1	2,980.00	2,932.32	2010.10	施工机械
江铃自卸车	JX3040DSL2	辆	1	93,350.00	63,478.00	2007.08	运输设备
江铃自卸车	JX3040DSL2	辆	1	93,350.00	63,478.00	2007.08	运输设备
江铃自卸车	JX3033XSA	辆	1	103,988.00	87,350.00	2009.04	运输设备
江铃自卸车	JX3033XSA	辆	1	103,988.00	87,350.00	2009.04	运输设备
江铃自卸车	JX3033XSA	辆	1	103,988.00	87,350.00	2009.04	运输设备
江铃自卸车	JX3033XSA	辆	1	103,988.00	103,156.10	2010.10	运输设备
江铃自卸车	JX3041XSG2	辆	1	102,034.00	101,217.73	2010.10	运输设备
变型运输机—后驱动	T1410—Ⅶ	辆	1	21,000.00	0.00	1999.11	运输设备
变型运输机—后驱动	ZY—18	辆	1	19,800.00	0.00	2002.06	运输设备

续表

设备名称	规格型号	单位	数量	原　值	净　值	购建日期	设备类别
切缝机	HQL—12	台	1	3,200.00	435.20	1998.12	生产动力设备
高枝油锯	PPT—2100	台	1	5,700.00	1,322.40	2004.06	生产动力设备
高枝油锯	PPT—2100	台	1	5,565.00	4,529.91	2008.05	生产动力设备
油锯	鑫德华 360	台	1	3,200.00	2,604.80	2008.05	生产动力设备
柴油发电机组	50GF	台	1	69,500.00	3,197.00	1997.09	生产动力设备
柴油发电机组	30GF	台	1	21,500.00	2,924.00	1998.12	生产动力设备
柴油发电机组	15kW	台	1	14,000.00	2,912.00	1999.12	生产动力设备
柴油发电机组	YTW—150—4	台	1	110,000.00	34,320.00	2002.10	生产动力设备
照明灯塔	3W—544JR	台	1	18,820.00	13,098.72	2006.11	生产动力设备
吹风机	共立 PB24545	台	2	6,200.00	1,438.40	2004.06	生产动力设备
储油罐	6 立方米	只	2	2,060.00	0.00	1991.02	生产动力设备
储油罐	5 立方米	只	1	1,003.00	0.00	1984.08	生产动力设备
多功能养护清洗机	RV—G350		1	123,800.00	111,886.40	2009.12	生产动力设备
弯沉仪		台	1	800.00	800.00	1993.07	仪器试验设备
经纬仪	DJ6—2(86754)	台	1	3,000.00	3,000.00	1985.06	仪器试验设备
正象经纬仪	J2—042604	台	1	11,000.00	11,000.00	1993.05	仪器试验设备
激光经纬仪	J2—JD	台	1	18,000.00	18,000.00	1995.06	仪器试验设备
水准仪	DS3—244560	台	1	870.00	870.00	1990.05	仪器试验设备
水准仪	DS3—11199	台	1	870.00	870.00	1990.05	仪器试验设备
水准仪	7900472	台	1	870.00	870.00	1990.05	仪器试验设备
水准仪	南京 83	架	1	592.50	592.50	原县乡所	仪器试验设备
自来安平水准仪	D2S3—1300407	台	1	1,420.00	1,420.00	1989.06	仪器试验设备
红外测距仪	DCH2—4371	台	1	35,900.00	35,900.00	1993.05	仪器试验设备
测距仪		台	1	3,800.00	3,800.00	2007.06	仪器试验设备
手持测绘仪		台	1	3,030.00	3,030.00	2006.05	仪器试验设备
军用望远镜		只	1	2,400.00	2,400.00	2006.05	仪器试验设备
汽车衡	3×14	台	1	57,000.00	42,408.00	2006.11	仪器试验设备
电子汽车衡	QDST100—3422	台	1	200,800.00	161,644.00	2007.08	仪器试验设备
线圈交流观测设备	LG2100GMS	套	2	124,000.00	124,000.00	2009.12	仪器试验设备
升降灯		台	1	31,800.00	31.800.00	2006.12	交通工具
江铃皮卡	JX1021DSP	辆	1	103,067.00	103,067.00	2003.08	交通工具
皮卡车	JX1021DSA	辆	1	107,800.00	19,835.20	2000.09	交通工具

续表

设备名称	规格型号	单位	数量	原　值	净　值	购建日期	设备类别
江铃皮卡	JX1021DSA	辆	1	96,932.00	96,932.00	2004.05	交通工具
江铃皮卡	JX1021DSA	辆	1	97,932.00	97,932.00	2004.05	交通工具
江铃皮卡	JX1021DSF	辆	1	125,800.00	125,800.00	2007.01	交通工具
尼桑皮卡	ZN1022U2G3	辆	1	150,663.00	150,663.00	2010.09	交通工具
越野车	SCT6490	辆	1	529,709.00	529,709.00	2004.06	交通工具
轻型客车(北京)	BH6431BW	辆	1	255,845.00	255,845.00	2006.06	交通工具
多用途乘用车		辆	1	239,805.00	239,805.00	2006.11	交通工具
面包车	RZH 115 LF	辆	1	210,800.00	210,800.00	1999.11	交通工具
轿车	桑塔纳	辆	1	132,675.00	132,675.00	2003.06	交通工具
轿车	SANTANA2000	辆	1	198,200.00	198,200.00	1999.08	交通工具
轿车	雅阁 HG7200	辆	1	285,479.00	285,479.00	2001.12	交通工具
桑塔纳轿车	时代 2000	辆	1	176,000.00	176,000.00	原县乡所	交通工具
帕萨特轿车	SVW7203BPi	辆	1	221,900.00	211,900.00		交通工具
小轿车	桑塔纳 3000	辆	1	125,770.00	125,770.00	2006.08	交通工具

第二节　公路养护

一、泥结碎石路面的铺筑和养护

20 世纪 80 年代以前，遂昌县境内公路基本上为泥结碎石路面。1964 年以前，遂昌县公路全部为没有铺装磨耗层和保护层的土路。前期公路的修筑一般沿用自然土质路面或手摆片石加铺泥土的办法。1958 年，产生了全国先进道班 103 道班，班长金光潭出席全国“群英会”。1964 年，在全县开始推广“罗定式”路面，在专业公路的养护中逐步铺设磨耗层，并加铺保护层，使公路的质量得到明显提高。遂昌公路段在学习推广“罗定式”路面养护中，逐步总结出磨耗层“拌和、摊铺、碾压、浇水”的工序及路面“四勤保养”等一整套扫、刮、修补的泥结碎石路面养护方法，并结合“一高二通三整理”等养护质量活动，路况有了大幅度提高。

泥结碎石路面的养护主要是磨耗层和保护层的养护。磨耗层的病害主要是波浪、坑洞、车辙以及松散、翻浆、磨损等，一般采用铲削、填补、洒水、撒泥加浆以及碾压等措施，严重路段通过路面中修恢复。坑洞修补是泥结碎石路面的重要工作之一，在长期的实施中，遂昌县养护部门遵循“小洞大补，圆洞方补”及严格清底、拌和、碾压、洒水等工序，做到“小洞当天补、大洞不过三天”，多次在全省路况检查评比中获优胜。保护层的病害主要表现在正常消耗和跑砂。养护道工一般采用竹枝编成的扫帚或“T”形橡皮扫把进行人工扫砂，之后陆续采用“V”形迴砂器用牛马等畜力和手扶拖拉机等牵引匀砂、迴砂。遂昌县公路管理部门在长期养护中总结了勤铺、勤迴、勤扫、勤修补的“四勤保养”等适宜保护层养护的办法。

随着公路建设的加快和公路等级的提高，低等级的泥结碎石路面逐渐被改造和淘汰。2001 年，遂昌县境内省道公路路面全部改造成水泥砼或沥青砼路面。2006 年，全县的县乡道公路结束了泥结碎石路面的历史。到 2010 年，经过 8 年的“乡村康庄工程”建设，全县 747.512 千米村道已有 737 千米改造为水泥混凝土路面。泥结碎石路面养护完成了它的历史使命。

二、水泥混凝土路面的铺筑和养护

水泥混凝土路面主要用水泥、碎石、砂等材料按一定比例制成混凝土铺筑的路面，按构造形式和施工方式不同可分为素混凝土路面、钢筋混凝土路面、钢纤维混凝土路面和装配式混凝土路面。遂昌县的水泥砼路面均为素砼路面，最早开始于 1972 年，遂昌县造纸厂出资在城尖线浇筑了 265 米水泥砼路面，板厚 18 厘米，路面宽 6 米。公路部门投资改造的路面最早是 1978 年，为金梧线县城路段，长 1.557 千米，板厚 20 厘米，路面宽 6～9 米。早期改造水泥砼路面施工时没有机械，采用人工拌和、人工浇捣的办法，砼抗压强度不易达到要求。20 世纪 80 年代之后，开始采用机械拌和、机械振捣、人工摊铺、抹平、伸缩缝用钢板压入法。一般配备小型电动拌和机、高压水泵、平板及插入式振捣器、机动翻斗车等设备，之后逐渐发展为大型拌和机、滚式及平板振捣机、压路机、大型自卸车、真空吸水机、切缝机等机械设备。

遂昌县早期浇筑水泥混凝土路面时，一般采用原泥结碎石路面调拱作为基层，路面宽度按原公路路面浇筑、宽度6～9米不等。混凝土具有热胀冷缩性质，故需在纵、横向每隔一定距离设置伸缩缝，横向伸缩缝间距 6 米；纵缝一般为路面宽的 1/2。混凝土路面板多采用等厚式，厚度早期多采用 20 厘米，之后逐渐加厚至 22～24 厘米。1985 年以后修建的水泥砼路面在测量设计、施工工艺上有了一定改进，在铺筑水泥砼路面前，使用经纬仪、水准仪对老路进行中线、纵横断面测量设计，对原砂石路面的强度进行弯沉测定，并采用一定的补强措施。施工逐步采用机械切割形成缩缝，并逐渐采用沥青或橡胶沥青灌以填缝料，以防水浸入缝中。施工作业基本实行机械化,推广应用真空吸水,薄膜养生等新技术。为传递邻板的荷载,采用了传力杆结构形式,杆通常采用圆钢筋,直径20～25毫米,间距30～50厘米。20世纪90年代以后,逐步认识到土基的稳定和基层的坚固对砼板的经久耐用有很大的影响,普遍采用了半刚性基层,有效地提高了水泥砼路面的质量和使用周期。

2011年1月4日三砾线水泥砼路面灌缝

水泥混凝土路面养护主要采取预防性、经常性的保养和相应的修补,使路面处于良好的技术状态。水泥砼路面日常养护的主要内容是清扫保洁,保持路容整洁和交通标志、标线的完整;做好排水设施的维护,保持系统的排水功能;做好每年一次的沥青补灌伸缩缝,以防雨水的浸入;做好安全设施的维护,保障道路的安全功能;做好冬季冰雪路段的养护。此外,公路绿化、路面病害处理、局部路面轻微损坏修复以及路面较大损坏的维修和整治也列入水泥砼路面养护范畴,但一般多通过安排大中修项目进行。

水泥混凝土路面常见的破损主要有板面开裂、表面剥落和局部破碎等几种。产生的原因是路基强度不足、板厚与车辆荷载不适应、混凝土质量差、胀缩缝设置不当等。板面的裂缝有纵向裂缝、横向裂缝、角裂缝和网状裂缝等。在养护中,通常是根据裂缝宽度,灌注沥青或以沥青混合料等填充;脱皮和局部破损一般也是用沥青混合料填补。对于破损严重的,则采取拆除后重新浇筑的办法治理(详见《龙丽线破板修复工程》)。

三、沥青混凝土路面的铺筑和养护

沥青砼路面是以道路石油沥青、煤沥青、乳化石油沥青及其他改性沥青为黏结料、胶结矿质料铺成的路面结构。沥青砼路面的主要类型有沥青表面处治、沥青贯入式、上拌下贯式、沥青碎石和沥青混凝土路面。由于缺乏油库和设备,遂昌县的沥青路面应用较晚。1993年11月,在连直线庄山至治岭头11.1千米公路路面改造中首次采用贯入式沥青路面,因基层强度不足,建成的沥青路面到第二年就出现大面积损坏。之后,1999年在峡北线峡口门至九墅段以及2004年在桂王线桂义岭至砇头背段同样采用贯入式和上拌下贯式沥青路面,由于都采用15厘米厚泥灰结基层,均于次年就发生大面积损坏。几次的实践说明在遂昌县这种基层的设计,不足以满足沥青砼路面强度的要求,该类次高级路面设计方案此后不再应用。

2004年以后浇筑的沥青路面全部为沥青混凝土路面，基层也按公路等级全部改为20～24厘米厚的半刚性结构。沥青混凝土路面是按最佳级配要求以一定比例的颗粒尺寸的矿料（碎石、碎砾石、石屑、砂和矿粉）和沥青，在规定温度下拌成均匀的沥青混凝土混合料，经摊铺、压实修筑成的一种沥青面层。

沥青砼路面的施工，开始用沥青手摇洒布机采用“先料后油”法层铺表处的施工方法。在施工现场建立油灶集中熬油，用运油车运至工地进行铺洒。2004年以后，沥青砼路面的施工已广泛采用沥青拌和楼自动配制、自卸车热运、沥青混合料摊铺机摊铺、大型压路机碾压的全机械化作业方式，不少工地出现两台摊铺机同时作业的情景，能高质量地修筑热拌沥青碎石和沥青混凝土等高级路面。

2007年10月20日连直线铺筑沥青路面

沥青砼路面的养护一般分为日常巡视与检查、小修保养、中修、大修和改建等。日常巡视与检查和小修保养通常由公路养护站完成，主要内容包括清扫路面泥土、杂物，排除路面积水、疏通排水系统，整理、修剪路肩长草、行道树的修剪和刷白，维护安全设施的完好，检查和维护公路附属设施（隧道、桥梁），维修护坡道、培土等经常性作业；和修补路面的泛油、拥包、裂缝、坑槽、沉陷、波浪、松散、车辙、麻面、啃边等各种病害的小修项目。中修工程的主要内容有沥青路面整段铺装、罩面或稀浆封层，沥青路面局部严重病害处理和整段更换路沿石、维修路肩等。大修工程主要是沥青路面的翻修、补强等。改建工程是为提高路面等级、补强、加宽、局部改线等专项工程。大中修改建工程一般以专项工程上报，经批准后，通过招投标，由中标的有资质的专业公司施工。

沥青砼路面的养护主要是预防性、经常性和周期性的工作。日常养护常见的作业是“补洞”。遂昌县的养护工人在长期作业中总结出了“小洞大补、圆洞方补、浅洞深补”等方法，逐步提高了沥青路面的修补质量。早期零星的修补一般利用废弃的沥青桶架在公路边，上面架一片铁板，加热后在上面现拌现补，然后用铁锹夯实，但往往压实度不够，容易跑散。2000年开始应用乳化沥青作修补，取得一定效果。2006年以后，正常季节均采用热拌的沥青混合料运至工地修补。为解决冬季低温修补，采用了“冷补料”的新材料，即在普通沥青中渗入规定比例的添加剂和柴油，使沥青软化，不用加热就可和矿质料拌成沥青混合料，摊铺压实后成为坚实的面层。2008 年购置了沥青路面养护车、超高压清洗水泵、小型振动压路机等配套设施,基本上实现了沥青路面的机械化养护。

四、桥梁和隧道的养护和检验

遂昌县早期的公路桥梁大部为木梁木面桥,养护的难度很大,需经常检查木梁和桥面板的损坏情况,一旦发现移动或损坏即马上予以纠正和更换。1952 年,龙南线的木梁木面桥梁逐步改为木梁三合土面桥梁,使桥不易受损。1961 年开始,木梁三合土面桥梁又逐步修建成石拱或钢筋混凝土板梁等永久性桥梁。至 20 世纪 70 年代后期全部改造完毕,桥面都采用泥灰结摊铺压实后上加保护层的结构。之后,随着路面等级的提高,桥面逐渐改成水泥砼或沥青砼结构。

桥梁的养护主要分为桥面系养护与墩台和基础的养护。桥面系养护包括维护栏杆的完好;桥上的交通标志和标线要保持完好,色泽鲜明;维持桥面缘石的完好;经常养护伸缩缝,处理桥头跳车;及时疏通桥面的泄水管、排水槽,保持畅通;清扫桥面行车道和人行道,保持清洁;及时修复桥面铺装表面碎裂和脱皮现象;有路灯的应保持路灯完好等。墩台和基础的养护包括维护桥梁附近河床的稳定;保持墩台表面的清洁;及时处理圬工体和混凝土表面的损坏;做好梁式桥墩台顶面的排水等。

桥梁检查分为经常检查、定期检查和特殊检查。经常检查由县公路管理段桥梁专职工程师主持,公路养护站负责日常工作并作好记录;定期检查由县公路管理段组织,通常每年进行一次;特殊检查则是对损坏明显但原因不明的桥梁进行结构检查和荷载试验。1997 年,在浙江省公路局总工的主持下,对龙丽线横坑殿 2 号桥进行墩台结构检查,采用量具和放大镜等工具,观察裂缝宽度和长度的变化。2007 年,投入 25 万元,使用国内最先进的检测仪器,由浙江省检测中心对峡北线湖山大桥进行了静力荷载和动力荷载试验。

隧道养护工作包括洞身、洞门、路面和两端路堑、防护设施、排水系统、洞口减光设施以及通风、照明、标志、标线、监控、消防、防冻、消音等设施的检查、保养、维修和加固。隧道检查的主要内容有检查衬砌体的变形和裂缝状况、洞内渗水状况,及时进行处治;检查路面、人行道并修复损坏部分;检查各种标志、标线及用白色反光材料涂刷,如有污染、缺损及时清扫、修理、添补或刷新;检查隧道附属设施,维护通风、照明、通讯、监控、消防等设施的完好;检查内外排水系统,定期疏通保障畅通;清除内外的塌(散)落物,保障行车安全;经常清洗,保持洞内各部的清洁;维护洞口减光设施的完好;定期检测洞内有害气体含量、路面亮度、烟雾浓度及噪声值等。1996 年,在丽水市公路管理处的支持下,使用经纬仪和量尺、放大镜等辅助工具,对龙丽线洋条岭隧道的多处裂缝进行了连续观测检查,并及时进行了加固。

五、重点养护

春运公路养护

春运指春节运输期，一般为春节前 15 天至春节后 25 天，共 40 天。春节是中国最重要的传统节日，由于其间突击性运输任务增多，人员流动性极大，是一年中运输最繁忙的时期。其间，由于南方受雨雪、冰冻天气和交通量大的影响，公路运输和养护的压力极大。

20 世纪 70 年代之前，由于人口的流动性较少、物资运输量有限，因此春节期间公路运输比较平稳。随着改革开放的逐步深入，国民经济快速发展，人口流动量迅速增加，“春运”作为一个特殊工作内容被提了出来，并引起各级政府的高度重视，提出了“走得了、走得好”的要求。

遂昌县公路管理部门为确保春运期间公路安全畅通，实行预防性养护，并每年制定春运工作预案。春运养护作业的重点是除雪防滑。根据气象资料、路面结构、沿线条件可能危害交通的范围，确定工作预案。对易发生冰冻、雪阻、塌方、滑坡的狭路、岭坡、弯道等路段和危桥预先采取必要的养护措施；推雪车、铲车、工程抢修车等抢修机械和推雪板、铁锹、扫把、融雪剂、防滑料等材料整装待命；建立 24 小时值班制度，成立由路政、养护、机械操作人员等组成的春运突击队，随时待命上路；加强各类信息、通讯工作，随时掌握最新动态；设立春运工作小组，加强组织领导等。遂昌县每年春运期间，公路管理机构和公安交警部门还会对重要线路的春运交通问题进行会商，联手制定预案，以保障春运期间公路安全畅通。

雨季公路养护

雨季养护为中国南方地区多雨季节的特殊养护。一般指南方梅雨季节，通常是每年的 3 月至 6 月之间，具体视气候情况而定。遂昌县地处浙江西南部，属亚热带季风性气候，雨量充沛，雨季较长。雨水对公路路况影响很大，特别是长期阴雨或暴雨天气，浸入高等级路面的雨水容易引起路面和路基及边坡的结构软化，加剧公路的损坏，雨水对泥结碎石路面的损坏则更加直接，极易引起大面积的坑洞。因此，保持雨季公路的稳定历来是遂昌县公路养护一项十分重要的工作。

遂昌县公路养护部门在长期实践中，遵循“以路面养护为中心，以排水为重点，加强公路巡查，保障安全畅通”的雨季养护方针，并总结出雨前对公路桥梁、高边坡、高挡墙以及易塌方、易滑坡路段的检查，及时修补路面坑洞、疏通排水系统；雨中加强巡查，清理淤积物，排除积水，发现险情及时设立警示标志；雨后抓紧修复，做到泥结碎石路面“坑洞不过三天”。路政和养护技术人员经常督促、检查，县级公路管理机构组织不定期考核评定和各种劳动竞赛，省、市公路管理部门每年都进行雨季养护的检查评比工作，以保障雨季路况的稳定。

第三节　安保工程和水毁防治

一、安保设施

交通安全设施包括护栏、标柱、安全岛、防护栅、遮光栅、隔音墙、平曲线反光镜、震颠设施、分隔带及避险车道等。

护栏　护栏按结构和用途分为梁型、拉索型、刚性墙型、柱型、网型及弹性型等。遂昌县早期的公路未设护栏，直至1995年以后，才开始在龙丽线洋条岭路段设置刚性箱式或加强的防撞墙型护栏，之后逐步扩展到遂龙线及主要县道的危险路段。2003年以后改用波型梁护栏，它是一种以波纹状钢护栏相互拼接并由立柱支撑而组成的连续结构，利用土基、立柱、波形梁的变形来吸收碰撞能量，以减轻车辆、旅客和构成物的损害程度。目前，已在全县普遍使用。

龙丽线清理护栏(摄于2010年11月)

防护栅　防护栅是为防止牲畜、行人、非机动车等进入高速公路，在路基以外设置的栅栏。遂昌县在2006年建成的龙丽温高速公路上设置了防护栅。

标柱　标柱分为示警标柱和道口标柱。示警标柱设置在漫水桥和过水路面两侧及平原地区路堤高4米以上、山岭地区高6米以上路段和危险路段。遂昌县早期公路未设标柱，1961年以后，在省道及重要县道的上述部分路段用河卵石或片石埋立在路基边缘，用石灰浆刷白替代示警标柱。20世纪80年代才自制水泥砼方形示警标柱，并涂刷红、白相间的油漆，自应用波型梁护栏后不再使用。道口标柱是设在公路沿线较小交叉路口两侧标明平面交叉位置的设施。遂昌县普遍采用钢质圆形标柱，并涂刷成红、白相间的油漆。

平曲线反光镜　亦称凸透反光镜，一般安装在视距不足的急弯和路线平面交叉处。遂昌县自2006年开始在遂龙线等省、县道公路和主要旅游线路上逐步设置平曲线反光镜。至2010年，已经在2条省道、20余条农村公路上设置了528块平曲线反光镜。

分隔带　分隔带分为中央分隔带和分隔带两类，分别设置至道路中间和两车道之间，一般由路缘石及绿化带组成，主要是为了车辆分道。遂昌县的高速公路和一级公路以及少量高等级的路段和城市道路上设置了分隔带。

隔音墙　隔音墙主要是为了减轻行车噪音对附近居民的影响而设置。遂昌县境内的龙丽温高速公路在少量沿线近距离居民居住路段设置了隔音墙，共长1200余米。

震颠设施　亦称减速设施，是指设在路面上并高出路面、用以警告驾驶员减速的安全设施。1998年7月，遂昌县投资7.8万元，在龙丽线洋条岭上江侧连续下坡路段4处急弯上方路面上安装了震颠式强制减速装置。之后，逐年在各进入主干线的次要公路的路口处也都设置了震颠设施。遂昌县的震颠设施均为门槛形式，当汽车通过时受到冲击和振动，起到警告驾驶员和强制减速作用。

避险车道　是指设在下坡急弯或事故多发地段，当车辆失控时供驾驶员紧急逃逸的避险措施。遂昌县在50省道洋条岭路段，耗资250万元，设置了避险车道，于2010年4月投入使用。

龙丽线避险车道（摄于2010年6月22日）

50省道洋条岭避险车道位于遂昌县妙高镇洋条岭，即龙（游）丽（水）公路K53＋500处。该工程利用公路外侧山体进行设置，采用驶入避险道入口的失控车辆行驶速度为100千米/小时的标准设计。避险车道全长220米（其中引道150米、制动车道70米）。路面结构：引道为厚24厘米水泥砼面层＋22厘米水泥稳定碎石基层＋24厘米级配砂砾；制动车道为厚60厘米卵石（2～6厘米）＋10厘米C20水泥找平层。防护工程一般路段采用C20片石砼衡重式挡墙，山体横向地形变化较大路段采用C20钢筋砼路肩锚杆挡墙。中国公路工程咨询集团有限公司设计，衢州市光为公路养护工程有限公司施工。2009年9月3日开工，2010年3月15日完工。2010年8月17日丽水市交通工程质量监督站通过质量鉴定，评为优良工程。2011年4月，又在该避险车道安装了出险救援监控系统，实行24小时监控，以便在车辆出险第一时间快速救援。自避险车道启用至2010年12月，已有22辆失控汽车成功避险。

标志标线 公路交通标志是用图形符号和文字传递特定信息,用以管理交通,保证公路交通安全、协助车辆顺利通行的安全设施。标志包括警示标志、禁令标志、指示标志、指路标志等主标志和为表示时间、车辆种类、区域或距离、警告、警令理由等辅助标志及其他标志。公路交通标线是管理和引导交通的安全设施。标线包括路面标线、箭头、文字、立面标记、突起路标和路边线轮廓标等。遂昌县早期的公路未设置任何标志标线。20 世纪 60 年代后开始首先在桥梁两侧和急弯处设立限载和急弯标志,90 年代以后随着路面的高等级化改造,逐步完善了各种公路交通标志和标线。标志标线工作 1987 年 10 月曾一度移交公安管理,直至 1998 年 7 月才重新交由公路管理部门管理。

二、安保工程

公路安全设施是指护栏、路侧拦挡、标志、标线及其他交通工程安全设施的总称。根据批准的计划,实施于在用、新建或改建的公路安全设施的设置项目称为安保工程。它对提高公路服务性能、保障行车安全和交通畅通具有重要意义。

遂昌县的主要公路大都建于 20 世纪 30 至 70 年代,乡村公路又都从简易公路改建而来,安全设施普遍薄弱。20 世纪 90 年代以来,在局部临水临崖的危险地段陆续增设了一些防护措施,但设施不全或设施设置不合理的情况仍较严重。

2002 年,根据浙江省公路管理局的部署,对全县的安全设施进行了调查。2003 年,在龙丽线安装钢质波形护栏 2570 米;在三砾线、连直线等共增设墙式护栏墩 1075 只、护栏柱 90 根。2004 年,耗资 3 万余元修复省道龙丽线、遂龙线破损标志及其他安全设施。2005 年,进一步加大经费投入,更新和增设安全设施,在龙丽线更新 10 千米钢质波形护栏和 700 只墙式护栏墩,在遂龙线增设 6 千米钢质波形护栏和 1000 只墙式护栏墩。2006 年,在遂龙线增设 5 千米钢质防撞护栏和 2000 只墙式护栏墩,设置凸形反光镜 54 个,更换各种标志 165 块。

2006 年,交通部颁发《公路交通安全设施设计细则》。2007 年以后,遂昌县开始安排农村公路安全保障专项工程。从此,遂昌县境内公路的安全设施得到有效的补充和完善。

2009 年 7 月 27 日,浙江省交通运输厅和浙江省公安厅联合发布了《浙江省农村公路安全设施设置技术指南(试行)》,用以指导浙江省农村公路安全设施设置工作,指出应按照“以诱导、警示为主,重点地区设防,综合应用多种安全保障措施,因地制宜、逐步完善”的原则,对判定指标及实施策略、安全设施设计及设置标准和综合处置措施进行了规范。对护栏、路侧栏挡、标志、标线、警示和视线诱导设施、凸面反光镜的设置以及急弯路段、长大下坡路段、穿村镇路段、农村公路路面的设置都作了明确的规定。《指南》对不断提高农村公路交通安全水平起到了重大作用。

表 7-2　遂昌县 2007—2010 年安保工程投资和完成情况

年　份	投资(万元)	工程实施内容
2007	39	4 条农村公路设置钢质护栏 5741 米，景区公路安装凸形反光镜 370 块
2008	864	2 条省道公路设置钢质护栏 41150 米，钢筋砼护栏 650 米；1 条农村公路设置钢质护栏 5320 米
2009	3689.5	26 条计 368.7 千米农村公路安装钢质护栏 207164 米，钢筋砼护栏 486 米
2010	2514.8	27 条计 304 千米农村公路安装 B 级钢质护栏 146718 米、C 级钢质护栏 41918 米，钢筋砼连续护栏 1187 米

三、水毁防治

水毁防治是指洪水造成公路设施的损坏而影响行车安全或阻碍交通，采取行之有效的措施，予以预防和处治。防洪工作遵循“预防为主，防治结合”的方针。遂昌县大部分公路依山傍水，修筑技术标准低，抗灾能力差，而且又属亚热带季风性气候，雨量充沛，时受台风影响，一旦暴雨来临、山洪暴发、溪水遽涨，公路极易遭洪灾侵害，水毁严重。

民国 30 年(1941)夏，遂昌至龙游公路部分路段水毁，交通一度中断。

1955 年 6 月 19、20 日，连降大暴雨，各线水毁，龙南线望京桥被洪水冲毁，改设贝雷钢桥通行。

1962 年 4 月至 5 月上旬，连续降雨，山洪暴发，县境内公路交通一度全部阻断，接着 6 月份又遭暴雨侵袭，损失更为严重。

1968 年 7 月 5 日至 11 日，连续大暴雨，桂王公路全长 36.8 千米几乎全线毁坏，交通阻断达一年之久。

1973 年 7 月，遭暴雨袭击，全县公路水毁严重，部分线路一度中断交通，抢修经费达 2.66 万元。

1975 年 8 月 12 日，受 4 号台风影响，山洪暴发，沿溪傍山线路水毁严重，连直线叶油桥被洪水冲毁，交通一度中断，直接经济损失达 16.46 万元。

1976 年 8 月，因降暴雨，二级电站泄水，龙南线遭受水毁。

1982 年 7 月 9 日，连降暴雨导致应村水库倒坍，北应公路大部被洪水冲毁，阻断交通达一月之久。

1987 年 6 月，普降暴雨，境内公路遭洪水袭击，各条线路路基，路面毁坏严重。

1992 年 7 月 4 日，连降暴雨，雨量达 233 毫米，暴发 55 年来最大洪水，遂龙线坑口桥冲毁，交通阻断，抢修通道通行，直接经济损失达 62.6 万元。

1993 年 6 月 24 日，连降特大暴雨引发山洪暴发，遂龙线中断交通 2 处 15 天，桂王线中断交通 14 处抢修便道通行小车，直接经济损失 132.7 万元。

1994年6月13日至17日连降大雨，引发山洪暴发，河水猛涨，山体滑坡，全县2条省道、11条县道、9条乡道均遭严重损失，共有10条公路中断交通，直接经济损失达575.441万元。

2002年7月15日，连降暴雨，县境内5个乡(镇)遭受百年一遇特大洪灾，死亡5人，全县12条县道公路和14条乡村公路交通中断，造成公路直接经济损失达1200余万元。

2004年8月13日，受台风“云娜”袭击，15个乡镇受灾，公路塌方260处，路面毁坏40千米，桥梁损毁3座，直接经济损失401.74万元。

2005年6—8月，受“海棠”、“泰利”等多次台风影响，公路遭暴雨袭击，损坏挡墙22205.8立方米、坍方12797.8立方米、冲毁路基48099.6立方米、水泥路面550米、冲毁涵洞328米，直接经济损失590.74万元。

2010年6月19日黄黄线水毁

2007年，受“圣帕”、“韦帕”、“罗莎”等热带风暴影响，公路损失重大，共损坏挡墙2433.82立方米、驳岸21084.64立方米、桥梁3座42延米，涵洞毁坏24道，冲毁路基21545.74立方米，塌方20438.78立方米，直接经济损失达556.76万元。尤其是6月25日，龙洋乡遭遇特大暴雨袭击，西独线和黄黄线有70多处路基挡墙冲毁，3座桥梁、14道涵洞受损，冲毁水泥砼路面4300平方米，西独线中断交通，黄黄线全线毁坏，直接经济损失达426.44万元。

2008年1月中旬，连续6天的低温雨雪，遂昌县遭受50年一遇的雨雪冰冻灾害，境内2条省道公路、14条县道、所有乡村公路冰雪封道、中断交通，雪阻里程达500余千米，新汀线中断交通达11天，直接经济损失346万余元。

2008年2月3日三长线雪阻

2009年6月10日，受“莫拉克”台风影响，造成新汀线、峡北线、梭王线、垵垵线多处边坡塌方、路基缺口而中断交通，直接经济损失达600余万元。

公路的防洪与水毁抢修,主要是做好以下几项工作:首先应根据当地的水文气候条件、季节特点、公路状况,加强公路防洪能力定期检查和观察,发现水毁隐患要于汛期前处理完毕,及时采取必要的预防措施;其次在雨天和汛期要对所辖路段进行巡查,一旦发生毁阻轻微的,当场予以排除,严重毁坏并危及行车行人安全,应立即在两端设立警告标志或禁止通行标志,并及时向上级报告。抢修工作遵循"先抢通后修复"、"先干线后支线"的原则,尽快抢修,维持安全通车。第三,建立公路防灾的预案和成立应急抢修队伍,事先准备好必要的材料和机械设备,做到第一时间投入抢修。第四,根据上级安排的水毁修复经费,科学制订修复方案,严格质量管理,及时修复。水毁防治历来是公路管理部门的重要工作,上级主管部门也每年安排水毁抢修经费,具体金额见表7-3。

表7-3 遂昌县历年公路水毁修复经费一览 单位:万元

年 份	修复经费	年 份	修复经费
1964	2.2797	1988	4.7
1965	0.6913	1989	5.4
1966	0.35	1990	6.1261
1967	0.6695	1991	1.55
1968	4.1576	1992	15.72
1969	2.2263	1993	33.6
1970	0.7149	1994	56.0
1971	/	1995	17.0
1972	0.8962	1996	25.4
1973	3.6011	1997	33.0
1974	1.0523	1998	35.5
1975	7.9009	1999	68.0
1976	8.4999	2000	20.0
1977	1.9652	2001	26.3
1978	3.777	2002	104.0
1979	0.7168	2003	40.8
1980	1.4178	2004	179.46
1981	0.5834	2005	138.05
1982	8.3870	2006	166.0

续表

年 份	修复经费	年 份	修复经费
1983	1.1896	2007	70.0
1984	1.9020	2008	168.0
1985	2.0760	2009	164.07
1986	3.8180	2010	380.0
1987	6.7840		

第四节 大中修工程

1982年,交通部颁布了《公路养护工程分类范围暂行规定》,1994年进行修订;1996年交通部颁布《公路养护技术规范》,2009年进行修订。按工程性质、规模大小、技术难易程度划分为小修保养、中修、大修和改善四类。中修工程是对公路及其工程设施的一般性磨损和局部损坏进行定期的修理加固,以恢复原状的小型工程项目;大修工程是对公路及其工程设施的较大损坏进行周期性的综合修理,以全面恢复到原设计标准,以逐步提高公路通行能力的工程项目;改善是对公路及其工程设施因不适应交通量和载重需要而分期逐段提高技术等级,或显著提高其通行能力的较大工程项目。1997年以来,丽水市公路管理处(局)多次制定和出台了《大中修、改善工程质量管理办法》,结合交通部《工程质量检验评定标准》,明确了适应范围、评定办法、等级评定和检验细则等内容,还就检验的基本要求、实测细目、外观鉴定和中间检查等作了明确规定。2001年5月,交通部印发了《公路养护工程管理办法》,2005年4月,浙江省公路管理局印发了《浙江省公路大中修工程交(竣)工文件编制办法(试行)》,对大中修工程文件资料作了明确的规范。

遂昌县的公路大中修改善工程一般均以县公路管理机构为业主,遵照工程管理程序,根据批准的计划和设计预算,由具有相应资质的设计单位进行勘察设计。2002年以后全部实行招投标制度、工程监理制度和合同管理制度。近十年重要的大中修改善工程有:

2001年龙丽线7千米路面修复工程,耗资621万元,于2002年12月完工。

2002年小金线19.82千米路面大修工程,耗资886万元;社马线9.632千米路面大修工程,耗资250万元;龙丽线2.8千米路面大修工程(干线畅通项目),

耗资284.43万元。

2009年10月16日桂王线路面大修

2003年龙丽线3.797千米路面大修工程(干线畅通项目),耗资402.5万元。

2004年6条县道(三长、峡北、三砗、木焦、连直、湖大)101.66千米路面大修工程(乡村康庄项目),耗资3512.93万元;龙丽线10.276千米路面大修(干线畅通项目),耗资2437万元。

2005年龙丽线8千米路面大修(干线畅通项目),耗资1988万元;5条县道硬化工程179.35千米(乡村康庄项目)。

2006年遂龙线19.2744千米路面大修工程(省道路面整治项目),耗资1066.2万元;龙丽线2.35千米路面大修工程(省道路面整治项目),耗资250万元;14条乡道路面大修(乡村康庄项目),共102.793千米,耗资3863.55万元。

2007年农村公路路面大中修工程,29.56千米,耗资579万元;龙丽线洋条桥、横坑2号桥危桥加固和洋条隧道照明线路改造工程,耗资135.1万元。

2008年,农村公路路面大中修工程,计9条县乡道62.029千米,耗资1214.8万元;遂龙线7千米路面大中修工程,投资275万元;黄黄线水毁修复工程,耗资160余万元;三砗线下定桥危桥加固工程,耗资50万元;三砗线乌溪江电站路段9.015千米路面大修工程,耗资524.77万元。

2009年遂龙线7千米路面大修工程(干线路面整治项目),耗资352万元;农村公路路面大中修工程,含5条线路44.69千米,耗资1328.7万元;龙丽线洋条岭避险车道,耗资250万元;9座危桥加固工程,耗资360.0万元。

2010年,农村公路路面大中修工程,含12条线路77.46千米,耗资1137万元;遂龙线三宝栏桥拼宽工程,加宽2.2米,耗资80万元。

第五节 质量与标准

一、好路率

好路率是指优、良等级公路里程占养护总里程的百分比。公路养护质量的考核，根据路况实际达到质量要求的程度，划分为优、良、次、差四个等级，以好路率作为衡量养护质量的主要指标。具体评定方法按《公路养护质量评定标准》(JTJ075—94)执行。好路率由公路养护站逐月实地评定统计，由县公路管理部门汇总逐月上报，并由县级和市级公路管理部门定期对养护质量进行抽查、评定。

公路养护的质量要求是保持路面整洁、横坡适度、行车舒适；路肩整洁、边坡稳定、排水畅通；构筑物完好；沿线设施完善；绿化协调美观，逐步实施 GBM 工程，力争构成畅、洁、绿、美的公路交通环境。

遂昌县的公路好路率，由于省、市下达指标作过多次调整，很难真实反映客观情况。在 2003 年以前的好路率略有水分，而 2003 年以后实际路况往往比上报的好路率更好一些(见表 7-4)。

表 7-4 1989—2008 年遂昌县公路养护好路率一览 单位：%

年 份	专业养护计划好路率	实际完成年均好路率	
		专业养护	县乡养护
1989	70.7	72.0	
1990	73.2	73.7	
1991	75.1	75.4	
1992	76.4	78.1	
1993	80.1	80.7	
1994	83.1	83.3	
1995		80.4	
1996	31.7	31.9	
1997	35.3	35.5	
1998	37.2	37.7	
1999	39.2	40.1	

续表

年　份	专业养护计划好路率	实际完成年均好路率	
		专业养护	县乡养护
2000	40.5	42.4	
2001	42.7	51.4	
2002	51.65	52.49	
2003	54.54	54.88	
2004		57.4	51.36
2005		60.8	71.63
2006		63.32	73.64
2007		67.2	74.02
2008		69.3	74.73

注：①1995 年 10 月开始按新标准查定好路率；
②2009 年开始，浙江省各县不再调查和上报公路养护好路率，统一由浙江省公路管理局采用公路路况检测仪测定。

二、GBM 工程

GBM 工程是国家交通主管部门为适应国家经济建设发展的需要，提高公路建设、养护、管理和服务水平，推动干线公路标准化、美化建设，为社会提供良好的公路交通条件，而在国、省道公路和重要旅游公路有重点地逐步实施的具有中国特色的公路标准化、美化建设工程。G，表示公路；B，表示标准化；M，表示美化。

GBM 工程的主要目标是提高公路的通行能力、抗灾能力和科学管理水平，突出公路特有的建筑美和景观美，实现畅、洁、绿、美，基本达到路、景、物交融协调，构成流畅、安全、舒适、优美的公路交通环境。1995 年浙江省交通厅下发了《关于在全省范围内开展创建公路建设样板路的通知》。自此以后，文明样板路建设逐渐代替了 GBM 工程。遂昌县公路标准普遍较低，不能达到实施 GBM 工程的二级以上技术标准的要求，因此，直至 2006 年才于遂龙线开始实施文明样板路建设。

三、五型公路

2008 年 7 月，浙江省公路管理局提出今后 5 年将全力打造品质型、平安型、生态型、服务型和阳光型的“五型公路”。品质型公路是指立足升级扩容，对接其他现代化交通方式、完善公路网络、提升公路等级、提高公路通行能力、改善公路路况、在功能与质量上满足多样化公路交通需求的公路；平安型公路是指立足珍视生命、树立安全理念，“安全第一”的思想、制度、措施在公路行业管理中得到落实，人民生命财产安全得到有效保障的公路；生态型公路是指立足生态文明，公路建设科学规范、设计施工集约环保、资源要素综合利用、通行环境整洁优美、与自然和谐融洽的公路；服务型公路是指“三个服务”，增强服务意识、完善服务设施、优化服务方式、提升服务水平的公路；阳光型公路是指规范透明，以“依法治路”为管理准则，以“文明廉洁”为管理要求，依法行政、公正公开、勤政廉政、文明和谐的公路。

第四篇 交通管理

第八章　管理机构

第一节　管理组织

一、遂昌县交通局

遂昌县交通局是遂昌县人民政府主管遂昌县辖区内交通行业的行政管理部门。其前身为1953年4月设置的遂昌县人民政府交通建设科。1977年5月，设立遂昌县交通局，1987年从妙高镇县前街搬迁至妙高镇北街120号，占地面积320平方米，建筑面积759平方米。

遂昌县交通局主要职责：贯彻执行国家和省有关交通工作的法规、方针、政策，根据上级精神和要求，制订全县水、陆交通事业的发展战略，提出发展交通事业的政策措施，并组织实施；组织编制全县公路和水路交通发展规划，制订固定资产投资、运输、交通科技、教育的中长期规划和年度计划，并组织实施；负责交通行业统计和信息引导；负责全县公路、水路交通基础设施及其配套项目建设和维护，负责路政、航政管理，会同有关部门管理交通基础设施建设市场；负责全县水、陆交通运输、汽车租赁、搬运装卸、运输服务、机动车检测和维修、机动车驾驶员培训等工作的行业管理，引导交通运输行业优化运输结构和协调发展，对国家重点物资运输和紧急客货运输进行必要的调控，会同有关部门管理交通运输市场；负责全县水上交通运输行业管理和水上交通安全监督，负责船舶和船用产品的技术检验工作；负责指导交通行业体制改革，维护公路、水路交通行业的平等竞争秩序；负责公路、水路交通规费稽征；组织、指导交通行业科技开发，推动行业技术进步，指导交通行业的职业技术教育和成人教育，负责交通行业的精神文明建设和职工队伍建设，负责局机关和事业单位人事劳动工作；负责对外交通经济交往、引进资金、引进技术工作，开展交通经济技术合作与交流；负责交通战备和日常工作，协助、配合有关部门管理车站、港口(码头)的治安工作;负责全县乡镇及村的交通建设的测设、施工技术指导,并根据轻重缓急编排补助项目;承办县政府交办的其他事项。

遂昌县交通局内设办公室、财务科、建设管理科、运输安全科、行政许可科。下属单位有遂昌县公路管理局、遂昌县公路运管稽征所、遂昌县公路勘察设计所、遂昌县港航管理所、遂昌县乡村康庄工程办公室。2010 年,局机关在编人员 16 人,固定资产 248.6 万元,有公务车 2 辆,工程指挥部管理用车 17 辆(含皮卡车 8 辆)。

2012 年 1 月 16 日,《遂昌县人民政府办公室关于启用遂昌县经济商务局等部门机构印章的通知》(遂政办发〔2012〕3 号)决定“自发文之日起,正式启用以上 9 个部门的机构印章”,自此,“遂昌县交通局”更名为“遂昌县交通运输局”。

表 8-1 遂昌县交通局行政领导一览

姓　名	职　务	籍　贯	任职时间
洪锦松	局　长	浙江龙游	1989.1—1990.7
蓝根文	副局长	浙江遂昌	1989.1—1990.10
刘光礼	副局长	浙江松阳	1989.1—2005.11
	总工程师		2001.12—2010.11
胡春水	局　长	浙江淳安	1990.7—1992.3
李福庭	副局长	浙江松阳	1991.8—1993.7 (其中 1991.8—1992.3 主持工作)
邱林涛	局　长	浙江松阳	1992.3—1993.7
张根林	副局长	浙江遂昌	1993.1—1993.7
季包献	局　长	浙江青田	1993.7—1994.8
刘文蔡	局　长	浙江遂昌	1994.8—2001.9
林在育	副局长	浙江遂昌	1996.11—2001.12
陈隆信	副局长	浙江文成	1999.5—2004.9
项　健	局　长	浙江兰溪	2001.9—2007.9
高初明	副局长	浙江遂昌	2002.3—2012.5
	总工程师		2012.5—
潘建龙	副局长	浙江遂昌	2004.9—2012.7
叶法明	副局长	浙江遂昌	2004.11—2007.9
徐瑞祥	副局长	浙江遂昌	2006.8—2010.1
张朝晖	副局长	浙江遂昌	2007.8—
李美顺	局　长	浙江永嘉	2007.9—2010.1
周瑞琛	局　长	浙江遂昌	2010.1—2012.4
马国跃	局　长	浙江绍兴	2012.4—
阮定豹	副局长	浙江遂昌	2012.4—

二、党的组织机构

2008 年 11 月 28 日中共遂昌县交通局机关党委召开党员大会

中华人民共和国成立后，作为执政的中国共产党，加强了基层组织的党建工作，除“文化大革命”期间一度瘫痪外，各个时期都发挥了领导作用。1957 年 3 月建立中共遂昌县工业交通部，1962 年 7 月撤销。1966 年 5 月建立中共遂昌县工交财贸政治部。1977 年 5 月改建中共遂昌县工交办公室党组，1980 年 12 月撤销。1979 年 3 月建立中共遂昌县交通局党组。1985 年 7 月，改建为中共遂昌县交通局委员会。1990 年设立中共遂昌县交通局纪检组，1997 年 5 月纪检组改建为纪律检查委员会。2001 年 11 月，县党政机构改革，中共遂昌县交通局委员会、纪律检查委员会同时撤销，建立中共遂昌县交通局党组、纪检组。2003 年，建立中共遂昌县交通局机关委员会。2011 年 12 月 20 日，中共遂昌县委《关于建立中共遂昌县经济商务局党组等机构的通知》(遂委〔2011〕52 号)决定：“建立中共遂昌县交通运输局党组、纪检组，撤销中共遂昌县交通局党组、纪检组”。

中共遂昌县交通局委员会、纪律检查委员会

党委书记	洪锦松	(1989.1—1990.7)
	胡春水	(1990.7—1992.3)
	邱林涛	(1992.3—1993.7)
	季包献	(1993.7—1994.10)
	刘文蔡	(1994.10—2001.8)
党委副书记	高孔明	(1989.1—1990.7)
	李福庭	(1991.8—1993.7)
	朱永逍	(1994.7—1999.12)
	何建华	(1999.12—2001.11)
	项　健	(2001.8—2001.11)
纪检组长	刘光礼	(1989.1—1997.5)
纪委书记	朱永逍	(1997.5—1999.12)
	何建华	(1999.12—2001.11)

党委委员 蓝根文 (1989.1—1991.10)
刘光礼 (1989.1—2001.11)
朱根仁 (1989.1—2001.11)
邱深忠 (1989.1—1993.2)
林在育 (1996.12—2001.11)

中共遂昌县交通局党组、纪检组

党组书记 胡苏朝 (2001.12—2007.12)
李美顺 (2007.12—2010.1)
周瑞琛 (2010.1—2012.4)
马国跃 (2012.4—)
党组副书记 项 健 (2001.12—2007.9)
李美顺 (2007.9—2007.12)
胡苏朝 (2007.12—2009.12)
纪检组长 李丽云 (2001.12—2004.3)
郭锦羽 (2004.9—2011.12)
季春光 (2012.8—)
党组成员 刘光礼 (2002.5—2005.10)
陈隆信 (2002.5—2004.10)
高初明 (2002.5—)
李丽云 (2002.5—2004.4)
朱根仁 (2002.8—)
潘建龙 (2004.10—)
郭锦羽 (2004.10—2011.12)
徐瑞祥 (2004.10—2010.1)
张朝晖 (2007.8—)
吴瑾秋 (2007.9—)
阮定豹 (2012.4—)
季春光 (2012.8—)

中共遂昌县交通局机关委员会

2002年3月25日,经遂昌县直机关党委〔2002〕21号文批准,建立中共遂昌县交通局机关委员会。

局机关党委书记 胡苏朝 (2002.3—2008.12)
郭锦羽 (2008.12—)
党委副书记 李丽云 (2002.3—2004.10)

郭锦羽　（2004.10—2008.12）
朱根仁　（2008.12—　　）

2010年，局机关党委下辖5个党支部：公路管理段党支部、运管稽征所党支部、养护公司党支部、局机关党支部、离退休党支部。

中共遂昌县公路管理段支部委员会　建立于1964年。1999年底，公路管理体制实行改革，浙江省丽水地区公路管理处遂昌公路段改为“遂昌县公路管理段”，次年3月29日，更名为“中共遂昌县公路段支部委员会”（隶属交通局党委）。2010年12月29日，更名为“中共遂昌县公路管理局支部委员会”，同年底有正式党员24名。

支部书记　厉玉琪　（1989.1—1992.3）
鲁之平　（1992.3—2006.12）
张　毅　（2006.12—　　）

中共遂昌县公路运管稽征所支部委员会　建立于1994年1月，隶属交通局党委。2010年，有正式党员16名。2012年7月25日，更名为“中共遂昌县公路运输管理局支部委员会”。

支部书记　朱永逍　（1994.1—1994.7）
黄法雄　（1994.7—2010.1）
章　莉　（2010.1—2012.5）
朱建伟　（2012.5—　　）

中共遂昌县公路养护工程有限公司支部委员会　建立于2003年6月。2010年有正式党员5名。

支部书记　江志标　（2003.8—　　）

中共遂昌县交通局机关支部委员会　建立于1993年7月。2010年有正式党员20名。

支部书记　程步光　（1993.7—1999.12）
何建华　（1999.12—2001.11）
李丽云　（2001.12—2004.10）
郭锦羽　（2004.10—　　）

中共遂昌县交通局离退休干部支部委员会　建立于1997年7月。2010年有正式党员9名。

支部书记　田玉先　（1997.7—2000.7）
李福庭　（2000.7—2010.4）
朱永逍　（2010.4—　　）

中共遂昌县华通汽运有限责任公司总支委员会　其前身为1959年建立的遂昌站党支部，历经遂昌中心站党支部、遂昌站党支部、丽水地区汽车运输公司遂昌分公司党支部、遂昌县长途汽车运输公司党支部。1994 年 6 月县长运公司与运输公司合并组建遂昌县汽车运输总公司,次月 28 日县委决定建立中共遂昌县汽车运输总公司委员会,隶属县交通局党委。下设客运分公司、货运分公司、修理厂、机关后勤和离退休职工 5 个党支部。2001 年 1 月,遂昌县汽运总公司改制为遂昌县华通汽运有限责任公司,汽运总公司党委更名为华通汽运有限责任公司党委,次年 3 月由原隶属县交通局党委改为隶属县直机关党工委管理。2008 年 8 月,华通公司被浙江魏氏实业收购,公司党组织设总支委员会,下辖在职员工和退休老人两个党支部。

中共丽水地区汽车运输公司遂昌分公司总支部委员会　书记:邱林涛(1989.1—1992.3)　黄法雄(1992.4—1993.2)

中共遂昌县长途运输公司总支委员会　书记:黄法雄(1993.2—1994.2)　苗发松(1994.4—1994.6)

中共遂昌县汽车运输总公司委员会　书记:苗发松(1994.7—2001.1)

中共遂昌县华通汽运有限责任公司委员会　书记:苗发松(2001.1—2003.10)　郑勇清(2004.5—2008.8)

中共遂昌县华通汽运有限责任公司总支委员会　书记:王剑飞(2008.8—2009.2)　李丰(2009.3—2009.12)　陈玉星(2010.1—　)

中共遂昌县运输公司支部委员会　其前身为 1959 年建立的地方国营遂昌搬运服务站党支部,后更名为中共遂昌运输公司城关搬运站党支部、中共遂昌县运输公司党支部。1994 年 6 月,遂昌县运输公司与遂昌县长途汽车运输公司合并为遂昌县汽车运输总公司,建立中共遂昌县汽车运输总公司委员会。同时,遂昌县运输公司党支部撤销。

支部书记　邱深忠　(1989.1—1990.11)

　　　　　陈隆信　(1990.11—1994.3)

中共遂昌县交通局工程队支部委员会　前身为遂昌县工交局工程队党支部,建立于 1961 年。2001 年 9 月企业改制,更名为遂昌县四通路桥工程有限公司,遂昌县交通工程公司党支部撤销。

支部书记　胡阿炳　(1989.1—1994.3)

　　　　　王顺清　(1998.7—2001.9)

中共遂昌县县乡公路管理所支部委员会　建立于 1993 年 7 月,2002 年 12 月遂昌县县乡公路管理所并入遂昌县公路管理段,2003 年 3 月,遂昌县县乡公路管理所党支部撤销。

支部书记　张　毅　(1993.7—2003.3)

第二节　职能部门

一、遂昌县公路管理局

遂昌县公路管理局是管理全县公路的业务职能部门，是遂昌县交通局下属的副科级事业单位，增挂遂昌县公路路政管理大队牌子。该局位于遂昌县妙高镇君子路21号，占地面积2688平方米，建筑面积2400平方米。下设办公室、工程养护管理科、县乡养护科、路政管理科、计划财务科及大柘、城郊、新路湾三个路政管理中队。2010年底，职工45人，固定资产2176.20万元，公务车15辆。

遂昌县公路管理局主要职责：执行国家和省、市、县及交通主管部门关于公路管理的方针、政策、法规，保证公路经常处于良好的技术状态；负责全县公路的养护计划编制，小修保养、大中修、改建工程、水毁工程预决算编制和上报工作；负责全县公路小修保养、大中修和改建工程的技术管理工作；负责全县公路物资材料、机具设备的计划编制和安全生产工作；负责全县公路的路政管理工作，制止和处理公路沿线的违章行为，维护公路路产路权，保障公路畅通；根据财务制度，合理安排和科学使用养护管理费和养护工程费，严肃财经纪律，充分发挥公路养护资金的使用效益；根据干部管理权限，负责段管干部的考察、培养、选拔、聘用工作；负责本单位的两个文明建设和职工队伍建设，做好职工的业务培训和劳资工作；完成县政府和主管局及上级业务部门交办的其他工作。

遂昌县公路管理局（摄于2010年10月12日）

2010年底，遂昌县境内公路1622.58千米，其中高速公路28.986千米、省道85.544千米、县道601.244千米、乡道101.685千米、专用道57.609千米、村道747.512千米。

表 8-2 遂昌县公路管理局行政领导一览

机构名称	姓　名	职　务	籍　贯	任职时间
丽水地区遂昌公路管理段(1989.1—1999.11)	蔡国恩	段　长	浙江江山	1989.1—1999.11
	鲁之平	副段长	浙江杭州	1989.1—1991.2
	叶慧斌	副段长	浙江松阳	1991.2—1994.6
	吴仁杰	副段长	浙江松阳	1991.2—1999.7
	叶法明	副段长	浙江遂昌	1999.7—1999.11
遂昌县公路管理段(1999.11—2010.10)	蔡国恩	段　长	浙江江山	1999.11—2001.9
	叶法明	副段长	浙江遂昌	1999.11—2001.9
	叶法明	段长	浙江遂昌	2001.9—2007.9
	吴瑾秋	副段长	浙江遂昌	2001.5—2005.4
	吴瑾秋	段长	浙江遂昌	2007.9—2010.10
	张　毅	副段长	浙江浦江	2002.12—2009.4
	陈　雷	副段长	浙江诸暨	2005.3—2010.10
	张海明	副段长	浙江乐清	2009.4—2010.10
	程　勇	副段长	浙江遂昌	2009.4—2010.10
	江志标	副段长	浙江缙云	2009.4—2010.10
遂昌县公路管理局(2010.10—)	吴瑾秋	局长	浙江遂昌	2010.10—
	陈　雷	副局长	浙江诸暨	2010.10—
	张海明	副局长	浙江乐清	2010.10—
	程　勇	副局长	浙江遂昌	2010.10—
	江志标	副局长	浙江缙云	2010.10—

遂昌县公路路政管理大队

遂昌县公路路政管理大队的前身是 1988 年 1 月设在遂昌公路段内的丽水地区公路总段公安派出所第二值勤室，是遂昌县公路路政管理机构，负责辖区内路政管理的各项工作。遂昌县公路路政管理大队系挂牌机构，与遂昌县公路管理局合署办公。

遂昌县公路路政管理大队的主要职责是：许可挖掘、占用、利用公路的申请事项，制止和查处破坏、损坏或非法占用公路的行为；许可超限运输申请事项，制止和查处违法超限运输行为；管理公路附属设施的设置和维护；管理公路两侧建筑控制区；管理公路施工秩序；参与公路工程中涉及路政管理事项的设计审查、竣工验收；实施公路路政巡查以及法律、法规规定的其他职责。

2010 年底，遂昌县公路路政管理大队下设三个中队：分别是 2001 年 3 月成立的大柘路政管理中队、2005 年 12 月成立的新路湾路政管理中队和 2006 年 11

月成立的城郊路政管理中队。共有路政管理人员 17 名，路政协管员 4 名。

二、遂昌县公路运输管理所、公路稽征所

遂昌县公路运输管理所、公路稽征所成立于 1987 年 10 月，前身为 1961 年 7 月成立的遂昌县交通管理站，是交通局下属的副科级事业单位。两所实行两块牌子一套班子、合署办公，行使道路运输行业管理职权和负责征收各类交通规费。该所位于遂昌县妙高镇牡丹亭西路 121 号，占地面积 2400 平方米，建筑面积 933.7 平方米。下设办公室、客运安全股、货运（物流）维驾股、稽查股、综合服务中心和驻客运中心运管站，有在编职工 30 人，2010 年底固定资产 686 万元，公务车 15 辆。

运管所主要职责：负责维护全县城乡道路旅客运输、货物运输及与道路运输相关的业务经营，包括站（场）服务经营、机动车维修经营、驾驶员培训经营等道路运输市场秩序，保障道路运输安全，保护当事人的合法权益，促进道路运输事业的发展，负责全县道路运输行业的指导、统筹、协调、服务、监督等工作。

稽征所主要职责：宣传和执行养路费征收稽查的法律、法规；按照国家有关规定核定车辆征费吨位，依法征费；依法在公路、车辆停放场所、车辆所属单位对养路费的缴纳情况进行稽查；依法办理有关养路费的缴纳、减免、停征的登记或者变更登记手续；对车辆免征、减征养路费的情况实施年度审验；对违反法律、法规和条例的行为，依法予以查处；法律、法规规定的其他职责。

浙江省公路养路费、公路客货运附加费、公路运输管理费等交通规费从 2009 年 1 月 1 日起取消，公路稽征所的职能也随之停止。

2012 年 6 月 25 日，遂昌县机构编制委员会《关于同意遂昌县公路运输管理所更名的批复》（遂编〔2012〕37 号）“同意将你局下属事业单位‘遂昌县公路运输管理所’更名为‘遂昌县道路运输管理局’，同时撤销原与其合署办公的‘遂昌县公路稽征所’”，并将建设部门承担的指导城市客运职责划入交通运输部门。次月，黄丰产任局长。

表 8-3　遂昌县公路运输管理所（稽征所）行政领导一览

姓　名	职　务	籍　贯	任职时间
季方强	所长	浙江遂昌	1989.1—1994.1
黄法雄	所长	浙江遂昌	1994.1—1996.1
陈隆信	副所长	浙江文成	1994.3—1996.1
陈隆信	所长	浙江文成	1996.1—2004.9
徐瑞祥	所长	浙江遂昌	2004.9—2010.1

续表

姓　名	职　务	籍　贯	任职时间
林涛	副所长	浙江遂昌	2005.3—
邵宏慧	副所长	浙江遂昌	2005.3—
黄丰产	所长	浙江浦江	2010.1—

三、遂昌县港航管理所

遂昌县港航管理所系全民事业单位,受遂昌县交通局委托和法规授权,行使全县水上安全监督、水路运输管理、航道管理、渡口管理、船舶检验和水路规费稽征等职能,办公室设在遂昌县交通局内,管理人员 2 名。

民国早期,遂昌县未设水上运输管理机构。民国 30 年(1941),浙江省驿运管理处在遂昌县金岸设立驿运站,兼管船筏运输,1945 年撤销。1956 年 5 月,浙江省交通厅航管局在遂昌县中淤设立衢县航管站遂昌工作组,管理乌溪江上游水运。1961 年 9 月,在遂昌县西屏镇设立遂昌县航运管理站,负责全县水上运输工作。1979 年 3 月,在遂昌大溪边设立遂昌县琴淤航运管理站,1982 年 7 月,松阳恢复县制后,遂昌县航运工作由琴淤(湖山)航管站负责。1990 年 6 月,经遂昌县编委批准恢复遂昌县航运管理所。2003 年 9 月,遂昌县航运管理所更名为遂昌县港航管理所,并增挂“遂昌县地方海事处”和“遂昌县航道管理所”两块机构牌子。

1990 年 6 月,何德生任遂昌县航运管理所副所长;2004 年 5 月,何德生任遂昌县港航管理所所长、遂昌县地方海事处主任、遂昌县航道管理所所长。

四、遂昌县公路勘察设计所

遂昌县公路勘察设计所,位于妙高镇西街 161 号(租赁房 286 平方米)。前身为遂昌县公路勘察设计室,成立于 1983 年 6 月 27 日,系全额拨款事业单位。1998 年 7 月经遂昌县编办批准改称为遂昌县公路勘察设计所。1987 年 4 月由浙江省计委核准为工程技术丁级资质,1993 年 5 月经浙江省建设厅核准为工程设计丙级资质,2005 年 7 月经浙江省建设厅核准为工程勘察乙级资质。内设总工室、综合办公室、路线室、桥隧室和遂昌交通工程服务部。2010 年底有事业编制职工 7 人、合同工 6 人,固定资产总值 79.9186 万元。

遂昌县公路勘察设计所主要担负全县公路工程的勘察设计。20 多年来,主要完成的勘察设计项目有:叶坦大桥、太保殿桥、将军桥、北门大桥、上江大桥、振北大桥、下南门桥、对寅桥、柳村桥;马戍口至苏村公路、金竹至银坑公路、大柘至上旦公路、湖岱口至江山公路、庄山至直坑岙公路、县城至三墩桥公路、三墩桥至石练公路、应村库区绕坝公路、梭溪桥至王村公路、远路口至白马山公路、周公源电站库区上坝段和源口至尹家段公路、双桂线石笋头至阳扒凹公路、全县康庄工程和境内公路大中修工程等项目。同时，协助浙江省交通设计规划研究院完成石王公路、龙丽温高速遂昌段公路、龙潭至梧桐公路、51省道上江至三墩桥公路等项目。

表 8-4　遂昌县公路勘察设计所行政领导一览

机构名称	姓　名	职　务	籍　贯	任职时间
遂昌县公路勘察设计室	蓝根文	主　任	浙江遂昌	1989.1—1992.11
	潘建龙	副主任	浙江遂昌	1989.1—1992.11
	刘光礼	主　任	浙江松阳	1992.11—1994.1
	程步光	副主任	浙江遂昌	1992.11—1998.7
	高初明	副主任	浙江遂昌	1994.1—1998.7
遂昌县公路勘察设计所	高初明	所长	浙江遂昌	1998.7—2003.1
	张朝晖	副所长	浙江遂昌	1998.7—2003.1
	卢丁强	副所长	浙江松阳	1998.7—2008.7
	张朝晖	所　长	浙江遂昌	2003.1—2008.7
	卢丁强	所　长	浙江松阳	2008.7—
	夏月琴	副所长	浙江遂昌	2010.9—
	洪　图	副所长	浙江松阳	2010.9—

五、遂昌县县乡公路管理所

遂昌县县乡公路管理所成立于1980年，称“遂昌县社队养护公路段”，1984年改称遂昌县县乡公路管理段，1990年10月改称“遂昌县县乡公路管理所”。为全民事业单位，属遂昌县交通局领导，主要负责全县县乡公路的管理和养护。该所原位于遂昌县妙高镇环城南路4号，占地面积185平方米，建筑面积469.04平方米。县乡公路建设实行“民办公助”原则，养护实行统一领导，分级管理。养护用工推行亦工亦农制（亦称农工制），由当地政府推荐和选用农民轮换合同工进行公路养护。县乡公路的养护人员是当地社员，一般都签订协议，为期三年（后多数超过三年），择优续订。实行本人自愿，大队（村委会）推荐、公社（乡镇）审查、县交通局批准。县乡公路养护的补助经费，根据公路的性质和作用、行车密度、取料难易，当地人民的生活水平等因素确定。遂昌县县乡公路管理所下设办公室、养护股、财务室和仓库。2002年底在编职工14人，养护县乡公路350.641千米，设有24个道班，养护农工92人(2005年底，92名农工通过各项补助政策,全部终止了养护合同)。

2002 年 12 月,根据浙江省交通厅《浙江省公路管理体制与运行机制改革的指导意见》和遂昌县人民政府《关于遂昌县公路管理体制改革实施方案的批复》精神,遂昌县县乡公路管理所并入遂昌县公路管理段。

表 8-5 遂昌县县乡公路段行政领导一览

<table>
<tr><th>机构名称</th><th>姓 名</th><th>职 务</th><th>籍 贯</th><th>任职时间</th></tr>
<tr><td rowspan="2">遂昌县县乡公路段
(1989.1—1992.4)</td><td>傅可基</td><td>段 长</td><td>浙江遂昌</td><td>1989.1—1989.10</td></tr>
<tr><td>雷李明</td><td>副段长</td><td>浙江遂昌</td><td>1989.1—1990.10
(其中 1989.10—1990.10 主持工作)</td></tr>
<tr><td rowspan="5">遂昌县县乡
公路管理所
(1990.10—2002.12)</td><td>雷李明</td><td>副所长</td><td>浙江遂昌</td><td>1990.10—1991.1
(主持工作)</td></tr>
<tr><td>雷李明</td><td>所长</td><td>浙江遂昌</td><td>1991.1—1992.7</td></tr>
<tr><td>张 毅</td><td>副所长</td><td>浙江浦江</td><td>1992.4—1994.1
其中 1992.7—1994.1 主持工作</td></tr>
<tr><td>张 毅</td><td>所长</td><td>浙江浦江</td><td>1994.1—2002.12</td></tr>
<tr><td>陈 雷</td><td>副所长</td><td>浙江诸暨</td><td>1997.5—2002.12</td></tr>
</table>

六、遂昌县乡村康庄工程办公室

2003 年 9 月 15 日,经遂昌县编办〔2003〕18 号文批复成立遂昌县乡村康庄工程办公室,为遂昌县交通局下属全额拨款事业单位,核定编制 3 名。主要职责为负责全县乡村康庄公路(通村公路)的建设和管理工作。办公室设在遂昌县交通局内。

2003 年 8 月初,遂昌县成立了以县长为组长、县委副书记和分管副县长为副组长,各职能部门负责人为成员的乡村康庄工程领导小组。领导小组下设办公室,交通局局长兼任主任、分管副局长为副主任的工作班子具体负责日常管理工作。2003 年 10 月中旬,各乡镇也先后成立了以乡(镇)长为组长、分管副乡(镇)长为副组长的各乡(镇)乡村康庄工程领导小组。各乡(镇)人民政府为各乡(镇)辖区内乡村康庄工程的建设业主,对工程建设项目负责。2010 年底,遂昌县乡村康庄工程办公室有技术管理人员 1 人、临时招聘的技术人员 7 人。经过近八年的努力,至 2010 年底,共完成新建或改建乡村康庄公路(村道公路)490 个项目、1786 千米(路基+路面),耗资 4.3 亿元。

七、遂昌县交通工程公司

遂昌县交通工程公司原坐落于妙高镇西街 112 号,前身是 1960 年组建的遂昌县城关至玉岩公路工程处。1961 年 10 月遂昌县人民委员会遂办字〔1961〕

149号文批准城玉公路工程处改称遂昌县工业交通局工程队。1969年2月改称遂昌县公路工程队。1970年11月，遂昌县革命委员会决定遂昌县公路工程队和遂昌县建筑公司合并，成立遂昌县建筑工程队，1972年5月两单位又重新分开独立。1979年1月改称遂昌县交通局工程队，系全民所有制事业单位，主要担负遂昌县境内县乡公路、桥梁施工任务。1989年5月，审定为交通四级施工企业。1993年7月，更名为遂昌县交通工程公司，并于1997年12月升为公路工程三级企业。

2000年，遂昌县交通局根据公司的经营情况和职工的要求，对遂昌县交通工程公司按现代化企业进行体制改革。2001年5月9日，向遂昌县企业改革领导小组提出“关于将遂昌县交通工程公司整体资产出让给遂昌县中小企业贷款担保有限公司的请示”，后又改为将整体资产出让给由中小企业贷款担保有限公司新组建的“遂昌县四通路桥工程有限公司”，2001年9月3日，遂昌县企业改革领导小组以遂体改〔2001〕18号文批复予以同意。在编26名职工全部买断工龄。2002年8月5日，遂昌县四通路桥工程有限公司归并到丽水市交通工程有限公司，组建丽水市交通工程有限公司遂昌分公司。2003年9月8日，遂昌县工商行政管理局吊销“遂昌县四通路桥工程有限公司”营业执照；2005年10月11日，丽水市工商行政管理局吊销“丽水市交通工程有限公司遂昌分公司”营业执照。

遂昌县交通工程公司前后41年，主要担负遂昌县农村公路的新建、改建施工任务。20世纪60年代至90年代末，遂昌县的农村公路和民间桥梁工程大部分均为他们施工，为遂昌县早期公路建设作出了很大的贡献。正当浙江省公路建设步入快车道，公路建设市场充满活力之际，坐失良机，黯然退出。

表8-6　遂昌县交通工程公司行政领导一览

机构名称	姓　名	职　务	籍　贯	任职时间
遂昌县交通局工程队	刘　跃	队长	浙江松阳	1989.1—1990.4
	张炳根	副队长	浙江遂昌	1989.1—1990.4
	张炳根	队长	浙江遂昌	1990.4—1991.7
	胡阿炳	副队长	浙江龙游	1990.4—1993.8
	周法根	队长	浙江遂昌	1991.7—1992.4
	胡育华	队长	浙江遂昌	1992.4—1993.8
	张志文	副队长	浙江遂昌	1992.4—1993.10

续表

机构名称	姓　名	职　务	籍　贯	任职时间
遂昌县交通工程公司	周夏鸣	经理	浙江松阳	1993.10—1994.11
	张志文	副经理	浙江遂昌	1993.10—1996.6
	胡立荣	副经理	浙江东阳	1994.5—1995.3
	王顺清	经理	浙江遂昌	1995.3—1998.7
	张炳根	副经理	浙江遂昌	1996.6—1998.7
	张炳根	经理	浙江遂昌	1998.7—2000.1

八、丽水市公路管理处洋条隧道管理收费站

丽水市公路管理处洋条隧道管理收费站，原位于遂昌县妙高镇洋条村，龙(游)丽(水)公路 K51+000 处。1992 年 4 月 18 日，丽水地区编委批准，同意建立洋条隧道管理收费站，为丽水地区公路管理处下属股级事业单位，定编 24 人。1996 年，经丽水地区编委〔1996〕78 号文核批，升格为副科级自收自支事业单位。自 1992 年 7 月 10 日起征收车辆通行费。2002 年 2 月，经浙江省公路局核定编制 35 人。

洋条隧道管理收费站收取车辆通行费之初执行丙类标准。1996 年 1 月 1 日后，调整为乙类收费标准，即车辆通行费小车每辆每次 5 元，大车每辆每次 10 元，挂车每辆每次 15 元。根据浙江省交通厅浙交函〔2003〕326 号文决定，2003 年 12 月 5 日 12 时起停止收费，洋条隧道管理收费站同时撤销。

洋条隧道总投资 1239.75 万元，其中贷款 637.93 万元、浙江省公路管理局投资 601.82 万元，从通行费中还贷 37.93 万元，余款由省公路局于 2000 年核销。2003 年 12 月浙江中州会计师事务所对洋条隧道管理收费站进行了清算审计，1992 年 7 月 10 日至 2003 年 12 月 5 日，共征收通行费 5147.92 万元，支出 4985.90 万元，收支相抵结余 162.02 万元。

2003 年 12 月 5 日洋条隧道管理收费站撤销时，有各类固定资产原值 148.62 万元，其中办公楼及职工宿舍 67.62 万元、收费监控设施 40 万元、依维柯面包车 1 辆 21 万元、桑塔纳轿车 1 辆 20 万元，全部无偿移交遂昌县交通局。有工作人员 34 人，其中临时工 7 人，即时按有关规定解聘，正式职工 27 人，交由遂昌县交通局托管，暂发待岗生活费，直至 2010 年 6 月分别安排到遂昌县、丽水市和松阳县公路养护单位上班。

表 8-7　洋条隧道管理收费站行政领导一览

姓　名	职　务	籍　贯	任职时间
陈建华	站　长	浙江松阳	1992.8—1997.9
陈建海	站　长	浙江云和	1997.9—2001.12
王省洲	站　长	浙江丽水	2002.1—2003.12

九、遂昌县交通开发有限公司

1998 年 8 月 31 日，经遂昌县人民政府办公室〔1998〕95 号文批复成立遂昌县交通开发有限公司，是一家拥有注册资金 5000 万元的国有独资企业。公司主要经营交通项目的建设、修建、改造的投资服务以及交通国有资产的经营管理和维护。公司位于遂昌县妙高镇北街 120 号。内设董事会、监事会，董事会由 4 位成员组成，监事会由 2 位成员组成。公司首任董事长刘文蔡(1998.8—2003.2)；第二任董事长项键(2003.2—2005.5)；第三任董事长吴瑾秋(2005 年 5 月至今)。

公司成立以来，为开发遂昌县境内的三石公路、洋钿岙公路、石王公路、龙丽高速公路、51 省道上江至三墩桥公路、峡口门至湖山至金竹公路、乌溪江大桥和湖山旅游度假区等重点工程投资服务。

公司为了解决项目资本金、减少负债率、盘活存量资产，投资浙江龙丽丽龙高速公路有限公司，2010 年年末余额为 10212.14 万元。2003 年 3 月 24 日，经遂昌县人民政府专题会议同意，建立国有独资“遂昌县交通物资经营有限公司”。公司经营管理班子与“遂昌县交通开发有限公司”合二为一，财务独立核算，统一由县会计委派中心建账。2010 年底，遂昌县交通开发有限公司资产总额为 25327.14 万元。

十、遂昌县公路养护工程有限公司

遂昌县公路养护工程有限公司位于遂昌县妙高镇平昌路 18 号，公司占地面积 185 平方米、建筑面积 469.04 平方米。公司是浙江省公路管理体制改革的产物。2002 年，根据浙江省交通厅《浙江省公路管理体制与运行机制改革的指导意见》，实施以“两合并、两分开”为主要内容的改革，把养护生产作业从公路管理中剥离出来，成立自主经营、自负盈亏，具有独立法人的养护公司。公司员工全部由原公路管理段养护道工和专业技术人员组成，保留事业身份。2010 年开始，浙江省公路管理局根据全省公路管理体制改革出现的实际情况，决定对全省各县公路工程公司实际在编的具有事业身份的养护职工按 5 万元/年标准下拨人员经费。

公司由遂昌县公路管理段出资310万元,于2001年5月8日成立。2003年3月公路体制改革结束后正式运行。公司通过招投标的办法,获得遂昌县境内公路日常养护和其他公路大中修工程的业务,2003年经省交通厅审核,同时具有二类甲、乙级及三类甲、乙级资质。2010年,养护总里程为676.197千米,其中省道公路85.894千米,农村公路590.303千米(含县道568.284千米、乡道22.019千米)。

公司下设办公室、财务科、安全科、养护工程科和12个公路养护管理站。现有职工58人,其中工程、财会等专业技术职称人员8人,养护技术工50人,包括技师17人、高级工30人、中级工3人;具有养护企业项目经理资质3人。拥有大中型养护工程设备105台套,净值428万元。

2003年1月22日,江志标任遂昌县公路养护工程有限公司经理(后改称总经理),詹志洪任副经理(后改称副总经理)。

第九章　管理业务

第一节　规划管理

交通规划是以现状调查为基础，预测未来的人口、土地使用和经济发展状况而制定的有关交通的长远发展计划，包括规划的实施方案、进度安排和经费预算等。主要内容有规划目标说明、根据所确定目标编制规划以改善现有设施、模拟现有规划系统和未来系统工作状况以及评价编制的计划。遂昌县的交通规划起始于20世纪90年代初，规划的实施往往取决于浙江省大区域的交通规划，也受制于当地财力。规划工作逐步受到各级政府的重视，总的趋向是朝着更为科学的定量化、综合化，更加重视交通对环境的影响。

一、"八五"交通发展规划(1991—1995)

1990年4月，制定了《遂昌县交通"八五"计划及2000年发展规划》。"七五"期末，全县通车里程有585.568千米，其中省道2条96.71千米，县乡公路39条488.858千米，实现了"乡乡通公路"。同时，还修建了机耕路或简易公路187条，长559.738千米。全县公路密度为23.03千米/百平方千米。高级路面11.8千米，占全县公路的2%。50省道遂昌段日混合交通量已突破1000辆，且仍以每年20%的幅度继续递增。

"八五"交通发展规划是在改革开放十多年交通艰难发展的基础上制定的。遵循浙江省人民政府提出的"先缓解、后适应"的指导思想，接通断头路，使公路布局逐步合理，解决迂回运输，同时铺设高级、次高级路面，逐步提高公路等级和车辆通行能力，以适应国民经济发展的需要。

"八五"规划的公路工程计划主要有：计划投资1263万元新建改建4条县内、县际公路53.22千米；计划投资1619.58万元改造43.79千米省道路基路面；计划投资265万元更新和新增客、货车37辆；计划投资510万元建设站、场、库等交通设施8700平方米。

“八五”期间,不仅如期完成而且成倍超额完成了水泥砼路面改造计划、县乡公路路面改造计划、危桥改建计划和县际公路新建计划。实施了龙丽线小马埠至上江11.405千米改线,耗资1139.75万元;50省道龙丽线遂昌段按二级公路标准实施了路基路面改造,耗资2284.71万元;实施了龙洋大桥改建,耗资53万元;实施庄山至金矿沥青路面改造,耗资158万元;新建了11条110.7922千米县乡公路,耗资2231.06万元,其中包括耗资1561.87万元,新建潘金线、连直线、金牛线、黄九线、举金线、柘关线6条跨县域联网公路53.616千米;实施了遂昌汽车站改建,耗资45万元;更新了客、货车111辆,耗资800万元。遂昌县交通瓶颈制约得到缓解。

二、“九五”交通发展规划(1996—2000)

“九五”交通发展规划制定于1994年4月。“八五”期末,遂昌县通车总里程有605.949千米,其中省道87千米、县道377.28千米、乡道97.41千米、专用道44.259千米。全县公路密度为23.87千米/百平方千米。其中二级公路29.6千米、三级公路57.4千米,其余均为四级及等外级公路;高级、次高级路面25.3千米,占总里程4.18%。公路交通设施仍然严重滞后。

“九五”交通发展规划是在超额完成“八五”规划的基础上,遵循丽水地区交通局“先适应、后提高”的思路,以改造老路为主、建改结合、适当超前,与遂昌县社会经济发展相适应而制订的。

“九五”规划公路建设计划总投资9123万元,改造省道57.4千米、改造县道3条81千米、新建县乡公路85千米;新建北界、大柘客运中心和遂昌、北界、大柘货运中心;开辟至上海、宁波、南京、北京、济南、武汉、广州、深圳、海口、石狮、厦门长途班线11条;建造简易船舶修造厂1个和购置钢质渡船5艘;计划投资200万元建设油路基地。

“九五”期间如期并部分提前完成的交通项目:按二级公路标准完成51省道遂龙线县城至三墩桥6.65千米路基路面改造,耗资2232万元;完成51省道遂龙线一期29.2千米砂改油工程,耗资864.3万元;按二级公路标准改建重要县道三碌线三墩桥至石练段23.271千米,耗资7354万元;按三级公路标准新建长濂至社后公路4.23千米,耗资221.38万元;新建2条乡道4.48千米,耗资245.07万元;改造县道路面26.415千米,耗资721万元;新建桥梁227.12延米/3座,耗资330万元;更新客、货车48辆,耗资508万元。同时,还完成简易公路289.8千米,民间桥梁366延米/21座。

三、"十五"交通发展规划(2001—2005)

"十五"交通发展规划是根据丽水地区交通局的通知于1999年6月制订的。"九五"期末,全县总通车里程为690.17千米,其中省道2条84.303千米、县道20条497.55千米、乡道10条49.707千米、专用道13条58.601千米,高级、次高级路面92.653千米,占总里程的13.62%,村道(简易公路)187条、558.589千米。公路密度为27.18千米/百平方千米。

"十五"交通发展规划是在认真总结"九五"交通发展规划的实施情况和基本经验,坚持科学发展观,贯彻浙江省第十次党代会提出的"建设大交通、促进大发展,建设贯通全省、联结省外、通向世界的交通网络"和省九届人大一次会议提出的实现浙江"四小时公路交通圈"的发展战略,落实浙江省交通厅提出的"建设主骨架、改善交通网,扩大覆盖面,在总量和质量上有新的提高"的工作方针和"规划高起点,建设高标准,工程高质量"的指导思想,结合遂昌县委、县政府"工业强县、开放带动"的发展战略,立足遂昌县社会经济发展对交通的需求而制订的。

"十五"时期公路建设计划共安排四个改建项目139.1千米,分别为石王公路、遂龙线、龙丽线青云岭隧道改线、峡北线;四个新建项目54千米,分别为石马岭脚至苎口、毛田至赤寿、梭溪桥至溪口、湖山至衢州公路。2003年4月,根据全国交通厅局长会议精神和全省交通工作会议的部署,调整了2003年至2007年遂昌县交通发展规划。主要公路建设目标调整为省、县道干线建设项目9个211.1千米,计划投资11.5644亿元;县道公路路面改造项目7个109千米,计划投资4620万元。

"十五"期间,在浙江省交通"六大工程"推动下,遂昌县共完成交通建设投资约17亿元(其中省补7.3亿元、地方配套1.2亿元),是"九五"期间完成投资的16倍。高速公路建设实现历史性突破,预算投资13.975亿元,长28.987千米的龙丽高速公路遂昌段工程顺利推进,完成投资9.1亿元,将于2006年底建成通车;耗资14960.5万元,新建121条470.6千米通村公路;耗资19145.5万元,硬化县、乡道公路27条495.2千米;耗资21162万元,完成了县境内2条省道公路40.56千米省道畅通工程,三墩桥至石练和石练至王村口一期工程24.64千米,新建了新路湾至白马山25千米的县道公路。

四、"十一五"交通发展规划(2006—2010)

"十五"期末,全县总通车程为705.682千米,其中省道84.691千米,县道501.637千米,乡道58.507千米,专用道60.847千米。高级路面600.983千米(其中沥青砼路面283.735千米、水泥砼路面317.248千米),比"九五"末增加508.33千米,占总里程的85.16%,乡村康庄工程(村道)新建121条470.6千米

(其中路面硬化290.33千米),通村公路等级化率和硬化率分别达到81.3%和63.2%。公路密度为27.79千米/百平方千米(不含村道准四级公路)。

“十一五”交通发展规划是在“十五”交通快速发展的基础上制订的。贯彻浙江省十一次党代会和十届人大一次会议对交通建设作出的战略部署,主攻点放在城际和省际骨干网建设上,接轨上海构筑长三角区域大交通;公路的重点是高速公路和农村公路建设,继续实施交通“六大工程”和全面实施交通“三大建设”。遂昌县规划构筑“两横两纵”公路主骨架:“两横”即龙丽温高速公路遂昌段和50省道龙丽线;“两纵”即遂龙复线和51省道遂龙线。按照突破西部、加密成网、提高等级、适当超前的指导思想,提高和改善县域公路网,2010年基本形成以县城为中心,辐射各乡镇的“两小时交通圈”。

“十一五”期间交通发展规划计划总投资33.4878亿元(含在建龙丽高速)。重大项目为:续建28.987千米龙丽高速公路遂昌段建设工程,计划投资15.8565亿元;建设1334千米乡村康庄公路工程,计划投资3.6348亿元;建设20.724千米石王公路改建二期工程,计划投资1.2651亿元;建设11.6千米龙潭至梧桐公路改建工程,计划投资2.3亿元;建设13.675千米石笋头至阳扒凹旅游公路建设工程,计划投资0.2629亿元;建设11.031千米51省道上江至三墩桥公路改建工程,计划投资1.8亿元;建设15千米王村口至老虎跳公路建设工程,计划投资1.5亿元;建设20千米金岸至力其桥公路改建工程,计划投资2亿元;建设65千米峡口门至北界公路改建工程,计划投资6.5亿元;建设2万平方米二级遂昌车站建设工程,计划投资0.25亿元。

“十一五”期间,遂昌县以高速公路和农村公路建设为重点,全力推进交通“六大工程”,继“十五”后又完成交通基础设施总投资18.37亿元和开工新建工程总投资7.94亿元。完成交通基础设施的有长28.987千米的龙丽高速公路遂昌段建设工程,耗资15.8505亿元;长11.6千米的龙梧公路改建工程,耗资2.3亿元;长20.7千米的石王公路改建二期工程,耗资1.3亿元;长13.7千米的石笋头至阳扒凹旅游公路建设工程,耗资2629万元。开工建设的有长9.963千米的51省道上江至三墩桥公路改建工程,投资1.98亿元;长15.961千米的峡口门至湖山至金竹公路改建工程,投资3.81亿元;长13.48千米的51省道王村口至老虎跳公路改建工程,投资2.15亿元。同时,全面完成乡村康庄工程,总长达839千米,通村公路等级化率和硬化率均达到100%,在丽水市率先实现康庄工程“双百”目标。

五、“十二五”交通发展规划(2011—2015)

“十一五”期末,遂昌县通车总里程1622.58千米。按行政等级分,高速公路28.986千米、省道85.544千米、县道601.244千米、乡道101.685千米、专用道

57.609千米、村道747.512千米。按技术等级分,高速公路28.986千米、一级公路7.975千米、二级公路103.061千米、三级公路70.622千米、四级公路1404.258千米(含村道747.512千米准四级公路),等外公路7.678千米。公路密度达63.9千米/百平方千米。

"十二五"遂昌县综合交通规划是在认真贯彻科学发展观,深入实施浙江省委"创业富民、创新强省"总战略、市委"生态立市、工业强市、绿色兴市"发展战略及遂昌县委"经营山水、统筹城乡、全面建设长三角休闲旅游名城"发展战略,全面落实浙江省交通厅"推进三大建设、打造畅通浙江",努力提高交通"三个服务"水平,着力推进区域协调、城乡统筹和综合交通发展,为促进遂昌县经济社会又好又快发展,争取基本建成全面小康社会提供坚实的交通保障而制订的。

按照"建设主骨架、改善交通网、扩大覆盖面,在总量和质量上有新的提高"的方针,坚持"改造提升为主,新建为辅"的理念,规划建设"两级网络、两大系统",即区域干线交通网络和城乡集散交通网络;运输枢纽站场系统和运输服务保障系统。区域干线交通网络:铁路规划衢宁、衢丽铁路,境内里程30千米,规划Ⅰ级铁路,设计速度200千米/小时;公路规划布局"2349"网络,即2条高速(龙丽高速、遂〈昌〉江〈山〉上〈饶〉高速)、3条省级干线(龙游至莲都〈S225〉、遂昌至庆元〈S226〉、常山至遂昌〈S228〉)、4条放射线(三墩桥至垵口至龙泉城北、金岸至连头至金华婺城区、湖山至金竹至北界至金华、西畈至黄沙腰至柘岱口)、9条联络线(连头至直坑口、新路湾至白马山至汀溪、应村至高坪、金竹至衢州、甲门坑口至左肩、石练至南尖岩至神龙谷、焦滩至黄沙腰、黄沙腰至九龙山至西坑口、王村口至南尖岩)。城乡集散交通网络:由乡镇至行政村、行政村间联网及连接旅游景点、码头等客货集散节点组成,主要承担与乡村生产、生活及旅游等相关客货运输,增强对外运输及县域快速客货运输的集散功能,以促进遂昌县城乡一体化发展和新农村建设。运输枢纽站场系统:由客货运输站场、旅游集散中心、客货运输集散点三个层次组成,是遂昌县提供运输组织、运输作业的客流、物流集散和转换场所。运输服务保障系统:完善公路管养体制,构筑公路安全保障网;完善城乡客运系统,加快发展现代物流业;打造先进信息化系统,构建一体化运输市场;提高运输装备技术水平,强化安全应急处置建设。

"十二五"期间规划交通建设总投资56.6亿元,其中铁路4亿元、公路47.8亿元、水路3.5亿元、站场1.3亿元。

第二节 公路管理

一、公路养护质量与评比

公路养护的质量要求是保持路面整洁，横坡适度，行车舒适，路肩整洁，边坡稳定，排水畅通，构造物完好，沿线设施完善，绿化协调美观，逐步实施文明公路创建，力争构成畅、洁、绿、美的公路交通环境。

遂昌县20世纪50年代，公路养护处于恢复期，以路面养护为核心，维护交通正常通行。1956年8月，交通部提出“依靠地方，依靠群众，就地取材，以养好路面为中心，加强全面养护，重点修理，分期改善，逐步提高使用质量，以适应运输发展需要”的方针，并先后颁发《公路养护修理技术规范(草案)》和《养路工人技术标准》。遂昌县开始逐渐利用当地砂石材料在土路上铺筑泥结碎石路面，开展公路路况调查和车辆密度调查登记，养护质量有所提高。1962年8月交通部颁布《公路养护和管理工作的若干规定(试行草案)》(简称“养路40条”)。1963年3月，全国公路养护工作会议提出“一网五化”，即一个四通八达的公路网和线路标准化、桥涵永久化、路面黑色化、路树林荫化、养路机械化的奋斗目标。遂昌县的车辆密度从1960年的1.82级提升至1962年的3.05级。1964年公路养护质量试行了好路率的评定，达50.4%。至20世纪70年代遂昌县公路养护的质量有了明显改观。1978年的年均好路率达78%。

1979年5月，交通部颁布了我国首个《公路养护质量检查评定暂行办法》，制定了公路养护质量检查评定办法。1991年11月，浙江省交通厅对干线公路的养护质量实行了新的检查评比奖励办法，检查重点是路面质量、排水系统、施工路段“三度一排”以及雨季路况和消灭差等路等。检查项目分为雨季养护和全年养护两种，检查时间雨季养护分为3月和6月二次，全年养护年终一次。经综合评定，评出若干优胜单位、集体、个人及单项先进，分别给予奖励。1994年交通部颁布了新的《公路养护质量评定标准》，明确了以公里为单位，以里程碑为界，按路面、路基构造物、桥涵隧道、沿线设施、绿化等5项内容的养护质量分别进行检查评定。规定了各项所占的比重和优、良、次、差4个等级的分数范围和计分的具体标准以及“好路率”和“养护质量综合值”的计算方法等等。既是考核各级养路部门工作成绩的主要指标，也是实行奖惩的主要依据。遂昌县公路养护质量实行三级检查评定，每月各养护站自检为主，评定路况，列表上报；每季末除养护管理站自检外，县公路管理段组织复查路况，进行季度评定；每半年由市公路管理处组织巡查，抽检评定路况。2003 年 6 月针对公路管理体制“两合并、两分开”的改革实际，遂昌县公路管理段重新制定了《遂昌县公路养护检查考核办法》，同时还制定了《遂昌县公路养护管理月、季度巡查考核标准》和《遂昌县公路养护管理年终检查评分标准》。考核分定期和不定期两种方式，考核内容主要是综合管理、养护质量和单项工程，评分采用百分制扣减法，其中综合管理 25 分，养护质量 60 分，单项工程 15 分。对月度、季度和年终三个阶段的检查分别按总分的 20％、30％、50％的比例进行评定。并提取小修保养总价承包总额的 5％作为公路养护质量的保证金，根据检查考核评分分为达标、基本达标和达不到标准三个等级进行奖惩。

2007 年 11 月 28 日，交通部颁发了新的《公路技术状况评定标准》，2008 年 2 月 1 日实施，养护质量评定分为优、良、中、次、差 5 个等级。

2008 年开始，浙江省公路管理局决定将衡量公路养护质量的“好路率”指标改为“优良路率”，全省干线公路统一由浙江省公路管理局用国际上最先进的路况评定车检测和采集各种路况数据。农村公路仍按原公路养护质量评定标准进行人工调查评定。

二、公路工程验收

公路工程验收分为交工验收和竣工验收两个阶段。交工验收是检查施工合同的执行情况，评定工程质量是否符合技术标准及设计要求，是否可以移交下一阶段施工或者是否满足通车要求，对各参建单位工作进行初步评定。竣工验收是综合评价工程建设成果，对工程质量、参建单位和建设项目进行综合评价。自 1979 年至 2004 年，交通部曾先后四次颁布了公路竣（交）工验收办法。

交工验收由项目法人组织，参与工程各合同段的设计、监理、施工等单位参加。拟先期交付使用的工程，还邀请运营、养护管理和公安交警单位参加。公路工程各合同段验收合格后，质量监督机构向交通主管部门提交项目的检测报告。交通主管部门认可后进入不超过 3 年的试运营期。通车试运营 2 年以上，且工程质量缺陷等遗留问题处理完毕，完成

2011 年 3 月 15 日公路工程质量鉴定及验收

竣工决算审计和竣工文件、档案、环保等经相关部门验收合格,质量检测、鉴定合格,各参建单位完成各自的工作报告后,项目法人可以申请竣工验收。竣工验收由交通主管部门主持,公路管理机构、质量监督机构、造价管理机构及有关专家代表组成验收委员会,项目法人、设计单位、监理单位、施工单位、接管养护等单位参加。竣工验收委员会负责对工程实体质量及建设情况进行全面检查。按交通部规定的办法对工程质量进行评分,对各参建单位进行综合评价,对建设项目进行综合评价,确定工程质量和建设项目等级,形成工程竣工验收鉴定书。

遂昌县公路工程质量实行建设单位全面负责,监理单位控制,设计、施工单位保证和政府监督的质量管理体制。建设单位的质量管理主要包括建立质量管理制度,严格履行基本建设程序,通过项目招投标选择具有相应资格的勘测设计、施工和监理单位,实行合同管理,建立健全项目档案等。设计单位的质量管理主要包括建立设计质量保证体系,加强对设计全过程的质量控制,建立完整的设计文件的编制、复核、审核、会签和批准制度。施工单位的质量管理主要包括推行全面质量管理,制定和完善岗位质量规范、质量责任和考核办法,建立工地试验室,加强施工过程中的自检、互检和交接检工作。监理单位的质量管理主要包括严格执行有关公路工程建设的法律、法规、技术标准和规范,派驻监理机构、人员和设备,认真审查施工组织设计、技术措施及施工工艺等。

三、公路普查

公路普查是交通行政主管部门组织的对辖区内所有公路及其构造物进行全面、详细的调查,是为了掌握公路发展状况,制定公路发展规划,调整路网结构,提高路网质量,促进公路管理信息化而进行的一项重大调查。第一次全国公路普查是1979年,这次公路普查的范围是指1978年底达到部颁《公路工程技术标准》的等级公路和1979年10月底前新建、改建竣工投产的等级公路。遂昌县的公路普查工作是1979年9月开始的,至同年12月完成。遂昌县(含松阳县)1978年底共有等级公路596.88千米,其中省道2条154.35千米,含龙南线94.35千米,金梧线60千米;县道6条216.76千米,含社队养护70.61千米;社(乡)道21条225.77千米,含社队养护164.27千米。1982年补查时增加了社(乡)道6.77千米。第二次全国公路普查是2001年,普查的对象为全国范围内所有的省道、县道、乡道、村道和专用公路及其构造物,普查的主要内容为公路的里程、行政等级、技术等级、路面等级、路面类型、公路桥梁、隧道、涵洞、渡口等附属设施和公路的通达情况以及养护、管理、绿化等方面。通过普查、建立公路数据库、绘制公路电子图集,普查以实地测量确定并重新埋设里程碑和百米桩,按统一标准填写普查卡片的方式进行。这次公路普查标准时点为2000年12月31日。遂昌县交通局组织20多名技术人员,从2001年4月1日开始,历时9个月，其中外业调查 89 天，至同年 12 月底完成。调查结果，遂昌县共有等级公路 45 条 690.17 千米，其中省道 2 条 84.303 千米；县道 20 条 497.55 千米；乡道 10 条 49.707 千米；专用公路 13 条 58.601 千米。大中小桥梁 188 座 5525.5 延米；隧道 5 座 1875.8 延米；村道（简易公路）187 条 558.589 千米。

专项调查

1991 年，浙江省交通厅决定对全省县乡公路进行一次专项调查。根据《公路工程技术标准》（JTJ01—88）和《浙江省县、乡（专用）公路路况登记工作的具体要求和卡片填写说明》，遂昌县交通局组织 10 名专业技术人员对县境内的全部县乡（专用）公路进行了路况登记。从 7 月 15 日开始，至 9 月 30 日结束，历时两个半月。调查结果，遂昌县县乡公路里程 514.422 千米。其中县道 377.28 千米，乡道 97.41 千米，专用公路 39.732 千米。比原来缩短 0.745 千米。

2006 年 3 月 29 日农村公路通达情况专项调查

2006 年，浙江省交通厅决定在全省范围开展农村公路通达情况专项调查，并建立基于 GPS 技术的省、市、县三级农村公路基础数据库和电子地图。这次专项调查为制定浙江省农村公路发展规划及相关政策，实现对全省农村公路建设项目和公路通达情况的动态管理，提高交通行业的信息化管理水平，规范统计行为，合理安排农村公路建设和养护资金，加快农村公路管理进程，完善全省路网结构提供可靠的基础数据。专项调查的标准时点为 2005 年 12 月 31 日。遂昌于 2006 年 3 月安排专业技术人员对境内全部县道、乡道、专用公路及路基宽度最低达到 4.5 米或路面宽度最低达到 3.5 米的村道进行了调查，调查内容主要两部分：一是通达情况，重点调查乡（镇）及建制村名、人口、所属地形等基本情况和通达路线名称、编码、通达位置等通达信息；二是技术状况，重点调查路线的基本属性和桥梁、隧道、渡口等附属设施的情况。专项调查的外业数据采集设备由浙江省交通厅统一配备。从 2006 年 3 月 5 日至 30 日，历时 25 天完成外业的数据采集、汇总审核上报。共采集 352 条各类公路 1507.87 千米。其中县道 21 条，538.517 千米；乡道 10 条，79.719 千米；专用道 12 条，57.609 千米；村道 309 条，832.025 千米。

四、交通情况调查

公路交通情况调查主要指交通量及其组成和行车速度,还有车流密度、起讫点、四类公路交通量比重、轴载、通行能力、车头时距、车辆横向分布和交通事故的调查或观测,并对原始数据进行计算整理和分析。公路交通情况的调查为公路建设总体布局与规划、公路建设可行性研究、旧路技术改造、公路工程设计、制订养护计划及交通管理措施等提供重要的基础数据,同时,也为交通工程学基础理论研究和其他公路科学研究提供基础资料。

遂昌的公路交通情况调查开始于20世纪50年代末,主要是车流密度调查,1960年的车流密度为1.82级,1962年的车流密度为3.05级。1971年开始了交通量调查,在省道龙南线大谷岭(K46＋400)和金龙线金岸(K0＋150)、尖山(K16＋100)设置三个观测点,进行间隙式的交通量观测,但只调查了半年即行停止。1978年开始,公路交通情况调查正式走上轨道,从未间断。目前主要有交通量调查、四类公路交通量比重调查和交通量起讫点调查。

交通量观测 交通量的观测分为间隙式观测和连续式观测。遂昌县的交通量观测2009年以前仅为间隙式观测,即按预先确定的观测日期,对交通量进行定期观测统计。遂昌县省道龙丽线1978年4月设立蕉川观测点,1979年1月改设大谷岭观测点,2007年改为新路湾观测点。省道遂龙线1978年4月设立尖山观测点,1979年1月增设金岸和尖山2个观测点,1994年后改为尖山寺1个观测点。每月5日、20日24小时观测两次。1986年以前每天早上5时至次日早上5时24小时观测。1987年开始改为昼间16小时观测,全日交通量用夜间系数(ADT)换算。1992年恢复24小时观测,时间改为早上7点至次日早上7点。县道设20个观测站、乡道设4个观测站,每年3月、5月、9月、11月的5日分四次全天观测24小时,每年的11月5日那一天为四类公路交通量比重观测,观测的内容与方法与间隙式交通量观测相同。观测站点设在调查区域能代表线路交通量的地点,确定后不得任意改变。观测人员相对比较固定。观测时用人工或仪器将通过规定观测断面的各种类型车辆分车型记录在表格或计数器具上。每个小时终了,将记录结果进行整理并登记于规定的表格上。遂昌县公路段将观测取得的数据整理汇总后连同原始记录一并上报。具体如表9-1所示。

表 9-1　遂昌县历年公路年均日混合交通量一览

单位：辆

观测点名称	观测点编号	代表长度（千米）	历年交通量混合车辆当量数																														
			1971	1979	1981	1982	1983	1984	1985	1986	1987	1988	1990	1991	1992	1993	1994	1995	1996	1997	1998	1999	2000	2001	2002	2003	2004	2005	2006	2007	2008	2009	2010
新路湾	S222J204331123	28																													4996	4632	3018
尖山寺	S227J202331123	58															594	1927	597	699	619	669	449	475	522	550	573	592	1145	1685	2317	2219	647
蟠龙	X102J010331123	28																										633	981	805	821	726	802
梅树垟	X601J010331123	8																										154	309	358	310	338	286
叶油	X602J010331123	38										252	515				724	1042	1044	236	338	403	349	310	350	371	385	414	850	880	991	1440	1238
大柘	X603J010331123	25																				1499	1371	1282	1322	1433	1521	3417	5596	5499	5953	6160	5772
焦滩	X603J020331123	81																										544	1943	1732	1331	1488	1495
西畈桥头	X604J010331123	48																										119	1022	323	406	404	317
湖山	X605J010331123	66																										998	2583	1955	2501	1440	1974
横溪	X606J010331123	14																										170	390	384	457	393	465
钢铁厂	X607J010331123	7																										2008	5458	4606	5331	5635	4683
苏村	X608J010331123	11																										137	293	407	260	189	290
独门	X609J010331123	17																										133	281	591	484	388	483
黄垵	X610J010331123	15																										809	2938	2161	1993	2079	1946
金竹	X611J010331123	20																										280	442	944	738	654	549
下蓬	X613J010331123	12																										373	787	1004	1194	786	1272
周村源	X614J010331123	39																										74	438	252	259	249	193

续表

观测点名称	观测点编号	代表长度(千米)	历年交通量混合车辆当量数																														
			1971	1979	1981	1982	1983	1984	1985	1986	1987	1988	1990	1991	1992	1993	1994	1995	1996	1997	1998	1999	2000	2001	2002	2003	2004	2005	2006	2007	2008	2009	2010
外蓬	X615J010331123	37										29	47				173	124	111	87	94	170	209	209	231	237	211	557	1086	707	757	787	777
尖山脚	X616J010331123	6										878	1469								517	516	440	521	556	621	675	540	828	2903	2989	2622	2575
连头	X617J010331123	20															590	1270	1235	956	591	711	790	940	1130	1221	1315	1485	3465	2972	3391	3136	3288
开阳	X618J010331123	15																										126	185	616	484	506	434
桂洋	X707J010331123	9										49	50				143	103	161	169	336	142	155	145	161	149	132	156	318	218	317	420	329
石柱	Y602J010331123	11																										93	227	232	114		
陈坑	Y603J010331123	9																										176	291	308	127		
双坑口	Y604J010331123	13																										261	615	605	1374	1132	959
沙口桥	Y606J010331123	7																										61	130	142	128		
其他观测站																																	
大谷岭	龙丽线	36	307	449	481	519	498	603	738	947	1015	1058	1102	1148	1401	1548	1163	1724	2533	2841	3160	3292	4262	3894	4963	5021	5017	5023	10358	6993			
金岸	遂龙线	16	202	298	488	871	1199	1370	1934	2124	2488	2112	2861	2275	2184																		
尖山	遂龙线	44	89	140	272	224	269	427	432	547	433	337	451	603	523																		
好川	三际线	26										1055	694			734	1199	1550	1554	1552	1219												
梭溪桥	峡北线	24										377	590				855	561	427	435	356	384	480	385	465	449	441						
白水	峡北线	12										238	114				325	412	453	394	297	537	657	621	663	521	507						
上江	遂龙线																6066	1927															

2002年，首先在遂龙线尖山观测点安装自动观测仪，2009年移至连直线叶油观测点。2009年，在省道遂龙线尖山寺、龙丽线新路湾设置了全自动交通量观测仪，并改为连续式观测，即全年每天进行24小时不间断观测。

交通起讫点调查　交通起讫点调查是指在某一区域内，为获得通过两个出行端点的交通量及其组成、流向、货物类型、车辆实载率及交通目的等资料所进行的调查，称为起讫点调查。“O”是英文起点Origin的第一个字母，“D”是英文终点Destination的第一个字母，故简称OD调查。OD调查一般每5年进行一次。

遂昌县的OD调查最早开始于1991年末，为了给龙游至丽水公路改建工程提供科学依据，采用“停车讯问法”在大谷岭和上江的2个点进行小范围的OD调查。2004年11月3日上午8时至11月4日上午8时，为掌握全省干线公路的交通现状和车辆出行情况，浙江省交通厅统一部署，在省道龙丽线和遂龙线设立4个调查点，进行了24小时OD调查。2010年11月30日上午7时至下午7时，为掌握全省公路交通的主要流量和流向分布，构建公路交通出行数据平台，为交通“十二五”规划、综合交通中长期发展规划、交通项目前期研究提供基础和依据，浙江省交通运输厅统一部署，采用国内首创的“车牌照法”开展了全省范围的第二次OD调查。遂昌县境内龙丽温高速公路设4个点、省道县道设8个点，高速公路通过当日监控拍照获得牌照信息，其他观测点人工调查。这次OD调查还同步进行24小时连续式交通量调查。

此外，遂昌县于2009年进行了车速抽样调查，省道龙丽线为每小时45千米，遂龙线为每小时39千米。

五、路政管理

路政管理是指县级以上人民政府交通运输主管部门或公路管理机构，依据《中华人民共和国公路法》、《公路安全保护条例》等法律、法规、规章的规定，为保护公路、公路用地、公路附属设施，维护路权，保障公路安全畅通，以及为发展公路事业并以公路为对象而实施的行政管理。

1949年前，遂昌县的公路里程不多，路政工作由县政府负责，主要依据行政院1943年6月3日公布的《公路两旁建筑物取缔规则》办理。

20世纪50年代，公路处于恢复期，车辆很少，遂昌县的路政工作主要依靠道班管理。1950年11月1日，浙江省人民政府颁发了《为配合土改本省公路用地规定保留范围》训令。1957年10月9日，遂昌县人委颁发交通安全通告，公路沿线禁止设摊、堆物、公路上禁止牧畜等安全措施。20世纪60年代，路政管理交由交通监理部门统管，公路部门协管。1979年6月30日，遂昌县革命委员会发布《关于加强公路路政管理的通告》。1982年，遂昌公路段配备了专职路政管理员。1983年6月18日,遂昌县人民政府颁发了《遂昌县公路管理暂行办法》。1984年10月15—17日,遂昌公路段对全县专业养护路线进行一次侵占公路情况调查,仅龙南(龙丽)线36.35千米公路就有违章建房30处549.9平方米;设摊1处10.6平方米;厕所、灰棚18处113.3平方米;仓库、机房6处124.5平方米;氨水池、水塔8处199.3平方米;围墙15处479.3平方米;牛、猪栏3处53平方米;屋前浇筑水泥地2处54.9平方米;电线、广播杆137根。严重情况可见一斑。1987年2月9日,遂昌县召开了第一次公路管理工作会议,县长应兆寅就"搞好公路养护和路政工作"在会上作了讲话,县领导、相关部门及区乡领导出席了会议。会后,丽水地区公路总段公安派出所协同遂昌公路段对主要专业养护路线进行了一次违章清理工作,共清除违章建房、瓦窑、堆积物20处1000余平方米。1988年1月,经丽水地区公安处批准,在遂昌公路段内设丽水地区公路总段公安派出所第二值勤室,配备公路公安干警3名,负责遂昌、松阳两县的公路路政管理工作。自此,遂昌县公路路政管理工作有了专管机构。1990年11月,建立了遂昌县公路路政管理队。1999年8月更名为遂昌县公路路政管理大队。

2007年6月22日公路路政管理工作会议

公路两侧建筑控制区 公路两侧建筑控制区是指公路用地两侧外缘向外一定距离内,除公路保护需要外,禁止修建建筑物和地面构筑物的范围。该名词用作法律术语始见于1997年7月3日颁布的《中华人民共和国公路法》。

公路两侧建筑物控制区的范围曾几经调整。1984年8月,浙江省人民政府《关于划定公路用地和留地范围的通知》规定公路留地范围的宽度暂定为公路中心线至两侧边缘:国家干线公路30米、省级干线公路20米、县级及县级以下公路15米。2005年1月13日颁布的《浙江省公路路政管理条例》对建筑控制区的具体规定为:公路两侧边沟外缘向外的距离标准为国道不少于20米、省道不少于15米、县道不少于10米、乡道不少于5米,其中高速公路不少于30米、互通立交和特大型桥梁不少于50米。2011年3月7日国务院颁布的《公路安全保护条例》修正为从公路用地外缘起向外的距离标准为国道不少于20米;省道不少于15米;县道不少于10米;乡道不少于5米。属于高速公路的,不少于30米。并且规定了新建村镇、开发区、学校和货物集散地、大型商业网点、农贸市场等公共场所,与公路建筑控制区边界外缘的距离国道、省道不少于50米;县道、乡道不少于20米。并尽可能在公路一侧建设。划定办法也有了明确规定:新建、改建公路的建筑控制区的范围,应当自公路初步设计批准之日起30日内,由公路沿线县级以上人民政府依照本条例划定并公告。

违反规定,在公路建筑控制区内修建、扩建建筑物、地面构筑物或者未经许可埋设管道、电缆等设施的;在公路建筑控制区外修建的建筑物、地面构筑物以及其他设施遮挡公路标志或者妨碍安全视线的情形,由公路管理机构责令限期拆除,可以处5万元以下的罚款。预期不拆除的,由公路管理机构拆除,有关费用由违法行为人承担。

1989年至2010年,遂昌县路政管理部门在公路两侧建筑控制区内共拆除违章建筑物、构筑物480处计8233.72平方米。

公路超限运输 公路超限运输管理是指超过公路、公路桥梁、公路隧道限载、限高、限宽、限长标准的车辆违章在公路、公路桥梁、公路隧道行驶的行为。公路路政管理机构主要依据交通部2000年4月1日颁布施行的《超限运输车辆行驶公路管理规定实施办法》和《浙江省超限运输车辆行驶公路管理规定实施办法》,对超限运输的车辆进行管理。

车辆载运不可解体物品,车货总体的外廓尺寸或者总质量超过限制标准的而又确需在公路、公路桥梁、公路隧道行驶的,从事运输的单位和个人应当向公路管理机构申请公路超限运输许可。由公路管理机构根据实际情况勘察通行路线,需要采取加固、改造措施的,与申请人签订有关协议,制定相应的加固改造方案。经批准超限运输申请的应配发超限运输车辆通行证,按照指定的时间、路线和速度行驶,并悬挂明显标志。

经省、自治区、直辖市人民政府批准,有关交通运输主管部门可以设立固定超限检测站点,配备必要的设备和人员,对超限运输的车辆进行检查,并责令改正,可以处3万元以下的罚款。并规定对1年内违法超限运输超过3次的货运车辆,由道路运输管理机构吊销其车辆营运证;对1年内违法超限运输超过3次的货运车辆驾驶人,由道路运输管理机构责令其停止从事营业性运输;道路运输企业1年内违法超限运输的货运车辆超过本单位货运车辆总数10%的,由道路运输管理机构责令道路运输企业停业整顿,情节严重的,吊销其道路运输许可证,并向社会公告。

遂昌县境内未设置固定超限运输检测站点,但设有流动性的临时超限运输检测点。遂昌县公路路政管理机构最初于2000年7月13—14日,在龙丽线新路湾设点进行了超限运输检查,查处违法超限车辆564辆,收取赔罚款5.95万元。2001年8月8日开始又在龙丽线高路(K62+400)设点进行超限运输车辆的检测和查处,每月检查10天,每天12小时,共查处超限运输车辆281辆。2006年9月1—13日,在龙丽线新路湾设立了超限运输流动检测点,与遂昌县交警大队联合对超限运输车辆进行了集中整治。共查处违法超限车辆23辆,超限货物315.25吨,卸载货物338.9吨,收取赔款5380元,罚款63240元。

公路标志标线 标志、标线均为公路的安全设施,属重要的公路附属设施。所谓标志是指用文字或符号传递引导、限制、警告或指示信息的道路设施;所谓标线是指在行车道、缘石、障碍物上用规定的线条、符号、图案或文字等表示交通规则所要求的引导、限制和警告的标志,又称交通标线。标志标线的管理自1987年10月交由公安机关交通管理部门管理,至1998年7月才重新交由公路管理机构管理。标志标线的设置应符合交通部规定的技术规范,涉及交通警令的标志应经公安机关交通管理部门会审后实施。

1998年,浙江省交通厅公路管理局相继印发了《浙江省公路交通标志标线生产施工招标管理暂行办法》和《浙江省公路交通标志标线考核验收标准》,公路交通标志标线的施工管理和考核验收更趋规范。

遂昌县2006年以前主要在县道以上公路设置和完善标志标线工作,2007年开始逐步在乡、村道公路上设置标志标线。"十一五"期间(2006—2010年)总投入450万元,完成54条路线694.507千米的标志标线设置,其中县道553.538千米,乡道94.916千米,村道46.063千米。

表9-2 2010年遂昌县省道公路标志设置情况 单位:块(支)

标志名称	龙丽线	遂龙线
警告标志牌	125	194
禁令标志牌	80	11
指路标志牌	42	13
旅游标志牌	6	15
诱导标志牌	101	117
单立柱	99	52
悬臂立柱	145	223
指示标志	13	4

公路路政许可 公路路政许可是指交通行政机关或法律授权的县级以上公路管理机构,根据公民、法人或者其他组织涉及公路事宜的申请,经依法审查,准予其从事特定活动的行为。

公路行政许可共有十一个方面:因修建铁路、机场、供电、水利、通信等建设工程需要占用、挖掘公路、公路用地或者使公路改线;跨越、穿越公路修建桥梁、渡槽或者架设、埋设管道、电缆等设施;利用公路桥梁、公路隧道、涵洞铺设电缆等设施;在公路上增设或者改造平面交叉道口;在公路建筑控制区内埋设管道、电缆等设施;利用跨越公路的设施悬挂非公路标志;在公路用地范围内设置非交通标志；超限运输车辆上路行驶；铁轮车、履带车或其他有可能损害公路路面的机具上路行驶；更新采伐公路行道树或公路用地范围内的其他绿化物；因防险、防汛需要修筑堤坝、缩窄或者扩宽河床。申请人根据需要提供完备材料到路政管理办事窗口办理，县级以上路政管理机构对申请材料进行审核，材料齐全后予以受理，自受理申请之日起 20 日内作出许可或者不予许可的决定。因防险、防汛需要修筑堤坝、缩窄或者拓宽河床的，应当事先报省交通行政主管部门会同省水行政主管部门批准。

遂昌县公路路政管理大队自 2004 年 7 月 1 日实施路政许可以来，至 2010 年底共办理公路路政许可案件 270 件。

第三节　水运管理

一、客运运价

水运客运运价是指水路旅客运输的单位价格或收费标准，通常以每一旅客为单位，按不同的乘船等级和航线，以运价表形式公布。遂昌的水运客运运价为地方内河运价。

遂昌县境内各内河航道，自古没有专营客船。一般旅客都搭乘货船，价格通常按约定俗成或双方协议，无统一运价。

1979 年 1 月，湖南镇水电站封坝蓄水后，衢县乌溪江航运公司安排 2 艘客船进入乌溪江水库经营客运。票价执行浙江省交通厅规定的内河客运票价 0.015 元/千米，另加旅客保险费 3‰。票价价尾数实行 5 分制，即二舍三入法。

1985 年 1 月至 1988 年 10 月，根据浙江省物价局、浙江省交通厅联合颁布的《关于调整机动船客运票价的通知》，内河轮船票价每人每千米提高了 0.02 元。

1988 年后水上客运成本逐年提高，根据浙江省计经委、浙江省物价局、浙江省交通厅《关于整顿公路和航运客运运价的通知》，客运票价调整为每人每千米 0.028～0.036 元，外加旅客保险费 3‰。

1989 年，经衢州市物价局、交通局批准，内河小客班航线的票价调整为每人每千米 0.04～0.05 元。1993 年之后，内河客运票价实行放开搞活，客运票价在原票价基础上可上浮 50%。1995 年，衢县乌溪江航运公司退出了乌溪江水库的客运经营。

1995 年开始，乌溪江水库内的客运均由遂昌县各渡口的渡船承担，除赤山、苎口、桐埂、甲门潭、大溪边5处渡口为义渡不收票外，其余的9处渡口2010年的票价为每人每千米0.35元左右。

二、船舶登记

船舶登记是指船舶取得国籍的必要程序。船舶所有人按照国家的有关法规，向指定的船舶登记机构为符合登记条件的船舶申请发给国籍证书，以取得国籍。中国的船舶国籍证书也是船舶的所有权证书。船舶所有权变更、转让和抵押必须在船舶登记机构登记，方能取得法律效力。

1994年6月2日，国务院颁布《中华人民共和国船舶登记条例》。1995年开始，遂昌县对全县在册船舶进行了换证登记。截至2010年底，全县共有登记在册的船舶23艘，其中渡船16艘，各有关单位的船舶7艘。大量分散在各农户、渔家的自备船、渔船(约200余艘)未进行船舶登记。

三、船员管理

20世纪70年代之前，遂昌县没有机动船。手划木船的船老大及木排的撑排工均是从小跟父辈或师傅学会的。船工一般建有自己的组织，如"埠班"之类。1997年1月，随着乌溪江水电站封坝蓄水后，当地乡政府、林业部门及水产养殖公司开始陆续购置挂桨船和水泥船，从事一些货运和渔业工作。库区各渡口的渡船也改成木质机动船。

1984年9月，遂昌12名渡工首次参加了丽水地区航管所开办的"小马力"机动船驾驶人员培训班，取得船员证书。1985年又有6人参加培训班并获得证书。

1992年4月，交通部颁发的《内河船舶船员考试发证规则》，将船舶按总吨位及主推动力装置功率划分为一至五级，市级海事管理机构负责四、五等船舶船员的考试发证工作。1993年废止了小轮船船员证书，启用中华人民共和国船员职务适任证书新版证书。遂昌县的船员由市航管所换发了相应的船员职务适任证书，之后，执证船员按要求每年参加年审培训及相关的技术法规培训。

2004年底，遂昌县交通局对全县的渡工进行了考核。全县有六处渡口获得先进：赤山渡、苎口渡、桐埂渡、甲门潭渡、大渡边渡和陈坑渡。2005年，根据《中华人民共和国船员培训管理规则》和《浙江省船员培训管理办法》规定，培训和发证工作分离，丽水市成立了船员培训中心。遂昌县2006年参加培训8人、2007年参加培训7人、2009年参加培训9人。2010年，遂昌县共有持五等船员职务适任证书的21人，持摩托艇船员证书的3人、持渡工证的3人。

四、水上学生专渡

水上学生专渡是为解决家住农村的学生周末回家和返校乘渡难，保障学生往返途中安全的渡运经营新形式。遂昌县自1998年开展“学生放心车”试点工作后，县政府考虑乌溪江水库周围不通汽车客运，要求有条件的渡口参照客车中小学生接送办法，实施渡船学生专渡。2010年，有7艘渡船在湖山乌溪江水库开通“水上学生专渡”。每周有7班渡船接送学生，已安全运行12年，从未间断。

水上学生专渡是渡口航运的特殊项目，在县政府的牵头下，交通、教育、安监及渡口、渡工的通力协作下，管理上有所创新，惠及乌溪江水库四周就学的中小学生。县政府安排专项经费，对学生接送专渡进行资金补助（每艘渡船一年8000至10000元不等）。各相关学校在港航管理部门监证下与各学生专渡的渡工签订责任书，并制定安全责任制、应急措施及事故追究制度。港航所从严把好船员考试和船舶检验关，制订了学生专渡登记注册、检测保养、船员培训考试、管理部门和当地乡镇及相关学校监督检查等制度，保障水上学生专渡的安全航运。

第四节 道路运输管理

公路运输管理包含宏观和微观两个方面，前者是指政府的管理部门制定规划、方针和政策，颁行有关法令和规章，管理公路运输事业；后者是指公路运输业务单位建立必要的管理机构和规章制度，利用一定的手段，组织、指挥和监控运输业务的经营。我们说的公路运输管理通常指的是后者。遂昌县自设立公路运输管理机构以来，长期实行公路运输和规费稽征“二块牌子一套班子”，工作中心侧重于规费征收，上级的考核指标也以是否完成各种交通规费任务而定优劣。2009年以后，由于实行“费改税”政策，工作重心随之由稽征转变为公路运输管理为主。

一、货物运输管理

民国24年（1935）5月，遂昌县始有营运汽车，汽车货物运输由浙江省公路局统一管理。民国27年（1938），由于日军入侵浙江，政府下令毁路，汽车运输处于瘫痪。浙江省交通管理处公布管制手拉车运输实行办法，遂昌县的手拉车或外县过境车辆均须接受第三战区兵站监督部直属第五派出所（设在遂昌金岸，亦称调派部）调派。民国34年（1945），抗日战争胜利后，浙江省交通管理处制订了

《浙江省管理运输商行办法》,丽水成立商营汽车同业公会。民国36年(1947),遂昌县开办了达陆汽车转运行,进行自我管理,实行统一受理货源、统一运价、统一调派。

1949年5月21日,县人民政府设建设科兼管交通,1949年8月恢复了遂昌汽车站,1950年成立了搬运工会。公营汽车和私营手拉车有所增加,政府根据"公私兼顾"原则,统一运价、自找货源。1956年社会主义改造基本完成,运输市场只保留政府办的汽车站和公私合营的遂昌县搬运服务站,1月,遂昌县地方交通建设委员会成立,但只管理地方民间交通运输,汽车运输仍属省统一管理。单位汽车除"自货自运"外,不允许参加社会运输市场经营。

这种由国营运输企业和集体运输企业经营货物运输市场有计划的经济模式一直延续至20世纪80年代,实行的是统一调度、统一运价。之后,对公路运输管理体制进行一系列的改革。首先是开放运输市场,实行多家经营。1982年,交通部提出在计划经济指导下,把公路运输搞通、搞活、搞上去的方针,允许机关企事业汽车和个体运输工具参加营业性运输。1983年,进一步放宽政策,允许私人购买汽车从事运输,提出国营、集体、个体一起上,"有路大家行车",鼓励多家经营,开展竞争。1985年之后,遂昌县的个体货运业有了很大的发展,先是拖拉机的农村物资运输,接着是简易农用车的发展。随后遂昌县非交通部门如林业、商业、粮食等系统的货运车辆纷纷从个人承包转为个体汽车运输业户。国营交通部门的货物运输经营方式在激烈的竞争中逐渐淘汰。1994年,遂昌县唯一的国营运输企业遂昌县汽车运输总公司最终完全地退出了汽车货物运输市场。

二、危险货物运输管理

遂昌县危险货物运输在改革开放前主要是生产厂家自行组织运输,监管比较薄弱。20世纪90年代以后,危险货物运输向社会开放,市场一度比较混乱。2001年对全县的危险货物运输市场进行了专项整治,对符合条件的危险货物运输业户换发了新证。

2005年《浙江省道路运输管理条例》开始实施,遂昌县公路运输管理所对危险货物运输管理逐步规范。首先是严格了道路危险货物运输许可,所有的危险货物运输车辆都安装了行驶记录仪和GPS卫星定位系统,驾驶员、押运人员、装卸管理人员全部取得了相应从业资格证;其次是加强了危险运输车辆和专用设备管理,车辆技术等级要达到一级,并装置标志灯、标志牌,专用设备取得质量监督部门的检测合格证明;另外,危险货物运输车辆运输时有详细的"危险货物运输信息卡","信息卡"记录了车辆的物品、特性、施救方法及相关报警电话,一旦发生意外,可最大限度地赢得抢救时间,同时,也提醒驾驶员和押运人员谨慎驾驶、注意安全。

三、旅客运输管理

1949年5月后，整个计划经济时期，遂昌县的旅客运输一直是交通部门的国营运输公司独家垄断经营，运输部门既是经营者也是管理者，一切按下达的计划执行。改革开放后的1987年，属地方交通的遂昌县运输公司才得以经营旅客运输，客运市场开始了竞争。1991年，遂昌县的短途（农村）客运市场逐渐向社会开放，个体经营的旅客运输业户得以快速发展。至1993年7月，全县有个体经营的中巴车辆60余辆、天目山牌载客三轮车50余辆，一方面旅客乘车难的问题得到缓和，另一方面安全问题突出，经营秩序造成一定混乱。

1993年5月，为加强农村短途客运的宏观管理，维护客运市场有序、健康、稳定发展，遂昌县人民政府召集交通、公安、工商、物价等部门组成“遂昌县旅客运输市场管理委员会”，利用遂昌县长途运输公司货运公司的场地，作为个体客运经营车辆的临时客运场地。至2000年5月，对全县的个体客运户进行公司化经营模式的试验工作，成立了“遂昌县城西客运中心”，对55辆农用客车进行改造，客运线路经营权属中心所有，并一度试行过“道路旅客运输营运线路牌证”有偿使用，随即停止。

2003年，浙江省公路运输管理局开始了客运班线经营权招标投标工作，在不实行班线经营权有偿使用或者竞价的前提下，通过公开招标，对参加投标的道路旅客运输经营者的质量信誉情况、企业规模、运力结构和经营该客运班线的安全保障措施、服务质量承诺、运营方案等因素进行综合评价，择优确定客运班线经营者的许可方式。遂昌县跨省、跨市、跨县的客运班线参加省级道路运输管理机构组织的招投标，根据开标结果取得客运班线经营权的许可。县境内的所有农村客运班线均未实行招投标，而是通过行政审批程序决定客运班线的经营权许可，分别由具有客运资质的遂昌县华通汽运有限公司和遂昌捷利达运输有限公司经营。遂昌县的旅游包车和出租车，也是遂昌县公路运输管理所通过行政审批程序决定经营权的。

2007年，遂昌县公路运输管理所就城市公交线路的经营权进行了竞争性谈判。共6条线路，遂昌县具有客运资质的两家运输公司参加了谈判，结果其中5条公交线路经营权为遂昌县华通汽运有限责任公司城乡公交公司，1条公交线路（叶坦—永化）经营权归遂昌捷利达运输有限公司。遂昌县城市公交线路的管理权属曾一度（2007.11—2010.5）划归遂昌县建设局管辖。

四、学生接送客运管理

中小学生接送客运是为解决家住农村的学生周末回家和返校乘车难，保障学生往返途中安全的客运经营新形式。遂昌县在浙江省最早实施“学生放心车”

工程。1998 年开展试点工作以来，遂昌县人民政府安排专项经费，对学生接送客运车辆进行资金补助，并制订《学生周末班车实施方案》。2000 年 1 月 1 日，率先在全省开通专门接送学生的班车。全县有 28 所中小学校开通了学生周末班车(班船)，每周有 57 条线路增加学生班车 100 余车次，惠及 3200 余名学生。截至 2010 年底，已安全运送学生近 100 万人次。

2006 年 3 月 24—25 日，浙江省中小学生接送车管理工作现场会暨电视电话会议主会场设在遂昌。学生接送客运作为交通为民办实事的新事物从此在浙江省全面实施。

学生接送是客运管理中的特殊项目，遂昌县又是率先在全省实践者，在遂昌县人民政府牵头下，交通、公安、教育、安监及各客运企业通力协作，在管理上有所创新。遂昌县公路运输管理所重视学生乘坐接送车的安全教育工作，要求接送车的学校要有分管领导，指派专门人员具体负责学生接送车管理、监督工作；制定安全责任制、应急措施及事故追究制度；严把从业人员准入关，接送车辆技术状况关；制定学生接送车登记注册、检测保养、司乘人员上岗培训、管理部门现场稽查等制度。使学生接送车辆连续 12 年无交通安全事故。

五、春节客运管理

春节旅客运输涉及范围广、规模大、人数多，流量集中，时间紧急，远非正常时间和普通节日所能比拟。有鉴于此，交通部把春节运输的时间定为一个月，从农历十二月中旬开始至元宵节止。2000 年以后，改为春节前 15 天至春节后 25 天共 40 天，得到地方政府的普遍关注和大力支持。为确保“春运”工作安全、优质、有序进行，在每年春节前的一个月，交通部公路管理部门即发出通知，要求贯彻“安全、质量第一”的方针，切实做好“春运”的准备工作，保证旅客走得及时、顺心、平安。

“春运”准备工作重点，一是充分了解旅客的流量、流向、流时，合理安排运力。二是当运力小于流量时，请示当地政府发动机关企业汽车参加旅客运输，换装货车代替客车，与各机关、学校商量错开放假时间，做好旅客疏导工作。改革开放后，尤其是 20 世纪 90 年代以后，公路旅客运输推行国营、集体、个体一起上，客

2010 年春运工作动员大会(摄于 2010 年 1 月 25 日)

车大幅度增加,"春运"压力有所减缓。三是检验全部参加"春运"的客车,严格把好保修质量关,确保车辆技术性能良好。四是整顿交通运输秩序和加强公路养护,确保运输市场规范有序和公路技术状况良好。

春节运输阶段,重点是既要保证旅客走得了、走得及时,还要让旅客走得好、走得平安、走得满意。遂昌的主要经验是:第一,送方便。车站增设售票点,延长售票时间,提前预售车票。旅客进站候车,做好宣传工作,反复播讲班车开行时间和乘车注意事项,重点照顾孕妇和老弱病残,检票时唱到达站名,验看车次,对号入座,避免错乘、漏乘。第二,挖潜力。为达到"除夕之夜,站无乘客"的要求,多方发挥汽车运输效率:加强运行管理,增开班次,扩大客运能力;合理运输,增开区间和直达班车;高峰期间组织双班运输,人歇车不歇。第三,抓安全。认真贯彻"安全第一"方针,所有参加"春运"的车辆全部安装 GPS 卫星定位系统和行车记录仪;客运站安装安全检测仪,杜绝危险物品乘车;加强检查,禁止客车带病运行;禁止超载运行;要求驾驶员严格执行操作规程,恪守交通规则。

2000 年"春运"期间,全县共投放客运车辆 201 台,完成客运量 31.7 万人次;2010 年"春运"期间,全县共投放客运车辆 214 台,完成客运量 44.2 万人次。

除"春运"之外,交通运输部门还完成了一些特殊时期的旅客运输任务,如"黄金周"客运、2003 年的抗击非典客运、2008 年的奥运客运和 2010 年的上海世博会客运等。

六、机动车维修管理

机动车的维修行业,遂昌县在 20 世纪 70 年代之前,只有汽车站设置汽车修理车间。之后,社会上一些非交通部门的企事业单位的车队也设立修理车间或修理组,主要是对系统内部车辆进行修理。改革开放之后,允许个人购置汽车经营运输,车辆日益增加,汽车修理行业得到发展。但个体经营的修理业户仅凭工商行政部门发给的营业执照,开业条件、行政许可、市场管理、质量要求等无人管理。1986 年颁布的《公路运输管理暂行条例》首次明确了汽车维修纳入公路运输行业管理范围。

1987 年下半年,遂昌县公路运输管理站联合工商行政部门,对全县的机动车维修行业进行了整顿,具有合格证的机动车修理业户有 28 家,根据修理设备和从业人员的技术水平,经丽水地区运输管理部门审查核定,批准三级保修资质的 7 家、二级保修资质的 16 家、小修资质的 5 家。

1990 年和 1991 年交通部相继颁布《汽车运输业车辆技术管理规定》和《汽车维修质量管理规定》,遂昌县公路运输管理所对车辆检测、维护、修理、改装、改造、更新、报废和维修质量的管理工作进一步规范。

通过对机动车维修行业的管理,遂昌县汽车维修的规模逐渐壮大,一个种类齐全、方便快捷、综合服务能力强的汽车维修市场初步形成。修理行业由原先国有、集体经济为主的修理车间＋路边个体修理店的模式，转变为汽车维修服务中心、特约维修、综合维修的新的维修市场格局。

2005年，浙江省交通厅颁布了《浙江省道路运输车辆维护周期规定(试行)》，遂昌县运管所对营运车辆实行新的维护周期制度。新的道路运输车辆二级维修为15000±1000千米，对于不便用行驶里程统计、考核的车辆，采用行驶时间间隔确定：小型货车(蓝牌)、租赁小型客车和教练车6个月；大型货车(黄牌)4个月；其他车辆3个月。

2010年底，遂昌县共有机动车维修业户135家，其中具有一类汽车维修资质3户、二类汽车维修资质8户、三类汽车维修资质63户，摩托车维修资质61户。汽车维修从业人员492人，其中持证上岗422人，持证率达85.77%。

七、机动车驾驶员培训管理

民国时期，遂昌县按《浙江省管理汽车司机暂行章程》规定，凡车主或驾驶员在指定管理汽车的机关申请登记，候期考核，经考核合格后由浙江省建设厅发给临时执照方准驾车，满一个月后如无违章或无事故者，再换发正式驾驶执照。

1949年至1985年，机动车驾驶员除浙江省汽校或其分校毕业分配外，因单位工作需要，由单位推荐，年满18周岁，熟悉交通规则，可领取学习执照，由有经验的机动车驾驶员“以师带徒”，随车传授驾驶技术，学习期满，经地区车辆监理部门统一考试，考试合格发给实习驾驶证，实习期6个月，期间可单独驾驶车辆，但不能驾驶客车、挂车和特种车。实习期满后填写驾驶员转正鉴定表，经群众评议，单位作出技术鉴定后，由地区车辆监理机构审核同意，换发机动车驾驶执照。

1985年，遂昌县交通局首次举办大型货车驾驶员培训班，学员85人，学习时间6个月，学习内容分理科和术科两部分。学习期满后经地区车辆监理机构考试合格的，发给实习驾驶证，实习期为6个月，实习期满填写驾驶员转正申请表，经驾驶员所在单位审查，由地区车辆监理机构审核后换发正式机动车驾驶证。1987年7月先后又举办了2期汽车驾驶员培训班，有65名学员参加培训考试合格。同年9月，遂昌县交通监理所举办了首期小型汽车驾驶员培训班，学员8人，学习时间4个月，分理科和术科两类，学习期满后由地区车辆监理机构进行考试，考试合格的发给实习驾驶证，6个月实习期满后填写驾驶员转正申请表，经地区车辆监理机构审核同意后，换发正式机动车驾驶证。

1987年10月，交通监理移交公安管理，机动车驾驶员培训管理工作同时移交公安。1993年12月，国务院印发《关于研究道路交通管理分工和地方交通、公安机构干警评警衔问题的会议纪要》规定“交通部门负责对驾校和驾驶员培训工作进行宏观方面的行业管理，包括制定管理规章、技术标准、教学大纲，负责规划布局和监督检查”。从此明确规定交通部门负责驾校行业管理,公安部门负责驾驶员考核和核发驾驶证工作。1994 年 2 月,国务院办公厅印发《交通部职能配置、内设机构和人员编制方案》规定,将汽车驾驶员培训学校和驾驶员培训的行业管理正式纳入交通部门。

2001 年,遂昌县交通局根据浙江省人大常委会通过的《浙江省道路运输管理条例》,着手机动车驾驶员培训管理的交接工作。2003 年 3 月,遂昌县交通局批准设立了首家机动车驾驶员培训学校,当年完成了驾培学校与交通管理机构的脱钩工作,并按照浙江省驾培学校开业条件,对驾校进行了复查,落实驾培教员持证上岗制度。随后又进行了驾校的转制工作。

2004 年开始,遂昌县组织从业资格证考试,使全县交通从业人员的持证上岗率得到提升。2006 年之后,遂昌增设 2 家机动车驾驶员培训学校,逐步形成了一个有序竞争、公正公平的驾培市场。至 2010 年底,遂昌县有二类驾培学校 1 家,即遂昌县安达汽车驾驶学校有限公司;三类驾培学校 2 家,分别是丽水市大地汽车驾驶员培训学校有限公司遂昌分公司和遂昌县顺达机动车驾驶员培训有限公司。

八、客运站管理

民国期间,遂昌县的客运站属浙江省交通厅管理。1949 年后,浙江省汽车运输总公司既是客运管理部门,又是客运经营企业。1984 年交通部颁布《汽车客运站级别划分和建设要求》。遂昌县 1987 年才设立专门的公路运输管理机构。

客运站管理包括客运站建设和定级管理、经营许可管理、客运市场秩序管理、客运安全管理、客运车辆进站审核管理等方面。遂昌县城的客运站 1949 年后虽四易其地,但建设标准低,已不能适应旅客运输和城市发展,需要新建高标准的客运站。1999 年,遂昌县开展一次较大规模的客运市场清理整顿,对客运班车不按规定线路经营、不办理起讫点进站手续、不在客运站(场)发车的,进行了全面整改,对屡教不改的按有关规定严肃处理。运政部门查处了以下违章经营行为:允许无证经营的车辆进站从事经营活动;无正当理由拒绝合法客运车辆进站经营;不公平对待进站发车的客运经营者;不公平售票;不公布进站客车的营运方式;不公布车辆等级、运输线路、起讫停靠站点、班次、发车时间、票价等信息;不执行规定的收费标准;班车不按核定客运站进站经营、长期站外组客、招揽旅客等等。

2009 年,运政部门监督检查了遂昌客运站的安全保障设施,并督促客运站配备了危险品检验仪。

2006 年至 2009 年,遂昌县公路运输管理机构在全县部分乡(镇)共新建了

15个五级客运站和88个港湾式停靠站。

九、运价管理

汽车运输劳务的销售价格，是汽车运输劳务价值的货币表现。汽车运价是在国家价格政策的指导下，按照一定的运价制度和审批程序制定的，在需要时也实行运价补贴办法。

汽车货物运价　有计程运价和计时运价两种。计程运价又按整车运输和零担运输分别计算。整车运输以吨千米、零担运输以千克千米为单位计价，按货物等级、一次托运重量、运距等分别制定。汽车运输的普通货物分为三等，以普通中型吨位车辆在正常营运路线从事长途整车运输一等物的运价为基本运价。以基本运价为基础，零担、短途、二等和三等货物以及一些专项物资或非营运路线单程货物运输和在特殊运行条件下运输的货物，运价在一定幅度内加成或减成。计时运价以吨位小时为单位计价，适用于特大型汽车或挂车以及计时包车运输的货物。1992年12月，浙江省物价局、浙江省交通厅颁发了《浙江省汽车运价实施细则》，对各类货物运输价格进行了明确，并规定各地可根据实际情况在20%的幅度内自行上浮。1995年以后，随着市场经济的不断发展，货运价格逐步放开，基本上实行随行就市。1992年浙江省汽车货物运输长途费率和浙江省汽车货运短途运价、吨次费率及21～39千米递减费率见表9-3、表9-4。

表9-3　浙江省汽车货物运输长途费　　单位：元/吨千米

项目费率车型	整车													零担					
	普通货车			特种货物					贵重及特种鲜活货	大型车运输普通货物	特种车			一般零担				快件零担	
				长料笨重货物			危险货物							省际省内		县乡		省内	
	一等货物	二等货物	三等货物	重量4吨以上至8吨，长度6米至10米	重量八吨以上至20吨，长度10米以上至14米	重量20吨以上，长度14米以上	二级危险货物	一级危险货物		牵引平板车40吨以上大型	普通冷藏车、专用车	槽罐车	制冷冷藏车	普通货物	特种货物	普通货物	特种货物	普通货物	特种货物
中型货车（3吨及3吨以上）	0.26	0.29	0.31	0.34	0.37	0.40	0.37	0.40	0.37	0.26	0.37	0.40	0.44	0.46	0.60	0.58	0.78	0.55	0.72
小型货车（2.5吨以下）	0.44	0.48	0.53				0.63	0.68	0.63										

表 9-4　浙江省汽车货运短途运价、吨次费率及 21～39 千米递减费率

<table>
<tr><th colspan="4">项　目</th><th>1～5 公里运价</th><th>6～20 公里吨次费率</th><th>21～39 公里吨次递减费率（每增加 1 公里递减）</th></tr>
<tr><td rowspan="9">中型货车（3 吨及 3 吨以上）</td><td rowspan="3">普通货物</td><td colspan="2">一等货物</td><td>1.06</td><td>4.00</td><td>0.20</td></tr>
<tr><td colspan="2">二等货物</td><td>1.17</td><td>4.40</td><td>0.22</td></tr>
<tr><td colspan="2">三等货物</td><td>1.27</td><td>4.80</td><td>0.24</td></tr>
<tr><td rowspan="6">特种货物</td><td rowspan="3">长大笨重货物</td><td>长 6 至 10 米重 4 吨以上至 8 吨</td><td>1.38</td><td>5.20</td><td>0.26</td></tr>
<tr><td>长 10 米以上至 14 米重 8 吨以上至 20 吨</td><td>1.49</td><td>5.60</td><td>0.28</td></tr>
<tr><td>长 14 米以上重 20 吨以上</td><td>1.60</td><td>6.00</td><td>0.30</td></tr>
<tr><td rowspan="2">危险货物</td><td>二级危险货物</td><td>1.49</td><td>5.60</td><td>0.28</td></tr>
<tr><td>一级危险货物</td><td>1.60</td><td>6.00</td><td>0.30</td></tr>
<tr><td colspan="2">贵重及特种鲜活货</td><td>1.49</td><td>5.60</td><td>0.28</td></tr>
<tr><td rowspan="6">小型货车（2.5 吨以下）</td><td rowspan="3">普通货物</td><td colspan="2">一等货物</td><td>1.80</td><td>6.80</td><td>0.34</td></tr>
<tr><td colspan="2">二等货物</td><td>1.93</td><td>7.20</td><td>0.36</td></tr>
<tr><td colspan="2">三等货物</td><td>2.05</td><td>7.60</td><td>0.38</td></tr>
<tr><td rowspan="3">特种货物</td><td rowspan="2">危险货物</td><td>二级危险货物</td><td>2.55</td><td>9.60</td><td>0.48</td></tr>
<tr><td>一级危险货物</td><td>2.74</td><td>10.30</td><td>0.515</td></tr>
<tr><td colspan="2">贵重及特种鲜活货</td><td>2.55</td><td>9.60</td><td>0.48</td></tr>
</table>

汽车旅客运价　主要按车型类别制定。旅客乘坐普通大型客运班车的票价是按旅客基本运价计算的普通客票价。乘坐舒适性较好、营运速度较高的宽座客运班车的宽座客票价和小型车客票价，按旅客基本运价提高一定幅度计算；乘坐城乡公共汽车的票价和代客车票价，按旅客基本运价降低一定幅度计算。公路旅客运价有以人千米为单位的计程运价和以座位小时为单位的计时运价。计程运价用于计算公路客运班车票价和计程客运包车运费；计时运价用于计算计时客运包车运费。

1989 年 1 月，丽水地区经委、物价局、交通局联合通知，对公路客运运价执行标准进行了调整：公路普通客车一类线路每人千米不超过 0.04 元，二类线路每人千米不超过 0.045 元，三类线路每人千米不超过 0.05 元，跨省、跨市线路执行全省统一价，每人千米不超过 0.033 元；高靠背软座客车每人千米 0.043 元；其他带空调客车中型每人千米 0.05 元，小型每人千米 0.07 元。

1996 年 1 月，浙江省交通厅、省物价局决定对公路客运运价进行适当调整，调整后取消收每人千米 0.012 元的燃油差价补贴。

由于客运成本不断提高，2005 年浙江省物价局、交通厅《关于印发〈浙江省道路班车客运价格管理暂行办法〉的通知》对旅客运输的基准运价作较大调整，

并规定县(市)境内道路班车运价授权县人民政府制定。遂昌县发改局、交通局2005年10月《关于调整县内道路班车客运票价的通知》,确定客运基础运价为每人千米0.173元。

2009年4月20日,浙江省物价局、交通厅修订了《浙江省道路班车客运价格管理暂行办法》,进一步明确了跨省、市、县道路班车运价实行政府指导价,县(市)境内道路班车运价实行政府定价;对运价实行浮动,上浮幅度不得超过基准价的20%。同日,浙江省物价局、交通厅《关于完善跨省、市道路客运班车燃油附加费实施办法的通知》规定,今后浙江省跨省、市道路客运班车燃油附加费加收标准随成品油价格调整适时联动,以0#柴油最高零售价5.12元/升为基数,每升柴油价格累计上调达到0.50元及其倍数并持续一个月时,可以加收燃油附加费0.005元/人千米及其相应倍数,依此类推。反之则相应降低或停收燃油附加费。同日,浙江省物价局、交通厅颁布《关于调整我省跨省、市道路班车客运基准运价的通知》(见表9-5)。

表9-5 浙江省跨省、市道路班车客运基准运价

(2009年5月1日起执行)

车 型	客车类别	客车等级	参考车价	运价(元/人千米)
座 席	30座以上(大型车)	普通级	20万元(含)以下	0.125
		中一级	20～40万元(含)	0.155
		中二级	40～60万元(含)	0.185
		高一级	60～120万元(含)	0.225
		高二级	120～180万元(含)	0.265
		高三级	180万元以上	0.305
	30座(含30座)以下(中小型)	普通级	20万元(含)以下(无冷暖空调)	0.145
		中一级	20万元(含)以下(有冷暖空调)	0.165
		中二级	20～40万元(含)	0.205
		高一级	40～60万元(含)	0.225
		高二级	60万元以上	0.245
卧 铺		普通级	20万元以下(含)	0.185
		中 级	20～60万元(含)	0.205
		高一级	60～120万元(含)	0.225
		高二级	120～180万元(含)	0.265
		高三级	180万元以上	0.305

十、公路规费征收

公路是国民经济、社会发展和国防保障的重要基础设施。公路规费是中华人民共和国成立后按照“以路养路”的原则而实行的一项财政制度，主要来源于三个渠道：一是向公路车辆拥有者收取的公路养路费，二是开征车辆购置税，三是征收公路客货运输建设基金。自2009年1月1日开始，公路规费改为征收燃油税，各项公路规费停止征收。

养路费征收　1979年国家计划委员会、财政部、交通部、中国人民银行联合发布《公路养路费征收和使用的规定》，主要有七个方面：一是养路费征收必须坚持“以路养路、专款专用”的原则；二是交通部门的专业运输企业和其他部门的专业出租汽车、三轮客车按营业收入14%计征养路费，其余车辆均按月按吨位征收，每月每吨80元；三是养路费征收由各省、市、自治区公路部门统一管理，并指定所属单位征收，其他任何部门都不得征收养路费；四是凡领有牌证的车辆均应按规定缴纳养路费；五是省与省之间互不征收养路费，有车单位原则上都应在车籍所在地缴纳养路费，缴纳一次有效期间通行全国；六是同城内收取养路费，可通过银行办理无承付托收结算；七是停驶车辆可向征费部门办理报停手续，报停后停征养路费。1985年国家计委、财政部、交通部作出规定，每月每吨的费额控制在90～105元之间，并规定农村手扶拖拉机养路费征收工作下放到各县，按照“以路养路”的原则自收自支，实行分级管理。遂昌县自1987年开始实行手扶拖拉机养路费自收自支。1987年10月，国务院下发《关于改革道路管理体制的通知》，遂昌县于1987年10月设立稽征所，负责全县公路规费的征收工作。

1991年10月，国家计委、交通部、财政部、国家物价局联合下发了《公路养路费征收管理规定(附件)》，强调各地养路费征稽工作由各省、自治区、直辖市公路主管部门统一领导，按“收、管、用一体，统收统支、收支两条线、严格核查”的原则，组建公路养路费征收稽查机构，负责具体实施，并规定凡有车单位和个人必须按照规定缴纳养路费，任何部门、单位和个人不得阻挠公路养路费征收稽查工作，也不得拒绝接受检查。

1998年7月1日，浙江省交通厅草拟了《浙江省公路养路费征收管理条例(附件)》，由浙江省九届人大常委会第五次会议通过。这是浙江省第一部规范公路养路费征收管理的地方性法规，保证了1997年《公路法》颁布实施后公路养路费的正常征收。2004年1月开始，根据浙江省交通厅、财政厅、物价局联合发布的《关于调整养路费征收标准的通知》，营运货车和自备车辆的养路费征收标准由每月每吨165元调整为每月每吨200元。

车购费征收　1985年4月2日，国务院发布《车辆购置附加费征收办法》，规定所有购置车辆的单位和个人，一律征收车辆购置附加费。征收范围包括国内生产和组装、并在国内销售和使用的客车、通用型载货汽车、越野车、客货两用汽车、摩托车、牵引车、半挂牵引车和其他运输车、挂车、半挂车、特种车等以及国外进口的前述所列车辆。附加费征收由各地交通部门负责,国产车的附加费费率为车辆销售价格的10%,进口车费率为15%。附加费收入列为交通部门专门账户,代征单位提取代征费款的3‰作为手续费。遂昌县的车辆购置附加费由遂昌县公路稽征所负责征收。

1993年11月,国务院批复交通部和财政部同意改变环节,将车辆购置附加费由原车辆生产厂和海关代征改为由车辆落籍地征管部门直接向义务缴费人征收,同时国产车和进口车的费率均改为10%征收。2000年1月1日起,车辆购置附加费改为车辆购置附加税,仍由遂昌县公路稽征所代征,直到2005年1月1日起,车辆购置税征收工作才移交国税部门。

公建金征收 公建金是汽车客运站和公路设施专用基金、公路专用基金两项基金的简称。遂昌县从1986年7月起先从旅客中征收,按每人每千米征收0.003元,1987年7月1日增加到每人每千米0.01元,由经营者在发售车票时向旅客代征。货运按每吨千米征收0.01元,由货运经营者在承运、签发货票时向托运单位、货主代征。1997年对征收标准进行了调整,在原征收标准的基础上每人(吨)千米增收0.005元。

运管费征收 公路运输管理费是向从事公路运输及公路运输服务单位或个人征收的用于公路运输行业管理和服务的事业费。收费标准按经交〔83〕594号文件执行,不超过公路运输及运输服务经营者的营业额1%征收。1998年征收标准作了调整,从原来不超过营业额1%降低到最高不超过营运收入的0.8%征收。

表9-6 1989—2008年遂昌县各类公路规费征收情况 单位:万元

年份	养路费	其中		车购费(税)	公建金	运管费
		手拖	摩托			
1989	191.74	20.64	/	3.06	19.53	27.29
1990	197.27	16.58	3.41	2.25	51.65	24.39
1991	247.98	29.85	4.07	4.28	53.65	27.82
1992	221.37	23.19	4.58	9.52	60.90	33.81
1993	359.93	34.58	5.78	11.32	177.27	41.93
1994	424.22	37.40	45.72	54.28	184.20	69.51
1995	450.85	43.28	8.23	52.99	193.28	85.57
1996	467.72	52.49	9.96	45.75	195.90	89.39
1997	445.74	50.21	19.15	138.11	247.13	88.11

续表

年 份	养路费	其 中		车购费(税)	公建金	运管费
		手 拖	摩 托			
1998	931.44	82.05	20.50	110.20	252.60	83.20
1999	993.99	77.51	39.39	63.77	300.01	88.65
2000	1199.00	90.80	57.30	111.00	317.20	85.00
2001	1021.73	129.85	61.42	159.55	320.32	85.67
2002	1223.70	211.22	81.28	145.49	328.92	84.57
2003	1044.75	125.53	102.80	173.39	312.32	89.93
2004	1250.77	90.99	129.89	192.81	390.56	97.36
2005	1002.63	84.72	191.77		304.00	103.72
2006	1390.50	92.40	225.10		339.50	154.70
2007	1703.05	112.60	229.30		351.40	167.70
2008	1940.20	119.30	227.50		351.70	173.50

十一、高速公路通行费

中国所有的高速公路均实行收取车辆通行费的政策。2007 年 1 月龙丽高速公路开通后,即执行浙江省统一的高速公路通行费收费标准(见表 9-7)。

表 9-7 浙江省高速公路通行费收费标准 单位:元

车辆类型	分类标准	车次费(元/车辆)	历程里程费(元/车千米)
1 类车	20 座(含)以下客车;2 吨(含)以下货车	5	0.40~0.45
2 类车	20 座以上 40 座(含)以下客车;2 吨以上 5 吨(含)以下货车	10	0.8
3 类车	40 座以上客车(含 32 座以上卧车);5 吨以上 10 吨(含)以下货车	15	1.20
4 类车	10 吨以上 15 吨(含)以下货车	15	1.40
5 类车	15 吨以上	20	1.60

2010 年 4 月,龙丽温高速公路开始实施货车计重收费。遂昌境内 4 个收费站均安装了称重系统,使用高速公路的车辆按实际称得的车货总重下浮 5%进行计费。收费率分为三部分:一是合法装载车辆费率;二是超限运输车辆费率;三是部分特殊车辆和特大型桥梁的收费。

合法装载车辆小于 5 吨的按 0.09 元/吨千米计费;5~15 吨的按 0.09 元/吨千米×1.5 线性递减到 0.09 元/吨千米计费;15~30 吨的按 0.09 元/吨千米线性递减到 0.06 元/吨千米计费;大于 30 吨的按 30 吨计费。

超限运输车辆超限量小于10%的，按合法装载车辆费率计费；超限量30%以内的，超限10%以上部分按0.09元/吨千米×1.2计费，其余部分按合法装载车辆费率计费；超限30%～50%以内的，合法装载部分和超限30%以内部分按第二款标准计费，其余部分按0.09元/吨千米×2计费；超限50%～100%的，合法装载部分和超限30%以内部分按第二款标准计费，其余部分按0.09元/吨千米×3计费；超限100%以上的，合法装载部分和超限30%以内部分按第二款标准计费，其余部分按0.09元/吨千米×4计费。

特殊车辆和特大型桥梁的收费方式：集装箱车辆的收费维持现行收费方式和标准不变，对进出宁波港的国际标准集装箱车辆的优惠政策继续实施；运输鲜活农产品的货运车辆行驶鲜活农产品运输"绿色通道"在正常装载及超限30%以内(含)的情况下，免收车辆通行费，但车货总质量超限30%以上的车辆，按超限车辆的收费方法收取通行费；实施计重收费后，各高速公路的隧道、桥梁叠加部分和代收费的方式和标准维持不变，温州大桥、杭州湾跨海大桥按原收费标准执行。

第五节　交通安全管理

交通安全是关系到人民生命财产安全的重要问题，越来越受到人们普遍的关注。交通安全从广义上说包含铁路运输、公路运输、水路运输和航空运输领域的安全问题，但在中国习惯上仅指公路运输和城市交通的安全。

道路运输安全检查与整治(摄于2006年3月28日)

交通安全管理职能历来交叉重叠。近年来，遂昌县交通局根据自身的管理职责，贯彻各项安全生产工作的决策部署和政策措施，坚持"安全第一、预防为主、综合治理"的方针，重点是加强目标管理，落实逐级安全责任制；夯实安全生产基础工作；强调企业安全主体责任；严格安全生产行政执法；加强行业和社会的安全生产教育和宣传；深入隐患排查治理，完善应急救援机制等项工作。

一、道路运输安全管理

遂昌县民国24年(1935)始有汽车,归属浙江省公路局经营。省公路局在公路主要地段设立检查站,由当地警察局办理汽车违章及事故处理。浙江省政府于民国22年(1933)7月公布《浙江省管理汽车暂行章程》规定车辆均须靠路之左边行驶。并规定公共汽车及运货汽车等在郊外行驶,时速不得超过40千米,在城内不得超过25千米;普通汽车(乘人汽车设置座位不逾7人)在郊外时速不得超过70千米;在城内不得超过35千米。民国34年(1945)10月起车辆行驶靠右行,此规定一直延续至今。

1949年后,国家公安部、交通部颁发《城市和公路交通管理规则》,规定在道路宽直、视线良好、又无限速标志的路段,汽车行驶的最高时速:小型汽车、摩托车60千米;大型汽车50千米;汽车带挂车、后三轮机动车40千米;方向盘拖拉机20千米、手拖15千米。繁荣街道、岔道岔口、隧道、窄桥、陡坡、弯道、狭路或下雪冰冻、雨雾视线不清时,最高时速不得超过20千米。

1955年遂昌县人民政府颁布交通安全规则,道路上不得堆放木头、柴炭,不准放牲畜。1958年县人民委员会工业交通科规定以车队为单位组织驾驶员开展"周五安全活动日"。1958年,浙江省交通厅公布《公路交通规则》。1960年8月,交通部公布《公路交通规则》。

1961年7月,遂昌县交通管理站成立,1978年改称遂昌县车辆监理站。1985年8月,遂昌县车辆监理站和遂昌县公路运输管理站合并改称遂昌县交通监理所,负责全县交通运输、规费征收、安全教育、车辆检验及交通事故处理等工作。1987年11月1日,车辆管理和交通事故处理等从交通管理部门析出,归公安部门管辖。

1973年3月16日,浙江省交邮局颁发《浙江省机动车驾驶员安全公里管理办法(试行)》,车辆单位(车队、站队)建立驾驶员安全公里,作为驾驶员年底审验和安全生产评比主要内容之一,并在年审表内核实登记。同年3月,遂昌县交通安全委员会成立。20世纪80年代初,遂昌县百万公里安全驾驶员有9人,其中遂昌汽车中心站客运站5人、货运站4人。

1962年4月,遂昌县交通监理站首次对遂昌县城关中心小学全体师生进行交通安全常识教育,1964年之后,对青少年的交通安全教育普及至公路沿线各中小学校。1998年遂昌县在浙江省最早实施了"学生放心车"工程,2006年3月24—25日,浙江省中小学生接送车管理工作现场会暨电视电话会议主会场设在遂昌。

1980年经国务院批准,建立安全月制度,每年5月定为安全月。自此,每年5月都开展安全月活动。1994年5月开始每年开展以反对违章指挥、违反劳动纪律、违章操作为主要内容的反三违月活动。自2002年开始,改每年6月为安全期。

1985年7月,遂昌县人民政府颁发《遂昌县公路交通违章处罚暂行规定》,共10条39款,将交通违章分为一般违章、重大违章和严重违章三类,并分别规定了处罚标准。1987年4月28日,遂昌县人民政府又颁发《手扶拖拉机、摩托车、自行车交通管理规划》共14条。1988年后,对交通违章处罚按国务院发布的《中华人民共和国道路交通管理条例》规定执行。1997年3月17日,遂昌县人民政府公布《加强拖拉机交通安全规定》共7条。2008年5月1日,施行《中华人民共和国道路交通安全法》。

1987年11月14日,遂昌县道路交通大整顿指挥部成立。副县长任总指挥,由公安、交通、工商、农业、城建、公路管理段等部门组成。40多名人员参加,在10天的大整顿中清除各种公路违章建筑和堆积物1654处,计29123平方米,检查各类车辆6969辆次,其中违章车辆1777辆次。

1988年12月浙江省交通厅颁发了《浙江省交通运输企业交通事故处理暂行规定》,从1989年1月1日起执行。交通事故按后果大小分小事故、一般事故、大事故、重大事故四类,并建成了事故报告制度。1992年以后,交通事故分为轻微事故、一般事故、重大事故和特大事故四类。具体标准根据人身伤亡或财产损失程度和数额大小而定。一次造成轻伤1～2人,或者财产损失机动车事故不足1000元,非机动车事故不足200元的为轻微事故;一次造成重伤1～2人,或者轻伤3人以上,或者财产损失不足3万元的为一般事故;一次造成死亡1～2人,或重伤3人以上10人以下,或者财产损失3万元以上不足6万元的为重大事故;一次造成死亡3人以上,或者重伤11人以上,或者死亡1人、重伤8人以上,或者死亡2人、重伤5人以上,或者财产损失6万元以上的为特大事故。

2003年开始,首先在跨市县班车及旅游出租车安装卫星定位装置(GPS)和行车记录仪。2004年,对全县所有176辆客车和46辆危险货物运输车辆都安装了GPS卫星定位系统和车辆行驶记录仪。至2010年,客车安装GPS的215辆、安装车辆行驶记录仪的155辆;货车安装GPS的56辆、安装车辆行驶记录仪的193辆。通过安装GPS卫星定位系统和车辆行驶记录仪,对车辆行驶速度、行驶区域、违章情况等实施有效监控,提高了运输安全管理水平。

2008年,在北京奥运会之前,遂昌县客运站安装了危险品检测仪。2010年,遂昌县公路运管稽征所被评为全省道路运输行业上海世博会安保工作先进单位。运输管理部门积极推进道路运输安全车、安全带、安全员、安全卡、安全站、安全仪“六项工程”,加强安全生产管理和监督,严把安全生产准入条件关、车辆技术状况关、从业资格关,强化安全生产行政执法,依法加强安全生产监督检查,查处违反安全生产行为。

表 9-8　1989—2010 年遂昌县交通事故汇总

年　份	事故次数	事故分类			伤亡人数			直接经济损失（万元）
		特　大	重　大	一　般	死亡(人)	重伤(人)	轻伤(人)	
1989	32	/	19	13	11	10	59	6.90
1990	48	1	7	40	7	25	72	8.70
1991	49	/	16	33	14	27	80	11.00
1992	48	1	11	36	16	24	75	12.00
1993	45	2	20	23	25	18	54	41.00
1994	33	1	11	21	19	10	51	18.00
1995	40	/	15	25	13	8	38	30.00
1996	55	2	25	28	50	12	69	67.00
1997	41	1	31	9	42	10	34	48.10
1998	47	1	18	28	23	30	149	94.10
1999	145	2	26	117	29	30	74	98.34
2000	148	0	30	118	30	32	284	91.90
2001	1793	/	34	189	37	70	189	60.75
2002	1809	/	36	187	38	55	215	59.76
2003	1889	/	39	202	41	62	231	67.86
2004	1786	/	41	171	42	43	290	71.2926
2005	2002	/	25	184	25	55	209	29.2510
2006	1976	/	28	115	30	40	132	33.95
2007	2232	/	25	57	29	25	70	19.86
2008	2428	2	17	13	25	22	10	40.15
2009	2517	/	22	14	25	25	12	18.90
2010	2741	/	22	10	23	10	12	19.36

注：直接经济损失指车、车上物资的损失；2001 年以后的事故次数包括轻微事故。

二、水上运输安全管理

明清时期，遂昌船民每次出航都要烧香拜佛，向妈祖娘娘祈福。在遂昌县城、王村口、湖山等地都建有“天妃宫”、“天后庙”，祈求神灵保佑顺风顺水、一帆风顺。直至民国初年，遂昌县没有水上运输安全管理机构。

民国 19 年(1930)12 月 17 日，浙江省建设厅颁布《修正浙江省取缔河道停泊竹木排规则》规定：凡竹木排在河道停泊者，须在无市集地方河流之一侧，或市梢及栅外河道下流之一侧，其停泊宽度不得过河面三分之一；凡离市头一里之河流，但在两市头与市梢相距不及一里者，以离市头半里为限；两侧非市集与市集相交之河流在交点上流一里以内或下流五丈以内者;河面宽度在三丈以内者或断头河等河流,概不得停泊竹木排。

民国21年(1932)2月,浙江省建设厅通饬各区管理船舶事务所,严密撤查蒙领航船执照之船户,如查有无船有照转租与营业或有取巧情事者,除予究办外,并撤销其营业权,以杜流弊,而资整顿。民国23年(1934)11月又责令切实执行对于船舶之检查、丈量登记各事,对于船舶之违令负载客货者尤应严加取缔。民国30年(1941),浙江省驿运管理处在遂昌县金岸设立驿运站,兼管船筏运输。

20世纪50年代初,遂昌只有排运和少量的水上货运,故也未设有专门管理水上安全的机构。1956年交通部颁发《关于消灭内河海损事故,保障航行安全的具体措施》,同年5月,浙江省交通厅航管局在遂昌县中淤设立衢县航管站遂昌工作组,管理乌溪江上游水运。1961年9月,在西屏镇设立遂昌县航运管理站,负责全县水上运输。

1959年交通部、农垦部、水产部、农业部、公安部联合发布《关于加强运输船、渡口船、渔船安全管理的规定(草案)》,1963年交通部颁布《小型机动船安全管理守则》,1979年交通部颁布《内河避碰规则》并和公安部联合发布《维护水上客运治安秩序,严禁客(渡)船超载航行的通知》。1986年12月国务院发布《中华人民共和国内河交通安全管理条例》等文件,水上运输安全管理得到进一步加强。20世纪90年代之后,国家颁布了一系列的水上交通安全法律、法规,使水上运输安全有了法律依据。

遂昌县港航(海事)管理部门依照法规授权,负责全县水上交通安全监督管理职能。其主要内容为宣传、贯彻、落实国家安全法律、法规、规章和政策;完善安全管理机制,落实安全管理措施,把好船舶检验和船员考试关;加强现场监督力度,大力开展一系列安全检查、专项整治活动;采取行政处罚、行政强制措施等行政和法律手段,强化安全隐患整改力度,消除事故苗头,保障水上交通安全。

遂昌县的水上交通安全管理工作主要是渡口安全。明清时期的河渡,均靠一些热心交通的乡贤善士捐钱捐田、置产立会加以管理,大都立有乡规民约。民国时期仍续旧规。1956年实行农业合作化后,渡(桥)会产入社,渡口由生产合作社管理,1958年后由人民公社(乡镇)管理。1987年,遂昌县人民政府以遂政办〔87〕50号文件颁发了《渡口守则》,2002年12月26日,遂昌县人民政府5号令颁布了《遂昌县渡口安全管理办法》(详见附录)。县港航管理部门切实履行渡口安全监督管理职能,强化基础管理工作,督促各涉渡乡镇政府、渡工全面落实渡口安全管理责任制,签订渡口安全管理责任书,加强渡船的检验、登记,渡工、船员培训考试,健全渡口安全状况评估制度。“学生专渡”和“春运”、“黄金周”期间,加大渡口、渡船的现场检查力度,一旦发现隐患,及时纠正或提出限制整改意见和措施，保障渡船安全渡运。

遂昌县30年来未发生过重大水上交通事故，1998年，被浙江省交通厅授予省级渡口安全管理先进单位。

第六节　体制改革

一、公路管理体制改革

1949年9月，浙江省军管会交通处调整编组成立全省养路机构，遂昌金岸设工务段。1950年6月1日，金岸工务段撤销，公路养护由省第四（衢州）运输段兼管，龙遂松公路设监工处。1952年成立省第四运输段新路湾领工区，原监工处撤销。1954年，改称衢州养路段新路湾工区。1955年下半年，新路湾工区与龙游工区合并，迁址北界，仍称新路湾工区。1956年衢州专署撤销，衢州养路段划归金华养路总段领导，新路湾工区改称金华养路总段第三工区。1957年11月，实行"运养合并"，撤销金华养路总段，第三工区改属金华区公路运输管理局领导。1958年7月1日第三工区撤销，改称遂昌汽车站养路点，业务归属金华区公路运输管理局第一运输段管辖，亦称龙游运输段养路队。1960年底，改称衢州运输段养路队遂昌中心站养路工区。1962年全省调整公路养护体制，6月16日成立龙游运输段龙游、新路湾、遂昌三个养路工区。1964年4月，实行"运养分开"，新路湾养路工区并入遂昌养路工区，划归浙江省交通厅丽水养路总段领导。1968年11月，改称遂昌公路段。1970年浙江省调整交通管理体制，实行"交邮合并"，下放省属交通企事业，1971年1月，撤销丽水养路总段，成立丽水地区交通邮政局，遂昌公路段随之归属丽水地区交通邮政局领导。1975年下半年，遂昌公路段人事下放遂昌县，由遂昌县工交手工业局领导。1977年11月，浙江省调整全省交通管理体制，实行"条块结合、以条为主"，管理权属全部收归省交通局，恢复丽水地区公路总段，遂昌公路段重新隶属丽水地区公路总段领导。1986年2月15日，浙江省交通厅公路管理局以浙交公〔86〕039号文批准为科级事业单位。

改革开放后，遂昌县公路管理体制改革大体上可分为三次。第一次是1989年6月，根据浙江省人民政府《浙江省公路、航运、沿海港口和航运公司管理体制改革方案的通知》，丽水地区公路总段更名为丽水地区公路管理处，由省直管改为市主管，其下属遂昌公路段同时更名为丽水地区公路管理处遂昌公路管理段。

第二次是1999年11月26日，根据浙江省交通厅的要求，遂昌公路管理段成建制下放遂昌县交通局领导，实行“条块结合、以县为主”的管理模式，改称遂昌县公路管理段，行政级别由正科级降为副科级。第三次是2002年12月，根据浙江省交通厅《浙江省公路管理体制与运行机制改革的指导意见》，实施“两合并、两分开”，即县公路管理段与县乡公路管理所合并，实现一个行政区域只设一个公路管理机构；管理和养护分开，事业与企业分开，把养护生产从公路管理机构分离出来，成立企业性质的遂昌县公路养护工程有限公司。2010年10月25日，遂昌县公路管理段改称遂昌县公路管理局。

根据中央有关事业单位改革的精神，按省、市、县各级的要求，人事用工制度也进行了一系列改革，主要是实行全员聘用合同制，打破干部、工人的身份界限，新进人员按公开、公平、公正的原则通过考试择优录用，管理岗位竞争上岗，双向选择。自2003年开始，已经进行了三轮中层干部公开竞选。2010年底，根据《浙江省事业单位岗位设置管理实施办法(试行)的通知》，核定单位的岗位设置，为实行岗位工资绩效工资等分配制度改革打下了基础。

二、公路运输企业体制改革

中华人民共和国成立以后，公路运输管理体制以地方政府管理为主。遂昌县汽车站1950年2月25日恢复运输，当时仅有从民国政府接管的客货两用车4辆，以办理客运为主。1952年4月划归浙江省运输公司第五(丽水)运输段管辖。1953年归属龙游中心站。1956年10月1日，遂昌汽车站划归新成立的金华运输处管辖。在浙江省运输公司(局)领导下，公路运输实行统一经营、统一管理。

1953年4月，遂昌县人民政府成立交通建设科，1956年4月改设交通科，但不经营汽车运输，而是管理民间运输和搬运装卸。建立于1955年5月的遂昌搬运服务站，1958年1月在“大跃进”中盲目过渡为国营运输企业，从集体所有制改为全民所有制。1961年11月仍改为集体企业。1994年6月，并入遂昌县汽车运输总公司。

1965年12月，龙游运输段迁址遂昌，改称遂昌运输段。1967年2月，运输段迁回龙游，遂昌仍称汽车站。1971年汽车运输企业又一次下放，由丽水专区经营。1978年管理体制调整，公路运输企业仍收归浙江省汽车运输公司管辖，直至1988年再次进行公路运输体制调整，重新划归丽水地区经营。1992年10月成建制下放给遂昌县，由交通局接收管辖。1994年6月，遂昌县长途汽车运输公司和遂昌县运输公司合并，成立“遂昌县汽车运输总公司”。

1982年，交通部提出在计划经济指导下，把公路运输搞通、搞活、搞上去的方针，允许机关企业汽车和个人运输工具参加营业性运输。1983年进一步放宽政策，允许私人购买汽车从事货物运输，提出国营、集体、个体一起上，鼓励多家经营，开展竞争。公路运输市场空前活跃，形成了多种经济成分、多种经营方式并存，多层次、多渠道、千家万户搞运输的局面。1985 年以后，遂昌县交通局在简政放权、政企职责分开的基础上，工作重点开始转向行业管理。着重加强了开业和停业、客运、货运、省际运输、搬运装卸、运输服务、汽车修理、价格、单证、监督检查等方面的管理。同时，运输企业内部的配套改革也逐步开展，重点是以承包为主的各种经济责任制的试行和完善。1992 年 12 月，遂昌县开展交通运输改革，允许个体户参加客运运营，至 1994 年，农用客运车辆剧增，多为个体户经营的短途客运业务。

2001 年 1 月，遂昌县以理顺政府与企业的关系为重点，采用产权制度改革、劳动关系转换、社会保障体制建立等措施，按《公司法》现代企业制度的要求进行运输企业改制，通过吸引职工参股、盘活资产存量、转换企业经营机制，遂昌县汽车运输总公司改建为股份合作制的遂昌县华通汽运有限责任公司，国有资产从此完全退出了遂昌县的运输市场。2008 年 8 月，通过协议定价，浙江魏氏实业(集团)有限公司对公司的股权进行全部收购，自此，遂昌县华通汽运有限责任公司由浙江魏氏实业(集团)有限公司实行控股。

第五篇

科技 人物 艺文

第十章　交通科技

第一节　技术革新

一、工程技术革新

双连拱隧道同向异线开挖条件下曲墙式中墙支护及防渗水研究　以龙丽温高速西凹口隧道的设计和施工为研究对象，第一承担单位遂昌县公路勘察设计所，合作单位龙丽高速公路遂昌段工程建设指挥部、中铁四局五公司。项目负责人高初明，主要完成人员刘光礼、张朝晖、熊尚栋、柯晓伟、代家宝、孙中锋、张国涛。研究项目内容是形成双连拱隧道同向异线开挖条件下的中隔支护技术，改进双连拱隧道的中墙类型，同时提高曲墙式中墙的防水效果。通过研究解决了两个根本性难题：合理开挖工序保证了开挖围岩和中隔墙的稳定；中隔墙无渗水现象。浙江省交通厅 2007 年 7 月 28 日组织通过验收，发放了《浙江省交通厅科技计划项目验收证书》，证书号浙交科验(2007)27 号。

乳化 SBS 改性沥青的应用　2006 年，龙丽高速遂昌段工程沥青砼路面全面使用了乳化 SBS 改性沥青。乳化 SBS 改性沥青先将一定量的高分子聚合物改性剂(SBS)掺加在沥青中，并在一定的工艺条件下使沥青和改性剂混合物以极细小的微滴分散于含有乳剂的水溶液中而形成乳化改性沥青。乳化 SBS 改性沥青可以有效地改善和提高沥青的抗高温、耐低温、抗水害、耐摩擦、高黏结性等能力，提升了道路质量，延长了道路寿命。

二、养护技术革新

阳离子乳化沥青在公路养护中的应用　2003 年开始，遂昌县在公路养护中普遍推广应用阳离子乳化沥青。乳化沥青使沥青的微粒上带有阳离子电荷，有良好的工作度，不需加热即可直接使用，与表面带有阴离子电荷的润滑骨料产生良好的黏附性,在阴湿与低温季节也可用于公路养护,较好地解决了雨季和冬季沥青路面的经常养护问题。使用阳离子乳化沥青养护路面具有节省能源、节省资源、改善施工条件和延长施工季节等优点。

钢纤维水泥混凝土桥面的应用 2003年,遂昌县在龙丽线危桥维修项目中,开始应用该新技术。采用撒布法在水泥混凝土桥梁面层上下层布设少量钢纤维(约每平方米2.6～2.8千克),从而显著提高混凝土抗折强度,大幅提高混凝土桥面承载能力,延长桥面使用寿命,减薄桥面厚度,降低造价和养护维修费用,具有较好的经济效益和社会效益。

第二节 科技推广应用

一、信息化管理

信息化是指培养发展以计算机为主的智能化工具为代表的新兴生产力,并使之造福于社会的历史过程。信息化管理是以信息化带动工业化,实现管理现代化的过程,是融合现代信息技术与先进管理理念,转变生产方式、经营方式、业务流程、传统管理方式和组织方式,重新整合内部资源,提高效率和效益,增强竞争力的过程。

信息化管理的核心要素是数据平台建设。遂昌县2001年4月开始的第二次"全国公路普查"结束后,建立了公路数据库,绘制了公路电子图集。2006年3月遂昌开展了农村公路通达情况专项调查,通过调查建立了基于GPS技术的遂昌县农村公路基础数据库和电子地图。

2002年通过桥梁调查,建立了专业养护公路桥梁的数据库,2006年又进行省、县道桥梁普查,2007年开始建立公路桥梁CBMS(China Bridge Management System)系统。该系统是一项新的综合管理技术,它基于桥梁结构工程、病害机理、检测技术和数据采集技术,运用电子计算机系统所提供的数据处理功能,评价决策方法和状态预测,对现有桥梁进行状态登记、评价分析、投资决策和状态预测。该系统已采用GIACLE关系型数据库,建有桥梁静态、动态文档和加固方法等4个数据库,与C语言嵌套,提供数据管理、基本应用、统计处理、图形图像、评价对策、维护计划和费用分析7个子系统,有100余项功能。2010年12月进行了升级。

1997年,遂昌县交通局财务开始使用财信软件,第二年相关工程建设指挥部也相继使用财信软件,2001年更换新中大软件,2003年以后再换成用友软件。遂昌县公路管理段财务1999年1月开始使用用友ERP—U8,2003年换成用友标准板10.1PLUS2系统,该系统作为经营管理平台的一个基础应用,包括总账、应收款管理、应付款管理、固定资产、UFO报表、网上银行、票据通、现金流量、网上报销、报账中心、公司对账、财务分析、现金流量表、所得税申报等。

遂昌县路政管理大队2008年1月开始使用亿用软件,浙江省公路路政信息管理系统是全省联网系统,包括路政资产管理、人事管理、许可管理、执法管理、巡查管理等各项基本业务模块,实现了全省公路信息共享。

2006年,遂昌县公路管理段率先推广浙江省交通厅OA办公自动化系统,2007年8月,遂昌县交通系统相继开通了浙江省交通厅OA办公自动化系统。县交通局及下属公路管理和运输管理部门均安装了专用服务器。2008年1月,县交通局又开通了遂昌县人民政府办公自动化系统,全面实现了公文系统无纸化运作。

二、道路运输GPS系统

GPS系统由空间部分、地区支撑系统、用户设备三个独立的部分组成,终端设备通过卫星不间断地发送自身的星历参数和时间信息,用户接收到这些信息后,经过计算求出接收机的三维位置,三维方向以及运动速度和时间信息。道路运输行业自21世纪以来得到广泛应用,以便随时监控在行驶中的各类车辆。

2004年,遂昌县华通汽运有限公司引进运输车辆GPS监控系统,该系统功能强大,可以真实、准确、实时地反映车辆的行驶位置信息和状态信息,包括处于某个具体时间、经纬度、速度、方向等。定位精度误差在5N15米以内,并能储存各种车次、信息,为维护和查询服务。之后,所有危险货物运输企业和遂昌捷利达运输有限公司的营运车辆也相继安装了运输车辆GPS监控系统。

至2010年底,遂昌县共有11辆跨省、市客运班车、4辆旅游包车、48辆危险货物运输车及8辆其他货车安装了车辆GPS监控系统。另外,有155辆跨县及县内客运班车、2辆牵引车和138辆普通货车安装了行驶记录仪。

三、运输企业ISO9001质量体系认证

ISO9001是ISO9000族标准所包括的一组质量管理体系核心标准之一。ISO9000族标准是国际标准化组织(ISO)在1994年提出的概念,是指由ISO/TC176(国际标准化组织质量管理和质量保证技术委员会)制定的国际标准,凡通过认证的企业,在各项管理系统整合上已达到了国际标准,表明企业能持续稳定地向顾客提供预期和满意的合格产品。公司以顾客为中心,满足顾客需求,达到顾客满意,不诱导消费者。

2004年10月29日,遂昌县华通汽运有限公司客运分公司通过“客运服务”项目ISO9001质量管理体系认证,使全县的旅客运输管理水平和服务质量得到提升。

第三节　交通工业

交通工业是机械工业的一个组成部分,是汽车运输、公路建设和公路养护赖以维持和扩大再生产不可缺少的物质基础。主要产品有:供道路行驶的各类机动和非机动车辆、各种类型的筑养路机械、各类公路交通的测量、检验设备和仪器、公路交通的防护设置和标志信号以及各类车辆和机械的零配件等等。

遂昌县交通工业的发展迟缓,20世纪70年代以前是空白,只有少量的车辆维修行业。1976年10月,遂昌县创办了“妙高镇拖拉机配件厂”,开始生产解放牌汽车油封和小型跃进牌汽车油封,因技术落后、质量较差而于1980年停产。1981年“遂昌自行车零部件制造厂”试制自行车涨闸产品成功,为浙江省嘉兴和杭州自行车厂生产涨闸,1987年产量60806套,至1988年,由于产品不对路,市场滞销而转产其他产品。1984年,乡镇企业“遂昌县农机电器厂”开始生产吉普车前大灯、各型号汽车防雾灯、闪光器、接线板、喇叭继电器、刹车灯开关等16种汽车电器配件,产品由丽水地区汽车配件公司经销。1990年因产品技术含量低,市场滞销而停产。2003年4月,浙江满源电源有限公司落户遂昌;2006年6月,浙江浩洋骄子车业有限公司落户遂昌;2010年3月,浙江双海光电有限公司落户遂昌东城工业区。

一、浙江满源电源有限公司

公司成立于2003年4月2日,坐落在遂昌县东城工业区,占地面积约37700平方米,建筑面积11519.8平方米。注册资本2000万元,法人代表沈林芝,总经理鲍亨章,下设办公室、采购部、研发部、售后服务部和生产部。2010年,有职工300余人,年生产规模8000余万元,销售额7000余万元。

公司是一家专业生产电动自行车、滑板车、铅酸蓄电池以及LED发光二极管支架、灯具、显示屏的企业。先后获得中国中轻产品质量保障中心“中国知名品牌”、“全国蓄电池制造行业质量放心·国家标准合格产品”、“浙江省重质量守诚信示范单位”、“丽水市著名商标”。公司已ISO9001质量体系认证和产品CE国际认证。

二、浙江浩洋骄子车业有限公司

公司成立于2006年6月6日，坐落在遂昌县东城工业园区，注册资本2000万元。系浙江省自行车电动车商会常务理事单位，法人代表、董事长兼总经理沈海静。公司下设办公室、财务部、外贸部、营销中心、采购部、生产总厂、售后服务部、产品研发部，2010年有职工200多名，占地面积1.79公顷、建筑面积1.6万平方米。

公司是专业研发、制造、销售电动自行车、自行车、电动摩托车、电动滑板车及其他电动驱动车辆等系列产品的高科技企业。2010年实现生产总量6万辆、销售额1.056亿元、出口额595万美元、上缴利税379万元、税后净利润133万元，固定资产投资451万元、资产总额1.1604亿元、所有者权益3104万元。

浩洋骄子车业有限公司(摄于2008年6月6日)

2010年8月13日，浩洋骄子年产100万辆自行车和年产40万辆电动车新生产线项目正式开工。新项目占地5.9537公顷，坐落于遂昌东高速公路出口处，总投资1.81亿元，2011年底竣工，新生产线于2012年5月建成投产。

三、浙江双海光电有限公司

公司成立于2010年3月17日，坐落在遂昌县东城工业园区，注册资本2000万元。法人代表鲍亨章，总经理沈海滨。公司下设办公室、财务室、销售部、质检部、电镀厂和冲压厂，现有职工120余人。占地面积8122平方米，建筑面积8200平方米。

公司以生产LED发光二极管支架为主要产品，兼LED封装、灯具、显示屏开发和生产，并承接城市及道路照明工程业务。2010年6月投产，下半年产值591万元，上交国税20万元。

第四节 教育培训与科技人员

一、教育培训

1981年,中共中央、国务院发布《关于加强职工教育的决定》,全国职工教育管理委员会等五部门又发出《关于切实搞好青壮年职工文化技术补课工作的联合通知》,后被称为“双补”工作。

1983年开始,遂昌县交通系统中35岁以下的青壮年职工,在“文化大革命”期间缺乏正规学习,虽拿到学历证书,实际未能达到应有的文化程度,全部进行文化补课;对工人进行的技术培训,采用分期分批脱产轮训与业余技术教育相结合等形式。公路养护和公路运输部门青壮年职工的文化和技术补课分别到丽水地区公路总段职工学校和丽水地区汽车运输公司职工学校分期进行,至1984年结束。其中遂昌公路段完成扫盲1人,初中文化补课30人;初级技术培训36人、中级技术培训16人。之后,公路交通系统的职工上岗前培训,初、中、高级工技术培训作为经常性的工作固定下来,并进一步制度化、规范化。

1982年,遂昌县交通部门的职工就开始通过电视大学、自学考试、各级党校和各类大专院校的函授教育等形式,提高职工队伍的文化技术素质。1996年开始,遂昌县交通局实施“交通人才工程”,至2001年,获得大专以上学历的有73人,中等专业学历的有48人,继续在学习的有31人。2005年,交通系统146名在职干部职工中,大专以上学历达79人,占54.1%;专业技术人员达53人,占36.3%。2010年,交通系统160人,本科以上学历占26.9%,大专以上学历占56.9%。

此外,1986年3月,遂昌交通部门就开始在全体职工中举办普及法律知识培训班,从“二五普法”开始,一般采用职工自学的方法,届时参加司法部门的统一考试。

二、科技人员

遂昌县技术人员技术职称评定工作始于1980年。1981年2月,建立遂昌县专业干部业务技术职称评定工作领导小组。技术职称审核权限,初级由县审核授予,中级由地区(市)审批授予,高级由省负责审批授予。1983年以后技术职称评定工作暂停。1987年改革职称评定制度,实行专业技术职务聘任制度。遂昌县成立了职称改革领导小组。职称评聘需经本人申请、单位推荐、评委评审、职改办审核、领导聘任。高、中、初级职务任职资格，分别由高、中、初级职务评委会评审确认。此后，职称评定工作进入正常化。2010年，交通系统在职专业技术人员中，具备高级职称5人，占12.2%；具备中级职称31人，占75.6%。

表10-1　遂昌县交通系统高、中级技术职称人员名单

姓　名	职　称	审定时间	单　位
卢丁强	高级工程师	2000.12	设计所
叶慧斌	高级工程师	2001.12	公路段
高初明	高级工程师	2004.12	交通局
张朝晖	高级工程师	2004.12	交通局
叶法明	高级工程师	2005.12	公路段
潘建龙	高级工程师	2006.12	交通局
鲁之平	高级政工师	2006.12	公路段
张　毅	高级工程师	2008.12	公路段
叶慧燕	高级经济师	2010.12	运管所
胡春水	工程师	1985	交通局
刘璋琪	工程师		遂昌汽车站
顾　珏	主治医师	1987.10	汽运分公司
包振鹍	工程师	1988.10	交通局
叶大芬	会计师	1992.11	交通局
潘月苑	会计师	1992.11	运管所
姜玉英	会计师	1992.11	交通局
刘光礼	工程师	1992.12	交通局
蔡国恩	工程师	1992.12	公路段
蓝根文	工程师	1993	交通局
黄法雄	经济师	1993.3	运管所
程步光	工程师	1993.5	交通局
雷李明	工程师	1993.5	公路段
范国良	经济师	1993.5	华通公司
李　丰	经济师	1993.5	华通公司
严小明	工程师	1993.5	华通公司
吴维虎	工程师	1993.5	华通公司
季方强	工程师	1993.6	运管所
张志文	工程师	1995.8	工程公司

续表

姓　名	职　称	审定时间	单　位
王省洲	政工师	1996.4	洋条收费站
徐火照	工程师	1997.12	交通局
张炳根	工程师	1999.7	工程公司
姜根富	工程师	2000.8	公路段
王月仙	会计师	2000.12	华通公司
骆　敏	会计师	2000.12	华通公司
王亚玲	会计师	2000.12	华通公司
叶关林	工程师	2001.9	华通公司
江志标	会计师	2001.12	公路段
吴丽华	会计师	2001.12	公路段
郭子强	工程师	2001.12	公路段
苗发松	经济师	2001.12	华通公司
张成尧	经济师	2001.12	华通公司
郑勇青	经济师	2001.12	华通公司
王剑飞	经济师	2001.12	华通公司
王菊美	会计师	2001.12	华通公司
王刚宏	会计师	2002.5	运管所
叶爱清	会计师	2002.12	华通公司
李素珍	会计师	2002.12	华通公司
刘世佑	经济师	2003.11	运管所
陈　雷	工程师	2004.8	公路段
廖美恩	经济师	2004.11	交通局
吴瑾秋	政工师	2005.10	公路段
程　勇	工程师	2005.11	公路段
潘　勍	工程师	2006.8	交通局
华伟明	工程师	2006.8	公路段
雷声亮	经济师	2006.11	公路段
黄晓梅	会计师	2006.12	公路段
林华贵	经济师	2007.11	运管所
何德生	工程师	2008.8	港航所
罗　超	工程师	2008.8	设计所
黄文烈	工程师	2008.9	运管所

续表

姓　名	职　称	审定时间	单　位
詹志勇	工程师	2008.11	公路段
黄权根	经济师	2008.11	公路段
王爱平	经济师	2008.11	公路段
尹永惠	经济师	2008.11	公路段
涂　挺	经济师	2008.11	公路段
罗运华	经济师	2008.11	公路段
朱晓宁	经济师	2008.11	公路段
叶丽斌	经济师	2008.11	公路段
王丽英	经济师	2008.11	公路段
周吉宗	经济师	2008.11	公路段
潘学武	工程师	2009.8	康庄办
毛警伟	工程师	2009.8	公路段
余欣文	中级档案馆员	2009.9	运管所
纪祖光	工程师	2010.9	设计所
夏月琴	工程师	2010.9	设计所
王　靓	工程师	2010.9	公路段
蓝宏明	工程师	2010.9	公路段
吴建俊	工程师	2010.9	公路段

三、社团

遂昌县公路学会　1979年11月成立。成立时有会员32人，下设桥梁、公路、汽车运输三个小组，首届理事长徐观兴。1982年，遂昌、松阳分县后，选举产生第二届理事会，会员22人，理事长蓝根文。1991年之后蓝根文不再担任理事长职务，公路学会的日常工作由遂昌县交通局办公室组织安排。2005年有会员19人。

遂昌县机动车驾驶员协会　1998年9月28日成立。选举产生第一届理事会，其中会长1人、副会长4人、秘书长1人。下设办公室和58个安全学习片组，有会员3216人。2000年会员增加至近万人，安全学习片组调整为35个。

遂昌县交通局职工技术协会　2002年9月18日成立。选举产生了第一届理事会：名誉会长项健，会长李丽云，副会长高初明、朱根仁，委员潘建龙、张云志、张朝晖、卢丁强、姜玉英、傅长荣。

第十一章　人物　艺文

第一节　人　物

一、人物传记

黄中　字文卿，号西野，生于明弘治十四年(1501)，卒于嘉靖四十五年(1566)，遂昌县柘岱口乡坑西人。明嘉靖十年(1531)举人。历任江西铅山知县、贵州道监察御史、天津兵备道等职。嘉靖年间(1522—1566)，黄中捐银在柘岱口乡河边坑建一石拱桥，后人名曰“黄中桥”。该桥系单孔五折边形石拱桥，保存完整且从未修整，为中国现存少数的五折边古石拱桥之一，在中国桥梁发展史上占有重要的地位。

朱九职　字廷任，明代人。性孝友，轻财好施，与物无竞，捐资义塾，造就党俊。造舟龙鼻头济渡，置租二十亩。凡茶亭桥梁道路圮废者，修建不惜重费。遇歉赈饥施药，捨棺掩骼，解纷息讼，人称其乐善不倦云。

吴文炳　字鸿章，增广生，清代乾隆年间(1736—1795)人。髫龄失怙，克自成之。事孀母、抚二弟，孝友兼至。性豪迈，见义必为。与两弟捐资数千金，倡建宗祠，相度村庄形势，於练溪下流，倡造石梁，筑长堤以卫一乡。往衢郡大道，桥路已尽朽坏，独力甃筑，竟三十里而遥，以济行旅。

黄德润　监生，家王溪。少极贫，长事贸，迁渐饶。力行善，夏施茶，冬施炭，制膏药，历久不倦。至造庙宇、修桥路，靡不捐助。光绪十二年(1886)，既济桥暴雨冲没，德润修之。随修随冲至数四，费颇不赀。关川毛冠祥倡造石桥，德润慨然出百金，其好善如此。

邝廉　字介卿，生于1906年，卒于1981年，垵口乡黄砝人，后迁居县城西隅。民国18年(1929)，独家出资1.2万银元，在濛淤岭脚建成石墩木梁廊屋桥，县长陈成颁发“热心公益”奖匾。民国28年(1939)10月，倡捐兴建骆村桥。始得十人出资，即名之“十善桥”，因物价飞涨，集资者增至百人，改名“百乐桥”，继而资金仍是不足，再次募捐，人数不限，故定名为“众善桥”。此桥于1941年建成，为木墩木梁廊屋桥，长72米、宽2.8米，廊桥的中间和两头立三座桥亭，溪淤一侧为四角亭，骆村一侧为五角亭，中间是八角亭。

唐兴财 遂昌县黄沙腰镇大洞源村人，生于1924年7月，卒于1990年10月。少时家贫，为人耿直，敢于直言，大公无私。1953年4月至1978年9月历任遂昌县洞福乡、上定乡、西畈公社党组织书记、中共黄沙腰区核心小组组长等职。1971年11月至1978年11月，唐作为当地政府专管公路建设的负责人，整整7年，为兴建遂昌西部山区三墩桥至焦滩至柘岱口和黄脱坑口至西畈共计100.41千米公路，为黄沙腰区1.8万人的生产发展和生活便利作出了特殊贡献。当时浙江省县社公路建设继续采取“民办公助”形式，唐除发动黄沙腰、王村口农民近2千人参与筑路外，又因时值“文化大革命”期间，建筑材料异常紧缺，唐四处奔波争取木材指标，动员西畈各大队村民伐木，靠人工肩扛至江山县水泥厂换取水泥，并向各农户收购毛猪，送到遂昌永新化工厂换取炸药。千辛万苦、竭尽心力、任劳任怨、鞠躬尽瘁，为遂昌县最偏远山区的公路交通立下了汗马功劳，当地群众至今仍怀念不已。

二、热心交通人物简介

吴小克 遂昌县云峰镇古亭村村民。1995年已60多岁的他，在三溪通渠自己出资建造了一座钢筋水泥砼桥。桥长20余米、宽1.20米。家中仅夫妻相伴，以度晚年。长年种田度日，平常省吃俭用，靠种植蔬菜挑至集市出售，收入有限，独资建桥实属不易，当地人均称其为积德行善。

沈良 遂昌县妙高镇大桥村人，1967年浙江大学毕业，曾任遂昌县建设局局长、外贸局局长等职务。2001年，个人捐款5000元，资助大桥村修复亭桥（古廊桥）。2002年，个人捐款1.28万元，资助大桥村内道路硬化。2008年，又捐款2万元，在大桥村修建了一座休闲亭。2010年，沈良向遂昌县慈善总会捐款100万元，成为遂昌县个人捐资最多的人。

王爱法 遂昌县云峰镇蚱蜢殿村村民，系遂昌县第十三届人大代表。2003年个人出资4000元人民币，修复云峰镇上马头至蚱蜢殿村的简易公路。

朱可风 遂昌县石练镇上街村人，为捷利达输有限公司石练车队队长，2003年个人出资4000元，修复石练镇章师、黄箩、王曹三个行政村的乡村道路。

叶焕强 遂昌县云峰镇下马村人，大学毕业后在福建厦门市工作，经营外贸公司。2003年底，年满40岁的他捐资4万元，改造云峰镇东亭至白沙村级公路。

楼青天 遂昌县云峰镇下马村人，为杜邦洁具公司厦门代表处代理。2003年底，捐资1万元用于改造云峰镇东亭至白沙村级公路。

林小明 大柘镇梭溪桥硋下村人，现居住台湾省。1993 年捐资人民币 2 万元，资助梭溪桥至硋下至兰蓬 3.6 千米拖拉机路建设。

王宏宇 遂昌县大柘镇横街村人，长期经营餐饮业，2005 年捐资人民币 1 万元，并为首发起募捐，于万石桥上建筑廊屋 15 间，以恢复旧观。

三、先进集体名录

省、部级先进集体

遂昌县汽运分公司客运站 1990 年 11 月，被交通部命名为“文明车站”。

遂昌县汽运分公司客运站 1991 年，被县交通厅命名为“学雷锋、树新风、创三优”先进单位。

遂昌县汽运分公司客运站 1992 年，被省爱卫会命为浙江省工业企业窗口单位卫生先进。

遂昌县汽运分公司客运站 1993 年 4 月，被交通部命名为“92 年度部级文明车站”。

遂昌县汽运总公司客运站 1997 年，被省委、省政府命名为省级文明单位；1999 年 6 月通过复评；至 2004 年被撤销此项荣誉称号。

遂昌县汽运总公司客运站 1998 年，被省交通厅评为全省交通系统行风建设先进单位。

遂昌县汽运总公司客运站 1999 年 5 月，被交通部评为 1998—1999 年度文明汽车客运站。

遂昌县运管稽征所 1999 年 7 月，被省委、省政府命名为省级文明单位；之后又通过复评；至 2004 年被撤销此项荣誉称号；2010 年，又重新被命名为省级文明单位。

遂昌县华通公司客运站 2001 年 9 月，被交通部再次确认为全国道路运输系统文明单位。

遂昌县公路运管稽征所 2001 年 12 月，被人事部、交通部授予全国交通系统先进集体。

遂昌县公路管理段 2005 年，被省委、省政府命名为省级文明单位；2008 年被撤销此项荣誉称号。

遂昌县公路管理段 2008 年，被交通部命名为“全国交通行业抗灾保通先进集体”。

遂昌县交通局 2011 年 11 月，被省政府评为农村公路工作先进集体。

地、厅级先进集体

丽水地区汽运公司遂昌客运站 1992 年 1 月，被省交通厅评为省级文明车站;1993 年 3 月,蝉联省级文明车站。

遂昌县汽运总公司客运站　先后被省交通厅评为 1995—1996 年度和 1997—1998 年度“文明客运汽车站”。

遂昌县公路管理段　被省公路管理局评为 1997 年度“全省公路系统绿化先进单位”。

遂昌县汽运总公司客运站　1998 年 2 月,被省交通厅评为全省交通系统行风建设先进单位。

遂昌县交通局　1998 年,被省交通厅授予省级渡口安全管理先进单位。

遂昌县汽运总公司客运站　被省交通厅评为 98 年度省级示范文明车站(丽水地区第一家)。

洋条隧道管理收费站　1998 年,被省交通厅授予全省文明公路收费站,同时被丽水地区交通局、共青团丽水地委授予 1998 年度“地级青年文明号”收费站。

遂昌县运管稽征所　1999 年 4 月,被省交通厅授予全省交通系统文明示范窗口单位;2002 年 5 月,蝉联“文明示范窗口”。

遂昌县汽运总公司客运站　1999 年 4 月,被省交通厅授予全省交通系统文明示范窗口单位;2002 年 5 月,蝉联“文明示范窗口”。

遂昌县运管稽征所　1999 年 6 月,被省公路局授予 1998 年度全省稽征工作先进单位。

遂昌县运管稽征所　1999 年 10 月,被省公路局授予全省公路系统宣传报道工作先进单位。

遂昌县汽运总公司　1999 年 12 月,被省交通厅评为省级安全管理先进集体。

遂昌县交通局　2001 年,荣获“全省窗口行业文明创建重点指导单位”。

遂昌县交通局　2003 年 6 月,被省交通厅评为全省交通系统安全生产知识竞赛组织奖。

遂昌县交通局　2003 年,被市委、市政府命名为市级文明单位;2009 年重新荣获市级文明单位称号。

遂昌县公路管理段　2003 年,被市委、市政府命名为市级文明单位;2009 年重新荣获市级文明单位称号。

遂昌县康庄办　荣获 2003 年度全省“乡村康庄工程”建设先进单位。

遂昌县交通局　被评为 2005 年度全省县道砂石路面改造工程优秀单位。

遂昌县交通局　2006 年 5 月,被评为全省交通系统建设“平安交通”先进单位。

遂昌县运管稽征所　2006 年 12 月,被评为全省道路货运市场秩序专项整治工作先进单位。

遂昌县公路勘察设计所 荣获“2007年浙江省勘察设计行业诚信单位”称号。

遂昌县运管稽征所 被省运管局评为2008年度市场监管工作先进单位。

遂昌县运管稽征所 被省运管局评为2009年度出租汽车管理工作先进单位。

遂昌县交通局 2010年,被评为全省交通运输行业财务审计工作先进集体。

遂昌县运管所 2010年,被省运管局评为全省道路运输行业上海世博会安保工作先进集体。

遂昌县运管所 被省运管局评为2010年度全省大物流建设工作先进单位。

遂昌县公路管理局档案室 2010年,被省交通厅、省档案局评为省二级规范化档案室;次年,县公路管理局被省档案局评为浙江省规范化数字档案室。

遂昌县公路管理局 被省公路局评为2010年度公路工作先进基层单位。

四、先进个人名录

省、部级先进个人

张毅 2005年3月9日,被人事部、交通部评为“全国交通系统先进工作者”(国人部发〔2005〕21号)。

潘建龙 2011年11月,被省政府评为全省农村公路工作先进个人。

潘学武 2011年11月,被省政府评为全省农村公路工作先进个人。

地、厅级先进个人

刘文蔡 1999年2月,被地委、行署评为社会治安综合治理先进个人。

刘光礼 2003年7月,被市政府评为丽水市重点建设先进个人。

潘建龙 2007年10月,被省交通厅评为农村公路通达情况专项调查工作省级先进个人。

邵宏慧 2008年,被省运管局评为创建文明行业先进个人和抗雪救灾、保障春运工作先进个人。

潘建龙 2010年1月,被省交通战备办公室评为全省交通战备工作先进个人。

廖美恩 2010年,被省交通厅评为全省交通运输行业财务审计工作先进个人。

朱香贤 2010年,被省运管局评为全省道路运输行业上海世博会安保工作先进个人。

蒋建民　2011 年 12 月，被省交通运输厅评为全省交通系统安全隐患排查治理工作先进个人。

第二节　诗　文

一、诗文

缪夫子重修瑞仙桥平政桥告成记事

清　潘宗河

十丈仙桥锁鹭洲，浅深厉揭乐蒙休。
梁成瑞气连云度，岸映高山共水幽。
荫广有棠毋剪伐，官清何事弗遗留。
政平万户人怀泽，歌彻堤边不息楼。

宿石马铺

清　朱　煌

岂真驿马照前程，鞅掌风尘尽日行。
野店荒村才小息，晨鸡又听唤声声。

由门头岭至大路后

清　叶　乔

万叠峰峦插碧空，斜飞一道入云中。
路当断处残桥接，山到深来密树笼。
所在诛锄茅舍立，何年斧凿石门通。
沿途尽有闲花草，灼灼迎人相映红。

堕马行为赖守戎赋

清　王梦篆

平昌山径鲜坦平，幞头岭下盘涡深。
石壁垂藤峭十丈，赪肩铁柱声彭觥。
昨朝守戎来走马，狭路相逢负担者。
提防不及马忽惊，一蹶霜蹄堕崖下。
惊蛇入草飒闻声，仆御仓皇救不成。

目瞪空从壁上观，人马那知死与生。
守戎具有神勇力，半空飞作跕鸢疾。
翻身遽出坎窞险，踏波还向驽骀叱。
马兮马兮死即休，骨非千金何足收。
但得全躯留报国，那论折臂博封侯。
咄嗟俄顷登彼岸，善泅能使吴儿惮。
振衣不借舁篮舆，牵来别骑乘款段。
归去宾僚向讯稠，依然谈笑凌沧州。
不识汉家当年飞将军，亦有垂天之翼似君不？

拟古诗一首

鲁之平

养路苦，
筑道难。
重修轻养功德殚。

山亭柳

鲁之平

庚寅仲秋，却值康庄工程即将完成，行遍全县，所到之处赞誉之声不绝于耳，康庄实乃惠民之举也。遂昌地处越山瓯水之间，自古舟车不通，四方宾客之所不届，而今村村通公路，感而成调。

车水马龙，爆竹破巃嵸，为谁夹道酾醲。林密阡陌交错，山高桥隧相通。要想富先修路，仙县圆梦。一朝修得万民利，八年造就千秋功。康庄道盖左公。白马山腰农舍，乌溪江畔渔翁。止等眉山翠染，沉醉东风。

宏济桥颂

陈嗣芹

百年风雨古廊桥，伫立烟波气势骄。
饱览阴晴知冷暖，历经兴废识殷尧。
凭栏俯视千帆过，倚牖时闻一鸷嚣。
曾是春雷惊蛰过，今朝宏济更娇娆。

二、碑文

石练接卫桥碑记

清·遂昌县令　王　憕

遂邑十九都曰石练者，邑西之名乡也。其山有大楼、天马之竦峙，其水有龙洞、练溪潆洄，去邑既远，风会斯聚。明崇祯间，尝欲建为练溪县，已而不果。然其村坞幽邃，气俗淳朴，有可观者。

练溪之上架木以为梁，洪水奔激，旋作旋坏。行旅病涉，人用咨叹。里人刘楫、吴国宾、刘国梓、吴国显、吴文炳、应庭魁等，谋为石梁，以奠永久。诹度既定，挠之者百端，黾勉艰瘁，迺克有济。予来宰邑，实赞成之。经始于庚辰(1760)之秋，告竣于甲申(1764)之夏，阅再闰而桥始成。盖功之钜而成之不易也。

予适以公事过焉，见夫屹然竣址，轩然华构，亘如虹连，赫如翚翔。伟哉！其是乡之壮观欤，里中父老相率请名，且乞文以纪其事。予观外塘之峦，蜿蜒若赴，案山之坡，逶迤若迎，而溪流间之，得斯桥而宛如联合，颜以"接卫"无以易也。

抑予更有感焉。夫人之自为也恒重，其为人也恒轻。予所过城市，聚落烟火之稠密、甍宇之润丽，有什百于此者矣。然而溪之端、涧之濑，猝然而涨阻于济涉者比比也。今是乡特区区百馀户耳，谢以力所不及，孰有从而责之者。而迺谋之审、任之重、持之坚，不摇于浮议，不夺于豪力，绵岁积月，敦敏不怠，卒以成就。以视夫广乡大邑，席多藏拥厚资，坐视濡溺而不顾者，其人之贤不肖何如也。呜呼，是足以风矣，继自今有闻是乡之举而兴起者，则而象之踵而行之，其为利赖，曷有极乎。予故应里人之请，综其始末为之记，以为乐善者劝。

万石桥碑记

清·尹时美

实以名著，名由实传。柘溪桥名"万石"，载在邑乘，其来已久。所惜人往风微，其名犹在，其实尽忘。架木济众，漂倾时闻。乾隆甲午(1774)，时和年丰，爰商建桥，力追先进。议叠雁齿，上架虹梁，覆屋筑堤，防冲避雨，兼阔道路，并砌墙垣。费扣三千，劳集万姓。工兴乙未春仲，务竣丁酉嘉平。戊亥两年建亭铺石。因详始末，勒之于石。俾后得考所自，并使知斯桥名，则犹是其称谓，情则自今以始。

济川桥碑记

清·处州知府　李　昉

遂昌县治北双溪，旧有桥曰"济川"。地当孔道，路达三衢。昔人叠石为墩，架木成梁，数百年来，民无病涉。嘉庆五年，被水冲坍，於是布搭浮桥。每当春夏之交，山水涨发，随流淌去，行人往往阻滞。里人徐文光者，欲复旧桥，积蓄十年，嘉庆十五年(1810)七月，鸠工起建。适原址当港汊江合之处，洄澜湍激，所施椿石，随下随冲，望而咨嗟。邑令向君启昌临溪营度，议於旧桥基址之下，就溪面宽阔处所，安墩另造，其工程较前奚翅十倍。桥长三十有八步，面宽三轨，参分轨之二，下分三洞，洞广五寻，进深与面齐，空高四寻，两旁护以石栏。桥之右岸近城隅，起土筑石以作长堤，内卫田庐，外御山水。左岸依山开凿，接桥筑堤，直通大路，以便往来。於十七年十二月告成，共用折实纹银万柒千零。我皇上如天之仁，有善必录，至矣极矣！合邑士民呈请勒石以记其事，奉方伯命撰碑文，爰诠次其始末，及桥堤之修广，核实而为之记。俾后之乐善好施者，知所程式焉。

马戍岭路碑 位于北界镇磁头背村老虎磁，马戍岭脚古道内壁。清嘉庆戊辰年(1808)立。青石制路碑，圆首，通高1.6米。圆首高0.45米、宽0.96米、厚0.2米。路碑阳面碑额楷书阴刻“马戍岭路碑”，正文字迹不清，末款署“清嘉庆戊辰年月旦浣窥园老人撰”。碑文记载清嘉庆卯年(1807)修路概况及乐助人员捐赠银两。

永祚渡碑 位于龙洋乡埠头洋村永福社。青石碑，圭首，碑有2方，清道光元年(1821)立。其一高1.8米、宽0.59米、厚0.1米，额刻“永祚渡记”，碑文楷书阴刻直排13行，行36字，记修渡立碑缘由，末署“大清道光年岁次辛巳仲秋月”；其二高1.72米、宽0.67米、厚0.1米，额刻“福有攸归”，碑文楷书阴刻直排16行，行27字，记修渡捐助名单。

独口路碑 位于龙洋乡独口村，在村东南1.5千米独源溪北侧古道边岩石下。清咸丰六年(1856)立。青石碑，圭首，高0.58米、宽0.35米、厚0.1米。额阴刻楷体“路碑”二字，碑文直书12行，行18字，记修路捐钱人名和钱数，碑右署“咸丰六年冬月经理赖德其表恒仝立”。

济寿桥碑 位于王村口镇吴处村，现存当地村民朱富文家。清同治十年(1871)立。碑高0.72米、宽0.38米、厚0.12米，青石制。额刻“济寿桥碑”，末署“同治十年八月吉日路溪坦合立”。

乌桥修路碑 位于王村口镇山前村乌桥。清道光二十七年(1847)立。花岗石制，圭首，碑高0.64米、宽0.32米、厚0.08米。碑额题“修路碑”楷书阴刻。碑文11行，行14字，上刻修路乐助者姓名。

乌桥修筑路碑 位于王村口镇山前村乌桥。民国甲子年(1924)立。花岗石制，方形，碑额题“修筑路碑”阴刻隶书。碑文15行，行39字，碑高0.93米、宽0.53米、厚0.1米。

天师磁修路碑 位于应村乡天师磁村天师寺前。清同治十三年(1874)立。青石碑，高1.3米、宽0.64米、厚0.11米。花岗石碑座高0.48米、上宽0.86米、下宽0.98米、上厚0.38米、下厚0.49米。碑额阴刻“福缘善庆”四字，碑文楷字18行，行40字，末署“大清同治十三年菊月上观谷旦”。

东源建桥碑 位于应村乡东源村。民国14年(1925)立。青石制，圭首，高1米、宽0.55米、厚0.1米。额题楷书阴刻“福缘善庆”，正文直排17行，行44字，末署“中华民国十四年复正乙丑闰月中浣谷旦”。

大官塘桥指路碑 位于应村乡东源村大官塘桥东端。清朝末期设置。青石制，方形，高0.65米、宽0.28米、厚0.08米。正面楷书阴刻直排4行，自右向左镌刻:“左过桥下高山，前炉豆五口村，后东源应村，右小路大官塘”。

苎上指路碑 位于金竹镇苎上村水口。此碑为古道指路碑，设置年代不详，原碑立于现址西100米处，1993年建公路时移此处。碑高0.73米、宽0.38米、厚0.1米，基座宽0.53米、高0.08米、厚0.22米。圭首，花岗石制，正面抹面刻字，字体楷书阴刻，共2行11字“路直上出龙游，牌横入苎上”。字体尺寸8.5×9厘米。

学士桥碑　位于金竹镇华溪村南0.5千米处。学士桥东端，分别于清道光十一年(1831)和民国13年(1924)立。碑有二方，左侧碑条石筑框，内嵌石碑，高1.4米、宽0.74米，圭首，额书“学士桥”，正文直排5行，行19字，记桥由来，末署“道光辛卯年仲春”，楷体阴刻；右侧碑高1米、宽0.58米，圭首，额书“重建学士桥”，碑文记修桥起源及捐资人名单，末署“中华民国拾三年秋月”，碑文楷体阴刻。

永安桥碑　位于北界镇周村殿前。清嘉庆四年(1799)立。花岗石质，圆首，碑高1.2米、宽0.61米。座高0.38米、宽0.68米、厚0.43米。碑额阳刻“永安桥碑”四字，正文15行，行32字，末款题“大清嘉庆四年岁次未仲秋月吉旦”。

洋坑口桥志碑　位于北界镇白水村新村洋坑口。民国19年(1930)立。碑共2方：其一为圭首，碑额阴刻“福缘善庆”四字。碑高0.96米、宽0.53米、厚0.1米，碑文直排7行，行35字；其二为后续，尺寸0.59×0.36×0.1米。

永济渡碑　位于北界镇北界村成人学校(原镇政府所在地)。清乾隆十九年(1754)立。碑圆首，碑额题刻“新兴永济渡碑记”，碑高1.26米、宽0.65米、厚0.11米、圆首高0.06米。

郑岗岭古道摩崖石刻(摄于2008年3月14日)

淤弓摩崖修路石刻　位于北界镇淤弓村黄庄岙公路内侧石壁上(今峡北线K63＋200)。明万历二十七年(1599)题刻。石壁为花岗岩石质。字幅尺寸0.6×0.7米，楷书阴刻，正文直排18行，213字，上部另刻直排3行，13字，共226个字。记载了修路用工和捐钱的人名及数额。因年久字迹较模糊，署有“万历二十七年十月吉日”等字样。

三、文辑

双溪桥记

明·郑　还

双溪在县治之东，上官使客所必经，行旅居民所必由，诚遂昌之要津。杠梁为怒涛坏去，卧搓接朽，过者重足。正德丁卯，邵公文忠知邑事，思桥梁用木易朽，莫若以石下搁，洞门上钳，筑飞阁、设横槛，使其愈久愈坚。于是谋诸判簿典史，复谕合邑鸠石，未毕而迁去。新令张公钺，因视其所未逮而周张之。是以横空赑屃，宛若巨鳌，往来驰骤，坦然通道。行者忘险阻，憩者宜暑雨。咸以畴昔之桥，设栈施钉，碍足沮履，人犹为便。岂知今日有桥石之底平，梁屋之闳爽也。譬若履君子之庭，睹隆平之化，始知驩虞之政为不足。桥之今昔迥别，不犹是欤？正德甲戌(1514)暮春记。

祭平政桥文

明·遂昌县令　池浴德

惟桥陆通苍梧，水朝瓯东。夙缘筑石之未就，兹乃採木以鸠工。诹日既吉，大众攸同。徒杠已先乎岁隙，兴梁不废乎春农。征宗枋之尚义，覩结架之增崇。虔告土社，默相经营。浴德等敢不正刑赏而僭滥，以息楚河，无中返之恫；平纪纲而乘舆，罔事郑洧，谢小补之功。有醴斯洁，有祀斯隆。

宝善桥记

清·钱塘　费　淳

遂昌居万山中，溪流峻险，非桥不足以资利涉。而规模之宏远，功之繁多，西乡“济川”石桥其尤著也。是乡为栝苍通衢，亦入闽要津，两岸民居稠密，经由者接踵而来。康熙丙寅，盘溪朱之挺、关川毛经道、毛彬等捐资重建。乾隆戊申夏，溪流暴注，桥复大圮。众苦费用艰巨，相顾错愕不敢发。行人数数告困，华氏昆季慨然独任，以为是殆不可以已。遂鸠工庀材，夙夜从事，卒复旧观而又过之。是役也，一事而三善备焉。存心济物，仁也；见义必为，勇也；积而能散，智也。士君子之用财当如是矣。爰易其名曰“宝善”，并撮举其颠末，俾后之人採入志乘，知华氏世居是乡，所以世德相承，而绵延于弗替者，其来有自。桥高三丈六尺，长六丈五尺，广二丈七尺。材与工计费三千一百两有奇。经始于乾隆五十三年(1788)十月，告葳于五十五年四月。重建者华子日融、日南、日旗、日觐也。

赛济桥记

清·遂昌知县　江继曾

乐善好施，见义勇为，求之近世士大夫不可多得，况妇人女子哉？然妇人女子好善之心发于至性，其所为往往出于士大夫之上。邑西宏岗村与石练相距仅二里，其水由小竹溪流入大河，宏岗与石练相隔一河，人常病涉。经诸生刘光濂肇造一桥，以利行人，其妻朱氏又勖其子若孙，承先杰以时修葺。前知县彭君起鹍以“世济”名其桥，并做记以传以后矣。光绪庚寅(1890年)春水陡发，迅流横溢，一时宣泄不及，于小竹溪之右，偏茶坪坵之上游，冲决一口，而水从此而出，其势不可复遏。余每届下乡，必由其地，目击心伤者久之。命刘生绍彬与绪绅，董修筑事，犹恐其弗底于成也。秋初，因公复经其处，则见道路完整，盈盈一带水，已得虹桥稳度矣。以为绪绅董劝之力也。及抵行馆、刘生来谒,余嘉尚再四。刘生曰:“道路集资而成梁,实祥褒节孝吴门朱孺人独任也,生不敢自居其功,没人之善。”又曰:“朱氏願捨租田九箩入吴祠,以为是桥岁修之费。”於戏,吴门朱孺人者,不诚能为丈夫之所为哉,可以风世矣!以视身列胶庠,坐拥厚资,自命为一乡之善士者,其相去为何如也。余故喜吴朱孺人之慷慨济施,而又喜“世济”之后得此以互相辉映,使昔人不能专美于前,爰名其桥曰“赛济”。并缀数言,他日登之志乘。俾朱孺人之功德,与此桥并垂不朽,即刘生之不自伐善,亦得附之益彰焉。是为记。光绪十八年(1892)孟秋撰。

亲历龙国·令人激动的旅行(节选)

加拿大　麦格拉斯

(从丽水)去更远的一些地方,如松阳、龙泉等水路能通过的地方,唯一的选择就是帆船了,但在一些不宜乘船的地方,只能步行和坐轿。去松阳的路,一般都取水路,需要两天半时间,我们一路平安到达了。然后,又从陆路坐轿子到了遂昌的传教点。

注:麦格拉斯(William C. McGrath),中文名马威廉,加拿大纽芬兰圣若望市人。1931 年 10 月至 1935 年,任处州首位宗座监牧。1935 年出版《亲历龙国》一书。

济南桥、众善桥兴建记略

邝　和

遂昌南乡溪流横贯之区旧称十四都源,全长有九十华里。其中有三渡险水,每年春夏之交,由于山洪暴发,所架木桥常被大水冲倒,要等待洪水期过后的秋天,才能再行架桥。因此,在这段时间里,当地群众和外来客商都要赤足涉水而过,倘遇大暴雨,往往断绝交通。按此三渡险水是遂、龙两县必经之路,每日来往旅客络绎不绝,南乡群众尤其受到威胁,一逢大水,无不望洋兴叹。

遂昌北街包子宽先生常经此道,有感及此,遂于一九二三年发起募捐,择定离城三十五华里的柿树下,筑起一座两孔石拱桥,名曰“通明桥”。因而解决了一渡险水之忧。

先父邝廉(字介卿,乳名马通),生长本县南乡黄坛村。他从小就到遂昌城内读书,路上都要经过这三渡险水,因而深感无桥的困苦与遇水桥坍的危害。后来看到这座通明桥建成,得到了启发。他就立志要在骆村和濛淤岭脚(该村已为一级电站水库所淹)两渡险水上,各建造一座大桥,以利行客。几经考虑,决心用自己的家产,首先建好离城十五华里的濛淤岭脚桥。在征得先祖父同意后,就策划建造一座廊桥。

廊桥动工于一九二九年,到一九三一年始告落成,全长七十二米,宽四米六,桥梁下面顶着两个大石墩,桥上有廊二十一间,既阴凉,又可避雨,命名“济南桥”。据当年为造桥挑运银币的邝元福说:“此桥共化去银币一万二千元左右。那时你家将三块山头的树木售价支付还不够,又向信达利钱庄贷款开支,因而欠下了一笔巨债。”

清拔贡生王昌杰老先生赞扬我家独造此桥,亲笔撰送先父一副联句云:

“义到精时严一介;志当超处薄三卿。”

济南桥建成之后,先父继续想到如何建造离城二十华里的骆村桥。不过此时家庭经济日益困难,午夜思维,踌躇无计。更因卢沟桥事变以后,爆发抗日战争,物价飞涨,困难重重。但先父对于建桥一事,并未气馁。终于想出了办法:一是利用骆村多榉树的有利条件,可作造桥材料;二是采取集腋成裘的办法解决资金问题。并很快地获得了十人集资一万元来共同建桥。即名为“十善桥”。不料十善桥筹建的进度,远不及物价飞涨的速度,不到半年,万元钞票只值五千元。只得把建桥的集资从十人扩展到百人,改名为“百乐桥”。筹建未成,物价又继续飞涨,“百乐”又“乐”不下去了。不得已又改名为“众善桥”。集资不限人数,捐款不计多少,务期成此善举。捐助薄由毛养先先生作序,发起人是:邝廉、毛义田、毛有年、毛春和、毛飞、骆昌信、骆炎和等人。并以邝廉为主,举凡筹集资金,测量设计,采料施工等皆由他一人负责;毛义田管理经费,亦甚费心;而骆炎和父子不辞艰苦,尤见热忱。在全体发起人的共同努力和群众的协助下,边写捐,边收款,捐款收得快,粮食买得快,工钱付得快。以快速行动,来对付物价飞涨,使此桥从一九三九年农历十月正式动工以后,到当年年底就完成了架设桥梁的初步任务。不但速度快,而且质量好。每对桥脚都加上两根副桥脚。并横串一条水底龙,水底龙上面又加上一副双龙夹架,架上再压上大石头,深藏水底。建成后,群众反映,从来也没见过这样扎实的桥脚。为了延长桥板和桥梁的寿命,及过往客人躲雨的方便,又采纳了群众“再加桥廊”的建议。但因桥宽不够,不能用瓦盖,适宜白铁盖,又因经费困难,只好暂用竹编箬蓬,嗣后再图改进。

这座大廊桥到了一九四一年已全部完成。计桥长七十二米,宽二米八。桥脚七副,其中最高的桥脚有八米七,包括藏在沙石下的一米二。廊桥的中间和两头矗立着三座桥亭,溪淤这头是四角亭。骆村那边是五角亭,中间是八角亭。后来,有人拟联赞扬云:

众擎易举,独立难支,建双桥是铁证;

集腋成裘,克己奉公,思两语即箴言。

解放前的乌溪江木材商业(节选)

程　章

(五)陆道运输

木头加工完毕,稍待时日,就可发运。做这工作应有施工准备。首先是开路，因为山高陡峭，多蹊径未辟，人迹罕至，一旦从事发运，必需先行勘察路线，相视地形，用横木和木楔打成临时踏道。有些地段，还要搭桥过涧，填凹铲凸，并在背运木头之际，随时整修。其次是组织运输问题，分两种情形，一是包工，一为自理。包工常以山中所有木头每根平均重量来衡量，与承包者订立契约，规定每根木头运到河头的工资。待背运完工，搜山扫尾，然后双方结清账目，进行找款。一般都由木商谨慎掌握平日包工的支用，使其不致超支，如出现超支，往往包工逃逸，使工作不能善终。木商对于包件工资的估算，是十分认真的。需要观测从山场到河头的平均路程，一天能背几次，通常体力的人，按山中木头每根平均重量，一天能背几根，打算给以日工资多少，各种因素集中考虑，再作出每根木头包运工资若干的决定。这样就能使自己亏耗不致发生，包工也能干得下去。自理发运，就是木商自己雇工开路，给以工资，并在河头驾设“秤木棚”，用大秤逐一衡量背出的木重。按重计资，随背随付。背木者，随时领得工资，转作生活用途。无论包工或自理方式发运木头，都属可行。

另外，陆路发运，设架衡重，计重付资，逐日记账，旧社会木业界都用地方性土造数字。由于制版印刷有困难，暂不刊出。将来如有适当条件和机会，可以再行刊印。

王村口地区木业土数字，实质上在龙泉、遂昌其他地区也同样使用。有的木匠也沿用。这种文字，不及阿拉伯数字简便，但旧时木业界通统使用。恐怕也是将来考古学家需要知道的文字。

陆运出山的木头，都由木商打上自己的斧印，如“同元”、“元利”等等。倘是料板，还要加盖橡皮头印，如“福”、“利”、“财”等等。倘是柳、松段，有的木商就在段头凿字，如“人”、“甲”等等。以资识别。

（六）水路运输

木头背到河边，倘是小支流，水量不大，木筏不能浮放，筏工就将木头分别处理。如属杉木长梢，还须加做一道工序，名叫“打眼”，把长梢根部打个串洞。经过打眼的长梢，特名“四花”。木头太小，无法打眼的，名“毛木”。四花三、五根排列穿孔成甲，叫作“筏甲”。筏甲自小河撑出，就在大河岸边加工做成木筏，毛木则直接背到大河边，让放筏人装运到衢州去。如属松段、柳段，就在河边堆好，待雨天水涨，抛入小河，任其漂流，筏工在河口附近临时作坝拦截，拖上岸来，钉成板筏。让放筏人放下衢州。

四花、松段、柳段的成筏，各有格式，各不雷同。四花用穿柴串孔，松、柳段的成筏，则用木钉，加竹箍和穿柴钉着。而松段又往往在筏的前后甲之间，加扎“龙骨”（直木条），以防沉降，因为松段比重大，浮力小，稍加重力，即向下沉，或呈半浮状态，放运颇多风险，故以“龙骨”联住前后甲，使数甲松段共同抵抗下沉压力，增强浮力。

在大河边,有专业成筏的承包人,叫“筏包头”,平日配备各色原材料,应付成筏之用。如:

火绳(用见漆柴扭成的绳子);

穿柴(直径二寸左右的直而坚的柴);

筏钉(用青柴或乌岗柴等坚质柴劈成的木钉,长约三寸半);

箍子(剖小竹,扭成直径约三寸半的竹箍);

链(毛竹剖条编成的长竹索,吊排用,长约十六尺);

篾(去掉竹青的薄篾,经石灰水浸泡,用作捆扎);

撑篙(撑筏用);

筏招有少数地方俗呼筏刀,但木商行家正式用语为“筏招”(杉木前半劈成刀形,后半削作园柄,装在筏头,摇筏前进中掌握方向用);

松明(夜间照明用)。

木筏计分下列数种:

(1)长梢筏,又名四花筏。制作此筏,先用穿柴串四花眼孔,使成“甲”,两甲尾部相搭使成层,两层上下重叠使成“名”(即节),将三名用火绳联结,成为一“溜”筏。一“溜”筏的分为三“名”,是筏工在放运实践中,根据乌溪江河道状况而总结出来的最佳模式。

四花筏的阔度也有成规,首名规定为两臂左右平伸,手掌下弯的阔度,次名较首名阔些,末名又略收狭,末名规定为两臂左右平伸,左右掌不向下,还加一掌的阔度。因此是次名最阔,首名最狭,末名宽度介于首名和次名之间。

做筏也讲究面子,选取直、长、巨大的木头作面子。如果用六根巨木并排,照上述规定阔度串成“甲”的,叫12式筏面。依次类推,有14式筏面直到20式筏面。各式四花筏,约可运出的木数,见表11-1。

表11-1

筏　式	四花输出根数	备　注
12	32	不加载毛木
14	70	加载毛木若干
16	83	加载毛木若干
18	92	加载毛木若干
20	101～103	加载毛木若干

(2)料板筏,长梢杉木锯断加工成为料板,长度八尺(鲁尺)。每溜筏须钉十六甲,甲的阔度,第一甲是一擒弯掌的阔度。即上面所述“两臂左右平伸弯两掌”的阔度。中部各甲渐渐放阔,快到末尾,又逐甲收狭。料板筏各甲之间,均以火

绳联结。在春夏大水季节,还要安放“龙骨”,以防波涛顶撞,损坏筏甲。

(3)松段筏,乌溪江上河床斜度大,滩多水急,松木笨重难放,故将松木锯成短段,作八尺(鲁尺)长。每溜只钉十四甲,从第一甲到第十四甲,都作同样阔度,定为七尺(鲁尺)左右。龙泉住溪做的松段筏,因其河道更为难放,每溜仅作十三甲。松段筏因其难放,都不装载其他板段货色。要安放“龙骨”,以防波涛顶撞。

(4)柳段筏,筏与料板筏同式,也可在筏面作小量装载。因为柳质比重小,浮力大,不似松段笨重难放。春夏水涨,也要安放“龙骨”防损。

(5)柳木长梢筏,柳木因生长最快,一般多待成长巨材,方才裁段运售。只有拚约载明“自拚之后,不论大小杉松柳木一概在内,任凭客方砍伐倒山”等情,才有柳木长梢制作。故此筏极少。

(6)另外尚有松杉柳木过于巨大,不能从山中背出,或背出后亦不便钉筏放运者,就在山中或场埠锯成枋板,八尺长,一寸厚,打上木商斧印,或棕制的刷印。随筏装运市场。以每八尺平方议价出售。

木材成筏之后,即须速放市场出售。但是江上放运木筏,则是一项高强度、高技能、大风险、大搏斗的行当。作为筏工,须从小跟随老手实际锻炼,日就月将,矢志不渝,待到动作熟练,河情摸清,才可作为一名合格的放筏技工,独自放运。在乌溪江上放筏,因流速大,河床陡,礁石多,筏进疾迅,时时需要转换方向,使之避免搁撞,发生事故。因此都在筏头筏尾装上“筏招”。在放运途中,由放筏工人站稳筏头,手握其柄,或左或右,或轻摇、重摇,要动作灵快,象驾驶汽车那样,使筏头随时变动小角度或大角度,顺着中心流水线顺利前进,避免沿途搁撞。如属技术尚未成熟,掌握筏招不当,就会立坠急流,丧失生命。筏尾的“招”,是副手(或为初学者)掌握,目的在于配合筏工正手之用。

筏工启运时,需由水埠行家或筏包头给以运单,上载木商姓名、斧印字号、放运地点、木行、钉工多少(包括代垫原材料费用及工资)、水力多少(筏工放运工资)及根数。筏到目的地,即由行家点收筏头数目,如有缺少,即将水力工资扣除,如属无差,即照数付以工资。在乌溪江上搭乘木筏到衢州,一路紧张气氛和一派美妙风光,确是特异的自然配合。记得李白舟出三峡的诗句:“朝辞白帝彩云间,千里江陵一日还。两岸猿声啼不住,轻舟已过万重山。”也是乌溪江上放筏的情景啊!

四、歌曲

梦的桥梁

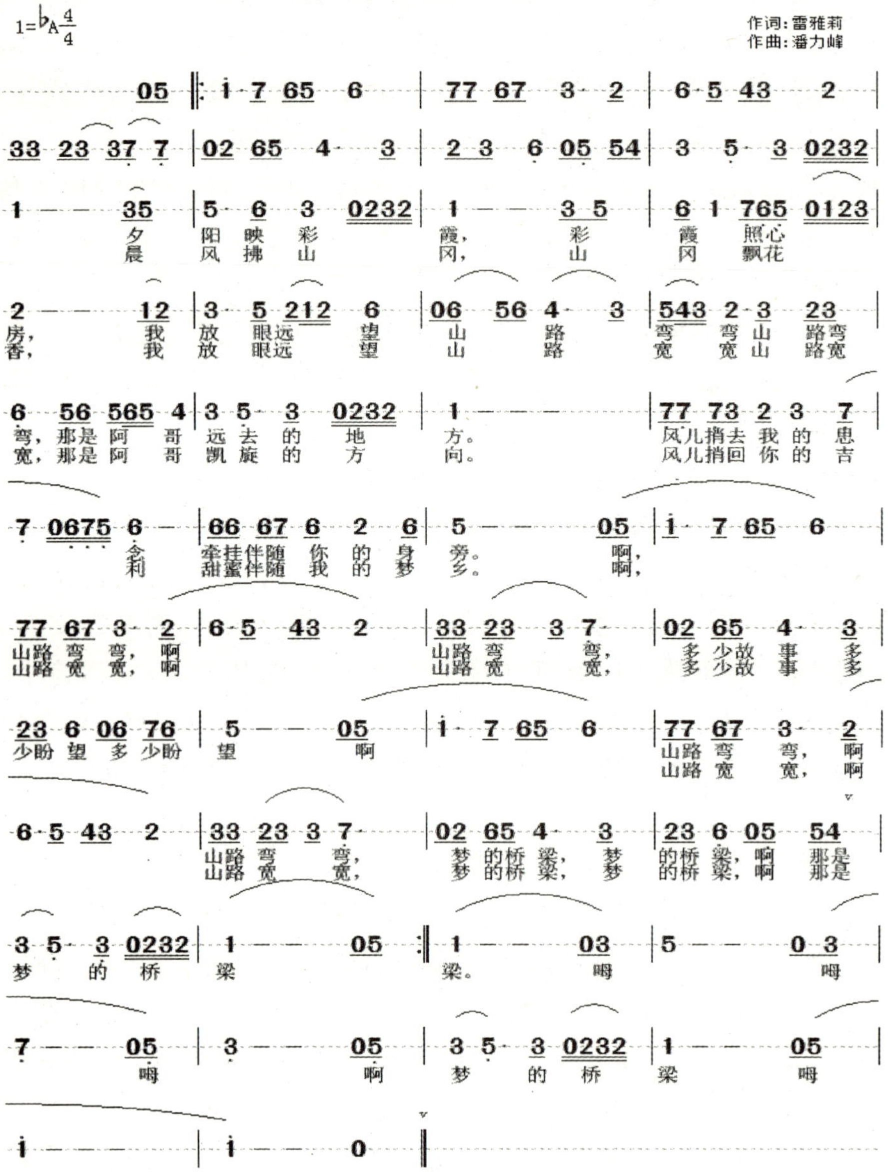

注：2009年由县公路段金杭演唱，获丽水市公路系统建国六十周年文艺汇演优秀奖。

2009 年 5 月 14 日，遂昌县交通局深入学习实践科学发展观活动宣讲会。

2009 年 9 月 30 日，丽水市交通系统迎国庆 60 周年红歌会。

2009 年 4 月 29 日，遂昌县庆祝“五四”运动 90 周年拔河比赛。

2006 年 6 月 28 日，丽水市公路系统纪念中共建党 85 周年文艺演出。

第十二章　旅游交通

第一节　旅游景区

遂昌山川秀美、林海氤氲、云雾飘缈，素有“金山林海、仙县遂昌”的美誉。森林覆盖率达82.3%，空气负离子含量全县平均达到每平方米9100个。旅游资源独特且丰富，单体总数321处，3级以上的优良级旅游资源60处，5级旅游资源4处。近年来已成功创建了4个国家AAAA级景区，占丽水市9县(市、区)同类景区1/3，也是浙江省拥有4A级景区最多的县。此外，还有一批A级景区、国家森林公园、国家级自然保护区、特色农家乐等等。2007年以来，遂昌获得了“中国最佳生态旅游县”、“中国旅游文化示范地”、“中国十大特色休闲基地”、“中国王牌旅游目的地”、“中国黄金之旅”、“中国绿色名县”、“浙江十大生态旅游名城”、“浙江十大世博旅游名城”等荣誉称号。2010年，全县共接待国内外旅客402.83万人次，实现综合旅游收入达16.27亿元，同比增长61.20%和61.64%，增幅均居全市首位，成功创建省旅游经济强县。2011年，又被国家旅游局等评为“全国首批旅游标准化示范县”、“全国休闲农业与乡村旅游示范县”、“全国十大县域旅游之星”。

一、南尖岩景区

景区位于遂昌县王村口镇，距县城52千米，2004年3月被联合国教科文组织授予“国际摄影创作基地”称号，2009年1月被评为国家AAAA级旅游景区。景区内云海梯田、奇峰怪石、竹海茂林、飞瀑流泉、高山湿地、山里人家于一体的组合景观堪称江南第一。天柱峰、神坛峰一对石柱突兀而起，高百米；错落有致的山坡梯田，蔚为壮观；瀑群景致各异，变化无穷；2000平方米的瑶池湿地，水生植物景观独具特色；丘陵起伏多姿，田园村落景致宜人。“看山看云看梯田，人间仙境南尖岩”，是休闲、观光的胜地，是摄影爱好者的天堂。

二、遂昌金矿国家矿山公园

公园位于遂昌县濂竹乡，距县城20千米，2007年12月被国土资源部列为首批国家矿山公园，2009年1月被评为国家AAAA级旅游景区。遂昌金矿历史悠久，这里有开挖于唐代的神秘金窟，有古代工匠采用“烧爆法”淘金时遗留的奇特痕迹，曾经炼出浙江省第一块金砖，是古代帝王的财富之源，是黄金知识的大展台，还是水中大熊猫——桃花水母的栖游之地，被誉为“中国黄金之旅”。

三、神龙谷景区

景区位于遂昌县垵口乡，距县城48千米，2009年10月获得国家AAAA级旅游景区。神龙谷景区是遂昌国家森林公园三大区块之一。景区内原始次生阔叶林四季常绿、峡谷清幽，令人心旷神怡；落差高达300多米的神龙飞瀑一波三折，声传数里，叹为观止，被誉为“中华第一高瀑”。景区在山水中融入以汤显祖《牡丹亭》为代表的中国爱情文化和粟裕将军革命事迹为代表的红军文化，充分体现了山水中的文化艺术。景区入选“浙江省最值得去的五十个景区”。

四、千佛山景区

原名飞石岭景区，位于遂昌县石练镇，距县城34千米，被誉为全球首个网络景区，2011年1月成为国家AAAA级旅游景区。景区内峡谷曲折清幽，纵深长达10千米，林木茂密，森林覆盖率达90%以上。春宜赏花、夏适淌水、秋可登山、冬能观雪，生态休闲旅游四季皆宜，被誉为江南“小九寨”。变幻无穷的瀑、池、湖、潭、涧等迷人水景之外，景区内的岩石千形百态，让人浮想联翩。令人震撼的是高达300米的天然石佛——弥勒山净高33米的佛首，“山是一尊佛，佛是一座山”，使人不禁感叹大自然的神奇造化。

五、其他景区、景点

中国竹炭博物馆　位于遂昌县妙高镇，距离县城5千米，2010年11月被评为国家AAA级旅游景区，国内首家展示炭历史文化主题的博物馆。馆内有炭缘客栈，农家特色酒楼，是集“观炭历史文化、吃炭美味佳肴、住炭环保客栈、饮炭健康茶水、娱炭特色酒吧、享炭轻松休闲、购原生态产品”为一体的特色主题博物馆，并有遂昌县最大、最全的原生态土特产购物一条街。

遂昌国家森林公园·白马山旅游区　位于遂昌县新路湾镇，距县城43余千米，系国家AA级旅游景区。植被以亚热带常绿阔叶林为主，三峦重叠，奇岩险崖，并形成大平殿和小平殿两块高山台地。白马山主峰海拔1621米，有白马宝殿、白马湖、水帘洞、百丈瀑等40多处景点。年绝对最高温29.3℃，年平均温度

11.6℃,形成了“常年云雾、夏季无夏、冬季雪丰、春花迟发”的特点,四季景色秀丽多姿,素有“浙南庐山”之称。

遂昌国家森林公园·湖山旅游区　位于遂昌县湖山乡,距县城51余千米,系国家AA级旅游景区。景区总面积3422公顷,其中有乌溪江水库水面2000公顷,构成了公园的主游览区;公园及库区湖水晶莹如玉、清澈见底、山水相连;湖边林木葱郁,遍布奇峰异石,自然风情浓郁,生态环境优越,有胜景数十处,公园既有千岛湖的湖光山色,又有桂林山水的秀丽多姿,长江三峡的奇绝险要,赢得了“小三峡”和“小桂林”的美称。

1994年4月25日,浙江省林业厅批复,建立白马山和湖山两个省级森林公园。2002年12月2日,国家林业局批准建立遂昌国家森林公园,这是丽水市第一个国家森林公园,也是全国唯一以县域命名的国家森林公园。它包括三个区块,其中,神龙谷已为国家AAAA级旅游景区,白马山、湖山均为国家AA级旅游景区。

长濂文化旅游区　位于遂昌县云峰镇,距县城11千米,系国家AA级旅游景区。明代市井文化长濂村历史悠久,历代重视文化教育,出过多位进士、状元等影响一方的名人,被誉为状元之乡。村里有400多年历史至今仍保存完好的郑秉厚府第、郑氏宗祠、鞍山书院等明清古建筑,有流传至今的美丽传说和动人故事。

九龙山国家级自然保护区　九龙山位于浙、闽、赣三省交界地带,属武夷山仙霞岭山脉的分支,主峰海拔1724米,为浙江省第四高峰。九龙山享有“生物基因库”美称,不仅有浩瀚的原始森林和珍稀动植物,全国罕见,更有神秘的野人之谜等待破解。1983年9月,浙江省人民政府批准成立九龙山省级自然保护区;2003年6月,国务院办公厅发文,正式批准遂昌九龙山自然保护区晋升为国家级自然保护区。保护区管理机构设在遂昌县黄沙腰镇黄砝淤自然村,距县城92余千米。

红星坪温泉　位于遂昌县湖山乡红星坪村,距县城51千米。处于浙江省四大温泉区之一的湖山温泉区域内。以天然淡温泉著称,正常水温41℃(出口温度),热效应好,水系来自地表下400米处,流淌了亿万斯年,水质稳定、清澈而爽滑,富含人体必需的多种矿物质微量元素。遂昌红星坪温泉度假村是乡村休闲旅游度假的天堂,是原生态温泉SPA度假村。

汤沐园　位于遂昌县大柘镇大田村,距县城23千米,是目前亚洲第一家建在森林里的冬夏温泉。园区建在诗情画意的金山山坡上,整个山坡覆盖着150年树龄的阔叶林,古木参天,绿荫如盖,云蒸霞蔚,四季如春。园中从道路到建筑,所有材料一概取自天然卵石和原生木材,利用空隙建筑水池,使其与森林组成和谐的生态环境。走进温泉,就进入了“森林浴”。

汤显祖纪念馆 位于遂昌县妙高镇北街四弄。被誉为“东方莎士比亚”的明代著名戏剧家、文学家汤显祖于明万历二十一至二十六年(1593—1598)任遂昌知县,期间完成了世界名著《牡丹亭》。为弘扬汤显祖文化,遂昌县人民政府于1995年4月建成“遂昌县汤显祖文化纪念馆”。汤显祖纪念馆系省级爱国主义教育基地、省级廉政文化教育基地、上海高校音乐人类E一研究院教研基地。

神龙谷漂流 景区位于遂昌县垵口乡的森林峡谷中,有瓯江源之称,距县城35千米。漂流全长3.5千米,落差跌水有10余处,险滩、清潭、河湾、飞瀑、巨石、拱桥、苍松、飞鸟、游鱼……可谓风光无限。

乌溪江漂流 景区位于遂昌县王村口镇大溪坝,距县城55千米。漂流河段全长3.5千米,青山环绕、自然风景优美,水流急、落差大,激流冲击着山石溅起层层浪花,橡皮艇在波峰浪谷中颠簸、跳荡,漂流者尽情释放激情与活力。

红色古镇王村口 王村口距县城58千米,曾是浙西南游击根据地的中心。拥有天后宫、宏济桥、蔡相庙、红军挺进师师部、粟裕骨灰敬撒处等众多革命遗址,成为省级爱国主义教育基地、省级历史文化保护村镇、省级党史教育基地。

独山古寨 位于遂昌县焦滩乡,距县城49千米。独山建村于南宋孝宗年间,至今仍保留古朴风貌,村中有清康熙年间重修的叶氏宗祠、葆守祠,明正统和隆庆年间的古井,隆庆石牌坊、明嘉靖年间的寨墙等,较完整地保留了明代建筑的风貌和格局,享有“明代一条街”之誉。系明代古村、浙江省首批历史文化保护区。

石姆岩 石姆岩丹霞地貌位于遂昌县高坪乡,距县城59千米。平均海拔1000米,最高峰为福星坛,海拔1292.3米,石姆岩矗立在海拔千米的山峰之巅,峭壁高度261米,相对高度151米,其形如柱,突兀峥嵘,体大壮观,气势雄伟。

好川文化遗址 位于遂昌县三仁乡,距县城12千米。1997年发掘的距今4000多年的好川大型古文化遗址填补了浙西南浙、闽、赣三省交界地区史前考古的空白,对于研究良渚文化的后续和去向提供了非常重要的史科,是史前考古的重大突破,被列为1997年全国考古重大发现。

含晖洞景区 位于遂昌县妙高镇,距县城3.5千米。景区占地8.4公顷,由洞(含晖洞、灵泉洞)、寺(三台寺)、舫(石舫)、亭(望城亭、留仙亭)及古树名木组成。摩崖“含晖洞”系清道光年间(1821—1850)进士、《易经》研究专家端木国瑚手迹;其姐妹洞灵泉洞洞口刻有“洞天奇石尽含晖,胜地灵泉常滴翠”的对联;三台寺始建于南宋绍兴年间(1131—1162),现为县级文物保护单位。

六、特色农家乐乡村休闲旅游点

近年来,遂昌休闲旅游业异军突起,成为浙江省旅游界的一匹黑马,遂昌成为了浙江省首批旅游综合改革试点县。2010年10月27—28日,全省农家乐休闲旅游工作现场会在遂昌召开,乡村休闲引领遂昌新跨越。

遂昌县以景区为依托,全县所有乡镇都发展了农家乐项目。截至2010年12月初,已有特色农家乐村、点62个,农家乐经营户322户,从业人员1000多人,床位总数达到4300张,占丽水9县(市、区)床位总数一半以上,发展速度全省领先。其中,省级农家乐特色示范村5个、省级农家乐特色示范点4个、市级农家乐特色村9个、市级农家乐特色点4个,五星级经营点1家、四星级农家乐8家、三星级农家乐54家。

省级农家乐特色示范村:三井农家乐特色村、石笋头农家乐特色村、高坪乡茶树坪村、大柘镇大田村、云峰镇刘坞村。

省级农家乐特色示范点:红星坪农家乐特色点、长濂鞍山书院特色点、竹海休闲山庄特色点、红星坪温泉度假村。

市级农家乐特色村:茶树坪农家乐特色村、小金竹农家乐特色村、大山农家乐特色村、大马埠农家乐特色村、徐村农家乐特色村、珠村畈农家乐特色村、黄皮农家乐特色村、大田农家乐特色村、大柯农家乐特色村。

市级农家乐特色点:挺进师客栈农家乐特色点、蘑菇园农家乐特色点、申通茶庄农家乐特色点、天翼农庄农家乐特色点。

第二节　旅游线路

遂昌县地处浙西南山区,交通条件受到一定限制,近年来随着交通基础设施的不断完善,综合交通网络已逐渐形成。航空线路:遂昌至萧山机场206千米、至义乌机场165千米、至温州机场227千米、至衢州机场88千米;铁路方面:遂昌至龙游站57千米、至衢州站93千米、至丽水站99千米、至温州站199千米;高速公路:遂昌至杭州230千米、至上海414千米。

一、南尖岩路线

遂昌县城至南尖岩景区,52千米。途经好川文化遗址、汤沐园等景点。

二、金矿路线

遂昌县城至遂昌金矿国家矿山公园,20千米。途经竹炭博物馆、长濂文化旅游区等。景区内设小火车,线路长1520米,小火车有12节,额定96座,用电动牵引。

三、神龙谷路线

遂昌县城至神龙谷景区，走51省道，48千米，途经神龙谷漂流景区；走三砺线，途经好川文化遗址、汤沐园、南尖岩景区，再经石阳公路，65千米。

四、千佛山路线

遂昌县城至飞石岭，34千米，途经好川文化遗址、汤沐园等景点；由县城到石练镇黄皮村32千米，再经入景公路到梧桐岙，8.4千米。

五、竹炭馆路线

遂昌县城至中国竹炭博物馆，5千米。

六、王村口红色之旅路线

遂昌县城至独山古寨至红色古镇王村口、乌溪江漂流景区，58千米；遂昌县城至神龙谷景区至关川挺进师客栈至王村口，86千米。

七、湖山红星坪路线

遂昌县城至湖山森林公园、红星坪温泉度假区，51千米，途经好川文化遗址、汤沐园、湖山温泉(在建)等景点。

八、白马山路线

遂昌县城至高山流水三井村至白马山森林公园，37.5千米；遂昌县城至桃溪胜境小金竹至白马山森林公园，58千米。

九、九龙山路线

遂昌县城至九龙山国家级自然保护区管理机构所在地黄磁淤，92千米，途经好川文化遗址、汤沐园、飞石岭等景点。

十、石姆岩路线

遂昌县城至石姆岩及桃源尖万亩杜鹃长廊，59千米，途经竹炭博物馆等景点。

第三节 旅游公路建设

遂昌山清水秀、人文荟萃、旅游资源丰富。改革开放后,尤其是进入21世纪以来,遂昌县旅游业蓬勃发展,其间旅游公路促进了旅游发展,旅游发展又带动了旅游公路。2000年以来,遂昌县交通部门先后投资5.614亿元,重点新建和改造旅游公路10条,长237.999千米。

随着旅游业的快速推进,对公路交通提出了越来越高的要求。一是在改善公路技术状况的同时,努力为旅客提供方便、舒适、快捷的交通条件,全县所有的旅游线路都铺筑了沥青或水泥路面,行车时速和通过能力成倍提高,交通条件大为改善;在景区较多地区,公路交通部门统筹规划,不断延伸旅游线路,并使之成网。二是在线路布设方面下工夫,创建文明公路,提升公路绿化美化标准,重视沿线名胜古迹和自然景观保护,让旅客在途饱览风光之余,能够得到更多美的享受。几条主要的旅游公路改造情况记载如下。

白马山通景公路 2000年以前,至白马山景区仅有一条经应村乡汀溪通往白马山的林区公路,为砂石路面。2000年10月,新汀线新路湾至远路口公路新建工程开工,长9.353千米,按山岭重丘四级公路标准设计,路基宽6.5米,投资约350万元,于2003年竣工。2004年3月,远路口至白马山公路新建工程开工,长16.118千米,按山岭重丘四级公路标准设计,路基宽6.5米,耗资1418.2455万元,于2005年11月完工。2004年,新汀线路面改造工程开工,长38.801千米,按山岭重丘四级公路标准设计,水泥砼路面宽4～5米,于2006年10月完工。从此,遂昌县城至白马山景区公路里程由原来63.5千米缩短至48千米。

飞石岭(千佛山)通景公路 2001年8月,石练至王村口公路改建一期工程开工,长8.832千米,按二级公路标准设计,路基宽8.5～12米,路面宽7～9米,耗资6395.8万元。2002年10月22日,长1450米的飞石岭隧道贯通后,凯恩集团利用隧道北侧洞渣废弃场地开始规划飞石岭景区的建设,从此拉开了遂昌旅游业快速发展的序幕。2008年3月由凯恩集团投资715万元,在飞石岭(千佛山)景区新建入景公路,长8.4千米,按省准四级公路标准建设,路基宽6.5米,于2009年12月完工。

南尖岩通景公路 2004年之前,石坑口至石笋头仅为一条等外级的林区公路,通行不便。2005年2月,石坑口至石笋头公路改造工程开工,长17.53千米,按山岭重丘四级公路标准设计，路基宽6.5米，水泥砼路面宽4.5米，投资620万元，分两期实施，于2006年11月完工。鉴于线路技术标准低，旅游车辆猛增，通行安全难以保证，2007年5月，遂昌县人民政府安排资金94.95万元，对全线进行改善，急弯路段进行拓宽并设置凸透反光镜，设置错车道54处，部分路段硬化了路肩，于2007年9月完工。

石笋头至阳扒凹旅游公路（摄于2010年6月15日）

神龙谷通景公路 2000年6月，遂龙线三墩桥至坝头公路砂改油工程开工，长29.2千米，按山岭重丘四级公路标准设计，沥青砼路面宽5.5米，分两期实施，耗资1654.59万元，于2001年11月完工。2001年5月，桂王线路面改造工程分四期实施，全长42.514千米，按山岭重丘四级公路标准建设，沥青砼路面宽5米，耗资1488万元，于2005年11月完工。2001年8月，石练至王村口公路新建工程开工，长31.024千米，按二级公路标准设计，路基宽8.5米，水泥砼路面宽7米，投资19046.77万元，分两期实施，于2011年1月完工。

2007年3月，石笋头至阳扒凹公路建设工程开工，全长13.414千米，按四级公路标准设计，路基宽6.5米，沥青砼路面宽6米，工程预算2629.34万元，于2011年1月通过交工验收。该工程的实施，将遂昌县两个国家AAAA级旅游风景区南尖岩与神龙谷连接在一起，使两个景区行车距离缩短了74千米。

遂昌金矿国家矿山公园通景公路 2003年9月，连直线梧桐至金矿路面改造工程开工，长5.2千米，按山岭重丘四级公路标准设计，路基宽6.5米，水泥砼路面宽5.5米，投资约200万元，于2004年4月完工。2005年6月，龙潭至梧桐公路改建工程开工，全长11.555千米，采用二级公路标准建设，路基龙潭至力其桥加宽至22～36米、力其桥至梧桐宽10.5米，行车道分别宽16米和9米，批复概算2.3亿元，于2007年11月完工。

湖山旅游区通景公路 1998年9月，三墩桥至石练公路改建工程开工，长15.8千米，按山岭重丘二级公路标准设计，路基宽10.5～18米，水泥砼路面9～12米，耗资2687.55万元，于2000年12月完工。1999年12月，峡口门至九墅、雷石至金竹段砂改油工程开工，长18.8千米，耗资596万元，于2000年12月完工。2004年5月，峡口门至金竹路面硬化工程开工，长25.765千米，按山岭重丘四级公路标准设计，路基宽6.5米，沥青砼路面宽5米，投资约500万元，分两期实施，于2005年11月完工。2003年10月，湖山至大溪边公路路面改造工程开工,长 11.759 千米,按山岭重丘四级公路标准设计,路基宽 6 米,水泥砼路面宽 3.5 米,耗资 496.49 万元,于 2005 年 12 月完工。

此外,遂昌尚有众多的旅游风景区、红色旅游线路、自驾车旅游线路以及星罗棋布的“农家乐”旅游点,无不是在 2003 年以后县乡公路路面改造和乡村康庄公路工程全面实施的基础上迅速发展起来的,限于篇幅,不能一一枚举。

附　录

一、遂昌县高速公路(一级公路)及重点交通工程建设指挥部

龙南线北界段改线工程指挥部　1987 年 7 月 21 日,县政府决定成立。

总指挥:夏林章。

副指挥:蔡国恩、洪锦松、丁志勇。

办公室主任:蔡国恩;副主任:毕国权。

上江至小马埠公路改线工程指挥部　1987 年 11 月 25 日,县政府以遂政〔1987〕131 号文决定成立。

总指挥:应兆寅。

副指挥:邹观水、夏林章、蓝根文。

办公室主任:蓝根文(兼);副主任:刘光礼。

遂昌县公路工程建设协调小组　1992 年 3 月 20 日,县委、县政府决定成立。

组长:程万富。

副组长:朱庭荆、邱林涛。

办公室主任:李福庭;副主任:刘光礼。

龙丽线北界至上江段公路改造工程指挥部　1992 年 6 月 9 日,县委、县政府决定成立。

总指挥:程万富。

副总指挥:朱庭荆、邱林涛。

办公室主任:叶慧斌;副主任:程步光。

1993 年 8 月 2 日,县府办发文,公布指挥部调整后的名单。

总指挥:沈荣富。

常务副总指挥:邱林涛。

副总指挥:朱庭荆、季包献。

办公室主任:程步光。

遂昌县金岸至界首段公路改建工程指挥部　遂政办〔1994〕87 号文决定成立。

指挥:沈荣富。

副指挥:刘光礼、周年松、张良法。

办公室主任:刘光礼;副主任:张朝晖。

洋钿岙公路隧道工程指挥部 遂政办〔1995〕76号文决定成立。

总指挥:沈荣富。

副指挥:刘文蔡、蒋寒薇、蔡国恩。

办公室主任:程步光。

三墩桥至石练段公路改建指挥部 1998年2月9日,县政府决定成立。

总指挥:陈瑞商。

副总指挥:占高潮、沈荣富、胡苏朝、刘文蔡。

同年10月18日,县府决定增补陈记训为副总指挥。

办公室主任:刘光礼;副主任:程步光。

遂昌县公路重点工程建设指挥部 2001年2月23日,县委、县政府决定成立。

总指挥:李一飞。

常务副总指挥:占高潮。

副总指挥:王炽耀、沈荣富、刘文蔡、刘光礼。

办公室主任:刘光礼;副主任:叶法明、潘建龙、傅长荣。

龙丽一级公路遂昌段建设工程指挥部 2002年1月7日,县委、县政府决定成立。

总指挥:李一飞。

副总指挥:孙俐珑、何丽萍、王炽耀、沈荣富。

同年8月20日,县委、县政府决定调整指挥部成员。

总指挥:李一飞。

副指挥:孙俐珑、王炽耀、何丽萍、沈荣富、徐兼明、吴法根、项健。

办公室主任:何丽萍;副主任:吴法根、项健。

遂昌县公路建设领导小组及相关重点工程指挥部 2003年2月17日,县委、县政府决定调整公路建设领导机构,成立领导小组及相关指挥部。

领导小组组长:李一飞。

副组长:潘世敏、王炽耀、何丽萍、沈荣富。

龙丽一级公路遂昌段建设工程指挥部 2003年2月17日,县委、县政府决定成立。

指挥:项健。

常务副指挥:刘光礼。

副指挥:胡苏朝、高初明。

石王公路建设工程指挥部 2003年2月17日,县委、县政府决定成立。

指挥:项健。

常务副指挥:高初明。

副指挥:胡苏朝、刘光礼。

2004年12月6日,县府办公布石王公路建设工程指挥部调整名单。

指挥:项健。

常务副指挥:潘建龙。

副指挥:陈隆信。

遂昌县进城公路改建工程领导小组 2003年6月2日,县政府决定成立。

组长:潘世敏。

副组长:何丽萍、尹建中。

办公室主任:胡苏朝;副主任:黄光运。

遂昌县乡村康庄工程领导小组 2003年7月28日,县委、县政府决定成立。

组长:李一飞。

副组长:陈元龙、何丽萍。

办公室主任:项健;副主任:高初明、潘建龙。

遂昌县龙潭至梧桐公路改建工程指挥部 2004年8月10日,县政府决定成立。

指挥:项健。

常务副指挥:高初明。

副指挥:黄光运。

遂昌县县道砂石路面硬化工程建设领导小组 2005年2月21日,县政府决定成立。下设指挥部。

总指挥:项健。

常务副指挥:叶法明。

副指挥:高初明、潘建龙。

遂昌县龙丽高速公路建设领导小组 2005年4月20日,县委、县政府决定成立。

领导小组组长:陈景飞。

副组长:傅保国、包志华、何丽萍、包建崇。

龙丽高速公路遂昌段建设工程指挥部 2005年4月20日,县委、县政府决定成立。

指挥:项健。

常务副指挥:刘光礼。

副指挥:胡苏朝、高初明。

石笋头至阳扒凹公路建设工程指挥部 2006年10月20日,县交通局决定成立。

指挥:项健。

副指挥:潘建龙(常务)、蓝根文、邱火根。

遂昌县51省道上江至三墩桥公路改建工程指挥部 2007年12月25日,县政府决定成立。

指挥:李美顺、周瑞琛。

副指挥:胡苏朝、张朝晖。

总工:刘光礼。

遂昌县峡口门至湖山至金竹公路改建工程指挥部 2009年11月6日,县政府决定成立。

总指挥:李美顺、周瑞琛、马国跃。

常务副指挥:高初明、刘光礼。

副指挥:朱根仁。

遂昌县乌溪江大桥建设工程指挥部 2009年11月6日,县政府决定成立。

总指挥:李美顺、周瑞琛、马国跃。

常务副指挥:张朝晖。

副指挥:朱根仁。

2010年5月5日,县府办通知,增补叶慧斌为副指挥。

51省道遂昌县王村口至老虎跳段公路改建工程指挥部 2010年5月17日,县政府决定成立。

指挥:周瑞琛、马国跃。

常务副指挥:潘建龙、阮定豹。

副指挥:陈隆信。

二、遂昌县人民政府颁发的有关交通的重要文件

遂昌县县城人力三轮车在城市道路通行管理暂行规定

遂政办〔1995〕162号

为了加强县城道路交通管理,确保城镇道路畅通,维护县城交通秩序,优化县城环境,方便人民群众生活。根据省人民政府第61号令等法规和文件精神,结合我县具体实际,对人力三轮车在城市道路通行作如下规定:

一、人力三轮车县城道路通行管理,由遂昌县城建监察大队按照县城管理有关规定和本规定进行管理。

二、在县城道路通行的人力三轮车必须佩挂由县城建监察大队核发的通行证。通行证由县城建监察大队统一核发、安装,未办通行证的,要及时办理;遗失

的，要及时补办。

三、人力三轮车车主必须自觉遵纪守法，严格遵守交通规则，严禁在各交通要道和岔路口集结，乱停乱放，停放时不得阻碍行人往来，并保持车身整洁。

四、县城道路通行和时间限制：

1. 东街、县前街（县府门口至科委门口段）早上 7:00—下午 3:00 不准通行。

2. 西街路口至粮食局段早上 7:00—下午夏令 6:30（冬令 5:30）不准通行。

3. 北街（县府门口）至县人民医院门口段，集市日不准通行（早上 6:30—下午 3:00）。

4. 设立临时停放点：

①县人民医院门诊楼围墙一侧；

②财政局门口一侧；

③农业局门口至南溪路口一段（靠农业局一侧）；

④车站路靠新客运大楼一侧；

⑤遂昌中学门口一侧。

五、有下列行为之一的，按照省政府 61 号令，由城监、公安作如下处罚：

1. 在县城道路上无通行证行驶的，罚款人民币 50 元；

2. 在交通要道和岔路口集结，乱停、乱放的，罚款 10～50 元；

3. 车身不整洁（含乱贴广告的），罚款 5～10 元；

4. 不服从管理和无理取闹的，罚款 20～100 元或吊销通行证或扣车处理。

六、拒绝、妨碍工作人员执行公务的，由公安部门按《中华人民共和国治安管理条例》进行处罚；构成犯罪的，依法追究刑事责任。

七、工作人员必须依法办事，文明执法，执行公务必须佩戴标志，着装整齐统一；若玩忽职守，滥用职权，徇私舞弊的，由其所在单位或上级主管部门，给予批评教育或行政处分；构成犯罪的，依法追究刑事责任。

八、有关部门要给予大力支持，通力协助，确保县职能部门按规定正确行驶职权。

九、本规定由遂昌县城建、公安等职能部门负责解释，自公布日起生效执行。

1995 年 11 月 23 日

遂昌县公路管理体制改革实施方案

遂政发〔2002〕76 号

根据省人民政府《浙江省人民政府关于深化事业单位改革的意见》（浙政发〔2001〕68 号）、省交通厅《浙江省公路管理体制与运行机制改革的指导意见》（浙交〔2002〕67 号）、市人民政府《丽水市人民政府关于丽水市公路管理体制改革意见的批复》（丽政发〔2002〕130 号）文件精神，为进一步加强我县公路养护管理工作，推进事企分开，管养分开，建立适应社会主义市场经济体制要求的公路管理体制，促进全县公路事业持续健康发展，特制定遂昌县公路管理体制改革实施方案。

一、改革的指导思想

以邓小平理论和江泽民"三个代表"重要思想为指导，认真贯彻中央和省市有关事业单位改革精神，以有利于提高公路管理机制的运行效率，有利于充分发挥养护资金的使用效益，有利于公路养护市场化发展为目的，积极推进事企分开，管养分开，建立精简、统一、高效的公路管理体制，促进公路事业持续健康快速发展。

二、改革的原则和重点

(一)改革原则

1. 公路养护市场化原则

为适应社会主义市场经济体制和我国加入世贸组织的新形势，公路养护要有计划、有步骤地向社会开放，由市场生产经营主体公开、公平、公正地参与公路养护工程竞争，逐步建立"统一、开放、规范、有序"的公路养护工程市场。

2. 用工机制社会化原则

公路养护用工彻底终止事业化用工机制。养护用工要建立企业与职工双向选择、自主用工、自主择业、能进能出的用工机制。在转制时要按《劳动法》重新签订劳动合同，实行用工机制的社会化。

3. 组织形式企业化原则

养护工程市场主体全面实行企业化组织，由企业生产经营实体自主参与公路养护工程活动，逐步终止事业单位养路的模式。

4. 公路管理法制化原则

严格执行公路法律、法规，使公路管理机构的路政、养护和建设的行业管理全面走上法制化轨道。

(二)改革重点

实施"一合并，两分开"。即县县乡公路管理所并入县公路管理段，建立统一的公路管理机构；实行管理与养护分开，理顺劳动关系，实行事业与企业分开，改革产权制度。

三、改革的主要任务和政策措施

(一)主要任务

1. 改革公路管理机构

建立统一高效的公路管理机构，根据市政府要求，2002年底前完成遂昌县县乡公路管理所并入遂昌县公路管理段工作，改革后的遂昌县公路管理段依据《公路法》，受交通主管部门委托，依法行驶行政管理、公路执法职能。为监督管理类事业单位，其级别和隶属关系不变，增挂遂昌县路政管理大队牌子，两块牌子，一套班子。具体履行路政执法、养护工程管理职责。

2. 改革用人制度

改革现行的管理人员与生产工人统一由公路管理机构录用的制度。对依法行使行政和行业管理职责的路政、公路养护、公路工程管理人员和行政管理人员，在配备时参照国家公务员的素质要求，按照"公开、公平、公正"的原则从严选聘。改革后公路生产养护人员不再由公路管理机构录用和管理。

3. 改革产权制度

建立适应社会主义市场经济要求的新的投资主体，按照"两彻底"的原则，推进产权制度改革。原公路管理机构拥有的部分财产及生产设备划由养护公司管理和经营，其产权仍为公路管理机构所有，按规定提取折旧费。待时机成熟时，按照县政府布置的办法，国有资产彻底退出养护生产领域，职工身份彻底转换。

（二）政策措施

1. 明确县级公路管理机构编制

按照省交通厅《关于印发〈浙江省市县级公路管理机构定员标准〉的通知》（浙交〔2001〕531号）和省公路局《关于核定市、县级公路管理机构管理人员的通知》（浙公路〔2002〕15号），编报《遂昌县公路管理段职能配置、内设机构和人员编制方案》，经县编委批准后，按核定的人员编制选聘管理人员，严格控制，留有余地。

2. 公开选聘公路管理人员

围绕建设一支高素质、专业化的公路管理队伍的目标，坚持"德才兼备、任人唯贤"和"公开、公平、公正"的原则，按一定条件和遵循一定程序全面推行竞争上岗、双向选择、择优聘用。建立公开选聘和考试录用的制度。竞争上岗的管理人员要实行聘用制，重新签订聘用合同。

3. 理顺养护生产工人劳动关系

未竞聘进入公路管理机构的职工，全部进入新组建的公路养护工程公司。今后，公路养护生产用工一律由独立的养护工程企业自主使用和管理。

4. 按市场化运作方式组建公路养护公司

按照"事企分开"的原则，组建公路养护工程公司。公司为自主经营、自负盈亏的独立法人，不再核发事业经费，通过招投标获得养护工程，公路管理机构通过合同管理计量支付养护资金。在养护企业走向市场过程中，交通主管部门与公路管理机构要对新组建的养护企业给予适当扶持，帮助壮大实力，提高竞争力。鉴于公路养护的社会性、公益性和服务性，税收政策上应给予优惠。

5. 处理好人员的分流安置

人员分流安置办法：一是实行离岗退养和提前退休。二是不能进入管理岗位的职工,新组建的养护公司应全部吸纳,并重新与公司签订劳动合同。公司的改制工作待我县事业单位改制政策颁布后再进行。

四、改革的具体事项

(一)县乡公路管理所并入县公路管理段后,原段、所管理人员除县管干部外,其余所有人员在同等条件和程序下,按照公开、平等、竞争、择优的用人制度,通过考试、考核和竞争上岗、双向选择确定聘用管理人员。未进入管理岗位的人员全部进入公路养护公司。

(二)县乡公路管理所并入县公路管理段后,计划、财务、资产统一管理,专业公路养护支出和县乡公路养护支出应根据省市下达的计划,实行专项列账管理,各项经费专款专用。在合并中,段、所应进行财务审计并妥善处理好各自的债权、债务。

(三)竞聘管理岗位条件:原段、所管理机构管理人员可参加竞聘,非管理人员应具有高中及以上学历,年龄35周岁以下,经统一考试择优选拔,选聘到工程养护、路政管理、财会等岗位人员还应具有相应的任职资格。

(四)建立以聘用制为基础的用人制度,引入竞争激励机制,管理人员和中层干部全部实行聘任制,通过考试、考核和竞争上岗、双向选择、择优聘用,具体办法另行制定。

(五)改革后原公路管理机构的离退休、离岗退养、提前退休、精简退职和职工遗属等人员的日常管理由新的公路管理机构负责。

(六)在我县养护体制改革过程中,从事业分流到养护公司的企业养护道工,应予免交社保计提的职工视同缴费年限的养老保险费。

2002年11月15日印发

遂昌县渡口安全管理办法

第5号政府令

第一章 总则

第一条 为加强渡口安全管理,保障国家、集体、个人财产安全和人民生命安全,根据《中华人民共和国内河交通安全管理条例》、《浙江省渡口安全管理办法》、《丽水市渡口安全管理办法》,结合本县实际,制定本办法。

第二条 本办法适用于本县所有渡口及与渡口安全管理活动有关的单位、个人。

本办法所称渡口,是指设于河流、水库专供渡运人、货、车的场所及设施,包括渡运所需的场地、道路、水域、码头、渡船及为渡运服务的其他设施。

第三条 渡口分三类

(一)设于乡镇港埠、渡运量较大的渡口为交通渡;

(二)设于乡村或集镇的渡口为乡镇渡;

(三)设于企事业单位专用场所或旅游风景点的渡口为专用渡。

第四条　渡口安全管理实行"谁经营、谁管理、谁负责"的原则。渡口经营者对渡口安全负全面责任,渡口的主管部门和乡镇渡口所在地乡镇人民政府对渡口安全负领导责任。渡口安全管理任务繁重的乡镇人民政府应设立渡口安全管理小组,负责本辖区渡口安全管理工作。

第五条　县交通行政主管部门负责本县内的渡口安全管理工作。

县港航监督机构负责渡口安全的监督管理、船舶检验机构负责渡船的检验、发证工作。

发计、财经、经贸、公安、建设、水利、教育、旅游等有关部门应当根据各自职责,配合做好渡口的安全管理工作。

第六条　渡口经营实行"以渡养渡"的原则。

乡镇渡"以渡养渡"办法主要有:

(一)适当提高渡运收费标准;

(二)流量较大的渡口,实行招标租赁经营;

(三)可从相应村级提留款中提取部分;

(四)其他来源

第七条　通过各种渠道筹集的渡口经费,必须用于渡口,做到专款专用。

第八条　渡运收费标准,由物价主管部门会同交通行政主管部门核定,同时使用财政部门监制的收费票据。乡镇渡收费不足以维护正常开支的,以及渡口、渡船更新改造资金和渡口安全管理专项经费,当地人民政府应予解决或补助。

第九条　对渡口安全管理工作作出显著成绩的单位、个人,渡口所在地乡镇人民政府和渡口主管部门应给予表彰、奖励。

第二章　渡口

第十条　渡口应设置在岸平水缓、视线良好、群众上下安全方便的地段。禁止设置在狭窄、弯曲、流急波漩或靠近易爆易燃生产场所、仓库等地段,严禁妨碍堤坝安全、航道畅通和排洪泄洪。

第十一条　设置、迁移、撤销渡口,应当符合城市规划或村镇规划,由设置单位、个人提出书面申请,按下列程序报批:

(一)乡镇渡,须经所在地乡镇人民政府同意,由当地港航监督机构和有关部门签署意见后,报县人民政府审批。

(二)专用渡,须经其主管部门同意,由所在港航监督机构和有关部门签署意见后,报县级以上人民政府审批;

(三)交通渡,须经所在地港航监督机构和有关部门签署意见后,报县级以上人民政府审批。

任何单位和个人未经批准,不得擅自设置、迁移、撤销渡口。

第十二条　渡口必须修建合适的码头或埠头,应设置醒目的安全警示标志牌及《渡口守则》标牌。

第十三条　设置营业性渡口,经营者应当依法向当地工商、税务等有关部门办理登记手续,领取营业执照;迁移或撤销渡口的,应依法办理变更登记或注销手续。

第三章　渡船

第十四条　渡船应具备下列条件,方可投入使用:

(一)经船舶检验部门检验,持有船舶检验证书;

(二)经港航监督部门登记,持有船舶登记证书、航行签证簿或渡船证,机动渡船还须持上述有关证件到当地公安机关申领船舶户牌;

(三)按规范配备救生、消防等安全设施和设备;

(四)渡船两舷应设置安全栏杆,渡运机动车辆的渡船应在甲板设置防滑装置;

(五)渡船应当标明船名、核定乘客定额、载重水线和抗风等级。

第十五条　渡船应按船舶检验部门核定的部位载运旅客、渡运车辆。

第十六条　渡船应当按规定办理签证和年度检验。

第四章　渡工

第十七条　渡船经营者应按规定配备渡工(船员,下同),并保持相对稳定。

第十八条　渡工应当由责任心强、技术好、熟悉航道、身体健康,并经港航监督机构考核合格,取得相应渡工证或船员适任证书的人员担任。

渡工因事需他人代班时,必须由具有相应船员职务适任证书或渡工证的人员担任,严禁无证人员担任渡工。

第十九条　渡工必须严格遵守有关法律、法规、规章和水上安全操作制度。

第五章　渡运

第二十条　渡船应当在规定的航区内按指定的航线航行,横渡时严禁抢越沿流行驶的他船船头。

严禁将渡船挪作他用,禁止渡运危险、剧毒化学品及其他国家有关部门规定禁止运输的危险品。

第二十一条　有下列情况之一的,严禁渡运:

(一)超员或超载的;

(二)装载不当,影响安全渡运的;

（三）天气恶劣或发现其他危险情况的；

（四）船员配备不足或渡船不适航的；

（五）装运危险化学品的车辆和客车同渡的；

（六）其他危及渡运安全的情况。

需要渡运装运危险品的车辆和超高、超宽、超长、超重车辆的，须出示有关部门核准的准运准渡证明，经渡口经营者同意，并采取有效的安全措施后方可渡运。

第二十二条　渡口经营者对中小学生、残疾人、老年人、孕妇等旅客过渡，应当予以照顾。

第二十三条　渡船在维修保养期间，需用他船代渡时，代渡船需经船舶检验机构检验合格后，方可投入使用。

第二十四条　在安全检查中发现渡口存在事故隐患，渡口主管部门应限期整改，港航监督部门对事故隐患实行跟踪检查。

第六章　渡口安全管理职责

第二十五条　渡口所在地人民政府和渡口主管部门应建立渡口安全管理责任制。

乡镇渡设置后，乡镇人民政府与渡口经营者、渡口经营者与渡工应当每年签订渡口安全管理责任书，责任人发生变化，应及时补签责任书，同时乡镇人民政府应与有学生过渡的学校签订学生平安过渡安全责任书。

第二十六条　县人民政府交通行政主管部门的主要职责：

（一）宣传贯彻有关渡口安全管理的法律、法规、规章；

（二）监督、检查渡口经营者渡运安全管理制度落实情况和渡运安全情况；

（三）制定渡口安全管理制度，及时处理、解决渡口安全管理中存在的问题；

（四）统一规划渡口的更新改造；

（五）组织有关部门开展渡口安全大检查；

（六）县级人民政府交办的其他渡口安全管理工作。

第二十七条　港航监督、船舶检验机构的主要职责：

（一）依法对渡船检验、登记，核发船舶检验证书、船舶登记证书和航行签证簿或渡船证；

（二）负责渡工的安全教育、技术考核，核发渡工证或船员适任证书；

（三）开展渡口安全管理宣传、检查，依法查处渡运违章行为，对违反有关规定的渡船，可以依法采取责令临时停航，驶向指定地点，强制卸载，拆除动力装置、暂扣船舶等保证通航安全的措施；

（四）调查处理渡船交通事故；

(五)定期到渡口现场签证,对渡口安全管理责任措施不落实或不到位的单位和个人实行督查通报;

(六)负责乡镇水上安全监督员的业务培训;

(七)负责对渡口签证人员的考核;

(八)上级主管部门交办的其他有关渡口安全管理工作。

第二十八条 乡镇人民政府和渡口主管部门的主要职责:

(一)贯彻落实有关渡口安全管理工作的法律、法规、规章和制度;

(二)检查、考核、落实渡口安全管理责任制,规范安全检查记录,及时填写安全检查登记簿,健全渡口台账档案;

(三)明确分管领导和专、兼职管理人员,负责对渡工和乘客的安全宣传教育,在重大节假日、集市日、学生集中过渡期等渡运高峰期间和恶劣天气下,组织力量加强渡口现场管理;

(四)组织渡口安全检查,落实事故隐患整改措施,及时消除事故隐患;

(五)审定渡工的录用和奖惩事项;

(六)上级政府及有关部门交办的其他有关渡口安全管理工作。

第二十九条 渡口经营者的主要职责:

(一)聘任渡管员;

(二)聘用持有合格船员职务适任证书的人员担任渡工;

(三)负责渡口安全宣传教育;

(四)确保渡船适航和渡口设施的完好有效;

(五)维护渡口安全秩序,制止超载抢渡,渡运高峰期应增加渡船班次;

(六)建立健全和组织实施安全生产的宣传、教育、管理、奖惩制度和岗位责任制。在推行经济承包制时,应规定安全责任的内容。

(七)其他有关渡口安全管理的工作。

第三十条 渡口所在地学校的主要职责:

(一)有众多学生过渡时,学校应派出专人护送学生上船;

(二)学校如组织学生搞活动需乘船时,必须向当地乡镇人民政府、港航监督部门和教育主管部门报告,经同意后,方可乘坐;

(三)学校应加强对学生的安全教育,教育学生按照有关规定乘坐渡船,服从指挥,不得破坏救生设备及有关设施,每学期应安排一定时间上安全课;

(四)其他有关渡口安全管理的工作。

第三十一条 渡工的主要职责:

(一)渡工应坚守岗位,遵守航行规章。认真瞭望,谨慎驾驶。不得超载航行,不得酒后驾驶,不得给无证人员驾船,不得在大风、大雾、冰雹、雷雨天气和洪水、急流等危险情况下冒险开航;

（二）宣传《渡口守则》，维护渡运秩序，有权拒绝任何单位或个人强迫其违章渡运、冒险航行的要求；

（三）做好渡船的日常检查和维护工作，发现渡船不适航时，应立即停航，并及时向经营者和主管部门报告；

（四）渡船发生事故或乘客落水时，应当立即采取救援措施，组织抢救并及时向渡口经营者、渡口主管部门、所在地乡镇人民政府和港航监督机构报告，附近的船舶也应全力参加救助遇险人员；

（五）按有关规定到码头集中签证、学习；

（六）其他有关渡口安全管理的工作。

第三十二条　渡口所在地公安机关负责维护渡口的治安秩序。

第三十三条　过渡旅客应遵守渡口、渡船的安全管理规定，服从渡口安全管理人员或渡工指挥。禁止将易燃、易爆等危险品携带上船。

第七章　事故处理与法律责任

第三十四条　渡船发生交通事故，由港航监督机构按照有关法律、法规和规章的规定调查处理。渡口经营者及其主管部门应当积极配合、协助。

第三十五条　渡船发生重大、特大交通事故，当地人民政府、渡口主管部门和其他有关部门的领导，应当及时到现场组织抢救、处理善后，并按照国家规定的程序和时限立即上报。

第三十六条　因渡船交通事故引起的民事纠纷，当事人可以申请港航监督机构调解；不申请调解或调解不成的，可以向人民法院起诉。

第三十七条　违反本办法，依照《中华人民共和国内河交通安全管理条例》、《浙江省渡口安全管理办法》、《丽水市渡口安全管理办法》等有关规定追究处理。

第三十八条　违反本办法规定，未建立渡运安全责任制和未履行相应职责的，由上级人民政府或渡口主管部门依法依纪追究有关责任人员的责任。

第三十九条　当事人对行政处罚决定不服的，可以依法申请行政复议或提起行政诉讼。

当事人逾期不申请复议、不起诉、又不履行处罚决定的，作出处罚决定的机关可以依法申请人民法院强制执行。

第四十条　渡口管理部门和单位的工作人员，玩忽职守，造成渡船交通事故的，由有关主管部门给予行政处分。

第四十一条　渡口发生特大交通安全事故，依据《国务院关于特大安全事故行政责任追究的规定》处理。

第四十二条　违反本办法规定，触犯刑律的，由司法机关依法追究刑事责任。

第八章 附则

第四十三条 本办法有关规定与今后新颁布的法律、法规、规章的规定不一致的,按新规定执行。

第四十四条 本办法自2003年1月1日起施行。

2002年12月26日

遂昌县乡村康庄工程实施办法

遂政发〔2003〕65号

为贯彻落实省委、省政府全面建设小康社会、提前基本实现现代化的战略决策,实现遂昌交通的跨越式发展,根据《浙江省乡村康庄工程实施意见》、《浙江省农村通村公路改造工程管理实施细则》及《丽水市乡村康庄工程实施意见》的精神,结合遂昌实际,制定本实施办法。

一、指导思想和原则

以邓小平理论和"三个代表"重要思想为指导,全面贯彻党的十六大精神,紧紧围绕发展农村经济、方便群众出行、全面建设小康社会的目标,紧紧抓住我省实施交通"六大工程"、实现跨越式发展的历史机遇,坚持"依靠政府、发动群众、科学规划、规范管理、因地制宜、分类指导、尽力而为、加快发展"的原则,把乡村康庄工程建成民心工程、精品工程和廉政工程。

二、目标和任务

1.通乡公路硬化。用三年时间全面完成通乡公路等级化、路面硬化。三年内要改造通10个乡(镇)的公路路面164公里,使全县通乡(镇)等级公路的通乡率达100%,硬化率达100%。

2.通村公路等级化。用五年时间按交通部颁发的《公路工程技术标准》的单车道四级公路和《浙江省准四级公路工程技术标准(试行)》改造完成140个行政村约560公里通村公路,使全县省定地方标准以上公路通村率达85%以上。

3.通村公路硬化。用五年时间硬化100个行政村约400公里通村公路路面,使全县通行政村公路硬化率达55%以上。

原则上改造完成的通行政村公路应同步实施路面硬化。

三、技术标准和补助标准

(一)通乡、通村公路的技术标准

凡是享受通乡公路和通村公路省以上补助资金的项目,必须达到以下技术标准并验收合格:

1.通乡公路路基改造必须达到四级及以上公路标准,路面铺装必须为高级、次高级路面。

2.通村公路路基改造必须达到准四级及以上公路标准,路面铺装应达到中级路面以上。

3. 路面结构由基层和面层组成。基层类型按因地制宜、就地取材的原则，根据预测的车辆轴载情况，可采用柔性或半刚性基层，其厚度一般为15～20厘米；面层类型和厚度依据相应等级标准和交通量确定。

(二)通乡、通村公路的补助标准

资金筹措：农村公路建设资金采用“省、县补助，乡(镇)、村自筹”等办法筹集。为鼓励先进，对积极性高、资金筹措能力强的行政村优先安排项目建设计划。具体补助标准为：

1. 通乡公路硬化补助标准：通乡公路路面硬化省以上补助18万元/公里，其余差额原则以县补为主。

2. 通村公路补助标准：路基改造省以上补助10万元/公里，在具体实施过程中，按工程难易程度在全县范围内统筹安排；路面铺装省以上补助10万元/公里，视工程难易程度，县政府筹集资金补助3万元/公里。

四、具体要求和措施

(一)加强领导，明确职责

乡村康庄工程是今后五年农村公路建设的重要抓手，时间紧，任务重，难度大。各有关部门要在县委、县政府的统一领导下，大力支持农村公路建设，为乡村康庄工程的实施创造良好的氛围。

为确保乡村康庄工程的有序进行，成立以县长为组长，县委副书记和分管副县长为副组长，交通、计划、财政、农业、林业、水利、国土、移办等职能部门领导为成员的实施乡村康庄工程领导小组。领导小组下设办公室，办公室设在县交通局，交通局局长任主任，分管副局长和工程科长任副主任，主要负责乡村康庄工程组织实施的日常事务，制定农村公路建设的计划，指导、协调、监督和检查乡村康庄工程实施工作。县计划部门会同交通部门负责全县国债资金项目的编制上报和监督实施。各乡(镇)人民政府应及时成立领导小组，抽调精干人员专职负责辖区内乡村康庄工程的质量、安全、进度等实施管理工作；各村也须建立工作班子，负责工程施工管理工作；县各有关部门实行联系乡镇的康庄工程项目挂钩制度。形成从上到下强有力的领导体系和管理系统。

(二)科学规划，齐抓共管

实施乡村康庄工程是一项较长期的农村基础设施建设任务，在具体的组织实施过程中，必须坚持规划在先，计划实施；同时，要整合多方力量，形成齐抓共管的良好运行机制，才能确保有序协调发展。

1. 科学制定规划和五年计划。计划和交通部门要根据乡村康庄工程的总体目标和具体任务，编制好建设规划和五年计划。各乡(镇)要根据实际，做好规划和年度计划建议，提供一定数量的项目贮备，以便统一制定规划和年度计划。在规划和计划制定中要坚持“五个结合”,即将农村公路建设规划与实现农业现代化和全面建设小康社会规划相结合,与易地脱贫和人口梯度转移相结合,与农村工业经济和农业结构调整相结合,与土地资源和旅游开发相结合,与建设生态县和千村示范万村整治工程相结合。使规划具有整体性、前瞻性,使计划能落到实处。同时,在农村公路建设过程中,要充分考虑当地群众的方便出行。

2. 合理确定实施计划。要按轻重缓急、条件优劣、经济强弱,排出年度计划,坚持尽力而为、量力而行、鼓励先进的原则,对地方经济强、共享性高及当地政府、群众积极性高、配套资金落实到位的项目优先安排。

3. 整合多方力量。农村公路建设是一项涉及全面的系统工程,必须整合多方力量,拧成合力,齐抓共管,才能实现既定目标。各部门、各单位要顾全大局,服从整体,发扬团结协作、无私奉献的精神,从各个方面大力支持农村公路建设,形成全社会参与农村公路建设的良好运行机制。同时,要在取得上级补助经费的基础上,积极争取省、市各部门的大力支持,充分利用农口、移民、欠发达乡镇扶贫资金及小水电资源费等各种补助经费,实行统筹安排、捆绑操作。

(三)科学设计,建立项目库

农村公路的设计严格按交通部颁布的《公路工程技术标准》单车道四级公路或《浙江省准四级公路工程技术标准》执行,必须在充分利用现有简易公路的基础上进行适度改造,避免出现两个极端做法:一是盲目提高标准,完全丢弃老路,另辟新线,造成投资大、环境破坏严重;二是降低标准,导致无法达到等级公路标准、建成后通路无法通车的被动局面。

农村公路设计采用一阶段施工图设计,设计可选择有相应资质的设计单位,或组织有资格的技术人员实行简易设计,但需经设计咨询单位审核。设计中考虑到农村公路系老路改造,在设计中要充分考虑水土保持和环境保护的相关因素,不再单独编制水土保持和环境评估报告。县公路勘察设计所要为农村公路设计提供优质服务,县交通局负责组织有关部门对实施项目进行审查批准。

县康庄办要根据规划和分年度实施计划,提前做好项目设计,建立一定量的项目库,为下一年计划安排提供充足的项目贮备。

(四)严抓细管,确保质量

各乡(镇)人民政府为农村公路建设工程的项目业主。县交通主管部门要切实履行行业监管职责,严格执行国家计委、交通部的《县际及农村公路改造工程管理办法》和省计委、交通厅的《浙江省农村公路改造工程管理实施细则》的有关规定。在乡村康庄工程的组织实施中,工程施工单位原则上采取公开招标确定,也可以采用邀请招标方式确定,要在有资质的企业中招标。一般工程招标工作由县交通局负责监督管理,招标形式原则上采用无标底办法。

工程质量管理要建立三级质量保证体系。政府监督,在市质监站的监督指导下,县交通局兼职监督工程师负责监督。工程监理,有条件的项目可委托有资质的监理公司负责工程监理,也可由村民委员会公开推选村民代表负责现场监理工作,但必须有专业技术人员作指导。自我检查,各中标施工单位要建立企业质量自检体系,确保工程质量。同时,在工程建设过程中要加强施工现场的安全管理,把好安全生产关。

县交通局负责农村公路建设项目的验收。各乡(镇)人民政府要按有关程序及时对所完成的项目提出验收申请,以便早日组织验收交付使用,发挥其投资效益。

(五)落实政策,用好资金。

农村公路建设量大面广,需征用大量的土地和投入巨额资金。交通部门要在县委、县政府的统一协调下,争取计划、财政、农业、国土、林业、移办、水利等部门的支持,认真研究政策、努力争取政策、用足用好政策。

1. 征迁及相关政策。县国土局、林业局、公安局、水利局、环保局、财政局等部门对下列事项要简化办事程序,实行优惠政策:(1)农村公路建设规划的用地,按实际使用面积,由乡(镇)、村自行调剂解决,被征用土地的农业税要予以减免;(2)占用的林地由各村自行调剂,林木砍伐根据工程建设需要林业部门优先审批,审批费用予以优惠;(3)因农村公路改建损坏的水利设施,水利部门应优先安排资金修复;(4)允许有资质的施工队伍自行组织爆破,对乡村康庄工程所需的民爆物品,要简化审批手续,优惠收费,提高服务质量;(5)在施工图设计中应充分考虑环境保护和水土保持相关因素,要有相关内容说明,环保、水利部门参与设计审查及工程验收;(6)广电、电力、通讯等部门的管线设施迁移,按照“谁家孩子谁家抱”的原则,由所有权单位负责迁移并免收费用;(7)民房的拆迁,实行“拆一还一”,由乡(镇)、村作适当补偿,宅基地由所在乡(镇)、村统一安排,建设、国土部门要简化审批手续,减免有关费用;(8)农村公路建设中涉及的有关规费均予免征,农村公路建设缴纳的税收,留地方部分用于补助农村公路建设。

2. 资金筹集政策。农村公路建设资金以“省、县补助,乡(镇)、村自筹”为原则。各乡(镇)人民政府必须发扬自力更生、自强不息的精神,抓住中央国债和交通部、省政府及省交通厅加大农村公路建设投入的机遇,努力多方筹集配套资金,以争取上级更多支持。同时,各乡(镇)、村要严格遵守国家农村税费改革有关规定,在不增加农民负担的前提下,采取“一事一议”的办法,引导农民自愿出义工,并积极动员社会、企业、个人以各种方式支持农村公路的建设。促使农村公路建设目标早日实现。

3. 加强资金管理。计划、财政、审计和交通主管部门要切实加强农村公路建设资金的监管和审计,确保资金安全使用。对资金实行专户存储、专款专用、单独建账、单独核算和规范化管理。各项目根据施工图预算确定资金总额,除省、县补助资金外,缺口资金由各行政村自筹到位,统一汇入乡(镇)专户。农村公路项目建成后,要自觉接受上级组织的审计。根据省交通厅有关规定,补助款按工程形象进度拨付。

4.明确考核政策。进一步落实责任,县委、县政府把农村公路建设工作列入乡(镇)党委、政府任期及年度目标考核内容,并同乡(镇)政府、村级组织层层签订责任状,层层建立责任制,对农村公路建设工作成绩显著的乡(镇)进行表彰、奖励。

5.加强廉政建设。乡村康庄工程是一项惠及农民群众的"民心工程"、"德政工程",各有关部门和乡镇一定要将这件好事办实,实事办好。在实施过程中要牢固树立"两手抓,两手都要硬"的思想,切实加强制度建设和廉政建设,全面推行廉政合同制,把乡村康庄工程建设成为廉政工程。

2003年10月15日

51省道上江至三墩桥公路改建工程征迁实施办法

遂政发〔2008〕58号

第一章 总 则

第一条 为加强51省道上江至三墩桥公路改建工程征迁工作的管理,保护被征迁人的合法权益,确保工程的顺利实施,根据《中华人民共和国土地管理法》、《中华人民共和国公路法》、《浙江省实施〈中华人民共和国土地管理法〉办法》等有关规定,结合我县实际,就51省道上江至三墩桥公路改建工程中土地征收、地上附着物征迁工作,制定本实施办法。

第二条 51省道上江至三墩桥公路改建工程指挥部在县重点工程领导小组的领导下,负责对本次征迁工作的领导,协调处理有关问题。县有关部门和沿线的乡镇人民政府以及有关村委会,按照各自职责,互相配合,共同做好本次征迁管理工作。

第三条 妙高镇、三仁乡人民政府设立征迁办负责本辖区的51省道上江至三墩桥公路改建的政策处理工作。电力局、电信局、移动公司、联通公司、遂昌长途传输分局、广电中心确定一名工作人员负责线杆迁移联络工作。

第四条 征迁工作人员必须严格执行征地、拆迁政策,做到办事公开、公平、公正。

第二章 征迁补偿和安置的原则

第五条 公路改建所需的石、土料场、弃方场、施工便道、道路接口等是改建公路的组成部分。需征收的山、田、地以及附着物按本办法执行。

第六条 拆迁户安置:渡船头村拆迁户,在拆迁安置区块统一安置,其他拆迁户在乡镇征迁办、村、队的指导帮助下统一安置,安置应符合城镇建设规划和土地利用总体规划。在公路沿线安置的，应符合《公路法》有关规定。

第七条　安置面积根据大、中、小户和拆迁面积确定。土地权证记载面积大于130平方米的大户，大于115平方米的中户，大于95平方米的小户分别按130、115、95平方米安置；土地权证记载面积90～130平方米的大户、80～115平方米的中户、70～95平方米的小户按拆迁土地权证记载面积安置；大、中、小户拆迁土地权证记载面积分别小于90、80、70平方米的，拆迁户可申请分别按90、80、70平方米安置，增加面积的费用由拆迁户自行负担。

第八条　拆迁建筑占地面积以土地使用权证所载明的土地面积为准。未确权的，权源合法、产权明晰按实地丈量面积为准。拆建的有关手续由辖区乡镇人民政府统一组织办理。

第九条　属征迁范围内的违法建筑和超过批准期限的临时建筑，应无条件拆除，不予补偿；拆除未超过批准期限的临时建筑按照有关补偿标准予以补偿，但不予以安置。

第十条　征迁范围确定后，征迁范围内的单位和个人，擅自新建、扩建的建筑物不予补偿。公告后进行抢种的青苗不予补偿。

第十一条　青苗计算方法：成片种植的按面积计算，零星的（指田头地角、房前屋后）按株计算。

第三章　征迁补偿标准

第十二条　土地征收及青苗补偿标准。

水田每平方米60元（山塘、水库、农户无权证的空坛参照水田标准补偿）；

旱地（可耕旱地）每平方米40元；

山地每平方米20元；

拆迁宅基地（有权证）每平方米144元。

拆迁土地权证记载面积超过安置面积的部分每平方米增补300元。

线杆用地每根杆位（拉线）100元。

经济作物补偿标准见附表1（对补偿标准未明确规定的青苗、树木等按类比确定补偿价格）。

第十三条　拆迁房屋建筑面积计算办法和补偿标准。

拆迁房屋建筑面积的计算：有房屋所有权证或者其他合法房产凭证的，按凭证所载明的建筑面积为准。无凭证记载建筑面积的，按外墙外围水平面积计算，以实地丈量为准。多层建筑面积按实际层数计算。其中，顶层结构完好（有楼板）且上层外墙净高超过1.7米（不含1.7米）的，该层全部计算建筑面积；外墙净高1.0～1.7米的，该层按一半计算建筑面积；外墙净高1.0米以下的，不计算建筑面积。封闭式阳台、挑廊、回廊、通道，按其水平投影面积计算建筑面积；不封闭式阳台、挑廊、回廊,按其水平投影面积的一半计算建筑面积;天井不计算建筑面积。

房屋拆迁补偿标准见附表2。

附属建筑拆迁补偿标准见附表3。

第十四条 “线杆”迁移补偿标准。

跨越公路架空线,距设计路面标高的净空要求为7米,凡低于设计要求的,一律升高到安全高度以上,其他影响公路建设的“线杆”必须迁移,征迁人对所需的迁移费和材料损耗费进行适当的补偿。

线杆迁移补偿标准见附表4。

第十五条 公路改建征收范围内的坟墓必须迁移。无主坟墓由沿途村委会安排人员实施迁移,迁移坟墓的补偿费归村委会所有。

坟墓迁移补偿标准见附表5。

第十六条 征迁人支付被征迁人临时住房安置补助费,补助标准按拆迁建筑面积每月每平方米4元补助,支付期限12个月。

第十七条 征迁人支付被征迁人搬迁补助费,补助标准(含过渡房搬家费),按每户1200元和另加每人100元的标准支付。

第四章 征迁补偿费的结算和奖惩办法

第十八条 土地征收、建筑物拆迁、线杆迁移、青苗等补偿费,以行政村或被征迁单位为结算单位,由县统征办核汇给乡镇政府或被征迁单位,乡镇政府应及时兑现给村或户。

第十九条 房屋征迁协议生效之日起,15日内付清房屋拆迁补偿费。

第二十条 被征迁户在规定期限内签订合同的,按房屋建筑面积每平方米20元给予奖励(不含附属设施);在规定的期限内完成搬迁的每平方米给予30元奖励,超过期限每推迟一天每平方米扣1元,扣完为止。

第二十一条 对于阻挠征迁工作的人员要进行及时思想教育,对已造成后果的要进行严肃处理,触犯刑律的移交司法部门追究刑事责任。

第五章 附则

第二十二条 本实施办法由县交通局负责解释。

第二十三条 本实施办法自公布之日起施行。

2008年6月11日

附表 1　经济作物补偿标准

类别			单价	备注
农作物蔬菜	粮食类作物		200～500 元/亩	
	蔬菜类作物		200～600 元/亩	
经济作物	成片	果园	1400～1800 元/亩	投产果园(三年以上)
			1000～1400 元/亩	初产果园
			800～1000 元/亩	未投产果园
		苗	0.5 元/株	实生苗
			1～2 元/株	嫁接苗
	零星	文旦、柑橘、胡柚类	30～40 元/株	主干直径≥8cm(以嫁接疤上 10cm 为测量点,下同)
			15～25 元/株	主干直径≥5cm
			10 元/株	主干直径<5cm
			5 元/株	当年种植
		杨梅、柿、板栗类	40～55 元/株	主干直径≥15cm
			20～35 元/株	主干直径≥10cm
			10～15 元/株	主干直径≥5cm
			8 元/株	主干直径<5cm
			5 元/株	当年种植
		青梅、李、枣、桃、梨、枇杷类	30～40 元/株	主干直径≥10cm
			10～25 元/株	主干直径≥5cm
			8 元/株	主干直径<5cm
			5 元/株	当年种植
		厚朴	3 元/株	胸径≥15cm
			8 元/株	胸径<15cm
			5 元/株	胸径<5cm

续表

类别			单价	备注
经济作物	茶叶	投产三年以上	2500～3500元/亩	白茶和龙井13号根据实际情况适当提高补偿价格
		初产茶园	1500～2500元/亩	
		未投产茶园	800～1500元/亩	
		零星	5元/丛	树冠直径≥0.5m
			3元/丛	树冠直径≥0.3m
			1元/丛	树冠直径<0.3m
		茶苗	6～7元/m^2	
	毛竹	成林竹	2000～2500元/亩	
		基本成林	1500～2000元/亩	
		植三年以内	800～1500元/亩	
		零星	10元/株	
	小竹	成片	500～1000元/亩	人工种植竹林(≥100株/亩)
		零星	2元/株	胸径≥2.5cm
	油茶树	成片	800元/亩	≧40株/亩
		零星	10元/株	地径≥10cm
			5元/株	地径≥5cm
			2元/株	地径≥2cm
			地径<2cm不补偿	
	棕树		20元/株	杆高≥2m
			15元/株	杆高≥1m
			5元/株	杆高<1m
用材林	成片林		1000元/亩	幼林
			800元/亩	中林
			600元/亩	近、过、熟林
			400元/亩	疏林
	零星树木		5元/株	胸径≥20cm
			10元/株	胸径≥10cm
			3元/株	胸径≥5cm
			不补偿	胸径<5cm
	苗木	针叶	500～1000元/亩	
		阔叶	1000～2000元/亩	
鱼塘			300～500元/亩	

附表 2　房屋拆迁补偿标准

单价：元/m^2

分项＼等级		结　构	楼地面	墙面装饰	门　窗	设　备	按建筑面积
钢混		砼基础框架结构、砼楼地面、一砖墙围护和填充、有隔热层	客厅、卧室水磨石、地砖等地面，部分水泥地面、卫生间、厨房马赛克	外墙较高级面砖马赛克、内墙混合砂浆石灰面涂料、卫生间、厨房瓷砖墙裙	塑钢窗、木门、门窗带纱，户外有防盗门	水电、卫生设施（有蹲座坑瓷面盆）全、有淋浴	600
砖混	一	砼基础局部框架、砼楼地面、内外一砖墙承重、有隔热层	同钢混	同钢混	塑钢窗或铝合金窗、木门、门窗带纱，有防盗门	同钢混	550
砖混	二	砼或部分浆砌块石墙基、砼楼地面内外一砖墙承重、有隔热层	普通水泥地面，卫生间马赛克	外墙马赛克、干粘石、内墙混合砂浆石灰面涂料、卫生间瓷砖墙裙	塑钢窗或铝合金窗、木门、门窗带纱，有防盗门	同钢混	511
砖混	三	浆砌或部分干砌块石墙基、一砖墙承重、部分多孔板楼地面、有隔热层	普通水泥地面	外墙混合浆，内墙普通石灰粉刷厨房水泥墙裙	标准木门门窗，部分带纱	水电独立、有淋浴龙头	470
砖木	一	块石墙基、杉木柱屋架承重、内外一砖或杉板壁、杉架、椽、小青瓦屋面	标准杉木楼栅、企口楼板普通吊天棚、底层木地板或水泥地	外墙干粘石，混合浆，内墙普通石灰粉刷厨房水泥墙裙	标准带纱木门窗	同砖混（三）	280
砖木	二	块石墙基、杉木柱屋架承重、外一砖空斗内杉板壁、杉架、椽、小青瓦屋面	标准杉木楼栅、楼板、（少量松板）底层普通水泥地	外墙清水或混合浆，内墙普通石灰粉刷	标准木门窗，部分带纱	水电独立	245
砖木	三	块石墙基、杉木柱、屋架（部分松杂木）空斗一砖墙，杉松架、椽、瓦屋面	杉木楼栅、楼板杉松板混用、普通水泥地	外墙无粉刷、内墙普通石灰粉刷	一般木门窗	水电独立	203
泥木	一	块石墙基、泥墙、杉木柱屋架、杉板壁、杉架椽、瓦屋面	同砖木（一）等	外墙混合浆，内墙普通石灰粉刷，厨房水泥墙裙	一般木门窗	水电独立	233
泥木	二	块石浇基泥墙、杉木柱屋架、杉板或半砖墙、杉松架椽瓦屋面	同砖木（二）等	外墙无粉刷、内墙普通石灰粉刷面积达70%以上	较差木门窗	水电独立	203
泥木	三	块石墙基、内外泥墙承重、杉松架椽、瓦屋面	不规格杉松木楼棚、楼板普通水泥地、部分泥地面	外墙无粉刷、内墙普通石灰粉刷面积达40%甚至70%以上	较差木门窗	水电独立	171
泥木	四	块石墙基内外泥墙，不规格杉松架椽、瓦屋面	无楼栅楼板、泥地面	内、外墙无粉刷	很差木门窗	电到户无水	140

附表 3　附属建筑物拆迁补偿标准

序　号	名　称	分　类	计量单位	单价(元)	备　注
一	简易房	砖混	m^2	60	
		砖木	m^2	45	
		草屋	m^2	22	
二	猪栏 牛栏 厕所 灰铺	砖混	m^2	60	
		砖木	m^2	45	
		草屋	m^2	22	
		无顶盖	m^2	9	
三	围墙	砖实砌墙	m^2	23	已包括基础
		砖空砌墙		20	
		砖实砌 3/4 墙		22	
		泥墙		9	
四	水泥地		m^2	15～23	门坛水泥地
五	砖砌炉灶	三眼	座	600	可移动的炉灶不予补偿
		二眼		400	
		单眼		200	
六	泥砌炉灶	三眼	座	240	
		二眼		200	
		单眼		100	
七	水井	深不足三米的水井	座	300	
		深超过三米的水井		400	
八	水池	$>2m^3$	只	200	
		砖砌水泥砂浆$>1m^3$		150	
九	粪池	砖墙水泥砂浆粉刷	m^3	200	容积$>2m^3$
		条石水泥嵌缝		150	容积$>1m^3$
		毛石		100	容积$<1m^3$
十	粪缸	三担以上	座	100	
		二担以上		70	
		一担以上		50	
十一	外大门	铁大门	座	600～1200	
		木大门		300～600	

续表

序 号	名 称	分 类	计量单位	单价(元)	备 注
十二	闭路	闭路电视迁移	户		按管理部门规定标准支付
十三	广播	广播迁移	户		
十四	电话	电话迁移	户		
十五	水	生活用水	户	300～500	有自来水的即恢复

附表 4 线杆迁移补偿标准

类 别		单 位	单价(元)	备 注
线杆	变压器	台	2700	
	高压(10kV)	根	5700	
	一般高压(380V)	根	2400	
	低压(照明)	根	1100	
	联通光缆	根	1100	
	移动光缆	根	1100	
	电信电缆	根	1650	
	电视光缆	根	1100	
	废旧电杆不补			
	调频广播(圆杆)	根	1100	
	拆迁户恢复闭路电视	户	450	
	拆迁户恢复照明	户	240	
	拆迁户恢复电话	台	108	
	拆迁户恢复调频广播	台	75	
	国防线地埋(地下光缆)	公里	100000	
搭杆挂线迁移费用减去 30%				

附表 5 坟墓迁移补偿标准

类 别		单 位	单价(元)
坟 墓	单穴土坟	穴	300
	双穴土坟	穴	600
	单穴水泥坟	穴	450
	双穴水泥坟	穴	900
	五年内新坟(血棺)	穴	另补 200

遂昌县运材索道管理试行办法

遂政发〔2008〕102号

一、为加大运材索道的监管力度,确保运材索道安全运行,维护群众生命财产安全,制定本管理办法。

二、本办法所称运材索道是指用于林木采伐集材的架空索道。

三、本办法适用于全县范围内运材索道的安装、运行、拆除和监管工作。

四、县林业、质量技术监督、安全生产监督管理、人事劳动社会保障等部门及各乡(镇)人民政府应各司其职,相互配合,共同做好运材索道安装、运行、拆除的监督工作。

县林业部门负责运材索道线路和终端位置的核定及运材索道日常运行安全管理工作;

县质量技术监督部门负责运材索道钢索等器材的质量检测工作;

县安全生产监督管理部门负责运材索道安全监管工作;

县人事劳动社会保障部门负责运材索道操作人员的上岗培训工作;

各乡(镇)人民政府成立运材索道管理领导小组,负责本乡(镇)范围内运材索道的安装、运行、拆除的监督工作;领导小组的成员由乡(镇)分管领导、安全员、林业工作站站长组成。

五、限伐区禁止新安装运材索道。

六、非限伐区经核准后允许安装运材索道,但运材索道安装应符合以下条件:

1.运材索道终端必须安装在距省道、景区道路直线500米以外、县道直线300米以外;

2.索道不得跨越县道以上公路和景区公路,不得跨越房屋、人口密集场所。

七、运材索道安装应符合以下核准程序:

1.业主凭当地林业工作站采伐作业设计书向运材索道管理领导小组提出安装申请,并填写《遂昌县运材索道安装审核表》;

2.运材索道管理领导小组在接到运材索道安装申请后,7日内进行实地核查。对符合条件的,由运材索道管理领导小组签发同意安装意见,业主与运材索道管理领导小组签订安全生产责任书;

3.运材索道安装结束后,由运材索道管理领导小组报县林业局备案,县林业局在7日内组织县安全生产监督管理局、县质量技术监督局对新安装运材索道进行现场验收,并在审核表上签署同意运行意见;

4.林业工作站凭《遂昌县运材索道安装审核表》发放林木采伐许可证。

八、未经核准擅自安装运材索道的,由运材索道管理领导小组责令拆除,拒不拆除的，由运材索道管理领导小组负责移交遂昌县公安局森林分局组织拆除，所需费用从运材索道材料变卖款中扣除。

九、对现已安装的运材索道实行以下办法管理：

1. 现已停止运行的运材索道一律拆除，业主自接到运材索道管理领导小组拆除通知之日起15日内自行拆除；

2. 正在运行的运材索道，由运材索道管理领导小组进行全面清查登记，与运材索道业主签订安全生产责任书；在山场采伐验收结束之日起15日内自行拆除。业主拒不拆除的，参照本办法第八条之规定执行。

十、本办法自发布之日起施行。

十一、本办法由县林业局负责解释。

2008年10月17日

遂昌县农村公路养护与管理办法(试行)

遂政发〔2010〕30号

第一章　总则

第一条　为加强农村公路养护与管理，保护农村公路路产路权，保障农村公路完好畅通，促进农村经济社会的发展和环境保护，根据《中华人民共和国公路法》、《浙江省公路路政管理条例》、《浙江省农村公路养护与管理办法》等有关规定，结合本县实际，制定本办法。

第二条　本县行政区域内农村公路的养护与管理适用本办法。

第三条　本办法所称农村公路，是指按照国家、省公路工程技术标准修建，并按照国家和省有关规定验收合格的县道、乡道和村道。

县道，是指连接县级人民政府所在地与所辖行政区域内主要乡(镇)人民政府所在地、主要旅游景点、主要商品生产和集散地的公路以及不属于国道和省道的县际间、连接国道和省道的重要公路。

乡道，是指不属于县道以上的县级人民政府所在地通往所辖行政区域内乡(镇)的公路、乡(镇)际间、乡(镇)与外部连接的公路以及具有重要联网功能的乡(镇)通往行政村的公路。

村道，是指不属于乡道以上的乡(镇)通往行政村、行政村之间以及行政村与外部连接的公路。

县道、乡道、村道由省交通行政主管部门按照国家有关规定命名和编号。

第四条　农村公路养护与管理工作实行统一领导、分级管理、条块结合、以县为主的原则，建立符合农村公路养护与管理要求的运行机制。

第二章　机构及职责

第五条　县交通行政主管部门主管全县农村公路的养护与管理工作。其主要职责是：

（一）将农村公路纳入路网统一管理范畴，按照科学高效的原则建立农村公路养护与管理的协调、监督、管理、考核机制，实现有路必养的目标；

（二）负责编制县农村公路养护与管理的发展规划；

（三）会同县财政部门编制上报县农村公路养护年度资金计划；监督检查年度计划执行情况，并对养护和管理资金使用情况进行监管；

（四）负责县农村公路养护与管理考核奖惩办法制定，及养护市场监管和养护质量检查监督工作；

（五）指导、监督各乡（镇）政府、村集体经济组织做好农村公路养护与管理工作。

第六条　县交通行政主管部门所属的公路管理机构具体负责农村公路养护工程和县道日常养护管理工作。其主要职责是：

（一）设立农村公路管理办公室，负责农村公路养护与管理的具体实施工作；

（二）负责农村公路的养护计划编制、技术管理，大中修、水毁修复工程的技术管理工作以及预决算编制和上报工作；

（三）负责县道公路的日常养护管理工作及农村公路养护工程的具体实施工作，定期组织养护质量检查验收；

（四）负责农村公路的路政管理工作，制止和处理公路沿线的违章行为，维护农村公路的路产路权，保障安全畅通；

（五）负责对乡（镇）农村公路管理办公室相关工作的技术指导和检查考核；

（六）负责公路路况、交通量等有关数据的调查统计和上报工作；

（七）合理安排和使用日常养护经费和养护工程经费，严肃财经纪律，充分发挥农村公路养护与管理资金的使用效率。

第七条　乡（镇）人民政府负责本辖区内的乡道、村道养护与管理的相关工作。其主要职责是：

（一）按照上级人民政府的规定，在县交通行政主管部门的组织指导下，认真履行乡道、村道公路养护与管理职责，设立农村公路管理办公室，以分管交通副乡（镇）长为负责人，确定1～2名专职农村公路管理人员；

（二）制订本辖区乡道、村道公路养护与管理制度。组织、落实乡道、村道的日常养护工作；

（三）负责本辖区农村公路应急抢险、零星水毁塌方的清理工作；

（四）负责筹措和管理本辖区乡道、村道公路日常养护资金和相应养护工程配套资金；

（五）监督、指导、检查本辖区村集体经济组织做好村道公路养护与管理的相关工作；

（六）负责本辖区农村公路大中修和水毁修复等专项养护工程的政策处理与协调工作；

（七）维护本辖区农村公路路产路权，及时制止占用、损坏、污染公路和控制区内建筑等违法行为，协助县公路管理机构做好农村公路路政管理工作。

第八条　村民委员会负责本辖区内的村道养护与管理的相关工作。其主要职责是：

（一）在乡（镇）人民政府的领导下，明确养护与管理责任人，对土地所有权属于农民集体所有的农村公路，可制订含有保护路产路权在内的村规民约，认真履行村道公路养护与管理职责，落实农村公路养护人员，并建立养护工作的竞争、激励、监督机制；

（二）协助做好本辖区农村公路养护工程的政策处理与协调工作；

（三）负责本辖区村道公路应急抢险、零星水毁塌方的清理工作；

（四）配合乡（镇）人民政府做好村道公路路政管理和路产路权保护工作，及时制止并向乡（镇）人民政府报告侵占、损坏公路路产路权行为。

第九条　县发改、财政、审计、人劳社保、公安、国土、农业、林业、建设、水利、安监、环保等有关部门，在各自职责范围内，做好农村公路养护与管理的相关工作。

第三章　养护管理

第十条　农村公路养护与管理包括农村公路养护工程、农村公路日常养护和路政管理工作。

农村公路养护工程，是指农村公路的大修工程、中修工程、水毁修复等专项工程。

农村公路日常养护，是指农村公路的小修、保洁、绿化管护、附属设施维护等。

县道公路养护按照《公路养护技术规范》的相关技术标准执行。乡道、村道公路养护按照《浙江省农村公路养护技术规范》的相关技术标准执行。未经验收或验收不合格的农村公路不得交付使用，不得列入养护计划。

第十一条　农村公路应经常处于良好的技术状态，保持路基稳定、路面平整、路肩整洁、排水畅通、构造物和沿线设施完好。宜林路段绿化齐整，对桥梁、隧道、急弯、陡坡或者容易发生危险的路段，应当按照国家标准逐步设置警示等标志和安全防护设施。

因自然灾害致使农村公路中断或严重损坏时，县交通行政主管部门、乡级人民政府和村集体经济组织应当及时组织抢修，尽快恢复通行。

第十二条　农村公路养护应实行管养分离，逐步推进公路养护市场化。

县道养护应按市场化模式，通过招投标择优选择有相应资质的养护企业实施。

乡道、村道养护要因地制宜、因路制宜,积极推行和完善多种形式的养护模式;有条件的乡道、村道日常养护也应按市场化机制进行养护,如因自然条件特殊等原因,可根据当地实际情况,充分发挥村集体经济组织的组织协调作用,采取聘用、委托、个人(农户)分段(片)承包、定人定路段(片)、义工等灵活多样的养护方式进行养护,并签订养护承包合同,报送县公路管理机构备案。对日常养护中一些专业技能要求高的小修如油路补洞、水泥路灌缝、附属设施维修可单独委托或招投标,由有资质的养护公司进行养护。

农村公路的大中修工程、水毁工程等专项养护工程,由县交通行政主管部门及所属的公路管理机构,按照招投标管理的有关规定择优选定有相应资质的施工企业实施。

第十三条　农村公路养护工程计划由县交通部门会同县财政部门制订,并报省、市级公路管理机构备案。具体编制计划时应根据公路路况、交通流量、路面类型、路面宽度等因素,统筹安排省补资金和地方配套资金。

第十四条　农村公路养护工程应当建立"标准明确、企业自检、社会监理、政府监督"的质量监督体系,确保农村公路养护工程质量。

县交通、发改、财政等部门应加强农村公路养护工程的监督管理。

第十五条　县交通行政主管部门及公路管理机构应当结合农村公路养护特点,建立养护安全生产管理制度,督促养护单位和养护人员严格执行养护作业安全操作规程。

农村公路养护作业时,应当遵守下列安全规定:

(一)在作业区间或施工路段两端采取相应的安全保护措施,设置必要的交通安全设施与警示标志;

(二)公路养护作业人员应当穿着安全标志服;

(三)养护作业车辆、机械设备应当设置明显的作业标志;

(四)在夜间或恶劣天气作业的,现场应当设置醒目警示信号;

(五)养护作业完毕后,应当及时清除遗留物;

(六)法律、法规、规章规定的其他养护作业安全管理规定。

第十六条　乡(镇)人民政府和村民委员会应当为农村公路养护提供便利条件,划定取砂、取石、取土、取水等料场,保证农村公路养护需要。

第十七条　县道和乡道的绿化按照《中华人民共和国公路法》等有关规定执行;村道绿化应当参照《中华人民共和国公路法》等有关规定,因地制宜,自行实施。

任何单位和个人均不得擅自砍伐绿化树木,确需更新砍伐的,应当按照《中华人民共和国森林法》、《中华人民共和国公路法》和《浙江省公路路政管理条例》

等有关法律、法规的规定办理审批手续。

第十八条　农村公路养护作业单位应当遵守有关法律、法规，加强对沿线生态环境和植被的保护，减少水土流失，及时收集、清理养护废弃物。

第十九条　县交通行政主管部门及其所属的公路管理机构应建立农村公路养护资料档案数据库；乡(镇)人民政府、村民委员会和农村公路养护作业单位应当按照有关规定做好有关资料档案的统计上报工作。

第四章　路政管理

第二十条　农村公路的路政管理工作，按照《中华人民共和国公路法》和《浙江省公路路政管理条例》等法律、法规和规章执行。

第二十一条　县交通行政主管部门主管全县农村公路路政管理工作，其所属的县公路管理机构负责具体实施农村公路路政管理工作。

乡(镇)政府和村民委员会应当协助县公路管理机构做好农村公路路政管理工作，通过订立村规民约、加强宣传教育等多种方式规范和引导村民爱路护路。

第二十二条　任何单位和个人不得擅自占用、利用和挖掘农村公路。

因建设需要占用、利用、挖掘县道、乡道和符合公路技术标准的村道的，应当事先征得县公路管理机构同意；影响交通安全的，还须征得县公安机关交通管理部门同意。

第二十三条　县道和乡道两侧建筑控制区按照《浙江省公路路政管理条例》执行；村道公路两侧建筑控制区管理参照《浙江省公路路政管理条例》中的乡道管理范围执行(两侧边沟外缘不少于5米)。

除公路防护、养护需要外，禁止任何单位和个人在村道公路两侧建筑控制区内新建、改建和扩建建筑物和地面构筑物。

在县道、乡道和符合公路技术标准的村道两侧建筑控制区内，需要埋设管、线、光(电)缆等设施的，应当经县公路管理机构批准。

第二十四条　在农村公路及公路用地范围内，禁止下列行为：

(一)倾倒或者堆放废土、垃圾及其他非公路养护施工材料；

(二)占路集市贸易、摆摊设点、设置棚屋及打谷、晒场等；

(三)堵塞排水系统、挖沟引水、种植作物；

(四)采石、取土、沤肥；

(五)擅自设置非公路标志、标牌、杆线、设置路障、设卡收费；

(六)毁坏和移动标志、交通安全设施；

(七)其他损坏、污染公路或者影响公路畅通的活动。

第二十五条　在农村公路上行驶的车辆，其轴载质量必须符合《公路工程技术标准》的要求。

禁止超限运输车辆在四级及四级以下技术标准的农村公路上行驶。因运载不可解体物品的超限运输车辆,确需在三级以上技术标准的农村公路行驶的,应当事先经县公路管理机构批准。经许可的超限运输车辆应当按照指定的时间、路线、速度行驶,并悬挂明显标志。

第五章 资金筹措及管理

第二十六条 按照“县乡(镇)筹措、省市补助”的原则,建立由省级财政补助、中央燃油税返还收入、地方各级财政安排以及其他资金共同组成的多渠道农村公路养护资金筹措机制。

第二十七条 农村公路养护资金包括农村公路养护工程资金和农村公路日常养护资金。

农村公路养护工程(含农村公路水毁工程和附属设施修复,下同)资金由省级财政补助、中央燃油税返还收入、地方各级财政安排以及其他资金组成,用于农村公路的大中修工程。养护工程省级补助资金纳入年度预算安排,养护工程项目预算与省级财政补助资金差额部分由县财政配套解决。实际执行中如有结余,可以滚存使用。

农村公路日常养护资金由省级财政补助、中央燃油税返还收入、地方各级财政安排以及其他资金组成。

(一)省级财政补助;

(二)县级财政投入农村公路日常养护资金标准不低于:县道年公里4000元、乡道年公里3000元、村道年公里1000元;

(三)乡(镇)人民政府、村民委员会应当积极筹措村道日常养护资金和投工投劳,保证村道日常养护的基本需求。

农村公路日常养护资金应在每年4月底前筹措落实,并根据养护责任书规定及时拨付至农村公路日常养护的具体实施单位。

县级中央燃油税返还收入全部用于农村公路养护。农村公路养护资金的投入,应随农村公路里程的增加和地方财力的增长逐步增长。

第二十八条 县人民政府制定农村公路养护资金的使用管理制度,监督农村公路养护资金专款专用。

县交通行政主管部门、乡(镇)级人民政府设立农村公路养护资金专户,建立健全内部检查监督制度,按规定科学合理安排使用农村公路养护资金。

村道公路养护资金使用实行财务公开,定期向当地群众公布养护资金使用情况。

县审计、财政、交通等行政主管部门应当加强农村公路养护资金使用的监督管理。

第六章 考核与奖惩

第二十九条 农村公路养护与管理工作纳入各乡镇人民政府和各相关单位

的年度工作目标考核内容。各乡镇人民政府和各相关单位应认真履行职责，采取有力措施，依法做好农村公路养护与管理工作。每年年终对全县农村公路养护与管理工作进行评比，优胜的单位给予表扬和物质奖励。对工作不力、养护质量差的单位给予通报。

县交通行政主管部门及其所属的公路管理机构加强全县农村公路养护与管理的检查监督，建立检查考核工作机制，对年度计划执行情况、养护质量进行定期(季、年)和不定期检查、考核、评定；同时应制定相应的农村公路养护与管理工作制度、公路养护与管理考核办法及考核评分标准、办事程序、经费下拨办法等一系列的规章制度，以保证农村公路养护与管理工作正常有序，养护经费列支符合规范。

各乡(镇)人民政府按月对责任单位进行考核。

第七章　法律责任

第三十条　违反路政管理规定的行为，由县公路管理机构依照《中华人民共和国公路法》、《浙江省路政管理条例》等法律、法规和规章的规定实施行政处罚。违反其他法律规定的依据相关法律法规实施处罚。

第三十一条　对农村公路及公路附属设施造成损害或者造成他人人身损害、财产损失的，应当依法承担民事责任。

农村公路路产赔偿或者补偿按照省交通运输厅会同省物价、财政部门制定的标准执行。

第三十二条　县公路管理机构及其工作人员有下列行为之一的，按照管理权限由有关部门责令改正，对负有直接责任的主管人员以及直接责任人员给予行政处分；构成犯罪的，依法追究刑事责任：

(一)对公路施工作业未按规定及时验收并恢复公路通行的；

(二)未按规定实施行政许可、行政处罚和行政强制措施的；

(三)因监督管理不力，造成农村公路较大损害或者他人人身损害、财产损失的；

(四)其他玩忽职守、徇私舞弊、滥用职权的行为。

第八章　附　则

第三十三条　行政村所辖区域内的连接自然村的道路，根据今后省交通运输行政主管部门制定的具体办法，可以逐步纳入村道进行养护与管理。

第三十四条　建在农村的不属于农村公路的单位专用道(含公共工程专用道)的养护与管理，由其管理单位参照本办法执行。

第三十五条　本办法由遂昌县人民政府办公室负责解释。

第三十六条　本办法自发布之日起施行。

2010 年 4 月 24 日

三、宁德至衢州、衢州至丽水铁路规划

2010年1月，中铁第四勘察设计院根据衢州、丽水两市人民政府《关于开展〈衢州至丽水铁路前期深化研究〉的委托函》，完成了《衢丽铁路规划研究报告》。2010年11月12日，国家铁道部副部长陆东福带领铁道部相关人员到遂昌县，就衢宁(浙江衢州至福建宁德)铁路项目建设沿途走向、站址选择等问题进行实地调研。丽水市委书记陈荣高、市长卢子跃、副市长叶朝丐、遂昌县县长张晓强等陪同调研。2011年1月，中铁第四勘察设计院根据福建省宁德市、浙江省衢州市人民政府委托，完成了《宁德至衢州铁路预可行性研究报告》。现摘录《衢丽铁路规划研究报告》和《宁德至衢州铁路预可行性研究报告》的"线路走向"部分。

《衢丽铁路规划研究报告》(节录)

(二)线路走向方案研究

本项目贯通方案线路由浙赣铁路衢州东(现名樟树潭)车站引出，穿杭长客运专线后转向东南以桥梁走全旺镇西侧，隧道穿树坞顶、大山岗白鹇自然保护小区、井山头，在庙下镇南侧约2km处设庙下会让站，出站后再以隧道穿云居寺并在AK33+200处进入丽水地区遂昌县，然后穿棋盘山和龙丽高速公路，经蕉川西南侧，在大桥设遂昌车站，随后设大桥特大桥，再以隧道穿大坞寮、仙岩后山，楼石头出口，进入松阳松古盆地后设安垄特大桥，在赤寿乡、古市镇、望松乡沿松古盆地东北山边走行，到六都附近设松阳站，出站后线路向东以隧道穿邵岭港山、鸡冠山，在丽水联城设站，联城站西侧预留往云和方向联轨条件，联城车站出站后线路往东跨周坦，以隧道穿尖峰顶、跨平阳岗后，从北侧引入丽水车站并站，左线与新建金温铁路立体交叉后沿金温铁路左侧引入丽水车站，右线在新建金温铁路右侧引入至K119+454处，到达本项目终点。

线路基本情况：本次设计线路的基本走向为西北—东南方向。线路全长127.956km。曲线11个长24.177km，占线路18.9%。车站6座，平均站间距25.2km，最大站间距是31km，为联城至丽水区间，最小站间距是20km，为遂昌至松阳区间。大中桥3座0.842km，特大桥14座19.738km，桥梁占线路总长16.1%。双线隧道19座80.102km。占线路总长62.6%，最长隧道为18.604km，在松阳至联城区间。路基长27.273km，占线路总长21.3%，桥隧比为78.7%。本方案展线系数为1.153。

(三)线路局部方案的研究

从庙下AK26+000到松阳AK69+000，就遂昌车站站位问题分别研究了大桥设站、二都街设站、龙口设站三个局部方案，现就线路走向分述如下：

大桥设站方案研究：出庙下站后，线路以隧道穿云居寺并在AK33+200处

进入丽水地区遂昌县，然后穿棋盘山和龙丽高速公路，经蕉川西南侧，在大桥设遂昌车站，随后设大桥特大桥，再以隧道穿大坞寮、仙岩后山，楼石头出口，进入松阳松古盆地设后安垄特大桥，在古市镇、岗下镇沿山边走行，到六都附近设松阳站。

二都街设站方案研究：线路由衢州庙下车站引出，以隧道走贯通方案右侧下穿云居寺进入丽水地区遂昌县，在下坪出口，再以隧道下穿大花尖、大侯周、傀儡坑和龙丽高速公路后在二都街出口，遂昌车站地处二都街设在龙丽高速公路和龙丽公路之间，以隧道下穿仙岩脚进入松阳松古盆地，线路在龙下、后安垄、黄连山平面上与贯通方案一致，二都街设站方案终点 AIIK70＋147 为贯通方案 AK69＋000 处。

龙口设站方案研究：线路由衢州庙下车站引出，以隧道在贯通方案左侧下穿云居寺并进入丽水地区遂昌县下穿龙丽高速公路，以隧道穿过蕉川东北侧到龙口设遂昌车站，跨濂溪后下穿岩山、大岭脚、梧桐源水库、太平山，至松古盆地，在黄连山附近里程为 AIK69＋791 处与贯通方案 AK69＋000 衔接。

（一）推荐方案综述

贯通方案优缺点：优点是贯通方案线路顺直，长度最短，拆迁最少，主要工程费用也最省，对城市无干扰，不影响城市发展规划。主要缺点是桥隧工程多，车站距离县城偏远（约 13km），与县城连接的交通不便，需要新修公路与县城连接。根据地方政府意见作为贯通方案。

二都街设站方案优缺点：优点是距离县城近（4km），与县城主要交通要道、高速公路等沟通便利，对城区客运、货运的吸引十分有利，还可以照顾到县城经济开发区货运。主要缺点是线路较贯通方案长 1.174km，主要工程费用比贯通方案多 883.04 万元。另外拆迁工程量较大，尤其是车站位置，将要占用县城唯一的经济开发区部分土地，会影响到经济开发区的规模。由于该方案优点较多作为主要比较方案。

龙口设站方案优缺点：优点是遂昌车站占用县城边远的土地，土地价格低。主要缺点是距离县城较远（约 25km），与县城交通联系特别困难，今后公路短途运输费用高，对城区及开发区客运、货运的吸引十分不利，线路较贯通方案长 0.791km，主要工程费比贯通方案多 741.94 万元，拆迁较大。作为次要比较方案。

《宁德至衢州铁路预可行性研究报告》（节录）

四、线路走向方案研究

（一）研究思路

1. 本线位于沪昆、沿海及合福、金温通道间既有路网空白区域，北接沪昆、九景衢铁路，中连衢丽、浦梅铁路，南连沿海铁路通道；衔接线路多、路网关系复杂。线路走向需结合路网通道各线功能和客货交流特征理顺各线衔接关系、合理选择接轨点及引入方案，实现路网综合效益最优。

2.促进沿线地区国土开发是本线的功能之一，本线沿线所处区域多为浙闽两省交界的经济欠发达地区，无地级市，线路走向的选择应更多兼顾沿线经济据点，更好地带动沿线区域经济发展。

3.沿线所经区域为多山地形，地形陡峻、沟谷深切，地层岩性地质构造复杂、不良地质多有分布、生态环境优美、旅游和矿业资源丰富、环境敏感点分布广泛，制约因素多。线路走向应规避地质灾害和工程风险并遵守环保法规。

(二)线路宏观走向方案研究

本线是一条兼具开发海西经济区建设、完善区域路网布局、促进沿线开发的干线铁路。在路网上衔接沪昆、九景衢、衢丽、浦梅铁路和沿海铁路通道，构筑了海峡西岸闽东北沿海港口群以及浙东南沿海港口通往中西部地区的后方快速通道；统筹本线和衔接各线路网功能及沿线区域内城镇分布特点，首先应确定本线宏观走向，在此基础上进行线路走向方案比选。

综合地区接轨方案研究和沿线城镇分布及地形、地质条件，浙闽两省要求，线路宏观走向方案研究了东线、中线、西线三大方案。

1.方案说明

东线方案：线路自沪昆铁路衢州站引出，经衢州东站折向南，经遂昌、松阳、云和、景宁、泰顺，经福建省福安6县市引入沿海铁路宁德站，线路长度310.8km，桥隧比81.6%，越岭最长隧道长度22.4km，工程投资284.17亿元。

东线方案引入宁德地区也研究了福安站接轨方案，虽然福安站接轨方案新建线路长度短，但运营长度增加10.3km，客货车走行时间长，同时福安站一半在桥梁上，东侧紧邻沈海高速公路及互通匝道，车站改建工程量大、实施条件困难，故予以舍弃。

中线方案：线路自沪昆铁路衢州站引出，经衢州东后向南，经遂昌、松阳、龙泉、庆元，经福建省松溪、政和、屏南、周宁8县市引入沿海铁路宁德站，线路长度351.37km，桥隧比81.2%，越岭最长隧道长度32.34km，工程投资323.33亿元。

西线方案：为避免本线车流折角运输，线路自九景衢铁路常山站引出至沪昆线贺村站东端引入、西端引出，经福建省浦城、松溪、政和、屏南、周宁5县引入沿海铁路宁德站，新建线路长度323.2km，桥隧比76.5%，越岭最长隧道长度32.3km，工程投资309.18亿元。

西线方案浦城至衢州东间也研究了经衢州东接轨方案，该方案从浦城取直至衢州东站接轨，浦城至衢州线路长度149km，新建线路长度较贺村、常山接轨方案长25.5km，工程投资大，所经地区无较大的经济据点，故予以放弃。

2. 三大方案比选及推荐意见

从填补充路网空白、开发国土功能、充分遵守及体现部省、两省已达成共识的意见和要求等方面分析，在合福和金温通道之间的路网空白区域内，中线方案位于居中位置，路网布局较为合理，与浦梅、衢丽铁路共线路段长（分别为158.8km、86.7km），浦梅、衢丽铁路新建长度较东线方案和西线方案分别缩短71.2km、86.7km，可充分利用运能；中线方案所经经济据点较东线、西线方案分别多2个和3个，国土开发功能更强；东线方案所经区域多位于浙江省，西线方案则多位于福建省，中线方案较好的兼顾了两省利益，有利于两省协同发展。

从工程地质条件分析，东线、中线两方案地层以火山岩及侵入岩为主，东线方案线路基本上大角度与断层相交，工程地质条件好；中线方案除局部地段平行断层外、余基本上大角度与断层相交，工程地质条件较好；西线方案衢州至江山段经地层为古生界灰岩、页岩、千枚岩含煤层，其余段以前震旦系变质岩为主，线位与断层平行，岩溶、采空区发育，工程地质条件较差。

从路网整体效益分析，中线方案虽本线新建线路最长、工程投资最大，但路网新建线路总长度最短、总投资与东线和西线方案相差甚微。

推荐意见：中线方案路网布局合理，整体效益好，虽本线新建线路最长，但路网线路建设总投资与东线、西线相差甚微；工程地质条件较好，所经经济据点多，有利于促进沿线地区国土开发，与部省就走向达成的原则共识相吻合，可实施性强，宏观走向推荐中线方案。

（三）线路走向方案研究

1. 遂昌至龙泉段

本段线路研究了遂昌至龙泉取直方案和经遂昌、松阳方案。比较范围AK47＋500～AK141＋800。

经遂昌、松阳方案：线路自比较起点起，于遂昌城区以东设遂昌站，沿龙丽高速公路至松阳城区以西设松阳站，折向西南至龙泉市以东设龙泉站，线路长度94.3km。

遂昌至龙泉取直方案：线路自比较起点起，于遂昌城区以西设遂昌站，穿仙霞岭山脉，自箬寮—安岱后风景区西侧绕避景区至龙泉站，线路长度84.6km。

取直方案虽线路长度短9.7km，但桥隧比达91.2%，越岭隧道长16.1km，共计28km线路需按双单线标准建设，工程投资较经遂昌、松阳方案增加1.2亿元；线路未经松阳，年损失客货流分别为50万人、195万吨；虽本线长度缩短9.7km，但规划衢丽铁路新建长度将增加25.6km。经研究，予以放弃。推荐经遂昌、松阳方案。

四、1992年版《遂昌县交通志·大事记》

南宋·嘉定初年(1208年—)

县令陈逵在县城北门外,跨北溪,永安桥旧址,募民重建石墩木梁廊屋桥,更名济川桥。

元·至大元年(1308年)

主簿杨廷瑞在县城东门外,跨北溪,迎恩桥旧址建桥,更名双溪桥。

明·隆庆年间(1567—1572年)

上定郑文浩(太医院吏目)在定溪设义渡。

明·万历年间(1573—1589年)

知县钟宇淳在邑北四十里,界接龙游,创建瞻华公署,使客有憩宿。

清·乾隆二十六年(1761年)

石练刘楫、吴国宾、吴国梓等倡捐,在石练,跨练溪,兴建石墩木梁廊屋桥,7墩29间。知县王燈命名接卫桥,并作桥记。

清·乾隆二十九年(1764年)

知县王燈在平政桥原址建东关桥。乾隆五十三年(1788年)桥被水毁,移址南溪塔潭,架设船桥。

清·乾隆四十年(1775年)

大柘黄姓、尹时美等募银三千,在大柘,跨柘溪兴筑石墩木梁廊屋桥,2墩18间,桥面以卵石饰砌,故名万石桥。

清·乾隆五十五年(1790年)

王村口华日融、华日南、华日旗、华日觐四兄弟集资,在济川石桥原址重建廊屋桥,更名宝善桥。咸丰八年(1858年)太平军战事桥毁,咸丰十年复建,改名宏济桥。

清·嘉庆年间(1796—1817年)

金溪(今坑西)黄崇本沿金溪独资建石拱桥6座。

清·光绪十年(1884年)

邑人徐象基捐银在遂昌至龙泉大道——黄檡岗险要路段,立石栏,平道路。

旌德旅遂商贾汪应亮捐银在遂昌至松阳大道——三十六步险要路段,植石柱50余根,立石栏30余丈,历一年而成。

民国11年(1922年)

6月 遂昌县公署设实业科司管交通。

民国17年(1928年)

3月2日　遂昌县建设委员会成立。

同年　遂昌县始有自行车,系县城南隅叶芗置用。

民国18年(1929年)

黄砝邝廉独资在蒙淤岭脚,跨十四都源,建石墩木梁廊屋桥,名济南桥。县长陈成颁发“热心公益”奖匾。现桥被成屏二级水电站库水淹没。

民国22年(1933年)

6月6日　浙江省建设厅公路管理局派副工程司吴国祯、吴越材来遂昌勘测遂松公路路线,12月9日完工。25日遂昌至松阳公路开工,次年8月竣工,全长31公里,民国24年(1935年)5月10日通车。

民国23年(1934年)

7月　遂昌至龙游公路(金岸至溪口段)动工,民国28年(1939年)9月建成单车道,次年5月拓宽成双车道,长49.6公里。至此,丽水碧湖至龙游公路全线贯通。

8月　浙江省建设厅发行遂松丽公路股券,总额13万元。

同年　县城南隅街周根林购黄包车2辆,在遂松公路接送商旅。

民国24年(1935年)

5月　遂昌县始有营运汽车,由浙江省公路局经营。

11月　国民党十八军奉令参加遂龙公路(金岸至溪口段)石方工程建设。

民国25年(1936年)

5月　遂昌汽车站建立。

民国27年(1938年)

12月30日　遂昌县手车队建立,省公路局拨租手车40辆。

民国28年(1939年)

5月　遂昌县埠夫工会成立,有埠工48人。

10月　邝廉等10人倡捐在骆村建桥,拟名十善桥。因货币贬值,集资万元不敷开支,扩大百户集资,改名百乐桥,仍无济于事,遂集资不限户数,捐助数额不限,易名众善桥。民国30年(1941年)建成箬棚覆盖木质廊屋桥,长72米,后水毁。

民国29年(1940年)

2月　遂昌至湖山简易公路动工,次年4月竣工,全长44.9公里。9月延长9.46公里至奕琴乡大溪边,接通衢州水路。

民国 30 年(1941 年)

1 月　浙江省驿运管理处在金岸设驿运站,民国 34 年(1945 年)撤销。

春　浙江省政府主席黄绍竑偕同建设厅厅长伍廷飏视察遂湖公路。

5 月　碧游工务段在金岸建立,全段有道工、领工、技工 166 人。

民国 31 年(1942 年)

夏　为阻日军侵犯,浙江省第九行政公署训令破坏碧游公路。

民国 34 年(1945 年)

9 月　抗日战争胜利,省政府机关返杭,碧游公路首先抢修恢复通车。

民国 35 年(1946 年)

遂昌县始有摩托车,系遂昌开成造纸厂黄国源置用。

民国 36 年(1947 年)

7 月 4 日　张传灿开办友义水陆运输行。

10 月 21 日　华樟诰在县城城隍庙路 3 号开办达陆汽车转运行。

民国 37 年(1948 年)

遂昌县政府颁布《省道碧游路及遂昌支线保养办法实施细则》。11 月,设置道班,有监工、领班、道工共 12 人。

民国 38 年(1949 年)

5 月 21 日　遂昌县民主政府成立,6 月 16 日改称遂昌县人民政府,设建设科兼管交通。

1949 年

10 月　金岸工务段建立,辖道班 5 个,有道工 60 余人,次年 6 月撤销。此后,养路由第四(江山)运输段管理。

1950 年

年初　遂昌县搬运工会成立。

2 月 25 日　遂昌至龙游公路修复通车。

10 月　遂昌汽车站复设。

1951 年

12 月 15 日　遂昌至湖山公路动工复修。1955 年 4 月 1 日通车至大柘,设立大柘车站。

1952 年

遂昌新路湾领工区建立,1954 年改称新路湾工区,辖 6 个道班,属衢州养路段。

1953 年

3 月　遂昌县运输工会成立。

1954 年

6 月　大暴雨，王村口至中淤沿溪人行道路水毁。

8 月 20 日　遂昌县人民委员会颁布《遂昌县手车管理实施办法》。

1955 年

3 月 28 日　遂昌县人民委员会颁布《遂昌县汽车安全管理规则》。

5 月 1 日　遂昌汽车站搬运服务组同遂昌县专业手车队合并，建立遂昌县搬运服务站。1959 年遂昌、古市、西屏搬运服务站及西屏航运站合并，成立遂昌县运输公司。

8 月　大暴雨，洪水淹至汽车站窗台，龙南公路新路湾至渡头路段水毁，公路运输中断。

1956 年

1 月 20 日　遂昌县地方交通建设委员会成立。

1 月 28 日　连头至治岭头公路动工，11 月底竣工，全长 17.5 公里，次年 10 月 1 日通车。

3 月　新路湾工区发动社员 558 人，在遂龙公路所辖路段植树 9560 株。

5 月 10 日　衢县航运管理站遂昌工作组在中淤设立。1958 年 4 月 15 日撤销。

6 月 11 日　衢县红星木帆船运输高级社在中淤设竹木筏分社。

7 月 11 日　上定乡邵村至金山殿水道试航成功，16 艘木帆船抵达金山殿埠头。

11 月 11 日　新路湾至远路口林区手拉车路动工，次年竣工，全长 8 公里。

1957 年

9 月 15 日　遂昌养路工区成立，属金华养路段。

10 月 9 日　遂昌县人民委员会颁布交通安全通告，公路两旁禁止设摊、堆物、放牲畜。

1958 年

2 月 4 日　遂昌至桂洋公路动工，次年年底竣工，全长 42 公里，1960 年 2 月 25 日通车。

7 月　浙江省交通厅在垵口乡大山村召开现场会，推广城桂公路施工现场培训开岩技工经验。

8月　北界至应村公路开工,翌年4月因经费困难停工,1960年6月1日复工,1965年4月14日竣工,全长12.38公里,5月20日通车。

1959年

4月1日　遂昌汽车站客运站站房兴工,6月21日竣工,7月1日开始使用。

7月　遂昌县人民委员会工业交通科撤销,成立遂昌县工业交通局。

8月5日　浙江省交通厅在成屏乡源口村召开现场会,推广城桂公路施工实施大爆破经验。

12月　遂昌县航运公司在西屏镇建立。

1960年

2月27日　遂昌汽车站改称遂昌汽车中心站,遂昌养路工区并入,实行运输、养护统一管理。

1961年

3月17日　金华区公路运输局在遂昌召开全区公路养护会议。

7月　遂昌交通管理站建立,负责县境车辆监理。

7月25日　遂昌交通运输管理站建立,1963年1月5日撤销。此后,交通运输管理由县工业交通局负责。

9月22日　遂昌县航运管理站在西屏镇建立。

10月14日　遂昌县工业交通局工程队建立,1969年2月改称遂昌县公路工程队,1979年1月改称遂昌县交通局工程队。

1962年

6月25日　遂昌汽车中心站改称遂昌汽车站,属龙游运输段。

1963年

1月3日　桂洋至玉岩公路动工,同年12月竣工,全长35.75公里,1964年元旦通车。

1964年

4月　遂昌养路工区从遂昌汽车站析出,1968年11月改称遂昌公路段。

7月16日　黄砝口至王村口公路开工,1965年底竣工,全长39.5公里,1966年8月通车。

1965年

3月　遂昌养路工区同大柘公社横源生产队签订合同,承包金岸至石练公路26至38公里地段试行农工养护。

3月　遂昌至龙泉公路黄砝口至梧桐口路段开工,1966年4月竣工,全长52

公里,8 月通车。

11 月 13 日　龙游运输段迁遂昌,改称遂昌运输段,1967 年 1 月 12 日又迁龙游,仍称龙游运输段。

12 月　浙江省汽车运输公司在遂昌召开现场会,推广遂昌汽车站优良服务经验。

1966 年

1 月　黄沙腰石墩木梁廊屋桥建成,5 孔 13 间,全长 51 米,名“益民桥”。

1967 年

6 月　因“文化大革命”,两派群众武斗,全县公路交通中断 2 个月。

7 月 22 日　金岸良种繁育场购置福建产工农 7 型手扶拖拉机,为遂昌第一辆手扶拖拉机。

1968 年

7 月 5 日　因连续七天暴雨,桂义岭至王村口公路多处水毁,公路交通中断一年余。

1970 年

6 月 15 日　遂昌至龙泉公路穿城路段改线,新辟三墩桥至尖山脚新线通车,长 1.5 公里,起点移至金岸,改称金龙公路。

1971 年

11 月 20 日　石练至黄沙腰公路动工,1974 年 12 月竣工,全长 58.98 公里,12 月 15 日通车。

1972 年

1 月　社队公路养护工作由工交手工业局管理。

6 月 10 日　遂昌县第一期手扶拖拉机驾驶员训练班在西屏举办,学员 103 人(含松阳)。

10 月 21 日　牛尾岗大桥动工,次年 4 月竣工,桥长 88 米,单孔净跨 60 米,高 46 米,跨飞石岭深谷。

1973 年

3 月 29 日　遂昌县交通安全委员会成立。

11 月　浙江省木材公司汽车三分队建立,拥有货车 11 辆,职工 41 人,归遂昌县林业局领导。

1974 年

7 月　遂昌县工业交通手工业局革命领导小组成立,1977 年 5 月撤销。

1975 年

1月 黄沙腰至柘岱口公路动工,9 月竣工,全长 9.23 公里,10 月 5 日通车。

7月1日 遂昌县粮食局汽车队建立,拥有货车 4 辆。

12月 石练公社石坑口至坳下林区公路动工,1982 年 9 月竣工,全长 14.24 公里,1983 年 1 月通车。

1976 年

2月 上定公社黄脱坑口至西畈公路动工,1978 年 11 月竣工,全长 32.195 公里,12 月 12 日通车。

4月 首开遂昌至金华直达班车,全程 146 公里。

1977 年

5月1日 遂昌县交通局革命领导小组成立,1979 年 3 月撤销。改称遂昌县交通局。

10月11日 首开遂昌至西屏农村公共汽车,沿途设 21 个停靠站。1978 年 11 月 20 日新置通道式大客车 2 辆,专供该线行驶。

10月19日 应村三十箩至高坪公路动工,1980 年 12 月竣工,全长 14.3 公里,1981 年 1 月 11 日通车。

1978 年

10月 妙智堂至金岸、飞鹤桥北端至农机厂环城路段分期铺筑水泥路面,全长 9.707 公里,1986 年 3 月竣工。

12月4日 遂昌县供销车队建立,拥有载货汽车 8 辆 30 吨位。

1979 年

3月10日 遂昌县琴淤航运管理站建立。

5月11日 首开遂昌至杭州直达班车,全程 307 公里。

8月2日 琴淤至乌溪江水电站大坝(衢县山泉峦)机动客船试航,12 月 15 日通航。

8月29日 上龙潭大桥动工,次年 5 月 7 日竣工,长 140 米,净跨 108 米,为全省单孔跨径最大的双曲拱公路桥,获县科技一等奖。

12月2日 琴淤公社黄泥岭渡口改用 12 匹马力,35 客位的木质机动渡船。

1980 年

1月 湖山至琴淤公路改线工程动工(原路段为乌溪江水电站库水淹没),全长 9.33 公里,8 月 15 日竣工通车。

5月20日 云峰公社湖边大队手扶拖拉机载客到金华学习种茉莉花技术,在龙南公路 48 公里 175 米处,因车速过快,拐弯失控,翻入深 9 米多的溪边上,死亡6人，重伤6人，轻伤3人。

6月26日　遂昌县商业局车队建立，拥有载货汽车11辆46吨位。

8月20日　遂昌县社队养护公路段建立，1984年1月改称遂昌县县乡公路段。

1981年

5月11日　首开遂昌至温州直达班车，全程235公里。

6月14日　遂昌县公路运输管理站建立。

9月　全县封存机械陈旧、油耗高的汽车，计有2吨以上车44辆，2吨以下车5辆。

1982年

6月　妙高镇个体业主周绍恩，始营汽车修理业。

7月8日　北界、应村、梭溪、高坪4公社暴雨，冲毁公路3.3公里，桥梁10座，涵洞、水沟20多处，塌方1万多立方米，公路交通中断。

10月7日　浙江省人民政府授予遂昌县交通局副局长、工程师蓝光谅省劳动模范称号。次年6月，被选为全国政协六届委员。

10月　金竹至银坑公路动工，次年8月12日竣工，全长10.25公里，12月1日通车，和应梭公路连接，使金竹至龙游缩短里程49公里。

1983年

4月　遂昌县始有私营汽车运输户，户主石练赖晏华。

6月18日　遂昌县人民政府颁布《遂昌县公路管理暂行办法》。

6月27日　遂昌县公路勘察设计室建立。

8月　遂昌县东北边境，革命老根据地门阵至金华溪口公路动工，1985年10月竣工通车，全长16公里。

9月　焦滩至王村口公路开工，1984年9月竣工，全长11.93公里，1985年2月5日通车，使桂砾公路和三砾公路联网。

1984年

7月　遂昌县始有私营汽车联运企业——遂昌县联运公司，拥有货车7辆，53.3吨位，因经营亏损，于1987年4月关闭。

8月　龙游马戍口至遂昌苏村公路动工，1986年1月竣工，全长11.6公里，2月1日通车。

10月11日　首开遂昌至衢州直达班车，全程114公里。

1985年

1月　遂昌县县乡公路段颁布《遂昌县县乡公路养护道班暂行管理办法》。

2月7日 遂昌县旅游公司成立,经营旅游客运。

6月 垵口乡羊头岭张成有、张月山叔侄集资4000元建造石拱桥,名成月桥。

7月10日 遂昌县人民政府颁布《遂昌县机动车交通肇事人员伤亡经济损失处理办法》、《遂昌县公路交通违章处罚暂定规定》。

8月6日 遂昌车辆监理站、遂昌公路运输管理站合并,建立遂昌县交通监理所。

8月17日 遂昌县人民代表大会常务委员会组织视察路政管理,为期10天。

9月17日 妙高镇私营汽车运输户童关森,雇佣临时驾驶员从大茂坑装木材外运,在苏坳公路7公里985米处(龙门岭),因陡坡急弯,超载开快车翻车,随车装卸农民工6人死亡,4人重伤,1人轻伤。

1986年

3月20日 遂昌县交通安全委员会颁布《遂昌县公路路政管理工作条例》。

9月 汀溪至白马山林场公路动工,1987年2月竣工,全长13.83公里,次年6月通车。

1987年

10月 根据国务院《关于改革道路交通管理体制的通知》,交通监理划归公安部门管理。同月,恢复遂昌县公路管理所,建立遂昌县公路稽征所。

12月中旬 通往九龙山自然保护区的黄沙腰至黄碴淤公路动工,次年7月竣工,全长4.95公里,12月1日通车。

12月25日 遂昌县运输公司新置客车3辆,始营客运。

1988年

2月4日 浙江省汽车运输公司遂昌站更名为浙江省丽水地区汽车运输公司遂昌分公司。

6月 龙南公路小马埠至上江改线工程动工,起点龙南公路54公里600米,经小马埠、大马埠、洋条至金龙公路1公里650米处(上江)相接,全长11.335公里,其中洋条岭隧道长638米。

6月 庄山至梧桐公路动工,12月竣工,全长6.24公里,次年1月10日通车,使连治公路和龙南公路连网,遂昌至金矿缩短里程9公里。

9月14日 金竹至古楼公路建成通车,全县实现乡乡通公路。

跋

本志为1992年版《遂昌县交通志》续编，前志或讥其瑕疵颇多，弊在体例、在外行，故不能一味续貂也。旁诹而博考，酌古而准今，发前所未明，补前所未备。采辑之疏者补之，考证之误者辨之，而引用之舛者核正之。及今不为增补，窃恐岁月往久，渐至沦亡，是亦编纂者之责也。

余生性鲁钝，而陈亦笃人，皆无求报酬，不图誉名，专心而致志，尽力之所能，惟愿早日以成是书。不分寒暑，昼夜笔耕不止，唯求真实，反复勘核乃成。生搬硬造非吾侪之能事，故宁失其略而不敢造次。二十载实一瞬之间，然不少事实考核无据，缘主事单位轻视档案。呜呼，苟不随时记录，后将何所考?

此志颇多题解，非但不合惯例，更有画蛇添足之嫌。然余以为不如是则业外人士阅之，易茫然入云雾中。记述重道路而轻水路，不辄我县交通专营公路，亦事实使然。非余好辩也，以公路之人修交通之志，其见闻较确，而论说亦较详也。吾侪殚精竭虑，穷尽资料，去芜杂，削枝叶，稍稍厘正凑合之。其应备者则间入焉，还于旧观，庶几小补。若夫寓褒贬于只字，凛取舍于毫端，余既非史材，且距修纂时尚未远，毋容多事稍爚乱耳目。苟以千秋大业，则候当来倚焉。

余咸一手独纂，可谓任重也已。从事于此，几及三载，稿凡数易，甘苦自知。余固不敢以成心负手，亦不敢以屈笔负人。是役也，经始于2009年7月，告竣于2011年12月，为篇五，为目百八十，凡五十万字。余不敏，亦搦三寸管从诸君子后。

临安鲁之平，2011年12月31日记。